高等院校物流管理与工程类专业创新应用型人才培养立体化系列教材

现代仓储运营管理

慕庆国　李雪松　主　编

高红梅　朱庆伟　张　玥　李伟华　副主编

清华大学出版社

北京

内 容 简 介

本书既注重对现代仓储运营管理体系、基本概念、基本原理和基本方法的介绍和讲解,也介绍新科学技术和新经济理念知识点的具体实践应用。通过对本书的学习,可以使学生对现代仓储运营管理有一个整体认识,对自己的就业方向及应具备的知识、能力有清楚的了解。本书为智慧树平台"现代仓储财富运营管理"课程配套教材。

本书可作为物流管理、物流工程及其相关专业本科及高职高专院校教材,也可以作为从业人员培训教材,同时还可以作为公务员管理仓储企业的参考资料。

图书在版编目(CIP)数据

现代仓储运营管理/慕庆国,李雪松主编.—北京:清华大学出版社,2021.10(2023.8重印)
高等院校物流管理与工程类专业创新应用型人才培养立体化系列教材
ISBN 978-7-302-58307-3

Ⅰ.①现… Ⅱ.①慕… ②李… Ⅲ.①仓库管理-高等学校-教材 Ⅳ.①F253

中国版本图书馆 CIP 数据核字(2021)第 107318 号

责任编辑:左卫霞
封面设计:常雪影
责任校对:刘 静
责任印制:刘海龙

出版发行:清华大学出版社
  网 址:http://www.tup.com.cn,http://www.wqbook.com
  地 址:北京清华大学学研大厦 A 座   邮 编:100084
  社 总 机:010-83470000   邮 购:010-62786544
  投稿与读者服务:010-62776969,c-service@tup. tsinghua. edu. cn
  质量反馈:010-62772015,zhiliang@tup. tsinghua. edu. cn
  课件下载:http://www.tup.com.cn,010-83470410
印 装 者:三河市铭诚印务有限公司
经 销:全国新华书店
开 本:185mm×260mm   印 张:17.5   字 数:402 千字
版 次:2021 年 10 月第 1 版   印 次:2023 年 8 月第 2 次印刷
定 价:54.00 元

产品编号:091030-01

前　言

随着经济的发展,科学技术的进步,现代仓储运营管理在市场经济发展中的地位和作用越发突显。现代仓储运营管理在经济中不仅起到桥梁和纽带作用,而且对经济的发展起到引导作用。同时未来仓储运营的管理是以现代科技为基础,以大数据的储存替代现在的实物储存。目前我国政府把物流行业定义为基础行业,可见现代仓储运营管理是绿色经济和可持续发展的基础与保障之一。但现阶段,人们对现代仓储运营管理缺乏正确的认识,因此,要发挥现代仓储运营管理在市场经济中的作用,就必须全面了解现代仓储运营管理的内涵、本质和规律,否则现代仓储运营管理的作用很难发挥出来。

由于市场消费规律的变化,新技术、新方法、新模式诞生,为了能进一步发挥现代仓储运营管理在市场经济中的作用,本书结合物流行业的新趋势,吸收和引入一些新技术、新方法和新模式,从各方面提升本书的系统性、完整性、指导性和创新性,使本书更具有指导意义和价值。

本书的特点体现在以下几个方面。

(1) 融入课程思政。本书全面贯彻党的二十大精神,落实立德树人根本任务。二十大报告指出,"高质量发展是全面建设社会主义现代化国家的首要任务。发展是党执政兴国的第一要务。没有坚实的物质技术基础,就不可能全面建成社会主义现代化强国。"现代物流业是国民经济基础性、战略性、先导性产业,是"交通强国"的重要内容。以"创新驱动、数字驱动、安全发展、绿色发展"为核心,用科技赋能,节能减排,降本增效,推动物流业数字化升级,建设智慧仓储和绿色仓储,实现仓储业高质量发展,服务实体经济。本书聚焦国家发展战略,将仓储数字化技术、仓储节能环保、仓储高质量发展和仓储安全运行贯穿于货物的性质、质量、标准、检验、包装、储存中,贯穿于危险货物、冷链货物、集装箱货物等不同的货物形态中,着力提升产业供应链韧性和安全水平,积极推进传统产业数字化转型和数字产业创新发展。

(2) 仓储管理的观念由静态仓储变成动态的运营管理。传统的仓储管理是以物资管理为主,主要注重的是数量,而不考虑是否及时满足需求;而现代的仓储管理主要是基于消费者需求,实时满足需求,实现货物的合理流动为主,从而由传统的静态管理转变成现代的动态管理。

(3) 体系的完整性。本书介绍了仓储的基本理论—仓储的分类—仓储的选址—设施设备的选型—仓储和仓库的规划与布局—仓库的作业管理—仓库的控制—仓储与仓库的绩效评价—法律法规。

(4) 知识导入的创新性。本书采用5E教学管理方法,运用案例场景导入,使教与学互动,形成以教促学,以学带教,使两个主体达到了融合。

(5)知识层次衔接的连贯性。本书从仓储运营管理基本知识的认识,上升到仓储运营管理的体系构建,最后到仓储运营管理的实施和评价,形成了连贯的知识层次。

(6)配套慕课资源。本书为智慧树平台"现代仓储财富运营管理"课程配套教材,扫描下页下方二维码可登录该课程。

(7)校企双元团队合作开发、编写。为践行产教融合、校企合作精神,把行业企业仓储运营管理内容引入教材,使教材内容反映行业发展趋势,并能满足行业企业对高素质技术技能人才的需求,我们构建了校企双元编写团队,应用型本科院校物流教师和企业管理人员参与编写。企业管理人员主要提供行业、企业仓储运营管理素材及案例资源,教师负责将其转化为学习内容。

本书从现代仓储运营管理知识的11个方面——现代仓储及仓储运营管理概论、仓储的分类及管理、现代仓储运营管理设施与设备及选址、现代仓储运营管理规划与布局、现代仓储运营管理的仓储作业管理、现代仓储运营管理的库存控制方法、现代仓储运营管理的库存控制技术、现代仓储运营管理的商品养护与安全管理、供应链环境下的现代仓储运营库存控制管理、现代仓储运营管理与库存控制的绩效评价、现代仓储运营管理合同与法律——进行了系统、全面的阐述和研究,使读者能够准确地了解现代仓储运营管理的基本内涵、基本理论、基本结构和基本体系,正确运用仓储管理的知识解决市场经济中物的时空转换问题。书中的内容来源于实践又高于实践,通俗易懂,既适合教,也适合学;既可以作为高等院校物流专业应用型人才培养的教材,也可以作为一般仓储管理人员的自学读物,还可以作为公务员对物流行业管理的参考资料。

由于本书编者知识和水平有限,书中难免有不足之处,恳请读者批评、指正,共同研讨,共创现代仓储运营管理的新知识、新方法、新手段、新思维和新模式。

编　者
2023 年 1 月

现代仓储运营管理
在线开放课程

目 录

现代仓储及仓储运营管理概论

箱码在杭州联华华商集团有限公司的应用

杭州联华华商集团有限公司是一家由联华超市股份有限公司、杭州商业资产经营公司和宁波联合集团股份有限公司参股的有限责任公司。公司注册资本 1.205 亿元,现有员工 1.5 万余人。公司物流配送中心占地面积 160 亩,由高位库、多层库、办公楼三部分组成,总计建筑面积达 7 万平方米,设计容量为日均吞吐量 36 万箱,能为联华在省内的大卖场、综超、标超、便利四种业态 300 多家门店以及社会上的门店提供方便快捷的商品配送服务;主要设备设施包括一套自动化仓库设备、22 台前移式叉车、11 台平衡重叉车、44 台电动搬运车、3 万个标准托盘位。该物流配送中心于 2003 年 8 月正式启用。目前已基本实现了仓库立体化,搬运机械化,管理信息化,操作无纸化。2020 年,物流配送中心不含税吞吐量达 67.4 亿元,库存平均周转 8.2 天,订单满足率 92.66%,费用率 1.6%。目前,物流配送中心日均吞吐量近 17 万箱,金额达 2 000 万元左右;高峰时达 35 万箱左右,金额达 5 000 万元左右。

应用现状:联华华商配送中心从 2003 年 10 月开始,要求供应商必须采用箱码。为此,配送中心在中国物品编码中心浙江分中心的协助下,对所有相关供应商进行了箱码知识、条码申请和相关要求的培训。之后又经过三个月的试用。

实施效果:运用箱码和信息技术后,配送中心的运作效率和经济效益逐年提高,分别从 2003 年的年吞吐量 24 亿元、费用率 2.8%、人均劳效 300 万/人·年、库存平均周转 17 天,提高到 2020 年的吞吐量 67.4 亿元、费用率 1.6%、人均劳效 1056 万/人·年,库存平均周转 8.2 天,其中箱码的应用功不可没。

使用箱码的好处主要体现在以下几个方面:①作业效率提升。收货环节效率提升 100%;支持环节效率提升 20%;分拣验货环节效率提升 50%;盘点环节效率提升 100%;退货环节效率提升 30%。②作业质量提升。分拣环节的差错率下降 50% 以上。③运作成本下降。收货速度变快后,供应商的车辆、人员资源得到更高效的使用;基本实现无纸化操作,运作成本降低;效率提升带来人员成本、管理成本下降;质量提升带来运作成本下降。

思考

箱码在仓储管理中使用的好处。

物流讲的就是一个"流"的资源配置,"流"是物的灵魂和载体,一旦"流"出现了问题,物的生命性就会停止。古人云:"仓廪实而知礼节,衣食足而知荣辱。"在物流的七个基本功能要素中,运输与储存是主干。运输完成了"流"的过程,而储存完成的是物品停顿过程中最重要的"流"活动。与储存相关的,是物品储存的地点,即各类仓库,以及物品如何进行在库保管。仓储管理解决的就是围绕着储存发生的这一系列活动。

第一节　仓储活动的产生及发展

一、仓储活动的产生

仓储是指通过仓库对物资进行储存和保管。它随着物资储存的产生而产生,又随着生产力的发展而发展。仓储是商品流通的重要环节之一,也是物流活动的重要支柱。在社会分工和专业化生产的条件下,为保持社会再生产过程的顺利进行,必须储存一定量的物资,以满足一定时间内社会生产和消费的需要。

人类社会自从有剩余产品以来,就产生了储存。原始社会末期,当某个人或者某个部落获得食物自给有余时,就会把多余的产品储藏起来,同时,也就产生了专门储存产品的场所和条件,于是"窖穴"就出现了。在西安半坡村的仰韶遗址,已经发现了许多储存食物和用具的窖穴,它们多密集在居住区内,和房屋交错在一起,这可以说是我国最早的仓库雏形。在古籍中常常看到有"仓廪""窦窖"这样的词语。"仓"是指专门藏谷的场所;"廪"是指专门藏米的场所。"窦窖"是指储藏物品的地下室,椭圆形的叫作"窦",方形的叫作"窖"。古代也有把存放用品的地方叫作"库"。后人接着把"仓"和"库"两个概念合用,逐渐合成一个概念,即把储存和保管物资的建筑物叫作"仓库","仓库"一词也就出现了。

二、发达国家仓储业的发展

第二次世界大战以后,世界经济得到了迅速的恢复和发展,货物的物流量越来越大,物流中的矛盾也愈加突出。如何使物流更为畅通,如何使物流过程更加合理,已成为人们关注的问题。因此,国外出现了一些专门研究物流的机构,特别是美国和日本。随着商品经济的发展,商品流通费用占商品总成本的比例呈上升趋势(目前,一些国家的商品流通费用已占商品总成本的 $10\%\sim30\%$),这就要求通过降低流通费用来提高经济效益。西方国家已在这方面做出了许多努力。例如,20 世纪 50 年代始于美国、20 世纪 70 年代在日本得到高速发展的自动化立体仓库就是这种努力的结果。目前,欧美国家又在发展大型中转仓库,面积可达上万平方米,单层高度达十多米,使货物流转更加畅通和迅速。

下面介绍两个代表性国家——美国和日本的仓储发展状况。

1. 美国的仓储业

经过多年发展,美国仓储业具有以下几个基本特点。

（1）美国的仓储业与其整体物流业一样，社会化水平高。美国的仓储业是随着工业的发展而逐步壮大起来的，现已成为一个相对独立的行业。目前在流通领域，为工业生产服务，出现了公共仓库替代生产厂家仓库的趋势，公共仓储公司的形式在近十几年中迅猛发展。这种发展不是公司数量的增加，而是公司规模的扩展。一些大型仓储公司，都在全国主要地区建有仓库、设立分公司，一个仓库就是一个配送中心。

（2）普遍推行系统化、程序化、现代化管理、智能化，使仓储系统运行达到高效率、高效益。在管理上，仓储公司把分散在全国各地的仓库视为统一体，进行系统规划、设计和控制，以谋求整体的高效率、高效益。值得提出的是，美国的流通仓库中，90%都是采用托盘—叉车—货架形式的存储搬运机具（货架层间距可以调整），而且以经济效益和生产率的高低为依据来决定对自动化先进机具的取舍，不盲目采用。在制订作业计划时，非常强调把握生产率和灵活机动性这两个环节，并注意充分利用现有工具，使其达到最优化。仓储公司借助电子计算机、互联网、物联网与现代通信手段，建立了一个庞大的系统网络，既连接自家公司的所有仓库，又连接主要生产厂家、用户和运输公司，由公司总部的指挥中心统一对系统运行过程进行控制。

（3）高度重视服务质量，实现全方位客户服务。仓储公司把服务质量视为赖以生存和发展的根基，从而赢得了服务领域宽、服务质量高、服务成本低的信誉。目前，仓储公司提供的最基本服务有加工、配送和信息。美国把仓库中的流通加工誉为一种"市场技术"。仓库加工都是根据用户要求进行的，如分解包装后再贴上标签，或把汇集的货物重新组合包装等，这也是配送服务所必需的。配送除需满足按时按量地把所需货物送到用户手中这一基本要求外，还要考虑物流成本问题，尤其是对远距离配送，不但要尽可能满载，而且要求回程不空驶。

良好服务的关键在于计划与安排好库存和为用户送货（包括用户自提）的时间，及时把货物交给用户。因此，仓储公司设立了一个阵容强大的服务办公室，直接与生产厂和用户联系。

（4）人员素质较高，非常重视人力资源管理。激烈的市场竞争，促使仓储公司非常重视质量管理；而质量管理的关键又在于人员质量，即员工的素质和工作责任心。因此，仓库一方面采取措施，提高员工素质，增强工作责任心；另一方面努力创造稳定人心、高效率工作的环境与条件。

提高员工素质，首先是严把招聘关；其次是培训、再培训。招聘员工要经过严格测试（包括职业道德、文字及统计知识方面）和体检，考核合格后，还要培训，跟班实习，直到能独立工作。独立工作后仍然要跟踪观察、评估，以便继续训练与提高。

以上这些特点，都使得美国的仓储业水平随着物流业的发展而不断发展、前进。

2. 日本的仓储业

日本作为一个资源缺乏的发达国家，对仓库的建设特别重视，而且现代化程度较高。在日本，除企业物流外，许多物流中的仓储主要是由独立的企业承担，政府对仓储业的管理主要是通过法律的约束，如制定专门的仓库法律。在仓储经营方面，有越来越多的日本仓储企业从事拆、分、拼装商品等多种经营业务，并出现众多的为生产企业和商业连锁店服务的配送中心，由此大大减少了各部门内自备仓库中的货物存储量，从而减少了资金的积压。日本认为,在其国民经济中,配送业毋庸置疑担当着重要角色,它连接着生产与消费。而在商品配送领域中,运输和仓储可以比作马车的两个轮子,由这两者实现生产与消费的有效连接。

日本仓储业规模较大。日本经济产业省报道日本电商的扩张拉动了库存总量。这反过来又带动了物流需求,由于需要更大的仓库来容纳自动化设施和机器人技术,以及为解决司机短缺问题而在全国范围内分散的基地搬迁,也催生了对现代物流的需求。大型多租户物流设施(LMT)市场的全年净吸纳量在2019年达到100万坪,三大主要都会区加起来也将达到100万坪。这将是有史以来的最高水平,超过此前2018年创下的40%的纪录。大爆发有两方面的需求驱动力:一是电商快速增长;二是解决劳动力短缺的措施。

目前,日本正处于经济社会迅速变化的时期。作为仓储业,对以下问题比较重视:①规划更有效的商品配送;②应付进口量的增加;③促进信息和自动控制系统;④对物品寄存服务需求做出响应。

日本非常重视仓储业运作水平的提高。伴随着仓储设施的改进,利用便捷的信息交换系统进行信息传递是不可或缺的。日本已经引入仓储业业主与其客户间的电子数据交换(EDI)系统,这使得信息传递在准确性和便捷性方面取得了更大的发展,在人员开支以及其他各种物力节省方面也取得了重大成效。为了满足客户的需要,已开发出了一种标准的物流EDI系统,以实现仓储业的信息传递。

同时考虑到工作环境因素以及提高效率和降低总体费用的目标,日本也积极促进自动控制系统的使用。由于货物种类的增加,庞杂的事务处理变得越来越烦琐。许多仓储企业正在使用自动条形码检查系统,以简化全过程。这种系统使得任何人都能检查货物的种类及仓库信息,并能准确、及时地控制货物用量及信息。有的企业正在使用计算机化仓储系统,货物的出入库,完全由计算机控制系统自动完成,大大节省了企业的人员开支。

1997年4月,日本内阁会议通过了"物流政策总体纲要"。以此纲要为基础,交通部制定了物流基础设施的发展规划。从2001年1月开始,日本政府的省厅进行改组,由运输、建设两省合并而成的国土交通省将执行综合行政治理功能。1997年、2001年、2005年、2009年制定的四个《综合物流施政大纲》,是内阁会议通过并颁布的关于日本物流事业纲领性政策文件。仓储业正在与物流基础设施的改进相配合,以便提供更有效的服务。

总之,世界上的仓储活动正在不断吸收先进的技术和管理方法,从最古老的行业向现代化转变。

三、中国仓储活动的发展

中国仓储业虽然具有悠久的历史,但是由于中国经济长期受封建制度的束缚,到近代再加上帝国主义侵略,旧中国的生产力水平极其低下,民族工业得不到正常发展,商品生产和交换的规模较小,因此,服务于商品交换又随着商品生产的发展而发展的仓储业基本上处于一个低水平状态。

新中国成立以后,社会生产力得到了极大的发展。随着社会主义经济的不断发展,仓储业才得到了相应的发展。

（一）中国仓储活动的发展过程

纵观中国仓储活动的发展历史，大约经历了以下四个阶段。

1. 第一阶段：中国古代仓储业

如前所述，中国古代商业仓库是随着社会分工和专业化生产的发展而逐渐形成和扩大的。《中国通史》上记载的"邸店"，可以说是商业仓库的最初形式，但由于受当时商品经济的局限，它既具有商品寄存性质，又具有旅店性质。随着社会分工的进一步发展和商品交换的不断扩大，专门储存商品的"塌房"从"邸店"中分离出来，成为带有企业性质的商业仓库。

2. 第二阶段：中国近代仓储业

中国近代商业仓库，随着商品经济的发展和商业活动范围的扩大，得到了相应的发展。19 世纪的中国把商业仓库叫作"堆栈"，即指堆存和保管物品的场地和设备。堆栈业与交通运输业、工商业，以及与商品交换的深度和广度关系极为密切。由于中国工业偏集在东南沿海地区，因此堆栈业也是在东南沿海地区，例如，上海、天津、广州等地区起源最早，也最发达。根据统计，1929 年上海码头仓库总计在 40 家以上，库房总容量达到 90 多万吨，货场总容量达到 70 多万吨。

堆栈业初期，只限于堆存货物，其主要业务是替商人保管货物，物品的所有权属于寄存人。随着堆栈业务的扩大，服务对象的增加，旧中国的堆栈业划分为码头堆栈、铁路堆栈、保管堆栈、厂号堆栈、金融堆栈和海关堆栈等。近代堆栈业的显著特点是建立起明确的业务种类、经营范围、责任义务、仓租、进出手续等。当时堆栈业大多是私人经营的，为了商业竞争和垄断的需要，往往组成同业会，订立同业堆栈租赁价目表等。但是，由于整个社会处于半封建半殖民地的经济状态，民族工业不发达，堆栈业务往往是附属于旅馆业，而且随着商业交易和交通运输业的盛衰而起落。

3. 第三阶段：社会主义仓储业

新中国成立以后，接管并改造了旧中国留下来的仓库。当时采取对口接管改造的政策，即铁路、港口仓库由交通运输部门接管；物资部门的仓库由全国物资清理委员会接管；私营库由商业部门对口接管改造；银行仓库，除"中央""中国""交通""农业"等银行所属仓库作为敌伪财产随同银行实行军管外，其余大多归商业部门接管改造；外商仓库，按经营的性质，分别由港务、外贸、商业等有关部门接管收买。对于私营仓库的领导，限制仓租标准，相继在各地成立国营商业仓库公司（后改为仓储公司），并加入当地的仓库业同业工会，帮助整顿仓库制度。

随着工农业生产的发展、商品流通的扩大，商品储存量相应增加，但原来的仓库大多是企业的附属仓库，在数量和经营管理上都不能满足社会主义经济发展的需要。因此，党和政府采取了一系列措施，改革仓库管理工作。

在这一阶段，无论仓库建筑、装备，还是装卸搬运设施，甚至于仓储管理的方法和手段都有很大的发展，是旧中国商业仓库所无法比拟的。

4. 第四阶段:仓储业现代化发展阶段

中国在一个较长时期里,仓库一直属于劳动密集型企业,即仓库中大量的装卸、搬运、堆码、计量等作业都是由人工来完成的。因此,仓库不仅占用了大量的劳动力,而且劳动强度大、劳动条件差,特别是在一些危险品仓库,还极易发生中毒等事故。从劳动效率来看,人工作业的劳动效率低下,库容利用率不高。为迅速改变这种落后的状况,中国政府在这方面下了很大力气。首先是重视旧式仓库的改造工作,一方面,按照现代仓储作业要求改建旧式仓库,增加设备的投入,配备各种装卸、搬运、堆码等设备,减轻工人的劳动强度,改善劳动条件,提高仓储作业的机械化水平;另一方面,新建了一批具有先进技术水平的现代化仓库,特别是 20 世纪 60 年代以来,随着世界经济发展和现代科学技术的突飞猛进,仓库的性质发生根本性变化,从单纯的储存保管货物的静态储存一跃到多功能的动态储存,并成为生产、流通的枢纽和服务中心。特别是大型自动化立体仓库的出现,使仓储技术上了一个新台阶。中国于 20 世纪 70 年代开始建造自动化仓库,并普遍采用电子计算机辅助仓库管理,使中国仓储业进入自动化的新阶段。

到了 21 世纪,随着中国物流业的飞速发展,仓储业也翻开了新的一页,不断追赶着世界先进水平,在体制改革、业务范围拓展、新技术运用、计算机管理、人员素质提高等各方面均取得了较为明显的成就。

(二)中国仓储活动的现状分析

1. 中国现有仓储的特点

(1)以供应链管理模式的社会化仓储业不断形成。随着市场经济的发展,供需的物资不断加大,传统的仓储业已不能适应市场经济的发展需要,适应市场经济发展需要的新模式应运而生,供应链管理的社会化仓储业不断形成,在管理中也改变了传统只管理空间的做法,而实现了空间、时间、数量和质量的统一管理,并且密切关注供应链伙伴关系。

(2)采用先进的现代化管理技术。随着现代科学技术的发展,仓储业将先进的信息采集技术、信息传输技术、系统管理技术、互联网技术、移动互联技术、大数据技术、物联网技术和云计算技术应用于现代仓储管理中,仓储管理的水平大大提高,从而实现了现代化的智能化和智慧化的仓储管理。

(3)技术发展不平衡。改革开放以来,国外先进的仓储技术传入中国,中国仓储业由此发生了显著的变化,特别是其中的自动化仓储技术较大提高了中国的仓储技术。与此同时,人们对仓储工作的看法也发生了一定的变化,不但逐渐重视仓储管理工作,而且注重引进先进的仓储技术并提高仓储工作人员的素质,但由于各地区仓储技术发展不平衡,仓储业还处在先进与落后并存的状态。

2. 我国仓储业与国民经济整体发展的差距

(1)仓库过多,且仓库布局不尽合理。仓库是为了满足物资供应的需要而逐渐建立起来的。由于企业的逐利性,出现了重复建设的现象。仓库的重复建设不但加大了基建投资,还占用了大量的土地,从而造成仓库占地面积大,储存效率不高。仓库大多分布在经济发达的地区和城市,而一些边远或落后地区在发展经济急需建立仓库时,由于资金不足或其他原因,不能及时修建。仓库布局的这种不平衡状况,直接影响了地区经济的发展,进而影响了城市或区域整体发展规划的实施。

(2) 随着经济的发展,自动化仓库技术的引进应不断加大。仓储业是一个劳动力和技术密集的场所,仓储企业根据业务发展需要,应不断加大自动化仓库技术的引进,以提高仓储管理的水平,减少仓储作业中不必要的浪费。

(3) 仓库设备状况相差悬殊,各仓库作业效率不均衡。我国目前各仓库所拥有的设备状况不一样,有的现代化仓库拥有非常先进的仓储设备,例如,各种先进的装卸操作装备、高层货架仓库、全部实行计算机管理等。而有的仓库却还处在以人工作业为主的原始管理状态,仓库作业大部分靠人抬肩扛,只有少量的用机械设备。当出入库任务较集中时,不得不采用人海战术,仓库作业效率极低。还有一种情况是介于上述两者之间,具有一定的机械设备和铁路专用线,但利用率不高,有些设备已经老化,有些已经陈旧,但由于资金不足,无力更新,只得带病作业,隐藏着许多不安全因素。有些仓库为了维持日常的经费开支,不得不出租库房、专用线等,使中国的仓储综合效益难以提高。

(4) 仓储业务人员素质不断提高,管理水平逐渐适应现代化的要求。随着经济的发展,仓储部门工作人员的文化程度普遍提高,本科毕业生、专科毕业生不断涌入这类企业,为仓储的发展奠定了人才基础。

(5) 仓储管理方面的法规法制还不够健全。建立健全以责任制为核心的规章制度是仓储管理的一项基本工作,严格的责任制是现代化大生产的客观要求,也是规范每个岗位职责的依据。中华人民共和国自成立以来,制定了不少仓储方面的规章制度,但随着生产的发展和科学水平的提高,有些规章制度已经不适合工作,需要进行修改和新建。在仓储管理法制方面,中国起步较晚,但适应仓储管理的相关规范、标准正在不断形成。同时,中国仓储管理人员的法制观念不断加强,而且正在运用法律手段来维护企业的利益。

随着现代物流的发展,仓储活动与仓储管理被不断地赋予新的内容与任务。仓储活动应尽可能地满足客户需要,采用JIT等新的管理方法,对于仓储货物的多品种、小批量的变化趋向和标准化趋势也应做出相应的反应。

第二节　仓储运营管理的意义、性质与功能

在社会生产与生活中,由于生产与消费节奏的不统一,总会存在现在用不上或用不了或有必要留待以后用的东西。如何在生产与消费或供给与需求的时间差中,妥善地保持物质实体的有用性,是物流中仓储环节所要解决的问题。

从外在整体来看,仓储在物流体系中是唯一的静态环节,也有人称仓储为时速为零的运输,但从整个运作环节来看,它却是一个动态的活动过程。随着社会经济的发展,人们的需求方式出现了个性化、多样化的改变,企业的生产方式也变为多品种、小批量的柔性生产方式。物流的特征由少品种、大批量变为多品种、少批量或多批次、小批量,仓储的功能也从重视保管效率逐渐变为重视流通功能的实现。存储相当于物流体系的一个节点。在这里,物质实体在化解其供求之间的时间上的矛盾的同时,也创造了新的时间上的效益(如时令差等)。因此,仓储是物流中的重要环节,储存功能相对于整个物流体系来说,既

有缓冲与调节的作用,也有创值与增效的功能。

一、仓储运营管理的意义

商品的仓储活动是由商品生产和商品消费之间的客观矛盾所决定的。商品在从生产领域向消费领域转移的过程中,一般都要经过商品的仓储阶段,这主要是由于商品生产和商品消费在时间上、空间上以及品种和数量等方面的不同步所引起的。也正是在这些不同步中,仓储管理具有了极其重要的意义。

(一)实现社会再生产过程顺利进行的必要条件

商品由生产地向消费地转移,是依靠仓储活动来实现的。由此可见,仓储活动的意义正是由于生产与消费在空间、时间以及品种、数量等方面存在的矛盾而引起的。尤其是在现代化大生产的条件下,专业化程度不断提高;社会分工越来越细,随着生产的发展,这些矛盾又势必进一步扩大,这就不能在仓储活动中采取简单地把商品生产和消费直接联系起来的办法,而需要对复杂的仓储活动进行精心组织,拓展各部门、各生产单位之间相互交换产品的深度和广度,在流通过程中不断进行商品品种上的组合,在商品数量上不断加以集散,在地域和时间上进行合理安排。通过做活流通,搞好仓储活动,发挥仓储活动连接生产与消费的纽带和桥梁作用,借以克服众多的相互分离又相互联系的生产者之间、生产者与消费者之间在商品生产与消费地理上的分离,衔接商品生产与消费时间上的不一致,以及调节商品生产与消费在方式上的差异,使社会简单再生产和扩大再生产能建立在一定的商品资源的基础上,保证社会再生产的顺利进行。具体来讲,仓储活动主要从以下几个方面保证社会再生产过程的顺利进行。

1. 克服生产与消费在地理上的分离

从空间方面来说,商品生产与消费的矛盾主要表现在生产与消费在地理上的分离。在自给自足的自然经济里,生产者同时就是其自身产品的消费者,其产品仅供本人和家庭的消费。随着商品生产的发展,商品的生产者逐渐与消费者分离。生产的产品不再是为了本人的消费,而是为了满足其他人的消费需要。随着交换范围的扩大,生产与消费空间上的矛盾也逐渐扩大。在社会化大生产的条件下,随着生产的发展,这种矛盾进一步扩大,这是由社会生产的客观规律所决定的。例如,为了不断提高生产率,工业生产的规模不断扩大。生产的集中化能以更低的成本生产出更多的产品。但是,与此同时,这将使一种产品的生产工厂的数量不断减少。以前由各地甚至每个家庭生产的产品,现在往往是由少数的大工厂生产。这些工厂生产的产品,不再是仅仅为了满足本地区的需要,许多产品需要销往其他地区,或者在全国范围内销售,甚至销往国外。生产的规模越大、越集中,越需要寻求更大的市场,将商品运送到更远的地方。另外,生产的社会化,使不同产品的生产逐渐趋向于在生产该种商品最经济的地区进行。这样,就必须依靠运输把产品运送到其他市场上去。社会化生产的规律决定了生产与消费的矛盾不是逐渐缩小而是逐渐扩大。随着商品生产的发展,不但需要运输的商品品种、数量在增加,而且平均运输的距离也在不断增加。商品仓储活动的重要意义之一就是通过仓储活动平衡运输的负荷。

2. 衔接生产与消费在时间上的背离

商品的生产和消费之间，需要有一定的时间间隔。在绝大多数情况下，今天生产的商品不可能马上就全部卖掉，这就产生了商品的仓储活动。有的商品是季节生产、常年消费；有的商品是常年生产、季节消费；也有的商品是季节生产、季节消费，或常年生产、常年消费。无论何种情况，在产品从生产过程进入消费过程之前，都需要停留一定的时间。商品在流通领域中暂时的停滞过程，形成了商品的仓储。同时，商品仓储又是商品流通的必要条件，为保证商品流通过程得以不断进行，就必须有商品仓储活动。为了使商品更加适合消费者的需要，许多商品在最终销售之前要进行挑选、整理、分装、组配等工作，这样便有一定量的商品停留在这段时间内，也形成商品储存。此外，在商品运输过程中，在车、船等运输工具的衔接上，由于在时间上不可能完全一致，也产生了在途商品对车站、码头流转性仓库的需要。

3. 调节生产与消费在方式上的差别

生产与消费的矛盾还表现在品种与数量方面。专业化生产将生产的产品品种限制在比较窄的范围之内。一方面，专业化程度越高，一个工厂生产的产品品种就越少。相反，消费者却要求更丰富的品种和更多样化的商品。另一方面，生产越集中，生产的规模越大，生产出来的产品品种却很少。由于在生产方面，每个工厂生产出来的产品品种比较单一，但数量却很大。而在消费方面，每个消费者需要广泛的品种和较少的数量，因此就要求在流通过程中，不断在品种上加以组合，在数量上加以分散。

商品的仓储活动不是简单地把生产和消费直接联系，而是需要一个复杂的组织过程，在品种和数量上不断进行调整。只有经过一系列的调整之后，才能使遍及全国各地的零售商店能向消费者提供品种、规格、花色齐全的商品。

总之，商品生产和消费在空间、时间、品种、数量等方面都存在着矛盾。这些矛盾既不能够在生产领域里解决，也不可能在消费领域里得到解决，所以只能在流通领域，通过连接生产与消费的商品仓储活动加以解决。商品仓储活动在推动生产发展、满足市场供应中具有重要意义。

（二）保持物资原有使用价值和合理使用的重要手段

任何一种物资，当它生产出来以后至消费之前，由于其本身的性质、所处的条件，以及自然的、社会的、经济的、技术的因素，可能使物资使用价值在数量上减少、质量上降低，如果不创造必要的条件，就会不可避免地使物资受到损害。因此，必须进行科学管理，加强对物资的养护，搞好仓储活动，以保护好处于暂时停滞状态的物资的使用价值。同时，在物资仓储过程中，努力做到流向合理，加快物资流转速度，注意物资的合理分配、合理供料，不断提高工作效率，使有限的物资能及时发挥最大的效用。

（三）加快资金流转、节约流通费用、降低物流成市、提高经济效益的有效途径

仓储活动是物质产品在社会再生产过程中必然会出现的一种状态，这对整个社会再生产，对国民经济各部门、各行业的生产经营活动的顺利进行，都有着巨大的作用。然而，

在仓储活动中,为了保证物资的使用价值在时空上的顺利转移,必然要消耗一定的物化劳动和活劳动,尽管这些合理费用的支出是必要的,但由于它不能创造使用价值,因而,在保证物资使用价值得到有效的保护、有利于社会再生产顺利进行的前提下,费用支出越少越好。那么,搞好仓储活动,就可以减少物资在仓储过程中的物质耗损和劳动消耗,加速物资的流通和资金的周转,从而节省费用开支,降低物流成本,开拓"第三利润源泉",提高社会和企业的经济效益。

(四)商品流通管理工作的重要组成部分

仓储活动在商品流通管理工作中有着特殊的地位和重要的作用。商品流通管理工作的全过程包括供需预测、计划分配、市场采购、订购衔接、货运组织、储存保管、维护保养、配送发料、用料管理、销售发运、货款结算、用户服务等主要环节。各主要环节之间相互依存、相互影响,关系极为密切。其中,许多环节属于仓储活动,它们与属于"商流"活动的其他环节相比,所消耗和占用的人力、物力、财力多,受自然的、社会的各种因素影响大,组织管理工作有着很强的经济性。因此,仓储活动直接影响到商品流通工作的质量,也直接关系到商品价值的实现。

二、仓储活动的性质

这里所说的仓储活动的性质,是指生产性和非生产性而言。总的来说,仓储活动是生产性的,这从以下几个方面可以看出。

1. 仓储活动是社会再生产过程中不可缺少的一环

任何产品的生产过程,只有当产品进入消费以后才算终结,因为产品的使用价值只有在消费中才能实现。而产品从脱离生产到进入消费,一般情况下都要经过运输和储存。所以说商品的储存和运输一样,都是社会再生产过程的中间环节。

2. 商品仓储活动具有生产三要素

商品仓储活动同其他物质生产活动一样,具有生产三要素,即劳动力、劳动资料(劳动手段)和劳动对象,三者缺一不可。物质的生产过程,就是劳动力借助劳动资料,作用于劳动对象的过程。商品仓储活动的三要素分别是:劳动力——仓库作业人员;劳动资料——各种仓库设备;劳动对象——储存保管的物质。商品仓储活动是仓库作业人员借助于仓储设备,对商品进行收发保护和保管的过程。

3. 商品仓储活动中的某些环节,实际上已经构成生产过程的一个组成部分

例如,卷板在储存中的碾平及切割、原木的加工、零部件的配套、机械设备的组装等,都是为投入使用做准备,其生产性更为明显。

商品仓储活动具有生产性质,但它与一般的物质生产活动相比,又是不同的,主要表现在以下几个方面。

(1)商品仓储活动所消耗的物化劳动和活劳动,不改变劳动对象的功能、性质和使用价值,只是保持和延续其使用价值。

(2)商品仓储活动的产品,无实物形态,却有实际内容,即仓储劳务。所谓劳务,是指

不以实物形式而以仓储活动形式为他人提供的某种特殊使用价值。

（3）商品经过储存保管，使用价值不变，但其价值增加。这是因为商品仓储活动的一切劳动消耗，早追加到商品的价值中去，追加数量的多少，取决于仓储活动的社会必要劳动量。

（4）作为商品仓储活动的产品——仓储劳务，其生产过程和消费过程是同时进行的，既不能储存，也不能积累。

（5）在仓储活动中，还要消耗一定数量的原材料，有适当的机械设备相配合，这部分消耗和设备的磨损要转移到库存商品中，构成其价值增量的一部分。

三、仓储运营管理的功能

从物流角度看，仓储运营管理的功能可以按照其所实现的经济利益和服务利益加以分类。

（一）经济利益

仓储的基本经济利益有堆存、拼装、分类和交叉、加工/延期。

1. 堆存

仓储设施最明显的功能就是用于保护货物及整齐地堆放货物。其经济利益来源于通过堆存克服商品产销在时间上的隔离（如季节生产但需全年消费的大米），克服商品生产在地点上的隔离（如甲地生产但在乙地销售），克服商品产销量的不平衡（如供过于求）等来保证商品流通过程的连续性。

2. 拼装

拼装是仓储的一项经济利益，通过这种安排，拼装仓库接收来自一系列制造工厂指定送往某一特定顾客的材料，然后把它们拼装成一票商品进行配送，其好处是有可能实现最低的运输费率，并减少在某收货站台处发生拥塞的情况。

拼装的主要经济利益是，把小批量商品配送的物流流程整合起来联系到一个特定的市场地区。拼装仓库可以由单独一家厂商使用，也可以由几家厂商联合起来共同使用出租方式的拼装服务。通过这种拼装，每一个单独的制造商或托运人都能够享受到物流总成本低于其各自分别直接装运的成本，如图 1-1 所示。

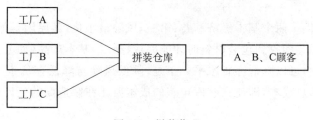

图 1-1　拼装作业

3. 分类和交叉

分类作业与拼装作业相反。分类作业接收来自制造商的货物，并把它们配送到个别的顾客处。分类仓库或分类站把组合订货分类或分割成单个的订货,并安排运输部门负责递送,如图1-2所示。

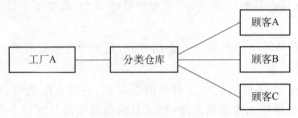

图1-2　分类作业

当涉及多个制造商和多个顾客时,就需要采取交叉作业。零售连锁店广泛采用交叉站台作业来补充快速转移的商店存货。在这种情况下,交叉站台首先从多个制造商处运来整车货物,收到产品后,如果有标签,就按顾客进行分类,如果没有标签,就按地点进行分配;然后,产品就"交叉"着穿过"站台"装到目标顾客指定的拖车上;一旦某拖车装满了来自多个制造商的组合产品,它就运往各个零售店。由于所有车辆都进行了充分装载,因而更有效地利用了站台设施,使站台装载利用率达到最大,如图1-3所示。

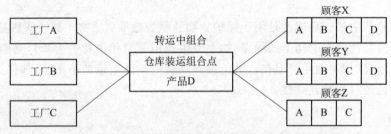

图1-3　交叉站台作业

4. 加工/延期

仓库还可以承担加工或参与少量的制造活动,用来延期或延迟生产。仓库如具有包装能力或加标签能力,还可以把产品的最后一道工序一直推迟到接到该产品的需求通知时为止。例如,蔬菜可以在制造商处加工,制成罐头"上光"。上光是指还没有贴上标签的罐头产品。一旦接到具体的顾客订单,仓库就能给产品加上标签,完成最后一道工序,并最后敲定包装。

加工/延期提供了两个基本经济利益:第一,风险最小化,其原因是最后的包装要等到敲定具体的订购标签和收到包装材料时才能完成;第二,基本产品(如上光罐头)使用了各种标签和包装配置,可以降低存货水平。于是,降低风险与降低存货水平相结合,往往能够降低物流系统的总成本,即使在仓库包装的成本要比在制造商的工厂处包装更贵。

(二)服务利益

在物流系统中,仓储活动获得的服务利益应该从整个物流系统来分析。例如,在一个物流系统中安排一个仓库来服务于某个特定的市场可能会增加成本,但也有可能增加市场份额、收入和毛利。

在仓库实现的5个基本服务利益分别是现场储备（spot stock）、配送分类（assortment）、组合（mixing）、生产支持（production support）和市场形象（market presence）。

1. 现场储备

在实物配送中经常使用现场储备，尤其是那些产品品种有时限或产品具有高度季节性的制造商偏好这种服务。例如，农产品供应商常常向农民提供现场储备服务，以便在销售旺季把产品堆放到最接近关键顾客的市场中去，销售季节过后，剩余的存货就被撤回到中央仓库中去。

2. 配送分类

提供配送分类服务的仓库为制造商、批发商或零售商所利用，按照对顾客订货的预期，对产品进行组合储备。配送分类仓库可以使顾客减少其必须打交道的供应商数目，并因此改善了仓储服务。此外，配送分类仓库还可以对产品进行拼装以形成更大的装运批量，并因此降低运输成本。

3. 组合

除涉及几个不同的制造商的装运外，仓库组合类似于仓库分类过程。当制造工厂在地理上被分割开来时，通过长途运输组合，有可能降低整个运输费用和仓库需要量。

在典型的组合运输条件下，从制造工厂装运整卡车的产品到批发商处，每次大批量的装运可以享受尽可能低的运输费率。一旦产品到达组合仓库，卸下从制造工厂装运来的货物后，就可以按照每一个顾客的要求或市场需求，选择每一种产品的运输组合。

通过运输组合进行转运，在经济上通常可以得到特别运输费率的支持，即给予各种转运优惠。组合之所以被分类为服务利益，是因为存货可以按照顾客的精确分类进行储备。

4. 生产支持

仓库可以向装配工厂提供稳定的零部件和材料供给。由于较长的前置时间，或使用过程中的重大变化，因此对向外界采购的项目进行安全储备是完全必要的。

对此，大多数总成本解决方案都建议，经营一个生产支持仓库，以经济且适时的方式，向装配厂供应加工材料、零部件和装配件。

5. 市场形象

市场形象就是企业在市场中的口碑。尽管市场形象的利益也许不像其他服务利益那样明显，但是它常常被营销经理看作是地方仓库的一个主要优点。市场形象主要体现在仓库对客户的满足率的高低。地方仓库比起距离远的仓库，对顾客的需求反应更灵敏，提供的递送服务也更快。因此，地方仓库将会提高市场份额，并有可能增加利润。

第三节 仓储运营管理的内容

一、仓储运营管理的含义

仓储运营管理是指对仓库和仓库中储存的货物进行管理，从广义上看，仓储管理是对物流过程中货物的储存以及由此带来的商品包装、分拣、整理等活动进行的管理。

仓储运营管理是一门经济管理学科，同时也涉及应用技术科学，故属于边缘性学科。仓储运营管理将仓储领域内生产力、生产关系以及相应的上层建筑中的有关问题进行综合研究，以探索仓储管理的规律，不断促进仓储管理的科学化和现代化。

仓储运营管理的内涵随着其在社会经济领域中的作用不断扩大而变化。仓储运营管理从单纯意义上的对货物存储的管理，逐渐演变成物流过程中的中心环节，它的功能已不再是单纯的货物存储，而是兼有包装、分拣、简单装配等多种辅助性功能。因此，广义的仓储运营管理还应包括对这些工作的管理。

二、仓储运营管理的基本内容

仓储运营管理的对象是仓库及库存物资，具体包括以下几个方面。

（1）选址与建筑问题。例如，仓库的选址原则，仓库建筑面积的确定，库内运输道路与作业区域的布置等。

（2）机械作业的选择与配置问题。例如，如何根据仓库作业特点、所储存物资的种类以及其理化特性，选择机械装备和应配备的数量，如何对这些机械进行管理等。

（3）业务管理问题。例如，如何组织物资出入库，如何对在库物资进行储存、保管与养护。

（4）库存管理问题。此外，仓库业务的考核问题，新技术、新方法在仓库管理中的应用问题，仓库的安全与消防问题等，都是仓储管理所涉及的内容。

三、仓储作业

（一）概述

仓储作业过程是指以保管活动为中心，从仓库接受商品入库开始，到按需要把商品全部完好地发送出去的全部过程。

仓储作业过程主要由入库、保管、出库三个阶段组成。按其作业顺序来看，还可以具体分为卸车、检验、整理入库、保养保管、捡出与集中、装车、发运七个作业环节。按其作业性质来看，可归纳为商品检验、保管保养、装卸与搬运、加工、包装和发运六个作业环节。仓储作业过程由一系列相互联系又相对独立的作业活动所构成。整个仓储作业过程各个部分的因果关系，以储存的商品这一对象为纽带统一起来，并由此形成一种既定的关系。如果把这个过程看作是一个系统，系统的输入是需要储存的商品，输出则是经过保存的商品。在仓储作业系统中，商品在各个环节上运行，并被一系列作业活动所处理。

上述的仓储作业过程，包括仓储作业技术与仓储作业流程两方面的内容。

仓储作业技术是指储存商品的作业方法和操作技术，例如，商品的数量与质量检验方法和技术、装卸操作方法与安全技术等。它涉及商品的储存质量和作业、安全等问题，要大量应用相关科学技术的理论与方法。

仓储作业流程是指商品在仓库储存过程中必须经过的、按一定顺序相互连接的作业环节。一般产品从入库到出库需要顺序地经过卸车、检验、整理、保管、捡出和集中、装车、发运等作业环节。各个作业环节之间并不是孤立的，它们既相互联系，又相互制约。某一环节作业的开始要依赖于前一环节上作业的完成。前一环节作业完成的效果也直接影响到后一环节的作业。由于仓储作业流程中，各个环节之间存在着内在的联系并且需要耗费大量的人力、物力，因此必须对作业流程进行深入细致的分析和合理的组织。在仓储作业流程方面，大量运用有关管理科学的理论与方法。

对于具体的商品来说，作业流程包含的作业环节、各环节的作业内容和它们之间的联系顺序可能都不尽相同。在组织作业时，应当对具体的作业流程进行具体分析。分析的目的是尽可能地减少作业环节，缩短商品的搬运距离和作业时间，以提高作业效率、降低作业费用。

（二）仓储技术作业的特点

由于仓储活动本身所具有的特殊性，所以，仓储技术作业的过程与物质生产部门的生产工艺过程相比较，也具有自己的特点，主要表现在以下几个方面。

1. 作业过程的非连续性

仓储作业的整个技术作业过程，从物资入库到物资出库不是连续进行的，而是间断进行的。这是因为各个作业环节往往不能密切衔接，有间歇。例如，整车接运的物资，卸车后往往不能马上验收，而是要有一段检验时间；入库保管的物资有一段保管时间；物资分拣包装完毕，需要一段待运时间等。它与一般工业企业的流水线作业显然是不同的。

2. 作业量的不均衡性

仓储作业每天发生的作业量有很大差别，各月之间的作业量也有很大的不同。这种日、月作业量的不均衡，主要是由于仓库进料和发料时间上的不均衡和批量大小不等所造成的。

3. 作业对象的复杂性

一般生产企业产品生产的劳动对象较为单一，例如，生产制造机床的主要劳动对象是各种钢材。而物资仓储作业的对象是功能、性质和使用价值等各不相同的千万种物资。不同的物资要求运用不同的作业手段、方法和技术，情况比较复杂。

4. 作业范围的广泛性

仓储技术的各个作业环节大部分是在仓库范围内进行的，但也有一部分作业是在库外进行的，例如，物资的装卸、运输等，其作业范围相当广泛。仓储技术作业的上述特点，对仓储设施的规划、配备与运用，对生产作业人员定编、劳动组织与考核，对作业计划、作业方式的选择与方法等，均产生重要影响，给合理组织仓库作业带来很大的困难与不便。因此，在具体进行仓储设施的规划、配备与运用时，应综合各方面的相关因素慎重考虑。

思 考 题

一、选择题

1. 仓储活动的性质是（　　　）。
   A. 经济性　　　　　B. 服务性　　　　　C. 动态性　　　　　D. 生产性

2. 仓储活动的三要素是（　　　）。
   A. 劳动力　　　　　B. 劳动资料　　　　C. 劳动对象　　　　D. 劳动环境

3. 仓储的经济功能是（　　　）。
   A. 堆存　　　　　　B. 拼装　　　　　　C. 分类和交叉　　　D. 加工和延期

4. 通过对储存物的保管保养，可以克服产品的生产与消费在时间上的差异，创造物资的（　　　）。
   A. 时间效用　　　　B. 增值效用　　　　C. 空间效用　　　　D. 附加效用

二、填空题

1. 仓储的服务利益包括 _____、_____、_____、_____。

2. 仓储作业流程包括 _____、_____、_____、_____。

3. 仓储技术作业的特点是 _____、_____、_____、_____。

三、简答题

1. 仓储运营管理的意义。
2. 仓储活动的性质。
3. 仓储运营管理的功能。
4. 仓储运营管理的内容。
5. 美国仓储业的特点。
6. 日本仓储业的特点。
7. 中国仓储业经历的阶段。

四、论述题

讨论仓储经济利益和服务利益在仓储运营管理中如何发挥作用？

五、案例分析

明日仓储今日观

如果把"反应"这个词加在"时间就是金钱"谚语的首端，你将会对21世纪面临的挑战有更深刻的认识。

由于计算机的方便和快捷，消费者总是盼望能及时得到所期待的东西，执行订单的速度已经变得和产品质量一样重要。这是因为若不能及时收到所订的货物，消费者就会转向他家，甚至更换品牌。

为了赢得消费者的芳心，销售公司已将后勤管理重心从产品品种转移到应急服务方面来增强公司的竞争能力。选择一种形式合理的仓库（又称配送中心）不仅是商家至关重要的商业抉择,而且将最终决定顾客对商家的忠实程度。虽然要准确地说明新千年仓库的模式还为时尚早,但下述观点却不失为是对一些仓储关键性问题的良好建议。

一、虚拟现实、虚拟仓库

一个首要问题是在 21 世纪是否仍然会存在仓库?毕竟现代经管理念的目标在于减少库存,保持流通,以至于大多数公司更愿意采用无库存管理方法,在平时就及时、源源不断地补充货物。但正是基于以上观点,仓库必然存在。"任何时候在供货方与生产者之间或生产者与消费者之间都会存在误配,而弥补这种失误的有效途径就是库存,仓库恰好成为连接他们的有效桥梁。"阿纳德·马茨博士在《仓储变化原则》一文中曾提到以上观点,而这又是许多公司的生命源泉。以化妆品季节性销售特点为例,粉红色的指甲亮光剂和口红的大部分销售都集中在春、夏两季,厂家必须预先生产出部分产品以满足市场要求,因此一定的仓储必不可少。

每种产品都由多种原料加工而成,即使仅有一个供货商不能及时供料,哪怕是价值100 元的小瓶香料,也会使整条生产线陷于瘫痪,造成每分钟数万元的损失,所以定量库存在生产企业显得尤为重要。由于各种因素都会影响原材料的及时供应,因此安全可靠的库存非常重要。当然,这期间还不包括人类难以预料的许多其他困难。无论一个公司多么了解它的目标顾客群,也无论其预测方法多么高明,想要完全、准确、及时地预测消费者在何时需要何种产品似乎有些不太可能。而仓库却可使公司在供需方面保持一种动态平衡,能随时为消费者提供所需要的产品。

那么,有关仓库的最终定义究竟是什么呢?有人认为,只要人类生产和购买产品的事实存在,就会存在一定形式的仓库。

二、今日的仓库不只为储存

其实当今的仓库只是一个单纯的存储设施。物流学的内涵及外延发展优势就是要逐步改变这些设施的形式,直至某一时刻的到来。也许最能解释这种优势的词汇是"盘存速度",专业物流管理人员可以通过加快原料和产品的运转周期来降低库存搬运成本。目前,这种趋势使许多公司都更积极地想方设法建立拥有多个货运出口及大型停车场的仓库,房地产专家也在为适应市场需求而设计出条形狭长仓库,以方便人们在靠近仓库货运出口的地方完成更多的工作。

第二个影响仓库形式的大趋势是信息爆炸。高效的科学技术如无线电音频装置和仓库管理系统,将使仓库管理和摸清仓库存货数量变得更为容易。公司不再需要掌握多种类型的产品存量控制线,他们所运营的仓库也将比 10 年前减少许多。为了弥补因关闭或合并仓库所带来的面积减损,一些公司也经营个别大型仓库,为了及时为大众服务,他们更倾向于在更接近市场的地方建立仓库。

第三个影响趋势是消费习惯,特别是在商品零售方面。因为人们从沃尔玛公司得到启示,许多零售商坚持让厂方送货到货架以减少存货空间。尽管送货至货架服务对零售商意味着得到从托盘装运到商品特殊包装、陈列和清点等工作简化后的种种益处,但是对仓库和与之配合的部门来说意义只有一点,即增加了工作的复杂程度。

某些专家认为,"人们当然会想当然地认为选择订单、托盘装运和卡车上货等是轻松简单的工作",可如果当送货目的地客户是一个大型零售商时,这项工作就会变得异常复杂,由于这种趋势的影响,仓库雇员才变得更有价值,因为机器设备不能胜任人们装运时所要求的高水平分拣工作,同时失业率也有所降低。

三、趋于全球化

随着经济的全球化,国际贸易逐年增长,各国出口产品的数量在日益增多,很多港口城市成为备受欢迎的仓库口岸。人们希望仓库可以成为自由贸易区和传统消费习惯的结合地带,因为这两项内容都可以极大限度地推动商品的国际流通。

四、电子商务和电子仓储

电子商务的出现也许为当今仓储带来一种最新流行趋势。

根据弗若斯特沙利文咨询公司(Frost & Sullivan)的最新研究,阿里巴巴集团是B2B电商市场的先驱,其平台商品总价值达到272.8亿美元,市场份额为11%。这让该公司占据了市场主导地位,而B2B电商市场的商品总价值预计将在2020年达到6.7万亿美元。这种发展趋势将让B2B电商市场的规模在同一时期内增长至B2C(企业对消费者)电商市场(3.2万亿美元)的两倍。到2020年,中国B2B电商市场有望凭借2.1万亿美元的规模雄踞世界第一,在这种情况下,阿里巴巴集团有很大的机会在这个重要和不断增长的细分市场巩固自己的主导地位。但是,在我们总结B2C和B2B电商市场生态系统(它们听起来很相似)的共性之前,指出两者之间的关键区别也很重要。在B2C市场,销售相对简单,价格是固定的,商品数量较少,运输很容易,市场很少遇到监管或税务方面的复杂问题,而且商品易于进行展示和营销。相比之下,B2B市场的价格差异很大,商品数量要多得多,包含的种类也更多,因此需要灵活的运输和物流解决方案,税务和监管问题对销售具有重大影响,供应商通常需要雇用大批员工,他们的唯一责任就是在这些限制之内分发产品和服务,市场营销(或者像很多企业更喜欢的说法——"客户教育计划")更加复杂,因为客户需要知道产品如何跟他们已经掌握(或正在考虑购买)的其他系统进行协同工作和互动。

目前,包括雅诗兰黛在内的工业先锋们也都创建了网上商店,许多百货商店也开始在网上销售化妆品,几家提供健康和美容服务的公司只在网上销售其产品,QVC(Q—quality质量,V—value价值,C—convenience便利)的网站声称美容用品是其网上最畅销的产品之一。

就像电子商务将使人们的购买方式发生改变一样,它同样会改变商品的销售方式。现在,绝大多数化妆品公司在把商品直接发送给零售商的同时,也向个人消费者直接投送订单,这都将促使旧式订单的大小及填写方式发生改变。生产公司不再采用卡车或其他大容量的装运方式,而是将把多个单一小型包裹运送出去,这就使"包裹合并公司"应运而生。因此,如何选择仓库的位置将会在近些年成为包裹合并公司和小包裹运送公司必须考虑的现实问题。

电子商务还将提高仓储过程中的分拣水平。生产公司为迎合消费者的个性消费需求,难免要处理几千份甚至数百万份的订单。由于每一份订单都是个性化的,如特殊的配方或色彩搭配、粘贴正确的邮件标签等。因此,许多仓库还需从事一些高附加值的服务工作,如分拣、包装以及增加为完成这些服务所需的货架和专用设备等。

五、设备供给能力和灵活程度

在谈论设备话题时,有一个问题很关键,那就是我们根本看不到未来的仓库是什么模样,对于跟随时代变化的仓储设备也无从知晓。

建设一个全自动的自动化仓库需花费3 000万～8 000万美元,大多数公司都不愿为建立一个功能单一的后勤仓库投资这么多钱,并且几乎没有公司愿意对现有仓库进行改造,以适应未来发展的需要。但是一个高水平的自动化仓库对一个公司而言,就像一个汽车生产商需要购买能经得起长期使用的机器一样。这点让我们有所启示,什么才是今日或明朝仓库最关键的品质? 那就是灵活程度。

一个真正意义上的仓库不仅能够容纳货物,还要能够容纳客户的需求。你肯定不想因设备跟不上时代的变化而使经营受限,所以购买的设备必须跟得上客户需求变化的速度。挑选灵活性高、适应性强的设施,就能够及时为客户提供所需的服务,他们也将会继续成为忠实的客户。

问题

谈谈对未来仓储发展趋势的认识。

第二章

仓储的分类及管理

导入案例

福保赛格实业有限公司

福保赛格实业有限公司(以下简称福保赛格)是深圳赛格储运有限公司下属的企业。福保赛格在深圳市福田保税区拥有 28 000m² 的保税仓。公司的问题主要是保税仓的固定资产超过 8 000 万元,而每年的利润却不到 500 万元,资产回报率太低。提高保税仓库区工作人员士气,努力增强服务意识,注重品质提升,增大物流增值服务的比例,大幅提高仓租费以外的收入来源,争取到更多利润贡献率高的优质客户,淘汰利润率低的 C 类客户等都是可能解决问题的途径。

1. 公司现状分析

福保赛格的主要客户包括日本理光国际通运有限公司、华立船务有限公司、伯灵顿国际物流有限公司、华润物流等近百家外资、港资物流企业和分布于珠三角地区的制造企业。福保赛格面向这些企业,提供保税仓的长租和短租服务,并附带从事流通加工等物流增值服务。福保赛格的在职员工约 40 名,包括 5 名管理人员、10 名左右的叉车工人和搬运工人,另外还有报关员、报检员、客户服务人员、仓库管理员、勤杂人员(含门卫和设备检修人员)等 20 多人。福保赛格的赢利模式是以仓库库位出租为核心的物流服务项目的收费。基本收费项目是仓租费。另外还有装车、卸车、并柜/拼箱,对货品进行贴标、缩膜/打板、换包装、简单加工(如分包、重新组合包装、简单装配等),以及代客户进行报关、报检等服务项目的收费。主要支出是人工、水电、仓储物和设备折旧带来的维修维护费用等。福田保税区的特点在于有通向香港落马洲的进出境通道(一号通道)和通向深圳市区的进出关通道(二号通道)。货物进出境只需向海关备案,而进出关则需要报关。客户可以利用保税区境内关外的政策优势,实现整批进境,分批入关的延迟纳税优惠,或反之提前退税的好处。

2. 问题总结与整理

福保赛格的仓库主要是平面仓,有部分库区采用立体货架。以托盘为基本搬运单元,用叉车(以及地牛)进行进出库搬运和库内搬运。一楼是越仓区,有五辆燃气动力的叉车。二楼到十楼为储存区,每层都有一到两台电动叉车(用蓄电池驱动)。有两个大型货运电梯上下。车辆停靠的月台有十多个车位,可以停靠货柜车、箱式车等多种型号的运输车辆。福保赛格目前仍然是以订单为驱动,以业务为中心进行运作的仓储服务企业,还没有转型到以客户服务为中心。在该公司管理层的推动下,公司上下全体员工已经树立了全面质量管理的理念,并以 ISO 9000 质量管理体系的要求建立了规范化的质量文档体系,但该公司尚未正式申请或通过 ISO 9000 质量体系认证。

3. 解决方案

福保赛格及其母公司赛格储运有限公司在 1999 年开发过一套基于 C/S 体系的管理信息系统,后因结算不准确、系统灵活性差、不能适应业务变化等原因而放弃使用。自 2002 年年底到 2003 年年底,赛格储运有限公司与赛邦软件合作开发了一套全新的、基于 Web 的 B/S 体系的物流管理系统,覆盖了运输业务、仓储业务、财务结算等各方面,从而实现了客户网上下单,网上查询订单处理状态、库存状态、账单明细等,可以做到实时结算和预约结算。福保赛格面临的最大的问题是如何提高资产回报率,保税仓的固定资产超过 8 000 万元,而每年的利润却不到 500 万元,与运输业务相比(货柜车辆的固定资产只有 1 000 多万元,每年贡献的利润却达到 2 000 万元以上),资产回报率太低。为了使公司上台阶,提高保税仓的资产回报率,并在适当的时候通过 ISO 9000 的认证,福保赛格希望通过内部实现全面质量管理来持续改进自己的管理流程,并通过信息化的手段来辅助管理的开展。他们所考虑的思路与前面我们所探讨的质量管理学大师戴明所持的观点在很多层面极为吻合,首先他们希望建立现代化的岗位培训制度,建立严谨的教育及培训计划。然后通过在部门中持续不断地开展培训和流程监控,消除内部部门之间的隔阂,提升所有员工主动为客户服务的意识,并且消除员工对于管理层的恐惧感,敢于提出自己的观点和看法,逐步取消妨碍基层员工的工作顺畅的因素以及量化考核指标,并且通过最高层领导的积极参与,在企业内部形成一种计划、执行、检查、处理(PDCA)的全体员工认同的管理文化。对外开发更多的高端客户,树立以客户为中心的意识(高度关注客户的满意度),提出"要把服务做在客户没有想到之前"的口号。通过内部的管理流程挖潜和为客户提供优质增值服务来获得新的竞争优势。

思考

评析公司的解决方案,想一想是否还有更好的解决方案?

第一节　仓　　库

仓储是物流的重要职能之一。仓储分类的意义及其作用在于仓储的分类不同,从而使仓储管理有所不同,为了能够更好地加强仓储的运营管理,必须准确对仓储进行分类。仓储可以从仓储用途、仓储商品的特性、仓储构造、仓储的建筑材料、仓储所处的位置、仓储管理体制、仓储功能等角度进行分类。

仓库(warehouses)是保管、储存物品的建筑物和场所的总称,例如库房、货棚、货场等。仓库与库存是同时产生的。当生产力发展到一定阶段,有了库存的需要,就出现相应的储存设施。我国"仓库"从原始的储存谷米之类的"仓廪"到近代的"堆栈"——堆存和保管物品的场所与设备,发展到具有一定规模和水平的现代仓库,同样是生产力发展的结果。仓库的种类很多,由于各种仓库所处的地位不同,所承担的储存任务不同,再加上储存物资的品种规格繁多、性能各异,就可以根据不同的分类标准,将仓库分为不同的类型。

一、仓库的类型

(一)按用途分类

仓库按在商品流通过程中所起的作用,可以分为以下几种。

(1)采购供应仓库。采购供应仓库主要用于集中储存从生产部门收购的和供国际进出口的商品。这类库场一般设在商品生产比较集中的大、中城市,或商品运输枢纽所在地。采购供应库场一般规模较大,如我国的商业系统的一级和二级采购供应站的库场均属于此类。其中,一级供应站面向全国,二级供应站面向省、自治区或经济区。随着市场经济的逐步确立,这种供应站的职能划分已被打破。

(2)批发仓库。批发仓库主要用于收储从采购供应库场调进或在当地收购的商品。这类仓库站靠近商品销售市场,是销售地的批发性仓库。它既从事批发供货,也从事拆零供货业务。

(3)零售仓库。零售仓库主要用于为商业零售业作短期储货,以供商店销售。在零售仓库中,储存的商品周转速度较快,而库场规模较小,一般附属于零售企业。

(4)储备仓库。储备仓库一般由国家设置,以保存国家应急的储备物资和战备物资。货物在这类仓库中储存的时间往往较长,并且为保证储存物资的质量,需定期更新储存的物资。

(5)中转仓库。中转仓库处于货物运输系统的中间环节,存放那些待转运的货物。这类仓库一般设在铁路、公路的场站(陆港)和水路运输的港口码头的附近。

(6)加工仓库。在这种仓库内,除商品储存外,还兼营某些商品的挑选、整理、分级、包装等简单的加工业务,以便于商品适应消费市场的需要。目前,兼有加工功能的仓库是物流企业仓储服务发展的趋势。

(7)保税仓库。保税仓库是为国际贸易的需要,设置在一国国土之上,但在海关关境以外的仓库。外国货物可以免税进出这些仓库而无须办理海关申报手续。并且经批准后,可在保税仓库内对货物进行加工、存储、包装和整理等业务。对于在划定的更大区域内的货物保税,则可称为保税区。

以上各类仓库中,采购供应仓库、批发仓库和零售仓库在物流供应链中形成了前后衔接的关系,如图2-1所示。

图 2-1　仓储供应链关系

(二)按保管货物的特性分类

按保管货物的特性不同,仓库可分为以下几类。

（1）原料仓库。原料仓库是指保管生产中使用的原材料的仓库。这类仓库一般规模较大，通常设有大型的货场。

（2）产品仓库。产品仓库是指保管完成生产但尚未进入流通的产品的仓库。这类仓库一般附属于产品制造企业。

（3）冷藏仓库。冷藏仓库用于保管需要冷藏储存的货物。一般多为农副产品、药品等。

（4）恒温仓库。恒温仓库是指为保持货物存储质量，将库内温度控制在某一范围的仓库。这种仓库规模不大，可以存放精密仪器等商品。

（5）危险品仓库。危险品仓库专门用于保管易燃、易爆和有毒的货物。这类货物的保管有特殊的要求。

（6）水面仓库。水面仓库是指利用货物的特性以及宽阔的水面来保存货物的仓库。例如，利用水面保管圆木、竹排等。

（三）按仓库建筑物的构造分类

1. 单层仓库

单层仓库是最常见的、使用范围很广泛的一种仓库建筑类型。这种仓库没有上层，不设楼梯，如图2-2所示。其主要使用特点如下。

（1）设计简单，在建造和维修上投资较少。

（2）全部仓储作业都在一个层面上进行，货物在库内装卸和搬运方便。

（3）各种设备（如通风、供水、供电等）的安装、使用和维护比较方便。

（4）仓库地面能承受较重的货物堆放。

但是，单层仓库的建筑面积利用率较低，在城市土地使用价格不断上涨的今天，在市内建造这类仓库，其单位货物的存储成本较高，故单层仓库一般建在城市的边缘地区。

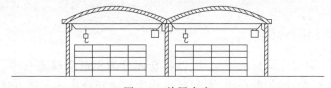

图2-2 单层仓库

2. 多层仓库

多层仓库一般建在人口较稠密、土地使用价格较高的市区。它采用垂直输送设备（如电梯或倾斜的带式输送机等）实现货物上楼作业。图2-3反映了一种阶梯形的多层仓库，它通过库外起重机将货物吊运至各层平台。多层仓库主要有以下特点。

（1）多层仓库可适应各种不同的使用要求，如办公室与库房分别使用不同的楼面。

（2）分层的仓库结构将库区自然分隔，有助于仓库的安全和防火，如果发生火情，往往可以控制在一个层面而不危及其他层面的货物。

（3）现代的仓库建筑技术已能满足较重的货物提升上楼。

（4）多层仓库一般建在市区，特别适用于存放城市日常用的高附加值、小型的商品

（如家用电器、生活用品、办公用品等）。

多层仓库的最大问题是建造和使用中维护投资较大，故堆存费用较高，一般适用于高附加值的商品堆存。

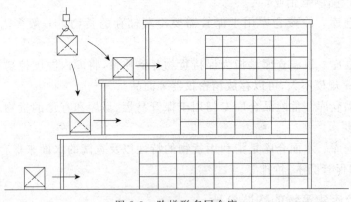

图 2-3　阶梯形多层仓库

3. 立体仓库

立体仓库又称高架仓库，实质上是一种特殊的单层仓库，它利用高层货架堆放货物。一般与之配套的是采用自动化的堆存和搬运设备，形成自动化立体仓库。

4. 筒仓

筒仓是用于存放散装的小颗粒或粉末状货物的封闭式仓库，一般置于高架之上，如存储粮食、水泥和化肥等。

5. 露天堆场

露天堆场是用于货物露天堆放的场所。一般堆放的货物都是大宗原材料，或不怕受潮的货物。

（四）按建筑材料分类

根据仓库所使用的建筑材料不同，可以将仓库分为钢筋混凝土仓库、混凝土块仓库、钢结构仓库、砖石仓库、泥灰墙仓库、木架砂浆仓库和木板仓库等。随着建筑材料的发展，按建筑用材划分的仓库还会出现新的种类。

（五）按所处位置分类

根据仓库所处的地理位置，可以将仓库分成码头仓库、枢纽仓库、内陆仓库、车站仓库、终点仓库、城市仓库和工厂仓库等。

（六）按仓库的管理体制分类

根据仓库隶属关系的不同，按其管理体制可将仓库分为自用仓库和公用仓库。

自用仓库只被企业本身使用，不对社会开放，在物流概念中被称为第一方物流仓库和第二方物流仓库。如中国大型企业的仓库和大多数外贸公司的仓库均属于此类。这些仓库由企业自己管理。当然,随着市场经济的发展,许多自用仓库在满足自身的需要以后,也逐步向社会开放。

公用仓库是一种专门从事仓储经营管理的、面向社会的、独立于其他企业的仓库,在物流概念中被称为第三方物流仓库。国外的大型仓储中心、货物配送中心均属于此类。近年来,中国专门从事仓储业务的企业发展迅速,已在物流系统中扮演着越来越重要的角色。

(七) 按仓库的功能分类

从功能性的角度,仓库可分为储存仓库和流通仓库。

(1) 储存仓库以储存、保管为重点,货物在库时间相对较长,仓库工作的中心环节是提供适宜的保管场所和保管设施设备,保存商品在库期间的使用价值。

(2) 流通仓库也可称为流通中心。流通仓库与储存仓库的区别在于:货物在库的保存时间较短,库存量较少,而且出入库频率较高。流通仓库虽然也做保管业务,但更多的是做货物的检查验收、流通加工、分拣、配送、包装等工作,在较短的时间内向更多的用户出货。制造厂家的消费地仓库、批发业和大型零售企业的仓库多属于这种类型。

二、仓库建筑物构成

为了满足仓储管理的需要,仓库必须配置一定的硬件设施和设备。仓储建筑物由仓库的主体建筑、辅助建筑和附属设施构成。

(一) 仓库主体建筑

仓库建筑物有多种类型,可按不同的标准进行分类。按仓库的结构特点,可将仓库建筑物分为三大类,即封闭式仓库(库房)、半封闭式仓库(货棚)和露天式仓库(货场)。

1. 封闭式仓库(库房)

库房是仓库中用于存储货物的主要建筑。库房按其与地面的相互位置关系,可分为地上库房、半地下库房和地下库房。

地上库房施工容易,造价较低,库内干燥,通风采光良好,作业方便。其缺点是受自然因素和周围环境的影响比较大。地下库房与此完全相反,而半地下库房的优缺点介于两者之间。一般库房多为地上库房,只有存放油脂、油漆、酸类、橡胶及其制品等物料的库房才采用地下或半地下。

库房按其跨度可分为单跨库房、双跨库房和多跨库房。双跨或多跨库房又有等高和不等高之分。双跨和多跨库房与单跨库房比较,在建筑面积相同的情况下,前者可缩短围墙以及其他附属装置的长度,降低工程造价。

库房主要由以下建筑结构组成。

(1) 基础。基础用于承受房屋的重量。库房基础可以分为连续基础和支点基础两种。

连续基础是由实体墙下采用砖、块石和水泥浆砌成;支点基础是在墙柱下形成的柱形基础,柱形基础一般间隔 3～3.5m。

（2）地坪。地坪用于承受堆存的货物。它要求坚固（承受冲击）、耐久（耐摩擦）、有承载能力（10t/m²）、平坦（便于车辆通行）。

（3）墙壁。墙壁是库房的维护、支撑结构。其作用是使库内环境尽可能不受外界气候影响。库房墙壁按其所起作用不同可分为承重墙、骨架墙和间隔墙。其中，骨架墙是砌在梁柱间，起填充作用和隔离作用的墙。

（4）库门的尺寸。库门的尺寸应根据进出库场的运输工具携带货物时的外形尺寸确定。对于较长的库房，每隔20～30m应在其两侧设置库门。如果与火车装卸线对应，则库门的间距为14m。

（5）库窗。库窗用于库内采光和通风。

（6）柱。柱是库房的承重构件。柱子的位置和密度应根据堆码方式、建筑面积、结构类型以及便于车辆行驶等诸方面因素来确定。

（7）库顶。库顶的主要作用是防雨雪和保温。库顶建筑的要求是符合防火安全要求，坚固和耐久。库顶的外形有平顶、脊顶和拱顶三种。

（8）站台。站台的作用是便于装卸和车辆进出仓库。站台平面应与车厢底面和仓库地面平齐，一般比地面高出1.1m左右。站台宽度根据库内流动机械的回转半径确定，一般为6～8m。站台围绕库房四周构筑。

（9）雨篷。雨篷在货物进出仓库时，可防止雨雪浸淋。其宽度应大于站台2～4.5m。

2. 半封闭式仓库（货棚）

货棚也称料棚，是一种简易的仓库，为半封闭式建筑。货棚用于存放对自然环境要求不高的货物。货棚根据其围墙建筑情况，可以分成敞棚（仅由支柱和棚顶构成）和半敞棚（有一面、二面和三面墙之分）。

3. 露天式仓库（货场）

货场是用于堆存不怕雨淋、风吹的货物，采用油布覆盖时，可堆存短期存放的、对环境要求不太高的货物。露天货场的地面材料可根据堆存货物对地面的承载要求采用压实泥地、铺沙地、块石地和钢筋水泥地等。

（二）仓库辅助建筑

仓库辅助建筑是指办公室、车库、修理、装卸工人休息间、装卸工具储存间等建筑物。这些建筑一般需要与存货区保持一定的安全间隔。

（三）仓库附属设施

仓库除以上设施外，还有一些附属设施，主要有通风设施、照明设施、取暖设施、提升设施（电梯等）、地磅（车辆衡、轨道衡）和避雷设施等。

（四）对仓库建筑物的基本要求

库房、货棚、露天货场等各种仓库建筑物，由于结构和功能不同，对它们的要求也不同，下面分别加以讲述。

1. 对库房的基本要求

（1）满足物资保管的要求。储存保管物资是库房的基本功能。库房要为物资保管创造适宜的环境和良好的条件。

对于一般普通库房来说，主要应具有良好的防水（自然降水、雨雪霜露等）、防潮、防风吹日晒、防尘、防有害气体、防盗、防破坏等功能。库房的地坪、墙体和屋顶应具有良好的隔潮性能，库房门窗应有较好的密封性能，墙体和门窗要足够坚固。

取暖保温库房，除上述要求外，还应有良好的隔热保温性能，这主要取决于墙体和屋顶的结构材料。此外，门窗的大小、结构和结构材料对库房的隔热保温性能也有一定的影响，如双层门窗的保温效果较好。

对于专用库房来说，由于存放的物资不同，应有不同的要求。如油库，应具有良好的通风性能和隔热性能；酸库应具有一定的耐腐蚀性能和通风保温性能；电石库应有良好的防潮和通风性能等。

（2）满足仓库作业的要求。库存物资要经常进行收发，因此，要求库房应为仓库作业提供方便条件，特别是要满足机械化作业的要求。这些要求包括：库内要安装固定装卸搬运设备（如桥式起重机或龙门式起重机、电动滑车、堆垛机、升降平台等）；要为装卸运输设备入库作业提供方便（如库门要足够大、地坪的承载能力要强、库房净空要高）；采用专用线进库或库边设站台，站台的宽度、长度、高度和两端的坡度要符合机械化作业的要求。

（3）满足防火安全的要求。物资仓库是集中储存保管大量物资的场所，仓库的防火安全非常重要。

按照仓库储存物品发生火灾危险程度的不同，可将其分为甲、乙、丙、丁、戊五个类别。

甲、乙类主要是自燃、易燃和易爆炸物品，丙类主要是可燃液体和固体，丁类为难燃烧物品，戊类为非燃烧物品。

按照建筑物各部分构件的燃烧性和耐火极限，将建筑物分为一、二、三、四四个建筑耐火等级。建筑物各部分构件的燃烧性可分为三种情况：①非燃烧体，如砖、石、钢材、水泥混凝土等；②难燃烧体，如沥青混凝土、水泥刨花板等；③燃烧体，如木材、竹材、油毡、苇席等。耐火等级分类具体如下：①一级耐火等级建筑，主要建筑构件全都不具有燃烧性；②二级耐火等级建筑，主要建筑构件除吊顶具有难燃烧性，其他不具有燃烧性；③三级耐火等级建筑，屋顶承重构件具有可燃性；④四级耐火等级建筑，防火墙不具有燃烧性，其余具有难燃性和可燃性。

建筑物各部分构件，从受到火的作用时起，到失去支持能力、稳定性，或发生穿透性裂缝，或与火对立面的背面温度升高到150℃时止，这一段对火的抵抗时间，称为耐火极限，以小时计。

对于储存不同类别的物资仓库，要求与之相适应的建筑耐火等级的仓库建筑物，可参照表2-1。墙的耐火等级分类见表2-2。

表 2-1　仓库建筑物耐火等级

库存物资类型	甲	乙	丙	丁	戊
建筑物耐火等级	一、二	一、二	一、二、三	一、二、三、四	一、二、三、四

表 2-2　墙的耐火等级分类

构件名称		耐火等级			
		一级	二级	三级	四级
墙	防火墙	不燃性 3.00	不燃性 3.00	不燃性 3.00	不燃性 3.00
	承重墙	不燃性 3.00	不燃性 2.50	不燃性 2.00	难燃性 0.50
	非承重外墙	不燃性 1.00	不燃性 1.00	不燃性 0.50	可燃性
	楼梯间、前室的墙,电梯井的墙,住宅建筑单元之间的墙和分户墙	不燃性 2.00	不燃性 2.00	不燃性 1.50	难燃性 0.50
	疏散走道两侧的隔墙	不燃性 1.00	不燃性 1.00	不燃性 0.50	难燃性 0.25
	房间隔墙	不燃性 0.75	不燃性 0.50	难燃性 0.50	难燃性 0.25

　　为了使仓库在建设中能够起到安全储存的目的,在具体的仓库耐火等级设计时,具体细节还要参考《建筑设计防火规范》(GB 50016—2019)。

　　2. 对货棚的要求

　　对货棚的要求与库房一样,应满足物资保管、仓库作业和防火安全的要求。但货棚在保管方面与库房不同,因为它只有屋顶和部分围护结构,其主要作用是防止降水及日照对物资的影响,对温度、湿度无法控制,而且由于溯雨和日光斜射对货棚内物资的影响,在货棚建筑方面需要注意以下几点。

　　(1) 大跨度或双跨。增大货棚的跨度,可增加安全面积,缩小溯雨、日照面积占总面积的比率。

　　(2) 低柱头。货棚内溯雨和日光斜射所达到的深度,即所损失的面积与货棚的高度成正比,货棚越高,损失的面积越大。

　　(3) 长挑檐。延长货棚的挑檐,能对溯雨和日照起一定的阻挡作用。当挑檐足够长时,溯雨和日照不会进入棚内。

　　(4) 高屋脊。加高货棚的屋脊有利于泄水,可减少漏雨,并能扩大棚内空间,有利于防热。

　　(5) 半围护。在货棚四周的垂直方向上,可设部分遮蔽物。无挑檐时设在上部,有挑檐时设在中部或下部,能遮蔽雨雪和日照。

货棚靠库区围墙或库墙修建,可利用围墙或库墙作为一道侧墙,能解决一个侧面的淋雨和日照问题。

3. 对露天货场的要求

货场是储存保管物资的露天场地,无任何固定的遮蔽物,对各种自然因素的侵蚀均不起防护作用,主要靠下垫上苫保护物资不受损失。一般要求货场具备下列条件。

(1)地势高燥。露天货场地势要高,地下水位要低,地面要保持干燥,不反潮。

(2)排水良好。露天货场应有良好的排水性能,雨后不积水,货场横断面造成人字坡度,在最低处设排水沟,并与排水管道连通,泄水通畅。货场如为软地面,可铺河沙、山皮土,形成渗水层。

(3)地面坚实。货场地坪应有足够的荷载能力,最好采用硬地面,可用水泥混凝土或沥青。当条件不允许时,可因地制宜,就地取材,砌筑石块。

(4)交通方便。露天货场应有方便的交通条件,要有专用线通入,并有公路环绕,以便于物资的收发。

(5)设备齐全。一般货场都应安装龙门式起重机,用于完成物资的装卸、搬运、检验、配料、集中等作业;货场应配备检斤设备,如大型台秤、地衡等;在货场还可根据需要,安装固定大型钢制悬臂料架或垛基。此外,货场应有良好的照明条件和供电系统。

(6)环境适宜。货场应远离工厂和锅炉房的烟囱,以防烟尘对物资产生影响。货场应与储灰场等保持一定的距离,场内应清除杂草和垃圾,货场周围不宜栽种落叶树。

如上所述,货棚的保管条件不太好,而且作业不便。露天货场虽然作业方便,但保管条件差。为了改善保管条件,最好建造封闭式库房,这就需要大量投资,不易实现。而采用充气式仓库和活动货棚,则是解决这一问题的好办法。特别是活动货棚值得大力推广。

第二节 堆 场

堆场是用于堆放货物的场地,一般情况下为露天货场。堆场上堆存的货物不同,其管理方式也不同。下面分为集装箱、散货、带包装物品三大类堆场进行介绍。

一、集装箱堆场

1. 集装箱定义及分类

集装箱(container)又称"货柜""货箱",是具有一定的强度和刚度,专门供周转使用并便于机械操作和运输的大型货物容器,因其外形像一个箱子,又可以集装成组货物,所以称为"集装箱"。国际标准化组织根据集装箱在装卸、堆放和运输过程中的安全需要,规定了作为一种运输与仓储工具的货物集装箱的条件:能够长期反复使用,具有足够的强度;途中转运不用移动集装箱内的货物,可以直接装;可以进行快速装卸,具有 $1m^3$ 以上的内容积。

集装箱的种类有很多,按照其用途不同,可分为杂货集装箱、冷藏集装箱、散货集装箱、开顶集装箱、框架集装箱、罐状集装箱等。

除此之外,还有一些特种专用集装箱。例如,专供用于运输汽车,并可分为两层装货的汽车集装箱;可通风并带有喂料、除粪装置,以及铁丝网为侧壁的,用于运输活的牲畜的集装箱;备有二层底,专运兽皮等有带汁渗漏性质的兽皮集装箱,以及专供挂运成衣的挂衣集装箱等。另外,还有以运输超重、超长货物为目的,并且在超过一个集装箱能装货物的最大重量和尺寸时,可以把两个集装箱连接起来使用,甚至可加倍装载一个集装箱所能装载的重量或长度的平台集装箱。

此外,由于货流在某些运输线上的不平衡产生了折叠集装箱。由于海陆运输条件的差异,目前世界上许多地方仍使用子母箱。

2. 集装系统

集装系统是以集装方式进行全物流过程各项活动并对此进行综合、全面管理的物流形式。集装系统有时简称集装或集装化,这是许多活动综合的总称。它既是一种包装形式,又远远超出包装的范畴;既是一种运输或储存形式,又不完全只起运输或储存的作用。集装贯穿了物流的全过程,在全过程中发挥作用。

集装有效地将分散的物流各项活动连接成一个整体,是物流系统化的核心内容和主要方式。集装系统能在多方面起作用,因而许多人将其看成是干线物流的发展方向。

在集装系统中,首要的问题是将货物形成集装状态,即形成一定大小和重量的组合体,这是集零为整的方式。将零散货物集中成一个单元,称单元组合,又称集装。这样形成的货载称单元组合货载,又称集装货载。

3. 设置集装箱堆场要考虑的因素

集装箱等集装设备的出现,也给储存带来了新观念,采用集装箱后,本身便是一栋仓库,不需要再有传统意义的库房。在仓储过程中,以集装箱存放货物,形成集装箱堆场,可以直接以集装箱作为媒介,使用机械装卸、搬运,可以从一种运输工具直接方便地换装到另一种运输工具,或从发货方的仓库经由海、陆、空等不同运输方式,无须开箱检验,也无须接触或移动箱内的货物,直接运送到收货人的仓库,也就省去了入库、验收、清点、堆垛、保管、出库等一系列储存作业。

采用集装箱分区堆存,避免了箱子的随意摆放,而且将减少倒箱。尽管采用集装箱堆场堆存货物具有上述很多优点,但在实际设计集装箱堆场时,还是应该考虑以下三方面的因素。

(1) 人力资源。由于采用集装箱堆存可以减少许多拆箱、倒箱工作,给进出堆场的装卸作业也带来了许多便利条件,降低了劳动强度,因此,在人员数量上比其他形式的堆场有一定的缩减。

(2) 土地使用。由于港口运输的需要,集装箱堆场通常设置在港口、码头附近,那么占用港口场地的费用与任何内陆都不能相比,并且现在对土地改良和对污染物联合治理的要求越来越高。值得一提的是,地皮和场地一直都是仓库系统设计中财务分析的最重要组成部分。因此,尽管集装箱堆场较一般的内陆仓库具有很多优势,但是,它的占地费用是必须考虑的因素,在实际集装箱堆场的设计中应尽量减少堆场的占地面积。

(3) 单位操作和堆存成本。这是一个很明显的问题,但是操作和堆存的真实成本很难精确地确定。尽管这样,在设计集装箱堆场时,还是应该尽量充分考虑各方面的因素。

4. 集装堆场的目标

在设计集装箱堆场时,除了应该考虑尽量减少上述三要素,还应该尽量达到下面三项目标。

(1)服务的精确性。由于集装箱存放货物无须拆箱,所以,箱内货物的质量和数量完全靠货物证件以及其他相关单据证明,同时要靠证件及单据进行分类、堆存。所以,在集装箱堆场的存放与管理过程中应尽量认真细致,力求达到服务的精确性。

(2)单位堆存和流转速度。操作要求尽可能快,与堆存区所要求的服务水平相适应。由于要尽量减少堆场的占地面积,所以在设计集装箱堆场,选取存放堆垛方式的过程中,应尽量增大单位堆存数量/重量,同时尽量缩短保管时间,加快集装箱的流转速度,尽可能充分地发挥集装箱的优越性。

(3)旺季存储能力。旺季存储能力与前面的因素有关。这么一条经验值得借鉴:系统设计者应该满足一定时期内95%的库存需求。依服务类型来定,这一定时期可以是一个月、一年。最后的5%通常要花费巨大的代价才能满足。在集装箱码头中,泊位利用率是服务的一个重要因素,所以,应及时抓住储运旺季,充分发挥集装箱堆场的优势,最大限度地达到集装箱堆场的储存能力。

二、散货堆场

(一)散装货物堆垛

堆场用于存放钢材、油桶、日用陶器、瓷器等散装货物时,如何进行堆垛是一个重要的问题。在堆垛时,考虑到很多货物是要进行苫盖的,必须将垛顶堆成"屋脊"形式或"宝塔"形式,以便两端泄水。具体方法有立柱式堆垛法、交错式堆垛法、风向式堆垛法等。

(二)散货堆场的苫垫

在堆场利用苫垫,是防止各种自然条件影响,保证储存货物质量的一项安全措施。苫垫可分为苫盖和垫底。苫盖和垫底都要根据货物的性能、堆场的实际条件、保管期限,以及季节、温湿度、光照日晒、风力等情况,选择合适的方法和物料。

1. 苫盖

苫盖的基本要求是风刮不开,雨漏不进,垛要整齐,肩有斜度。具体方法有苫布苫盖法(包括使用篷布、塑料布苫盖)、席片苫盖法、竹架苫盖法、隔离苫盖法。

2. 垫底

垫底一般是指在货垛下面使用各种物料铺垫,阻隔地面的潮湿,便于通风,防止货物受潮、霉变、残损所采取的保护措施。货物如何垫底,首先取决于储存货物的堆场的现实状况,由于地坪本身所含有水分的蒸发或冷、暖空气的侵入,会使垛底一、二层货物受潮、霉变。因此,采取垫底措施十分必要。散装货物堆场垫底的具体步骤:堆场在使用前必须平整夯实,四周开挖明沟,以便于排除积水。堆场上存放的货垛,一般都比较大,分量比较重,所以要选择较坚固耐压的垫底材料,例如枕木、水泥块、花岗石等。垫底高度应视气候条件和防汛要求而定,一般应该不低于30cm,地势低洼和可能积水的场地则要适当加高。垫底贴地一层可放花岗石或水泥条(垫木贴在地面容易腐朽),上面再架设垫木或垫木架。垫木或垫木架不能露在货垛外面,以防雨水顺着垫木流进货垛。

(三)散货堆场的货位布置形式

大多数散装货场的货位布置形式均采用分区分类布置,即对储存货物在"三一致"(性能一致、养护措施一致、消防方法一致)的前提下,对堆场划分为若干保管区域,根据货物大类和性能等划分为若干类别,以便分类集中堆存。散货堆场分区分类存放货物的作用如下。

(1)缩短收、发货作业时间。

(2)合理使用有限的堆场占地面积。

(3)使堆场管理人员掌握货物进出堆场活动规律,熟悉货物性能,提高管理水平。

(4)合理配置和使用机械设施,以提高机械化操作程度。

堆场分区分类的方法如下。

(1)按照货物种类和性质进行分区分类。这是大多数堆场采用的分类分区方法。就是按货主单位经营的货物来分类,把性能互不影响、互不抵触的货物,在同一堆场内划定在同一货区里集中储存。

(2)按照货物发往地区进行分区分类。这种方法主要适用于储存期限不长,而进出数量较大的中转性的堆场。具体做法是,货物按照交通工具划分为公路、铁路、水路,再按到达站、港的线路划分。这种分区分类方法,虽然不分货物种类,但是对于危险品、性能互相抵触的货物,也应该分别存放。

(3)按照货主进行分类。根据货主不同分类放置。

(4)根据货物的重要性分类。根据货物的价值大小进行分放,以便加强管理。

(5)混放的分类。

(四)散货堆场区布置

根据货物不同的性质,对各种堆存的货物进行合理的分类之后即可按照堆场的货区进行分类堆存。堆场的货区布置形式主要有三种:横列式、纵列式和混合式。

目前,散货堆场常采用的货位布置形式,主要是作业通道成垂直方向的排列,以利于货物的装卸搬运。在布置货位时,要适当留出垛距,垛距是为了区分不同品种规格或不同批次的货物而划定的分界道,以作为货物进出、检查的通道。

(五)分区分类的巩固

货物的品种、数量多变,反映在堆场的占用上,就会产生时而有货位但没有足够量的货物堆存,时而有足够要堆存的货物但堆场却没有空货位等问题。如果不及时解决,势必打乱分区分类,导致储存货物的整体布局出现混乱。因此,要使分区分类得到贯彻和巩固,必须加强业务联系,掌握储存货物的变化。由于生产、购销、调运等情况的变化,致使货主单位的进销货往往不能按照产、销、供应合同规定的时间和数量进行,所以,货主单位在客观上较难向提供存货堆场的部门提供精确的储存计划。

利用堆场存货的部门为了掌握业务的主动权,必须从客观情况出发,及时掌握储存货物在品种、数量上的动态,以便及时调整货区的堆放方式,做到既能够适应客观条件的变化,又能坚持分区分类。

三、带包装物品堆场

带包装物品在堆场的存放方式上基本与前述的方式相似,其采用的堆垛方式,可以根据外包装的形式进行选择。

(1) 利用商品的外包装直接叠高堆垛。具体方式包括:重叠式堆垛法,又称直叠法;压缝式堆垛法;环形式堆垛法,又称圆形堆垛法、交叠法、辫子法;梯形式堆垛法,又称屋脊式堆垛法;通风式堆垛法等。另外,由于某些货物性能、形状特殊,堆垛方法需要随之改变。例如,油毛毡钢板网受压后容易影响质量,玻璃平放重压容易破碎,两者都需要采取直立法堆垛。玻璃纸因为直堆容易起皱纹,堆垛必须平放。台秤、无柄煤锹、铁锅等包装简易、形状特殊,不能重压,可采用梯形斜堆法或侧堆法,又称卧龙式堆垛法等。

(2) 利用托盘实行单元化堆垛。托盘上堆放货物的方法,基本上与前面介绍的方式相同,也可分为重叠式、压缝式、环形式、通风式等。托盘堆垛主要用作配合叉车、起重机操作。同时还利用托盘的固定规格,将货物按照一定的数量堆放在一起,作为单元货物,并将托盘互相重叠起来,称为垂直堆垛的货垛。托盘堆垛必须保证货物不伸出托盘边缘,因为货物堆积在托盘上,任何一边伸出,都会导致货物包装的损坏,并使货垛缺乏稳定性。托盘的堆垛方法有两种:一种是平面托盘堆垛法,适用于包装整齐并有一定承压力的货物;另一种是立柱托盘堆垛法,适用于包装不规则、经不起压力或有滑性无法叠高的货物。

四、甩挂运输

1. 甩挂运输的概念

甩挂运输是指用牵引车拖带挂车至目的地,将挂车甩下后,换上新的挂车运往另一个目的地的运输方式。通俗地讲,甩挂就是当配送车将满载的集装箱送到目的地时,车头与这个集装箱分离,并与另一个满载的集装箱连接,将另一个满载的集装箱运回,从而减少配送车返程的空载率,并节省了等候集装箱装卸的时间。甩挂运输是提高道路货运和物流效率的重要手段,其早已成为欧美和日本等发达国家和地区的主流运输方式。但在中国,甩挂运输的发展一直步履艰难。甩挂运输中遇到的诸如养路费、交强险等问题给相关物流企业带来了不能承受之重。相关滞后的政策制约了甩挂运输的快速发展,如何保证甩挂运输的发展,亟待各方积极行动。

2. 甩挂运输的意义

(1) 甩挂运输,市场需要迫切,货运资源丰富,技术基本成熟,急需政策支持,可以说,道路甩挂运输已是万事俱备,只欠东风。主管部门和行业协会应当借鉴发达国家、国内外先进地区的成功经验,推出一系列新举措,鼓励和支持发展甩挂运输。

① 培育大型货运企业集团。目前,在大范围内开展甩挂运输还需要一个过程,应以

大中型物流企业为载体,重点培育具有较大规模、具有全国物流网络的专业化物流企业,制定大宗货源招标运输法规,给予返还部分货运附加费的扶持政策,让企业利用资金来改善车辆装备,运用先进的电子商务平台作为技术手段,进行车货匹配交易。并建设现代化物流配送中心示范项目,对专线、专项物流企业进行市场整顿和资源整合,促进专线货运班车化、组织管理现代化。同时应在强化政府监管的前提下,在一些重点领域进行突破,如危险品、食品、药品等货物的专项运输,这有利于产生甩挂运输的示范效应。

② 扶持集装箱运输车辆发展。欧美和日本等国家规定,货运车辆的车厢必须是封闭式的。如果不符合规定,不仅不允许驶入高速公路,就连一般道路也不允许驶入。中国的公路运输中,厢式汽车仅占营运货车保有量的 10% 左右,应积极促进车辆装备厢式化:一是牵引车的规费按车征收。应限定牵引车发动机功率最低标准在 210 马力(154kW)以上才能从事牵引作业。40 尺集装箱最大载质量 19.95t,并以此作为牵引车规费征收标准(无论轻重)。一律免除牵引车、挂车的货运附加费,对挂车不收取费用,只按牵引车征收养路费、运管费,交通管理部门进行内部费用再分配。全免集装箱运输车辆的普通路桥过路费,高速公路通行费优惠至 70%(如重庆、江苏、山东等地)。对实行养路费统缴的企业,或 300 马力(221kW)以上的双轴牵引车,酌情给予更加优惠的办法。二是设立集装箱运输车辆专项扶持资金。如《浙江省道路货运车辆技改补助资金管理试行办法》,新增 20t 及以上整体封闭厢式货运车辆和 20t 及以上、240 马力(177kW)及以上整体封闭半挂厢式货运车辆可以获得每年一次性补助 2 万元。三是管理重点转向安全管理。由交通管理部门、交警部门合并对牵引车、半挂车进行安全检测,每年一次,只要检验合格,就可以购买一年内有效的行车证。且挂车只要通过年审,允许长期使用。此外,还应适当降低半挂车的购置税征收标准,取消半挂车强制保险的规定等。

③ 引导物流园区联合作业。全国知名的物流行业协会可进一步采取措施,在引导物流企业个体努力完善区域物流市场网络的同时,联结全国各地的物流园区(基地、中心、港口),逐步完善全国物流园区经济合作圈,建设布局合理的、功能完善的物流枢纽。由物流企业利用牵引车在全国、全省各物流园区间进行有效对接,两头有货,灵活编组,促进经营主体联盟化、场站设施标准化,达到配送服务准时化。

(2) 开展道路甩挂运输是一项系统工程,涉及综合运输政策、区域协调、相关部门之间的沟通协作等诸方面,注定不会一蹴而就。只有以先进的运输生产力为中心任务,循序渐进,政府宏观调控与市场调节相结合,以有效合理的竞争机制为前提,协同配合,并充分尊重物流市场的自然发展规律,共同推进甩挂运输健康发展,中国公路货运现代化目标才能逐步实现,赶超世界先进水平。

3. 甩挂运输的优势

目前,我国沿海港口城市已经开始使用甩挂运输,就是用一台牵引车配置 3～4 台半挂车,在货物运输地高速运转。甩挂运输能大大提高运输车辆的周转使用效率,提高运输能力,降低成本。

集装箱运输方式的先进性体现在,它不但可以使用甩挂运输让牵引车的运输作业与集装箱挂车的卸货作业同时进行,从而提高效率,另外,集装箱运输还具有安全性高、国际标准统一、全球编号规范一致、海铁陆空多式联运等优点。

甩挂运输是"在现有的条件下实现高效运输",而这"正是甩挂运输的优势所在"。在相同的运输条件下,汽车运输生产效率的提高取决于汽车的载质量、平均技术速度和装卸停歇时间三个主要因素。甩挂运输把汽车运输列车化,可以相应提高车辆每运次的载质量,从而提高运输生产效率。

(1)采用甩挂运输的关键,是要在装卸货现场配备足够数量的周转挂车,在汽车列车运行期间,装卸工人预先装(卸)好甩下的挂车,列车到达装(卸)货地点后先甩下挂车,装卸人员集中力量装(卸)主车货物,主车装(卸)货完毕即挂上预先装(卸)完货物的挂车继续运行。

(2)根据以上特点,甩挂运输一般适用于装卸能力不足、装卸时间占汽车列车运行时间比重较大的运输条件。

4. 物流的地位

(1)有效节约资源。在相同的运输条件下,汽车运输效率的高低取决于汽车的载质量、技术速度和装卸时间三个主要因素。道路甩挂运输使汽车运输列车化,能相应提高车辆每趟次的载质量,从而提高驾驶员的工作效率,避免空车行驶,免除了装卸货的等候时间。试想,中国现有载货汽车保有量为 920 万辆,如果全面实行甩挂运输,那么,企业可减少 50% 以上的牵引车购置成本或租赁费用,提高车辆平均运输生产力 30%～50%,降低成本 30%～40%,降低油耗 20%～30%。另外,道路甩挂运输事先把要运输的零散货物采用机械化手段装在承载装置中,大大缩短了车辆停驶和货物出库的时间,加快了货物周转的速度,创造了时间效益,而且运输工具的规格统一,容积固定,限量承载货物,有利于从根本上遏制超限超载运输现象。同时,也有效促进了"大吨小标"整改工作。

(2)促进多式联运的发展。为了提高运输效率,发达国家从 20 世纪 40 年代就开始组织多式联运。多式联运是指由牵引车将装载货物的集装箱拖至铁路货场或港口,牵引车与半挂车承载的集装箱分离后,再将集装箱吊装到火车或货船上进行转运。到达目的地后,由货物终到地的牵引半挂车运至堆场,这种运输大合作的组织形式降低了铁路车辆和船舶的搬运装卸频率。道路甩挂运输可衔接多种运输方式,采用整箱搬运装卸,几乎可以完全消除货损货差,实现"门到门"运输,使企业"零库存"变为可能,有利于建立循环经济运输产业。

(3)市场前景十分广阔。近年来,中国面临着巨大的区域经济增长和区域财富转移发展机遇,具有比较优势的高附加值、高科技产品和土特产品的贸易量迅猛增长,如日用百货、家用电器等,非常适合道路甩挂运输,货源稳定且充足。尤其是随着"东北振兴、中部崛起、西部开发"等开发战略的实施,宏观环境对社会需求的拉动力持续增长,西气东输、西电东送、南水北调等工程,还有一带一路的实施,都将激发道路甩挂运输的市场需求量,交通运输业正迎来新一轮的黄金季节,道路甩挂运输业绩增长的动能极为充沛。

(4)道路运输车辆得到大力推广。目前,中国正在大力推广道路运输专用车辆、厢式车辆、重型车辆,以优化运力结构,保障经济和社会发展需求。国家发展和改革委员会及科学技术部等联合发布的《中国节能技术政策大纲(2006 年)》中提出:"下一步将提高专用车、厢式车和重型汽车列车在载货车辆中的比重。"毋庸置疑,这是汽车运输发展史上运输装备的一次重大革新。

第三节 自动化立体仓库

自动化仓库(automated warehouse)是指由电子计算机进行管理和控制,不需要人工搬运作业,而实现收发自动化作业的仓库。立体仓库(stereoscopic warehouse)是指采用高层货架以货箱或托盘储存货物,用巷道堆垛起重机及其他机械进行作业的仓库。将上述两种仓库的作业结合的仓库被称为自动化立体仓库。

一、自动化立体仓库的组成

自动化立体仓库从建筑形式上看,可分为整体式仓库和分离式仓库两种。整体式仓库是库房货架合一的仓库结构形式,仓库建筑物与高层货架相互连接,形成一个不可分开的整体。分离式仓库是库梁分离的仓库结构形式,货架单独安装在仓库建筑物内。无论哪种形式,高层货架都是主体。

高层货架有各种类型。按照建筑材料不同,可分为钢结构货架、钢筋混凝土结构货架等;按照货架的结构特点,可分为固定式货架和根据实际需要组装、拆卸的组合式货架;按照货架的高度,可分为小于5m的低层货架,5～15m的中层货架,15m以上的高层货架。

目前,国外自动化立体仓库的发展趋势之一是由整体式向分离式发展,整体式自动化立体仓库由于其建筑物与货架是固定的,一经建成便很难更改,应变能力差,而且投资大、施工周期长,逐渐被分离式仓库所取代。

二、巷道式堆垛机和周边设备

巷道式堆垛机又称堆垛机。它分为巷道式单立柱堆垛机和巷道式双立柱堆垛机,如图2-4所示。它是自动化立体仓库的主要搬运、取送设备,主要由立柱、载货台、伸缩货叉、运行机构、卷扬(或升降)机构和控制机构等组成。20世纪70年代以来,巷道堆垛机有了很大的改进,其起升、运行、存取速度都有了明显提高,调速技术、自动控制技术、停准精度、保护措施等也日趋完善。

自动化立体仓库的周边设备主要有液压升降平台、辊式输送机、台车、叉车、托盘等。这些设备与堆垛机相互配合,构成完整的装卸搬运系统。

堆垛机和各种周边设备的运行以及货物的存入与拣出是由控制系统来完成的,它是自动化立体仓库的"指挥部"和"神经中枢"。自动化立体仓库的控制形式有手动自动控制、随机自动控制、远距离控制和计算机全自动控制四种。计算机全自动控制又分为脱机、联机和实时联机三种形式。随着电子技术的发展,电子计算机在仓库控制中日益发挥重要作用。

三、自动化立体仓库的优缺点

1. 自动化立体仓库的主要优点

(1) 仓库作业全部实现机械化和自动化,一方面能够大大节省人力,减少劳动力费用的支出;另一方面能够大大提高作业效率。

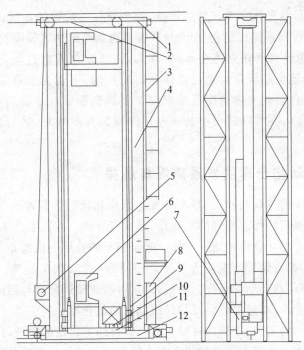

图 2-4　巷道式双立柱式堆垛机

1—上横梁；2—松绳及过载安全装置；3—爬梯；4—立柱；5—起升机构；6—司机室；
7—运动机构；8—电器控制柜；9—断绳安全装置；10—伸缩货叉；11—载货台；12—下横梁

（2）采用高层货架、立体储存，能有效地利用空间，减少占地面积，降低土地购置费用。事实上，国外自动化立体仓库能够得到快速发展，地价昂贵是一个很重要的原因。

（3）采用托盘或货箱储存货物，货物的破损率显著降低。

（4）货位集中，便于控制与管理，特别是使用电子计算机，不仅能够实现作业过程的自动控制，而且能够进行信息处理。

2. 自动化立体仓库的缺点

（1）结构复杂，配套设备多，需要的基建和设备投资大。

（2）货架安装精度要求高，施工比较困难，而且施工周期长。

（3）储存货物的品种受到一定限制，对长大笨重货物以及要求特殊保管条件的货物必须单独设立储存系统。

（4）对仓库管理和技术人员要求较高，必须经过专门培训才能胜任。

（5）工艺要求高，包括建库前的工艺设计和投产使用中按工艺设计进行作业。

（6）弹性较小，难以应对储存高峰的需求。流通业在实际运作时，常常会有淡旺季或高低峰以及顾客紧急的需求，而自动化设备数目固定，运行速度可调整范围不大，因此，其作业弹性不大。而传统设备只要采用人海战术就可以应对这种紧急需求。

（7）必须注意设备的保管保养并与设备提供商保持长久联系。自动化仓库的高架吊车、自动控制系统等都是先进的技术性设备，维护要求高，必须依赖供应商，以便在系统出现故障时能及时提供技术支援。

（8）自动化仓库要充分发挥其经济效益，就必须与采购管理系统、配送管理系统、销售管理系统等管理咨询系统相结合，但是这些管理咨询系统的建设需要大量投资。

因此，在选择建设自动化立体仓库时，首先，必须综合考虑自动化立体仓库在整个企业中的营运策略地位和设置自动化立体仓库的目的，不能为了自动化而自动化。而后再详细斟酌建设自动化立体仓库所带来的正面和负面影响。最后，还要考虑相应采取的补救措施。所以，在实际建设中必须进行详细的方案规划，进行综合测评，最终确定建设方案。

四、中国自动化仓库的发展概况与展望

中国自动化仓库的发展与欧美、日本等发达国家相比起步较晚。国内第一座自动化仓库是郑州纺织机械厂冷作二车间的模具库，建成于 1974 年 2 月。与此同时，国内一些科研机构也开始了自动化仓库的研究工作。起步最早的是原一机部系统的起重机械研究所、自动化研究所和第九设计研究院等单位。1974 年，北京汽车制造厂与自动化研究所合作，动工兴建了该厂的自动化仓库。稍后，北京市商业储运公司与河南粮食科研所和中科院自动化研究所合作，兴建了该公司的针织品自动化仓库。

随着经济和技术的发展，中国的自动化仓库也得到了长足的发展，目前自动化立体仓库主要是分离式仓库。货架有单元货架和重力货架两种。作业方式是巷道堆垛机配以自动导引小车、叉车或输送机等周边设备。这些仓库主要分布在机械制造业，其次是商业、电气行业。如海尔集团、京东集团、红河卷烟厂等都建有现代化的立体仓库。

自动化立体仓库是一种新型仓库，也是一种处于发展中的技术。国外自动化立体仓库经过几十年的发展与完善，显示出了许多优点。在采用自动化立体仓库这项技术时，一定要从实际出发，考虑中国的情况，特别要立足于本单位的实际情况。

衡量一座仓库设计或建筑结构的特点，一个重要的出发点是看它的综合经济效益，而不能单纯地追求形式设备的先进与否。如果在投资、生产效率、储存量、改善劳动条件和作业费用等方面加以比较，总效果是最好的，就可以采用自动化仓库这种形式，反之，则不宜采用。

随着经济的发展、物流量的增加，中国物流系统作业水平的提高，在提高系统生产效率的前提下，结合仓储的实际情况，在人力作业不感到费力而采用机械又太复杂时，应优先考虑使用人力；一般机械可以方便地完成作业，而自动化过于复杂时，应优先考虑一般机械作业。不应试图排除轻微体力劳动和简便的机械作业，一味追求自动化。

第四节　特　种　仓　库

特种仓库包含的种类很多，下面介绍其中主要的两类。

一、冷藏仓库

冷藏仓库就是通过机械制冷方式，使库内保持一定的温度和湿度，以储存食品、工业原料、生物制品和药品等对温湿度有特殊要求的货物。

（一）冷藏仓库的类型

冷藏仓库可根据用途不同分为生产性冷库、分配性冷库和综合性冷库。

（1）生产性冷库是生产企业在产品生产过程中的一个环节,这类冷库设在企业内部,以储存半成品或成品,如肉类加工厂内或药品制造工厂内的冷库便属于此类。这类冷库只对产品作短期储存,储存的产品一般零进整出。这类仓库的规模可根据生产能力以及运输能力来确定。

（2）分配性冷库处于货物的流通领域,为保持已经冷却或冻结的货物以一定的温度和湿度条件而设置,其功能是保持市场供应的连续性和长期储备的需要。这类冷库一般建在大中型城市、交通枢纽和人口稠密的地区。其储存量较大,货物以整进零出的方式出入冷库;但在交通枢纽处的货物则以整进整出方式出入冷库。

（3）综合性冷库是将生产性与分配性融为一体,联结产品的生产和货物的流通。由于这一特点,其容量往往较大,货物进出较为频繁。这类冷库用于当地生产、当地消费的货物储存。

冷藏仓库也可根据其规模分为大型冷库(储量在 5 000t 以上)、中型冷库(储量在 500～5 000t)和小型冷库(储量小于 500t)。

（二）冷藏仓库的构成

冷藏仓库一般由冻结间、冷却货物冷藏间、冻结货物冷藏间、冰库,以及货物传输设备、压缩机房、配电间、制冰间和氨库等构成。图 2-5 是一种冷库的平面布置图。

冻结间是对进入冷库的商品(如肉类等)进行冷冻加工的库房。当货物温度较高、湿度较大时,如直接送入冻结间会产生雾气,从而影响库房的结构,因此,往往需要将这些货物进行预冷却后再进入冻结间。为便于维修,冻结间一般在库外单独建立。

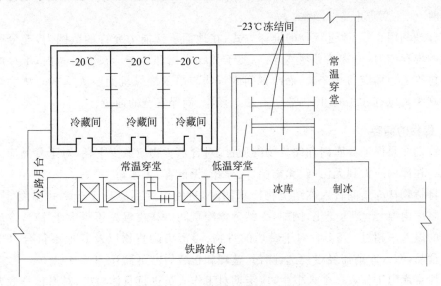

图 2-5 一种冷库的平面布置

冷却货物冷藏间是保持温度在0℃左右的冷藏间,用于储存冷却保存的商品。其中,果菜类的货物冷却储存要求较高,不容许温度和湿度有明显波动;另外,还需安装换气装置,以满足果菜的呼吸要求。

冻结货物冷藏间是保持温度在−20℃左右,相对湿度在95%～98%的冷藏间,用于储存冻结的货物,储存时间较长。在冷冻货物冷藏间内需保持微风速循环,以减少含水货物的干缩损耗。

冰库内的温度一般控制在−4～8℃,冰库内墙壁及柱子需设防护装置,以防冰块对其的撞击。

货物传输设备用于货物在冷藏仓库内的位移,电梯实现货物的垂直搬运,带式输送机完成货物的水平移动。货物传输设备的数量应根据冷藏仓库的货物吞吐量以及货物周转频率确定。

压缩机房是冷库的制冷动力中心,一般为单层建筑。由于机房内温度较高,故机房应选在自然通风较好的位置,以确保压缩机运行安全。配电间应有较好的通风条件,以保证变压器产生的热量及时扩散。

制冰间的设施一般有制冰池、融冰池、提冰设备等。当快速制冰时,则可采用专门的成套设备。

(三)冷藏仓库的使用

1. 库房的使用

为确保冻结、冷藏能力的充分发挥,保证生产的安全和储藏货物的质量,维护库房建筑,应设立专门的库房管理小组,并责任到人。冷库必须防水、防潮、防热以及防漏冷。因此,要防止库内积水,严禁库内带水作业;对库内的冰、霜、水应及时清除,对于没有经过冻结处理的热货不准直接进入低温冷库;冷库间应由专人管理,以防冷气外漏。当冷库房暂时空库时,应注意防止受潮滴水。

要合理利用仓容,改进货物的堆存方式,在地面承载能力允许的范围内,充分利用单位面积的堆存能力,但货堆必须整齐,以便于货物进出和检查。在冻结间内,堆存的货物与库顶排管的距离应为0.2m。而冷藏间内货物与吊顶冷风机间距为0.3m;货物距墙上排管外侧距离应有0.4m。库内要留有便于操作、确保安全的通道。

2. 货物的储存

要特别注意保证冷库内存储货物的质量,对含水货物应减少干耗,对于食品应加强卫生检疫。在库内应做到无污染、无霉菌、无异味、无鼠害、无冰霜。

当将货物从冻结间转入冻结货物冷藏间时,货物温度不应高于冷藏间温度3℃。要严格控制库内温、湿度的变化,例如,冻结货物冷藏间一昼夜温差不得大于1℃,冷却货物冷藏间的温差不超过0.5℃。对于腐烂的货物、受污染的货物以及其他不符合卫生要求包装的食品,在入库前需经过挑选、除污、整理和包装后方可储存。

要注意库内工作人员个人卫生,应定期对工作人员进行身体检查,对患传染病者须及时调离与冷藏货物发生接触的岗位。

二、危险品仓库

仓储中的危险品是指具有燃烧、爆炸、腐蚀、有毒、放射性或者在一定的条件下具有这些特性,并能致人、畜以伤害,或造成财产损失的货物。由于危险品在性能上的这些特点,在仓库类型、布局、结构和管理上有其特殊要求。

(一)危险品仓库的类型

中国把危险品仓库按其隶属和使用性质分为甲、乙两类。甲类是商品仓储业、交通运输业、物资管理部门的危险品仓库,这类仓库往往储量大、品种复杂,且危险性较大。乙类是指企业自用的危险品仓库。

如按仓库规模,又可分为三级:库场面积大于 9 000m² 的为大型仓库,面积在 550～9 000m² 的为中型仓库,550m² 以下的为小型仓库。

危险品仓库由于其储存的货物具有危险性,故一般设在郊区较空旷的地带,且位于常年主导风的下风处,并避开交通干线。

(二)危险品仓库的库区布局

危险品仓库库区布置应严格按照《建筑设计防火规范》要求,设置防火安全距离。大、中型甲类仓库和大型乙类仓库与邻近居民点和公共设施的间距应大于 150m,与企业、铁路干线间距离大于 100m,与公路间距应大于 50m。在库区内,库房间防火间距根据货物特性取 20～40m,小型仓库的防火间距在 12～40m。易燃商品最好储存在地势较低的位置,桶装易燃液体应存放在库房内。

(三)危险品仓库结构

危险品库场建筑形式有地面仓库、地下仓库和半地下仓库,还有窑洞以及露天堆场,在使用中应根据货物的性质采用不同的形式。

1. 易爆炸性货物

易爆炸性货物按其性能可分为点火器材、起爆器材、炸药和其他货物四类。储存易爆炸性商品最好采用半地下库,2/3 处于地下,地面库壁用 45° 斜坡培土,库顶用轻质不燃材料,库外四周修建排水沟。库房面积不宜过大,一般小于 100m²,且要求通风好,并保持干燥。

2. 氧化剂

氧化剂是指那些遇到某些外界影响会发生分解,并引起燃烧或爆炸的物质。储存氧化剂的仓库应采取隔热和降温措施,并保持干燥。

3. 压缩气体

压缩气体是指采用高压罐(如钢瓶)储存气体或液化气。这些货物受冲击或高温时易发生爆炸。存放压缩气体的仓库应采用耐火材料建筑,库顶用轻质不燃材料,库内高度应大于 3.25m,并安装有避雷装置。库门库窗应向外开启,以使爆炸时减少波及面。

4. 自燃物品

自燃物品是指能与空气中的氧气发生反应,使货物本身升温,当温度达到自燃点时发生燃烧的物品。这类货物应被置于阴凉、干燥、通风的库房内,库壁采用隔热材料。

5. 遇水易燃物品

遇水易燃物品受潮后,会产生化学反应而升温,在温度达到一定时会引起自燃。这类货物应被储存在地势较高、干燥,便于控制温、湿度的库房内。

6. 有毒物品

当有毒物品进入人体或接触皮肤后会引起局部刺激或中毒,甚至造成死亡。对于能散发毒害气体的货物应单独存放在库房内,且通风条件要好,并配备毒气净化设备。

另外,还有易燃物品、腐蚀性物品以及放射性物品等危险物品,一般也应置于阴凉、干燥、通风较好的地方,并且设置专库存放。对于存放腐蚀物品的仓库应采用防腐涂料;对于放射性物品,则应采用铅板材料铺设库壁和门窗。

(四)危险品仓库的管理

危险品仓库管理的一般要求与其他货物仓储管理相同,可参见本书其他内容。下面仅介绍危险品仓储管理中的一些特殊要求。

1. 货物入库

仓库业务员应对货物按交通部颁发的《危险货物运输规则》的要求进行抽查,做好相应的记录,并在货物入库后的2天内验收完毕。货物存放应按其性质分区、分类、分库存储。对不符合危险品保管要求的应与货主联系拒收。

在入库验收方法上,主要是采用感官验收为主、仪器和理化验收为辅。在验收程序上,可按以下步骤进行。

(1)检验货物的在途运输情况,检查是否发生过混装。

(2)检查货物的外包装上是否沾有异物。

(3)对货物包装、封口和衬垫物进行检查,看包装标志与运单是否一致,容器封口是否严密,衬垫是否符合该危险品运输、保管的要求。

(4)货物本身质量的检查,看是否有变质、挥发、变色或成分不符等问题。

(5)提出对问题的处理意见,对属于当地的货物,以书面形式提出问题和改进措施,并退货;如为外地货物无法退回,又是一般问题不会造成危险的,可向货主提出整改意见,对于会影响库场安全的货物,则应置于安全地点进行观察,待问题解决后方可入库。

2. 货物保管

对于危险品货物应实行分类分堆存放,堆垛不宜过高,堆垛间应留有一定的间距、货堆与库壁间距要大于0.7m。对怕热、怕潮、怕冻的物品应按气候变化及时采取密封、通风、降温和吸潮等措施。

应对危险品仓库实行定期检查制度,检查间隔不宜超过5天;对检查中发现的问题应及时以填写"问题商品通知单"的形式上报仓库领导。仓库保管员需保持仓库内的整洁,特别是应随时清扫残余化学物品。对于残损、质次、储存过久的货物,应及时与有关单位联系催调。

3. 货物出库

对于一次提货量超过 0.5t 的货物,要发出场证,让运输员配送出场。仓库保管员应按"先进先出"的原则组织货物出库,并认真做好出库清点工作。

4. 送货

车辆运送时,应严格按危险品分类要求分别装运,对怕热、怕冻的货物,需按有关规定办理。

第五节 仓储运营管理

一、仓储运营管理的基本原则

1. 效率原则

效率是指在一定劳动要素投入量时的产品产出量。以较少的劳动要素投入和较高的产品产出才能称得上实现高效率。高效率是现代生产的基本要求。仓储生产管理的核心就是效率管理,即以最少的劳动量的投入获得最大的产品产出的管理。效率是仓储其他管理的基础,高效率的实现是管理艺术的体现。仓储管理要通过准确核算,科学组织,妥善安排场所和空间,实现设备与人员、人员与人员、设备与设备、部门与部门之间的合理配置与默契配合,使生产作业过程有条不紊地进行。高效率还需要有效管理过程的保证,包括现场的组织调度,标准化、制度化的操作管理,严格的质量责任制的约束。

仓储的效率表现在仓库利用率、货物周转率、进出库时间、装卸车时间等指标的先进性上,能体现出"快进、快出、多存储、保管好"的高效率仓储。

2. 效益原则

厂商生产经营的目的是追求最大化利润,这是经济学的基本假设条件之一,也是社会现实的反映。利润是经济效益的表现。实现利润最大化则需要做到经营收入最大化或经营成本最小化。作为市场经营活动主体的仓储业,应该围绕着获得最大经济效益的目的进行组织和经营。当然,在获取经济效益的同时,仓储业也需要承担一定的社会责任,履行治理污染与环境保护、维护社会安定的义务,以满足创建和谐社会所不断增长的物质文化与精神文化的需要,实现生产经营的综合效益最大化,实现仓储企业与社区的和谐发展,实现仓储企业与国民经济、行业经济、地区经济同步可持续发展。

3. 服务原则

仓储活动是向社会提供服务产品,因此,服务是贯穿于仓储活动中的一条主线。仓储的定位、仓储的具体操作、对储存货物的控制等,都应该围绕着服务这一主线进行。仓储服务管理包括直接的服务管理和以服务为原则的生产管理。仓储管理应该下功夫改善服务、提高服务质量。应该注意到,仓储的服务水平与仓储经营成本有着密切的相关性,两者是互相对立的。服务好则成本高,收费也高;反之亦然。合理的仓储服务管理就是要在仓储经营成本和服务水平之间寻求最佳区域并且保持相互间的平衡。

二、仓储运营管理的任务

1. 充分利用市场经济手段合理配置仓储资源

市场经济最主要的功能是通过市场的价格杠杆和市场供求关系调节经济资源的配置。仓储的企业经营目的是合理配置市场资源以实现资源最大效益,配置仓储资源也应该依据所配置的资源能够获得最大效益为原则。因此,仓储管理就需要营造仓储组织自身的局部效益空间,最大限度地吸引资源投入。其具体任务包括:根据市场供求关系确定仓储的建设规模,依据竞争优势选择合理的仓储地址,以生产的差异化决定仓储专业化分工和确定仓储功能,以所确定的功能决定仓储布局,根据设备利用率决定设备设施配置,根据规模、设备配置与效率确定仓库定员。

2. 组建高效率仓储管理组织,提高管理水平

仓储管理组织机构是开展有效仓储管理的基本条件,是仓储管理活动的保证。各类生产要素尤其是人的要素只有在良好组织的基础上才能发挥作用。仓储组织机构的确定应该紧密围绕仓储经营目标,依据管理幅度、因事设岗、责权对等的原则,建立结构合理、分工明确、互相合作的管理机构和管理队伍。仓储管理机构根据仓储机构的属性不同,可以分为独立仓储企业的管理组织和附属仓储管理机构。

3. 开展仓储经营活动,满足社会需要

仓储商务是仓储经营生存和发展的关键,是经营收入和仓储资源充分利用的保证。仓储对外的经济业务工作,包括市场定位、市场营销、交易和合同关系、客户关系管理、争议处理等。商务管理是为了实现收益最大化,它与最大化地满足市场需要并不矛盾,两者相辅相成。仓储管理应该遵循不断满足社会生产和人民生活需要的原则,按市场需要提供仓储产品,满足市场品种规格上的需要、数量上的需要和质量上的需要。此外,仓储管理者还应该不断把握市场的变化发展,不断创新,提供适合经济发展的仓储服务。

4. 以较低成本组织仓储活动,提高经济效益

仓储生产管理任务的核心在于充分利用先进的生产技术和手段,建立科学的仓储生产作业制度和操作规程,实行严格的管理,并采取有效的员工激励机制,从而开展高效率、低成本的仓储生产管理,充分配合企业的生产和经营。仓储生产包括货物验收入仓、堆存、保管维护、安全防护、出仓交接等作业。仓储生产应该遵循高效、低耗的原则,充分利用仓储信息系统、机械设备、先进的保管技术、有效的管理手段,实现仓储快进快出,降低成本,保持连续、稳定的生产。

5. 以"优质服务、诚信原则"加强自身建设,树立企业的良好形象

企业形象是企业的无形财富,良好的形象会促进产品的销售,也为企业的发展提供良好的社会环境。企业形象是指企业展现在社会公众面前的各种感性印象和总体评价,包括企业及产品的知名度、社会的认可程度、美誉度、顾客对企业的忠诚度等方面。作为为厂商服务的仓储业,面向的对象主要是生产、流通经营者,仓储企业形象的建立主要是通

过服务质量、产品质量、诚信和友好合作等方式,并通过一定的宣传手段在潜在客户中推广。在现代物流管理中,企业对服务质量的高要求以及对合作伙伴的充分信任,使仓储企业形象的树立显得极为必要。只有具有良好形象的仓储企业才能在物流体系中占有一席之地,适应现代物流的发展。

6. 与时俱进,推行制度化、科学化的先进机制,不断提高管理水平

任何企业的管理都不可能一成不变,需要随着形势的发展而动态发展,仓储管理也要根据仓储企业经营目的的改变、社会需求的变化而改变。管理也不可能一步到位,一整套完善的管理制度也无法马上设计出来,更不可能一开始就执行得很好。因此,仓储管理的变革需要制度性的变革管理,需要在实践的过程中修改、完善和提高,以适合企业的先进的管理经验与制度树为标杆,在工作中去贯彻执行,实行动态管理。

7. 从技术层次到精神层次提高员工素质

没有高素质的员工就没有优秀的企业,员工的精神面貌表现了企业形象和企业文化。企业的一切行为都是人的行为,是每一个员工履行职责的行为表现。仓储管理的一项重要任务,就是要根据企业形象建设的需要和企业发展的需要,不断地提高员工的素质并加强对员工的约束和激励。通过系统、连续的培训和严格的考核,保证每个员工能够熟练掌握所从事劳动岗位应知应会的操作、管理技术和理论知识,而且要对员工进行终身培训,使员工的素质跟得上技术和知识的发展和更新。另外,还要让职工明白岗位的工作制度、操作规程,明确岗位所承担的责任。企业应该营造和谐的氛围,对员工进行有效的激励,对员工的劳动成果给予肯定,并对员工进行精神文明教育。在仓储管理中不应该将员工看作是生产工具、一种等价交换的生产要素,对员工要在信赖中约束,在激励中规范,使员工感受到人尽其才、劳有所得、人格被尊重,形成热爱企业、自觉奉献、积极向上的精神面貌。

思 考 题

一、选择题

1. 仓库按照用途的分类包括(　　)。

 A. 采购供应仓库　　B. 批发仓库　　　　C. 零售仓库　　　　D. 储备仓库

 E. 中转仓库　　　　F. 加工仓库　　　　G. 保税仓库

2. 按照建筑物的构造的分类包括(　　)。

 A. 单层　　　　　　B. 多层　　　　　　C. 立体化　　　　　D. 筒仓

 E. 露天

3. 仓库按照建筑构成包括(　　)。

 A. 主体架构　　　　B. 辅助结构　　　　C. 辅助设施　　　　D. 其他

4. 封闭式仓库建设的要求包括(　　)。

 A. 满足保管和保养的要求　　　　　　B. 满足仓库作业的要求

 C. 满足仓库防火安全要求　　　　　　D. 其他

5. 集装箱按其用途分类包括( )。

A. 杂货集装箱　　　B. 冷藏集装箱　　　C. 散货集装箱　　　D. 开顶集装箱

E. 框架集装箱　　　F. 罐状集装箱

二、填空题

1. 集装箱又称货柜、货箱,原义是一种容器,具有一定的_____,专门供周转使用,并便于机械操作和运输的大型货物容器。

2. 仓储可以创造_____效用。

3. 堆场分区分类中商品分类的"四一致"是指_____、_____、_____和_____。

4. 对库房的基本要求有_____、_____和_____。

5. 在集装系统中,首要的问题是_____,即形成一定的组合体。

6. 商品堆垛的方法有_____、_____、_____、_____。

三、简答题

1. 仓库库存的概念是什么? 简述仓库的主体构成。

2. 仓库的分类有哪些?

3. 仓库建筑的主体构成有哪些?

4. 集装箱的概念是什么? 集装箱堆场考虑的因素有哪些?

5. 仓储运营管理的任务是什么?

第三章

现代仓储运营管理设施与设备及选址

蒙牛乳业自动化立体仓库案例

内蒙古蒙牛乳业泰安有限公司乳制品自动化立体仓库,是蒙牛乳业公司委托太原刚玉物流工程有限公司设计制造的第三座自动化立体仓库。该库后端与泰安公司乳制品生产线相衔接,与出库区相连接,库内主要存放成品纯鲜奶和成品瓶酸奶。库区面积8 323m²,货架高度21m,托盘尺寸1 200mm×1 000mm,库内货位总数19 632个。其中,常温区货位数14 964个;低温区货位46 687年。入库能力150盘/小时,出库能力300盘/小时。出入库采用联机自动控制。

根据用户存储温度的不同要求,该库划分为常温和低温两个区域。常温区保存鲜奶成品,低温区配置制冷设备,恒温4℃,存储瓶酸奶。按照生产—存储—配送的工艺及奶制品的工艺要求,经方案模拟仿真优化,最终确定库区划分为入库区、储存区、托盘(外调)回流区、出库区、维修区和计算机管理控制室6个区域。

入库区由66台链式输送机、3台双工位高速梭车组成。负责将生产线码垛区完成的整盘货物转入各入库口。双工位穿梭车则负责生产线端输送机输出的货物向各巷道入库口的分配、转动及空托盘回送。

储存区包括高层货架和17台巷道堆垛机。高层货架采用双托盘货位,完成货物的存储功能。巷道堆垛机则按照指令完成从入库输送机到目标的取货、搬运、存货及从目标货位到出货输送机的取货、搬运、出货任务。

托盘(外调)回流区分别设在常温储存区和低温储存区内部,由12台出库口输送机、14台入库口输送机、巷道堆垛机和货架组成。分别完成空托盘回收、存储、回送、外调货物入库、剩余产品,退库产品入库、回送等工作。

出库区设置在出库口外端,分为货物暂存区和装车区,由34台出库输送机、叉车和运输车辆组成。叉车司机通过电子看板、RF终端扫描来完成叉车装车作业,反馈发送信息。

维修区设在穿梭车轨道外一侧,在某台空梭车更换配件或处理故障时,其他穿梭车仍旧可以正常工作。

计算机管理控制室设在二楼,用于出入库登记、出入库高度、管理和联机控制。

（1）自动化立体仓库包括哪些设施和设备？

（2）自动化立体仓库需要哪些辅助设施设备？

第一节　仓库常用的设施与设备

仓库机械设施与设备是指仓储业务所需的所有技术装置与机具，即仓库进行生产作业或辅助生产作业，以及保证仓库作业安全所必需的各种机械设备的总称。为了实现作业机械化，提高作业效率，降低劳动强度，提高仓储空间利用率，增加货物储存量，仓库日常作业时必须配备相应的机械设备，如叉车、托盘、货架及其他设施设备。

一、叉车

叉车是指具有各种叉具，能够对货物进行升降和移动及装卸作业的搬运车辆。它能完成成件包装货物的装卸、搬运及堆垛作业，是目前仓库使用最广、功能最强的一种装卸搬运设备，它集装卸、搬运功能于一身，有很强的通用性，配合托盘的集装功能，更使其能装卸搬运可以装在托盘上的各种货品。

（一）叉车的基本类型

1. 叉车分类

叉车按动力方式可分为手动式、电动式和内燃机叉车。内燃式叉车是以内燃机为动力，特点是动力性和机动性好，适用范围非常广泛。电动式叉车以蓄电池为动力，用直流电机驱动。特点是机构简单，机动灵活，环保性好。不足之处是动力持久性较差，需要专用的充电设备，行驶速度不高，对路面要求高。主要适用于室内作业的场合。

按性能和功能来分，主要有平衡重式、前移式和侧面式叉车三大常用类型，其他类型的叉车还有拣选式、集装箱式、插腿式等。

2. 各类叉车简介

（1）平衡重式叉车（图 3-1 和图 3-2）。平衡重式叉车又称配重式叉车，是指叉在前轮中心线以外，通过车体与车载重块来平衡叉起的货物重量的叉车。该叉车已成为叉车中应用最广的一种，占叉车总数的 80％以上。

（2）前移式叉车（图 3-3）。前移式叉车的前部设有跨脚插腿，跨脚前端装有支轮，和车体的两轮形成四轮支撑，这点与插腿式叉车相同，但它的门架或货叉可前后移动，以方便取货，因此称为前移式叉车。

（3）侧面式叉车（图 3-4）。侧面式叉车是指货叉和门架位于车体侧面的装卸作业车辆。适用于长而大物料的装卸和搬运。按动力不同分为内燃型和电瓶型；按作业环境分为室外工作（充气轮胎）和室内工作（实心轮胎）。

（4）高位拣选叉车（图 3-5）。高位拣选叉车是指操作台上的操作者可与装卸装置一起上下运动，并能拣选储存在两侧货架内物品的叉车。适用于多品种、少量出入库的特选式高层货架仓库。起升高度一般为 4～6m,最高可达 13m,大大提高了仓库空间的利用率。为保证安全,操作台起升时,只能微动运行。

（5）集装箱叉车(图 3-6)。集装箱叉车是集装箱码头和堆场上常用的一种集装箱专用装卸机械,主要用作堆垛空集装箱等辅助性作业,也可用于集装箱吞吐量不大(年低于 3 万标准箱)的综合性码头和堆场进行装卸与短距离搬运。

图 3-1　坐式内燃机平衡重式叉车

图 3-2　立式电动平衡重式叉车

图 3-3　前移式叉车

图 3-4　侧面式叉车

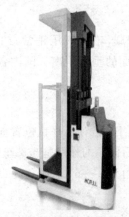

图 3-5　高位拣选叉车

图 3-6　集装箱叉车

（6）插腿式叉车（图3-7）。插腿式叉车的结构特点是在车体前方伸出两条插腿，插腿前端装有小直径的车轮，高度很小。作业时，将货叉连同插腿一起插入货物底部，然后使货叉起升。被举升的货物由于重心位于两条插腿所包围的底面积之内，因此叉车的稳定性好，特别适于在通道窄小的场地或仓库内部进行装卸、搬运和堆码作业。

图3-7　插腿式叉车

（二）叉车的主要技术参数

叉车的技术参数是用来表明叉车的结构特征和工作性能的。叉车的主要技术参数有额定起重量、载荷中心距、最大起升高度、门架倾角、最小转弯半径、最小离地间隙和轴距、轮距、直角通道最小宽度、堆垛通道最小宽度等。

1. 额定起重量

叉车的额定起重量是指货物重心至货叉前壁的距离不大于载荷中心距时，允许起升的最大重量，以t（吨）表示。当货叉上的货物重心超出规定的载荷中心距时，由于叉车纵向稳定性的限制，起重量应相应减小。

2. 载荷中心距

载荷中心距是指在货叉上放置标准的货物时，其重心到货叉垂直段前壁的水平距离，以mm（毫米）表示。对于1t叉车，规定载荷中心距为500mm。

3. 最大起升高度

最大起升高度是指在地面上平坦、坚实、叉车满载，轮胎气压正常，门架直立的条件下，货物升至最高位置时，货叉水平段的上表面离地面的垂直距离。国内各种吨位的叉车一般最大起升高度为3m，现在也有超过4m的。

4. 门架倾角

门架倾角是指无载的叉车在平坦坚实的地面上，门架相对其垂直位置向前或向后的最大倾角。前倾角的作用是为了便于叉取和卸放货物；后倾角的作用是当叉车带货运行时，预防货物从货叉上滑落。根据作业需要，一般叉车前倾角为3°～6°，后倾角为10°～12°。

5. 最小转弯半径

当叉车在无载低速行驶、打满方向盘转弯时，车体最外侧和最内侧至转弯中心的最小距离就是最小转弯半径，它是衡量叉车机动灵活性的重要指标。

6. 最小离地间隙

最小离地间隙是指车轮以外,车体上固定的最低点至地面的距离,它表示叉车无碰撞地越过地面凸起障碍物的能力。最小离地间隙越大,则叉车的通过性越高。

7. 轴距及轮距

叉车轴距是指叉车前后桥中心线间的水平距离;叉车轮距是指同一轴上左右轮中心间的距离。增大轴距,有利于叉车的纵向稳定性,但会使车身长度增加,最小转弯半径增大;增大轮距,有利于叉车的横向稳定性,但会使车身总宽和最小转弯半径增加。

8. 直角通道最小宽度

直角通道最小宽度是指供叉车往返行驶的成直角相交的通道的最小宽度,以 mm 表示。一般直角通道越小,宽度越窄,性能越好。

9. 堆垛通道最小宽度

堆垛通道最小宽度是叉车在正常作业时通道的最小宽度。

二、托盘

(一)托盘概述

托盘是用于集装、堆放、搬运和运输的放置作为单元负荷的物品和制品的水平平台装置。在平台上装载一定数量的单件物品,并按要求捆扎加固,组成一个运输单位,便于运输过程中使用机械进行装卸、搬运和堆存。这种台面有供叉车从下部插入并将台板托起的插入口。以这种结构为基本的台板和在这种基本结构基础上形成的各种集装器具统称为托盘,如图 3-8 所示。

图 3-8 常用托盘

(二)托盘的主要特点

1. 托盘的主要优点

(1)搬运或出入库都可用机械操作,减少货物堆码作业次数,从而有效提高运输效率,缩短货运时间。

(2)以托盘为运输单位,货运件数变少、体积重量变大,而且每个托盘所装数量相等,既便于点数、理货交接,又可以减少货损、货差事故。

（3）自重量小，因而用于装卸、运输托盘本身所消耗的劳动强度较小，无效运输及装卸负荷相对也较集装箱小。

（4）空返容易，空返时占用运力很少。由于托盘造价不高，又很容易互相代用，所以无须像集装箱那样必须有固定归属者。

2. 托盘的主要缺点

（1）回收利用组织工作难度较大，会浪费一部分运力。

（2）托盘本身也占用一定的仓容空间。

3. 托盘的分类

（1）按托盘的适用性分类。按托盘的适用性分，可以将托盘分为通用托盘和专用托盘两大类。日本工业标准（Japanese industrial standards，JIS）托盘术语将通用托盘归纳为 11 种：平托盘、箱式托盘、筒仓式托盘、罐式托盘、立柱式托盘、滚轮托盘、滚轮箱式托盘、冷藏带轮箱式托盘、纸托盘、托板和托架。

除上述通用托盘外，还有专用托盘，如油桶专用托盘等。

（2）按托盘的结构分类。按托盘的结构分，常见的托盘有平托盘、箱形托盘和柱形托盘三种。

① 平托盘。平托盘由双层板或单层板另加底脚支撑构成，无上层装置，在承载面和支撑面间夹以纵梁构成，可以集装物料，也可以使用叉车或搬运车等进行作业，如图 3-8 所示。

② 箱形托盘。箱形托盘以平托盘为底，下面有箱形装置，四壁围有网眼板或普通板，顶部可以有盖或无盖，它可用于存放形状不规则的物料，如图 3-9 所示。

③ 柱形托盘。柱形托盘是在平托盘基础上发展起来的，分为固定式（四角支柱与底盘固定联系在一起）和可拆装式两种，如图 3-10 所示。

图 3-9　箱形托盘

图 3-10　柱形托盘

三、货架

（一）货架的概念

根据国家标准《物流术语》（GB/T 18354—2006），货架是指用立柱、隔板或横梁等组成的立体储存货物的设施。货架在仓库中占有非常重要的地位,随着现代工业的迅猛发展、物流量的大幅度增加,为实现仓库的现代化管理、改善仓库的功能,不仅要求货架的数量多、功能全,还能实现机械化、自动化。

(二)货架的类型

1. 托盘货架

托盘货架是以托盘单元货物的方式来保管货物的货架,是机械化、自动化货架仓库的主要组成部分。托盘货架使用广泛,通用性强。其结构是货架沿仓库的宽度方向分成若干排,其间有一条巷道,供堆垛起重机、叉车或其他搬运机械运行,每排货架沿仓库纵长方向分为若干列,在垂直方向又分成若干层,从而形成大量货格,得以用托盘存储货物,如图 3-11 所示。托盘货架的优点:每一块托盘均能单独存入或移动,而不需移动其他托盘;可存储各种类型的货物,可按货物尺寸要求调整横梁高度;配套设备简单,成本低,能迅速安装及拆除;货物装卸迅速,主要适用于整托盘出入库或手工拣选的场合。

这种货架适用于品种中量、批量一般的储存。通常在高 6m 以下的 3~5 层为宜。此外,它的出入库不受先后顺序的影响,一般的叉车都可使用。

2. 窄巷道型货架

窄巷道型货架如图 3-12 所示。窄巷道型货架的通道仅比托盘稍宽,继承了托盘式货架对托盘存储布局无严格要求的特点,能充分利用仓库面积和高度,具有中等存储密度。但是窄巷道式货架需用特殊的叉车或起重机进行存取作业,同时还需要与其他搬运机械配套,周转时间比传统的货架长。由于货架不仅有储存托盘的功能,还需有支撑和加固搬运设备的功能,因此对结构强度和公差配合要求极为严格,必须综合考虑,精确设计、安装。窄巷道型货架也可以同时集成货物暂存平台,大幅度提高存储效率。

图 3-11 托盘货架

图 3-12 窄巷道型货架

3. 驶入式货架

驶入式货架如图 3-13 所示,这是一种不以通道分割的、连续性的整栋式货架,在支撑导轨上,托盘按深度方向存放,一个紧接着一个,这使得高密度存储成为可能。货物存取从货架同一侧进出,"先存后取,后存先取"。平衡重力式及前移式叉车可方便地驶入货架中间存取货物。

驶入式货架投资成本相对较低,因为叉车作业通道与货物保管场所合一,仓库面积利用率大大提高。但同一通道内的货物品种必须相同或同一通道内的货物必须一次完成出入库作业。适用于横向尺寸较大、品种较少、数量较多且货物存取模式可预定的情况,常用来储存大批相同类型货物,由于其存储密度大,对地面空间利用率较高,常用在冷库等存储空间成本较高的地方。

其特点是储存密度高、存取性差,适合少品种大批量储存,不易做到先进先出管理,不宜存储太长和太重的物品。

4. 驶出式货架

驶出式货架与驶入式货架不同之处在于驶出式货架是贯通的。前后均可安排存取通道,可实现先进先出管理,如图 3-14 所示。

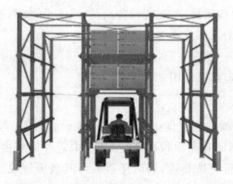
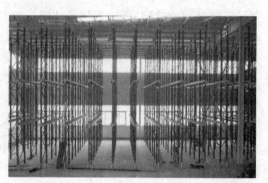

图 3-13   驶入式货架　　　　　　　　　　　图 3-14   驶出式货架

5. 流动式货架

流动式货架如图 3-15 所示,这种货架的一端较高,其通道作为放大货架用,另一侧较低,倾斜布置,其通道用于出货。由于货物放在滚轮上,货架向出货方向倾斜,因此可以利用重力使货物向出口方向自动下滑,以待取出。

存货时托盘从货架斜坡高端送入滑道,通过滚轮下滑,逐个存放;取货时从斜坡底端取出货物,其后的托盘逐一向下滑动待取,托盘货物在每一条滑道中依次流入流出。这种储存方式在排与排之间没有作业通道,大大提高了仓库面积利用率。仓库利用率极高,运营成本较低,但使用时,最好同一排、同一层上的货物,应为相同的货物或一次同时入库和出库的货物。此外,当通道较长时,在导轨上应设置制动滚道,以防止终端加速度太大。托盘流动式货架的储存空间比一般托盘货架的储存空间多 50% 左右。

6. 移动式货架

移动式货架如图 3-16 所示,这是一种在货架的底部安装有运行车轮,可在地面上运行的货架。按驱动方式不同可分为人力推动式、摇把驱动式和电动式。移动式货架因为只需要一个作业通道,可大大提高仓库面积的利用率。广泛应用于办公室存放文档,图书馆存放档案文献,金融部门存放票据,工厂车间、仓库存放工具、物料等。适用于库存品种多,出入库频率较低的仓库;或库存频率较高,但可按巷道顺序出入库的仓库。

图 3-15　流动式货架

图 3-16　移动式货架

7. 后推式货架

后推式货架如图 3-17 所示,是一种高密度托盘储存系统,它是将相同货物的托盘存入二、三、四倍深度又稍微向上倾斜可伸缩的轨道货架上,托盘的存放和取出是在同一通道上进行的,存入时叉车将托盘逐个推入货架深处,取出时托盘借重力逐个前移,因而最先放入的托盘是在最后取出的。该系统既能达到驶入型货架的仓容量,又能达到托盘自滑动型货架的取出能力。

8. 旋转式货架

旋转式货架如图 3-18 所示,这种货架操作简单,存取作业迅速,适用于电子元件、精密机械等少批量、多品种、小物品的储存及管理。通过计算机控制,可实现自动存取和自动管理。此外,旋转式货架的空间利用率很高。

图 3-17　后推式货架

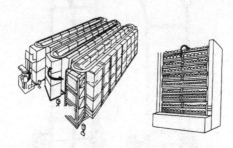

图 3-18　旋转式货架

9. 悬臂式货架

悬臂式货架如图 3-19 所示,这种货架适合存储长、大件货物和不规则货物,如钢铁、木材、塑料等,其前伸的悬臂具有结构轻巧、载重能力好的特点。如果增加搁板,特别适合空间小、高度低的库房,一般高 6m 以下为宜,空间利用率低,取 35%～50%。

10. 阁楼式货架

阁楼式货架如图 3-20 所示,阁楼式货架采用木板、花纹板、钢板等材料做楼板,可灵活设计成二层及多层,适用于五金工具、电子器材、机械零配件等物品的小包装散件储存。具有存放多品种、少批量货物时可充分利用空间等优点。

图 3-19　悬臂式货架　　　　　　　　　　图 3-20　阁楼式货架

四、其他设备

1. 手推车

二轮杠杆式手推车,俗称老虎车,是最古老的、最实用的人力搬运车,它轻巧、灵活、转向方便,但因靠体力装卸、保持平衡和移动,所以仅适合装载较轻、搬运距离较短的场合,如图 3-21 所示。

2. 物流箱

物流箱,又称周转箱,由箱子和箱盖组成,密封性好,防尘、防潮,如图 3-22 所示。

图 3-21　二轮杠杆式手推车　　　　　　　图 3-22　物流箱

3. 托盘搬运车

托盘搬运车分为手动托盘搬运车和电动托盘搬运车。

（1）手动托盘搬运车,又称地牛,它是托盘搬运中最简便、最有效、最常见的人力搬运装卸工具,如图 3-23 所示。

（2）电动托盘搬运车,它适用于拣货和长距离搬运,是托盘搬运中最灵活、最快捷的工具,在物流中心被大量使用,如图 3-24 所示。

图 3-23 手动托盘搬运车 图 3-24 电动托盘搬运车

4. 自动导引车 AGV

自动导引车 AGV 是装备有电磁或光学自动导引装置,能够沿规定的导引路径行驶,自动地把物品从一个指定地点移送到另一个指定地点,并具有自动装卸、工位停车、自动避障、安全保护以及各种装载功能的智能化搬运车辆。AGVS 是自动导引车系统,由计算机控制系统、若干辆 AGV、导引路径组成,如图 3-25 所示。

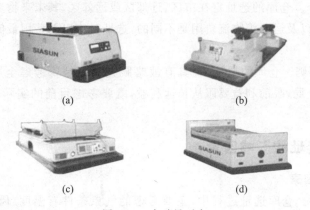

(a) (b)

(c) (d)

图 3-25 自动导引车

5. 计量设备

计量设备是用于商品进出时的计量、点数以及储存期间的盘点、检查等。如地磅、轨道秤、电子秤、电子计数器、流量仪、皮带秤、天平仪和较原始的磅秤、卷尺等。随着仓储管理现代化水平的提高,现代化的自动计量设备将会得到更多应用。

第二节 仓库选址的原则及因素

仓库选址是指运用科学的方法决定仓库的地理位置,使之与企业的整体经营运作系统有机结合,以便有效、经济地达到企业的经营目的。

对企业来说,仓库选址的重要性显而易见,仓库选址对企业的采购成本、服务成本、服务质量都有极大的影响,一旦选择不当,它所带来的问题是无法通过对已建成的仓库采取补救措施解决的。因此,在进行仓库选址时,必须充分考虑多方面因素的影响,慎重决策。

随着国民经济的发展,社会物流量不断增长,这就要求有相应的仓库及网点与之相适应。进行仓库的建设,必须有一个总体规划,就是从空间和时间上,对仓库的新建、改建和扩建进行全面系统的规划。规划的合理与否,对仓库的设计、施工与应用,对其作业质量、安全、作业效率和保证供应,对节省投资和运营费用等,都会产生直接和深远的影响。

一、仓库选址的原则

仓库的选址过程应同时遵守适应性原则、协调性原则、经济性原则和战略性原则。

(1) 适应性原则。仓库的选址须与国家以及省市的经济发展方针、政策相适应,与我国物流资源分布和需求分布相适应,与国民经济和社会发展相适应。

(2) 协调性原则。仓库的选址应将国家的物流网络作为一个大系统来考虑,使仓库的设施设备,在地域分布、物流作业生产力、技术水平等方面互相协调。

(3) 经济性原则。仓库发展过程中,有关选址的费用,主要包括建设费用及物流费用(经营费用)两部分。仓库的选址定在市区、近郊区或远郊区,其未来物流辅助设施的建设规模及建设费用,以及运费等物流费用是不同的,选址时应以总费用最低作为仓库选址的经济性原则。

(4) 战略性原则。仓库的选址,应具有战略眼光。一是要考虑全局,二是要考虑长远。局部要服从全局,眼前利益要服从长远利益,既要考虑目前的实际需要,又要考虑日后发展的可能。

二、仓库选址的影响因素

1. 自然环境因素

(1) 气象条件。仓库选址过程中,主要考虑的气象条件有温度、风力、降水量、无霜期、冻土深度、年平均蒸发量等指标。如选址时要避开风口,因为在风口建设会加速露天堆放商品的老化。

(2) 地质条件。仓库是大量商品的集结地。某些容重很大的建筑材料堆码起来,会对地面造成很大压力。如果仓库地面以下存在着淤泥层、流沙层、松土层等不良地质条件,会在受压地段造成沉陷、翻浆等严重后果,因此,仓库选址要求土壤承载力要高。

(3) 水文条件。仓库选址需远离容易泛滥的河川流域与上溢的地下水区域。要认真考察近年的水文资料,地下水位不能过高,洪泛区、内涝区、故河道、干河滩等区域绝对禁止选择。

(4) 地形条件。仓库应选择地势较高、地形平坦之处,且应具有适当的面积与外形。

若选在完全平坦的地面上是最理想的；其次选择稍有坡度或起伏的地方。对于山区陡坡地区则应该完全避开，在外形上可选择长方形，不宜选择狭长或不规则的形状。

2. 经营环境因素

（1）经营环境。仓库所在地区的优惠物流产业政策对物流企业的经济效益将产生重要影响，数量充足和素质较高的劳动力也是仓库选址考虑的因素之一。

（2）商品特性。经营不同类型商品的仓库最好能分别布局在不同地域，如生产型仓库的选址应与产业结构、产品结构、工业布局紧密结合进行考虑。

（3）物流费用。物流费用是仓库选址的重要考虑因素之一。大多数仓库选择接近物流服务需求地，例如，接近大型工业、商业区，以便缩短运距、降低运费等物流费用。

（4）服务水平。服务水平是仓库选址的考虑因素。在现代物流过程中，能否实现准时运送是仓库服务水平高低的重要指标，因此，在仓库选址时，应保证客户可在任何时候向仓库提出物流需求，都能获得快速满意的服务。

3. 基础设施状况

（1）交通条件。仓库必须具备方便的交通运输条件。最好靠近交通枢纽进行布局，如紧临港口、交通主干道枢纽、铁路编组或机场，有两种以上运输方式相连接。

（2）公共设施状况。仓库的所在地，要求城市的道路、通信等公共设施齐备，有充足的供电、水、热、燃气的能力，且场区周围要有污水、固体废物处理能力。

4. 其他因素

（1）国土资源利用。仓库的规划应贯彻节约用地、充分利用国土资源的原则。仓库一般占地面积较大，周围还需留有足够的发展空间，因此地价的高低对布局规划有重要影响。此外，仓库的布局要兼顾区域与城市规划用地的其他要素。

（2）环境保护要求。仓库的选址需要考虑保护自然环境与人文环境等因素，尽可能降低对城市生活的干扰。对于大型转运枢纽，应适当设置在远离市中心区的地方，使大城市交通环境状况能够得到改善，城市的生态建设得以维持和推进。

（3）由于仓库是火灾重点防护单位，不宜设在易散发火种的工业设施（如木材加工、冶金企业）附近，也不宜选择居民住宅区附近。

三、仓库选址的注意事项

大中城市的仓库应采用集中与分散相结合的方式选址；在中小城镇中，因仓库的数目有限且不宜过于分散，故宜选择独立地段；在河道（江）较多的城镇，商品集散大多利用水运，仓库可选择沿河（江）地段。应当注意的是，城镇要防止将那些占地面积较大的综合性仓库放在中心地带，导致带来交通不便等诸多影响。

1. 不同类型仓库选址时的注意事项

根据一般分类方法，仓库可分为转运型、储备型和综合型三种。不同类型的仓库选址时应注意以下事项。

（1）转运型仓库。转运型仓库大多经营倒装、转载或短期储存的周转类商品，大都使用多式联运方式,因此一般应设置在城市边缘地区交通便利的地段,以方便转运和减少短途运输。

（2）储备型仓库。储备型仓库主要经营国家或所在地区的中、长期储备物品,一般应设置在城镇边缘或城市郊区的独立地段,且具备直接而方便的水陆运输条件。

（3）综合型仓库。这类仓库经营的商品种类繁多,根据商品类别和物流量选择在不同的地段。例如,与居民生活关系密切的生活型仓库,若物流量不大又没有环境污染问题,可选择接近服务对象的地段,但应具备方便的交通运输条件。

2. 经营不同商品的仓库选址时的注意事项

经营不同商品的仓库对选址的要求不同,应分别加以注意,以下重点分析蔬菜、冷藏品、建筑材料、危险品等仓库的选址特殊要求。

（1）果蔬食品仓库。果蔬食品仓库应选择入城干道处,以免运输距离拉得过长,商品损耗过大。

（2）冷藏品仓库。冷藏品仓库往往选择在屠宰场、加工厂、毛皮处理厂等附近。有些冷藏品仓库会产生特殊气味、污水、污物,而且设备及运输噪声较大,可能对所在地环境造成一定影响,故多选择城郊。

（3）建筑材料仓库。通常建筑材料仓库物流量大、占地多,可能产生某些环境污染问题,并且有严格的防火等安全要求,因此应选择城市边缘或对外交通运输干线附近。

（4）燃料及易燃材料仓库。石油、煤炭及其他易燃物品仓库应满足防火要求,宜选择城郊的独立地段。在气候干燥、风速较大的城镇,还必须选在大风季节的下风位或侧风位,特别是油品仓库选址应远离居住区和其他重要设施,最好选在城镇外围的地形低洼处。

第三节　仓库选址的程序及方法

仓库选址是指在一个具有若干供应点及若干需求点的经济区域内,选一个地址设置仓库的规划过程。设施选址首先要根据设施的特点选择建设的地区,然后在选择确定了的地区内采用选址的某种方法进一步确定建设的具体地点。较佳的仓库选址方案是使商品通过仓库的汇集、中转、分发,直至输送到需求点的全过程效益最好。仓库拥有众多建筑物、构筑物以及固定机械设备,一旦建成则很难搬迁,如果选址不当,将付出巨大代价。因而,仓库的选址是仓库规划中至关重要的一步。

一、仓库选址的程序

1. 选址约束条件分析

选址时,首先要明确建立仓库的必要性、目的和意义;然后根据物流系统的现状进行分析,制订物流系统的基本计划,确定所需要了解的基本条件,以便缩小选址的范围。

（1）物流量的需要条件。它包括仓库的服务对象——顾客的现在分布情况及未来分布情况的预测、货物作业量的增长率及配送区域的范围。

　　（2）运输条件。应靠近铁路货运站、港口和公共卡车终点站等运输据点；同时，也应靠近运输业者的办公地点。

　　（3）配送服务的条件。向顾客报告到货时间、发送频次，根据供货时间计算从顾客到仓库的距离和服务范围。

　　（4）用地条件。用地条件是指用现有的土地还是重新取得地皮。

　　（5）法规制度。根据指定用地区域等法律规定，注意有哪些地区不允许建立仓库。

　　（6）流通职能条件。

　　（7）其他。不同的物流类别有不同的特殊需要，如为了保持货物质量的冷冻、保温设施，防止公害设施或危险品保管等设施，对选址都有特殊要求，考虑是否有满足这些条件的地区。

2. 搜集整理资料

　　选择地址的方法，一般是通过成本计算，也就是将运输费用、配送费用及物流设施费用模型化，采用约束条件及目标函数建立数学公式，从中寻求费用最小的方案。但是，采用这种选择方法，寻求最优的选址解时，必须对业务量和生产成本进行正确的分析和判断。

　　（1）掌握业务量。选址时，应掌握的业务量包括如下内容：①工厂到仓库之间的运输量；②向顾客配送的货物数量；③仓库保管的数量；④配送路线外的业务量。

　　（2）掌握费用。选址时，应掌握的费用如下：①工厂至仓库之间的运输费；②仓库到顾客之间的配送费；③设施、土地有关的费用及人工费、业务费等。

3. 地址筛选

　　在对所取得的上述资料进行充分的整理和分析，考虑各种因素的影响并对需求进行预测后，就可以初步确定选址范围，即确定初始候选地点。

4. 定量分析

　　针对不同情况选用不同的模型进行计算，得出结果。如对多个仓库进行选址时，可采用奎汉·哈姆勃兹模型、鲍摩－瓦尔夫模型、CELP 法（码激励线性预测法）等；如果是对单一仓库进行选址，可采用重心法等。

5. 结果评价

　　结合市场适应性、购置土地、服务质量等条件对计算所得结果进行评价，看其是否具有现实意义及可行性。

6. 复查

　　分析其他影响因素对计算结果的相对影响程度，分别赋予它们一定的权重，采用加权法对计算结果进行复查。如果复查通过，则原计算结果即为最终结果；如果复查发现原计算结果不适用，则返回"3. 地址筛选"继续计算，直到得到最终结果为止。

7. 确定选址结果

　　在用加权法复查通过后，则计算所得的结果即可作为最终的计算结果；但是，所得解不一定为最优解，可能只是符合条件的满意解。

仓库选址流程如图 3-26 所示。

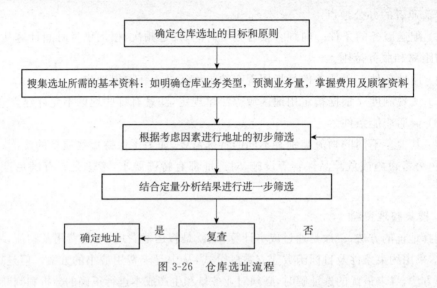

图 3-26　仓库选址流程

二、单仓库选址的基本方法——重心法

1. 重心法基本原理

重心法是单设施选址中常用的模型。在这种方法中,选址因素只包含运输费率和该点的货物运输量,在数学上被归纳为静态连续选址模型。

设有一系列点分别代表供应商位置和需求点位置,各自有一定量物品需要以一定的运输费率运往待定仓库或从仓库运出,那么仓库应该处于什么位置?

以预计仓库点位到达各个目标点位的成本最低为考察目标,即

$$\mathrm{Min}TC = \sum V_i R_i d_i \tag{3-1}$$

式中,TC 为总运输成本;V_i 为 i 点运输量;R_i 为到 i 点的运输费率;d_i 为从待定仓库位置到 i 点的距离。

在坐标平面中设待定仓库坐标为 (X_0, Y_0)。

$$X_0 = \frac{\sum V_i R_i X_i}{\sum V_i R_i} \tag{3-2}$$

$$Y_0 = \frac{\sum V_i R_i Y_i}{\sum V_i R_i} \tag{3-3}$$

式中,d_i 可用坐标间公式计算:

$$d_i = \mathrm{SQR}[(X_0 - X_i)^2 + (Y_0 - Y_i)^2] \tag{3-4}$$

【例】　某超市要在江西省南昌市建立一所地区级中央配送中心,要求该配送中心能够覆盖该地区五个连锁店,连锁店的坐标及每月的销售额数据如表 3-1 所示,要求求出一个理论上的配送中心的位置。

表 3-1 连锁店的坐标及每月的销售额数据

位 置	坐 标	月销售额/万元
连锁店 A	(325,75)	1 500
连锁店 B	(400,150)	250
连锁店 C	(450,350)	450
连锁店 D	(350,400)	350
连锁店 E	(25,450)	450

解：在坐标轴上标出连锁店的相应位置,设总运输费用最低的位置坐标为 X 和 Y,根据重心法的计算方法,可求得配送中心的坐标。计算过程如下。

$$X=\frac{(325\times1\,500)+(400\times250)+(450\times450)+(350\times350)+(25\times450)}{1\,500+250+450+350+450}=307.9$$

$$Y=\frac{(75\times1\,500)+(150\times250)+(350\times450)+(400\times350)+(450\times450)}{1\,500+250+450+350+450}=216.7$$

2. 重心法计算的假设条件

(1) 模型常常假设需求量集中于某一点,而实际上需求来自分散的多个消费点。

(2) 单设施选址模型一般根据可变成本来进行选址。

(3) 总运输成本通常假设运价随运距成比例增加。

(4) 模型仓库与其他网络节点之间的路线通常假定为直线。

(5) 模型无法找到反映未来收入和成本变化的解。

三、多仓库选址方法

1. 多重心法

多重心法是建立在精确重心法的基础上推衍的概念,在多点布局的时候,可以先集合布局,然后对每一布局实施精确重心法。精确重心法是一种以微积分为基础的模型,用来找出起讫点之间使运输成本最小的中间设施的位置。如果要确定的点不只 1 个,就有必要将起讫点预先分配给位置待定的仓库,这就形成了个数等于待选仓库数量的许多起讫点群落。随后,找出每个起讫点群落的精确重心位置。

针对仓库进行起讫点分配的方法很多,尤其是在考虑多个仓库及问题涉及众多起讫点时,方法之一是把相互间距离最近的点组合起来形成群落,找出各群落的重心位置,然后将各点分配到这些位置已知的仓库,找出修正后的各群落新的重心位置,继续上述过程直到不再有新的变化。这样就完成了特定数量仓库选址的计算。该方法也可以针对不同数量的仓库重复计算过程。

随着仓库数量的增加,运输成本通常会下降。与运输成本下降相平衡的是物流系统的总固定成本和库存持有成本的上升。由于二律背反原理的影响,最优解便是使所有这些成本和最小的解。

如果能够评估所有分配起讫点群落的方式,那么该方法是最优的。尽管如此,就实际问题的规模而言,在计算上却是不现实的,即便预先将大量顾客分配给很少的几个仓库,也是一项极其复杂的工作,因此还需要使用其他方法。

2. 混合—整数线性规划法

为寻求解决选址问题的有效方法,数学家们已经付出了多年努力,他们希望求解方法对问题的描述足够宽泛,使其在解决物流网络设计中常见的大型、复杂的选址问题时具有实际意义,同时可以得到数学上的最优解,这些方法包括目标规划法、树形搜索法、动态规划法及其他方法,其中最有前景的当属混合-整数线性规划法,它是商业选址模型中最受欢迎的方法。

仓库选址有多种不同的形式,使用混合-整数线性规划法的研究者们对其仓库选址问题的描述如下:某几家工厂生产数种产品,其中这些工厂的生产能力已知,每个消费区对每种产品的需求量已知,产品经仓库运往消费区,满足需求,而每个消费区都由某一指定仓库独家供货。

各个仓库能承受的总的年吞吐量有上限和下限的要求。仓库可能的位置是给定的,但是最终使用哪个地点需要做出选择,以达到总分拨成本最低的目标。仓库成本表现为固定成本(实际用地所承担的费用)加上线性可变成本。运输成本被看作是线性的。

这样问题就转化为应决定使用哪个仓库位置;在每个选定位置仓库的规模有多大;各个仓库该服务哪些消费区;各种产品的运输模式是怎样的。所有这些都要在工厂生产能力和分拨系统仓库布局的约束条件下,实现以最小的分拨成本满足需求的目标要求。

用描述性的语言可以将上述问题表述如下:找出物流网络中的仓库数量规模和位置,目标是使得通过该网络运送所有产品的固定成本和线性可变成本在下列条件约束下降至最低。

(1) 不能超过每个工厂的供货能力。

(2) 所有产品的需求必须得到满足。

(3) 各仓库的吞吐量不能超过其吞吐能力。

(4) 必须达到最低吞吐量仓库才可以开始运营。

(5) 同一消费者需要的所有产品必须由统一仓库供给。

对这类问题可以用混合-整数线性规划的计算机软件包来求解。

3. 模拟法

虽然提供数学最优解的选址模型看起来很好,但这种最优解可能并不比模型对问题实际情况的描述更好,况且这样的优化模型通常很难理解,需要很多管理人员掌握他们并不具备的技能。因此,一些人认为应该首先对问题进行准确描述,对此倡导者常常使用模拟方法进行规划。他们强调对问题的准确描述,宁愿冒险接受改良的次优解,也不要对问题笼统描述的最优解。

模拟设施选址模型是指以代数和逻辑语言做出的对物流系统的数学表述,在计算机的帮助下,我们可以对模型进行处理。算术模型寻求的是最佳的仓库数量、仓库位置、仓库规模,而模拟模型则试图在给定多个仓库、多个分配方案的条件下反复使用模型找出最优的网络设计方法。分析结果的质量和效率取决于使用者选择分析地点时的技巧和洞察力。

4. 多设施选址方法的评价

大规模、多设施选址模型给管理人员制定决策带来的帮助是很大的,从包含上百个仓库、几十类产品、几十家工厂、上百个消费需求区的大型供应-配送网络到由上百家供应商供应一家主仓库,然后再供应客户的供应网络都广泛适用该方法。在国防、零件、消费品和工业品等各个行业,许多企业(不论是在国内经营,还是在国际环境中经营的)都已经应用了这种规模的模型,这些模型之所以如此受欢迎,主要原因是它们提供了解决企业管理中重大问题的决策依据:它们强大有效,可以多次重复用于各种形式的物流网络设计,且能提供规划所需的细节;适用模型的成本不高,因而使用带来的收益远远超过其应用成本;模型要求的数据信息在大多数企业很容易获得。

然而这些模型依然有局限性。

(1) 库存政策、运输费率结构、生产和采购规模经济中会出现非线性、不连续的成本关系。如何准确、高效地处理这些关系仍然是数学上的难题。

(2) 设施选址模型应该得到进一步的发展,应该更好地解决库存和运输同步决策的问题,即这些模型应该是真正一体化的网络规划模型,而不应该分别以近似的方法解决各个问题。

(3) 网络设计过程中应该更多地关注收入效应,因为一般来讲,模型建议的仓库数量多于将客户服务作为约束条件、成本最小化时决定的仓库数量。

(4) 建立的模型应该便于管理人员和规划者使用,这样模型才可能经常被用于策略性规划、预算,而不仅仅用于偶尔为之的战略规划,这就要求模型与企业的管理信息系统取得更紧密的联系,以便迅速得到模型运算所需的数据。

四、仓库选址决策分析方法

在定量确定仓库选址难以奏效时,定性方式是被人们广泛采用的方法。但是定性方式往往提供多个可供选择的选址方案,这里又可以借助定量的方法对此进行决策,可用于仓库选址决策分析的定量方法有很多种,下面仅介绍其中两种。

(一) 评分法

所谓评分法,就是通过专家评分来决定物流网点选址方案的方法。评分法带有较重的主观色彩,是靠专家的主观意识来决定选址方案的。但是这正好可以集中吸收各个专家的宝贵经验和知识,因此这可以说是评分法的特点,也是它的优点之一。各个专家在评分时,他自己可能要进行一些计算、预测,有定性分析,也有定量分析。评分法的另外一个优点就是它可以综合考虑很多因素,有些因素一般是无法用数学模型来描述的。而人则可以把它纳入自己的考虑范围。这是评分法比一般的模拟法、解析法优越的地方。另外,评分法比较简单、现实。正因为如此,评分法在企业中有较大的实用性。我们很多的选址工作,往往都是自觉或不自觉地采用这种方法进行的。

实施评分法,最重要的是抓好以下几个环节。

(1) 对于物流市场的了解。要对物流市场的情况进行充分调查和预测,确定物流需求量及其发展前景,确定物流基础设施及其发展前景,并对物流市场的竞争者及其实力情况做充分的调查了解。要通过调查分析,认识市场的机遇和挑战。为制定物流网点决策提供重要的支持信息,由它可以确定要不要增建物流网点、要建什么样的物流网点、物流网点的选址和规模等。

（2）对于物流网点任务、目标的认识。要对物流企业建设物流网点所要达到的目标、任务、可能性进行充分的了解和分析。物流企业希望这个配送中心做多大？是一次到位,还是分阶段发展？物流功能达到什么程度？企业的实力如何？要通过调查分析,掌握项目的目标和任务、了解企业的优势和劣势。

（3）物色专家。为了做好选址工作,要聘请一定数量的专家,依靠这些专家出主意、想办法。需要包括各个方面的专家,例如,物流专家,在物流策划和规划、知识和技术方面能够提供信息支持和帮助;技术专家,在物流网点的设计建设方面提供信息支持和帮助;管理专家,如政府主管部门和企业领导等,在宏观和微观管理方面提供信息支持和帮助;实际业务工作人员,如仓库保管员、配送人员、市场运作人员等,他们根据实际业务的操作特点和市场特点能够对物流网点提供信息支持和帮助。这些人组成一个工作小组,或者叫专家小组。人数的多少根据情况确定。

（4）制订初步方案。在这个区域当中,根据对市场、交通、地质、环境条件等的深入调查,确定几个可以作为物流网点的备选地址,把它们一一列出来。一个点就是一个备选方案。每个方案写出详细说明,包括地址、周围环境状况、特色、长处、短处、成本、效益、投资回收期等具体数据,最后在地图上详细标明。初步方案的制订,可以由专家小组制订,也可以由企业拟订,交专家小组审议确定,或者两者结合起来确定。在审定初步方案的过程中,对于一些有希望但是觉得还不太完善的方案,可以做一些修改、完善或改进工作,使每个方案本身都优化到比较满意的程度。

（5）确定评价指标体系。评价指标体系是作为评价方案好坏的判别标准,一定要根据需要认真制定。最主要的评价标准如下。

① 有没有市场？即其周围有没有物流业务需求？业务需求量有多大？最好有调查统计数据。

② 有没有市场潜力？即在未来几年内,有没有进一步增长的物流业务需求？发展的前景、速度如何？

③ 符不符合政府发展规划或者城市发展规划？

④ 能不能较好地满足当地市场需求？

⑤ 有没有较好的交通运输条件和配套设施？

⑥ 有没有较好的能源和通信基础设施条件？

⑦ 有没有合适的地质地理条件？

⑧ 会不会妨碍居民生活、破坏生态环境、加剧交通拥堵？

⑨ 设立成本有多少？

⑩ 要不要特别增加运行费用？要增加多少？

⑪ 预期投资多大？

⑫ 预期收益如何？预期投资回收期有多长？

评价指标是好有一个量化标准。因为数值的大小是最公平的,评价也是最方便的。

有些指标本身就是量化的,如物流业务需求量、设立成本、投资额、投资回收期等。有些指标是不好量化的,如是否符合城市规划,基础设施条件、地质地理条件如何等,这些指标也要尽量制定评价量化指标。例如符合条件得 1 分,不符合得 0 分等。评价指标体系的制定,由企业和专家小组协商完成。

这些评价指标并不是同等重要的。为了评价的方便,可以给每个评价指标设立一个权值。越重要的指标,权值越高。权值的确定,可以有多种方法。例如:

① 平均法。每个专家自主给出权值,再把各个专家的权值进行平均。

② 正交矩阵法。把各个指标按顺序排列并标号,然后按标号顺序构成一个正交矩阵,在交叉点上进行两两对比,重要的给 2 分,不重要的给 0 分,同等重要的给 1 分。这样求出每个指标的分数之和,就是它的权值(WF)。表 3-2 给出了六个指标的正交矩阵评价表。

表 3-2 六个指标的正交矩阵评价表

指标	1	2	3	4	5	6	WF
现有物流量		0	2	0	1	1	4
发展前景	2		2	2	2	2	10
交通状况	0	0		1	0	1	2
基础条件	1	0	1		2	1	5
设立成本	1	0	2	0		1	4
投资回收期	1	0	1	1	1		4

(6) 用评价指标体系和给定的权值对各个初步方案进行评分。通常把方案的详细说明与评价指标体系的详细说明交给专家,把方案评分表也交给专家,要专家根据方案和评价指标填写方案评分表,如表 3-3 所示。

表 3-3 方案评分表

指标	WF	方案 1		方案 2		方案 3		理由说明
		评分	得分	评分	得分	评分	得分	
现有物流量	4	1	4	2	8	3	12	
发展前景	10	1	10	2	20	3	30	
交通状况	2	2	4	1	2	3	6	
基础条件	5	2	10	1	5	3	15	
设立成本	4	3	12	1	4	2	8	
投资回收期	4	1	4	2	8	3	12	
方案得分合计		44		47		83		

特别说明:

（7）统计分析,求出最佳选址方案。把各个专家的评分表收齐,进行统计,求出每个方案的平均分。对最后所得到的平均分进行分析。如果不满意,还可以进行补充说明,再发给各个专家重新评分。如果满意,则选其中得分最高的方案,就是最优方案。

（二）层次分析法（AHP 法）

层次分析法（AHP 法）是美国运筹学家 Saaty 于 1970 年提出的,这是一种定量与定性相结合的系统分析方法。其理论核心是复杂系统可以简化为有序的递阶层次结构,决策问题通常表现为一组方案优先排序的问题,而这种排序可以通过简单的两两比较的形式导出。

由于仓库选址决策是一个多目标的决策问题,采用 AHP 法能较好地解决这类问题。

应用 AHP 法进行系统评价的主要步骤如下。

1. 明确问题,建立层次结构模型

一般来说,简单的决策问题可以分解成三个层次,即目标层、准则层和方案层。

（1）目标层只包含一个元素,表示决策分析的总目标,因此也称为总目标层。

（2）准则层包含若干层元素,表示实现总目标所涉及的各子目标,包含各种准则、约束、策略等。

（3）方案层表示实现各决策目标的可行方案、措施等。

AHP 法三层结构如图 3-27 所示。

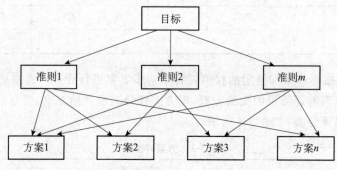

图 3-27　AHP 法三层结构

一个好的递阶层次结构对解决问题极为重要,因此在建立递阶层次结构时,应注意到以下几点。

（1）从上到下顺序地存在支配关系,用直线段（作用线）表示上一层次因素与下一层次因素之间的关系,同层次及不相邻元素之间不存在支配关系。

（2）整个结构不受层次限制。

（3）最高层只有一个因素,每个因素所支配的元素一般不超过 9 个,元素过多可进一步分层。

（4）对某些具有子层次结构的方案可引入虚元素,使之成为典型的递阶层次结构。

2. 构建两两比较判断矩阵

在建立递阶层次结构后,可以逐层对各层要素进行两两比较,利用评分方法将比较判断的结果定量化。

（1）建立。判断矩阵是以上一级的某一要素 Hs 作为评价标准，对本级的要素进行两两比较来确定矩阵因素的，如表 3-4 所示。

表 3-4　两两判断矩阵

Hs	A_1	A_2	…	A_j	…	A_n
A_1	A_{11}	A_{12}	…	A_{1j}	…	A_{1n}
A_2	A_{21}	A_{22}	…	A_{2j}	…	A_{2n}
⋮	⋮	⋮	⋮	⋮	⋮	⋮
A_i	A_{i1}	A_{i2}	…	A_{ij}	…	A_{in}
⋮	⋮	⋮	⋮	⋮	⋮	⋮
A_n	A_{n1}	A_{n2}	…	A_{nj}	…	A_{nn}

目标重要性判断矩阵 A 中元素的取值如表 3-5 所示。

表 3-5　目标重要性判断矩阵 A 中元素的取值

相对重要性	定　义	说　　明
1	同等重要	两个目标同样重要
3	略微重要	由经验或判断，认为一个目标比另一个略微重要
5	相当重要	由经验或判断，认为一个目标比另一个重要
7	明显重要	深感一个目标比另一个重要，且这种重要性已有实践证明
9	绝对重要	强烈地感到一个目标比另一个重要得多
2、4、6、8	两个相邻判断的中间值	需要折中时采用

例如，以 Hs 为评价标准的几个要素的判断矩阵，其形式为：判断矩阵 A 中的元素 $A_{ij}＝W_i/W_j$ 表示从评价准则 Hs 而言的要素 A_i 对 A_j 的相对重要性。判断矩阵 A 又可写成：

$$A=\begin{array}{|c|c|c|c|c|c|}\hline W_1/W_1 & W_1/W_2 & \cdots & W_1/W_j & \cdots & W_1/W_n \\ \hline W_2/W_1 & W_2/W_2 & \cdots & W_2/W_j & \cdots & W_2/W_n \\ \hline \vdots & \vdots & \vdots & \vdots & \vdots & \vdots \\ \hline W_i/W_1 & W_i/W_2 & \cdots & W_i/W_j & \cdots & W_i/W_n \\ \hline \vdots & \vdots & \vdots & \vdots & \vdots & \vdots \\ \hline W_n/W_1 & W_n/W_2 & \cdots & W_n/W_j & \cdots & W_n/W_n \\ \hline \end{array}$$

（2）判断尺度：表示要素 A_i 对 A_j 的相对重要性的数量尺度，称判断尺度。判断尺度的量化含义如下。

1：对 Hs 而言，A_i 对 A_j 同样重要；

3：对 Hs 而言，A_i 对 A_j 略微重要；

5：对 Hs 而言，A_i 对 A_j 重要；

7：对 Hs 而言，A_i 对 A_j 重要得多；

9：对 Hs 而言，A_i 对 A_j 绝对重要；

而对 2、4、6、8 则介于上述两个相邻判断尺度之间。

3. 相对重要度计算

相对重要度是指 A_i 关于 Hs 的权重。因此可以求出判断矩阵的特征向量 $\mathbf{W}$，然后经归一化处理，可得 A_i 关于 Hs 的相对重要度。接着对 $\mathbf{W} = (W_1, W_2, W_3, \cdots, W_n)$ 进行归一化处理。为了避免估计误差，必须引入相容性指标 CI。一般情况下，若 $CI \leqslant 0.1$，就认为判断矩阵有相容性。

4. 综合重要度计算

在计算各级要素对于上一级 Hs 的相对重要度以后，即可从最上级开始，自上而下地求出各级中各要素对系统总体的综合重要度，其计算公式为

$$CI = \frac{\lambda_{\max} - n}{n - 1}, \quad \frac{CI}{RI} < 0.1 \tag{3-5}$$

综合重要度计算公式表明，要计算某一级的综合重要度，必须先知道其上一级。

思 考 题

一、选择题

1. 仓库常用的设备是（　　）。

　　A. 搬运设备　　　　B. 存储设备　　　　C. 计量设备　　　　D. 消防设备

2. 选择叉车的主要参数是（　　）。

　　A. 额定起重量　　　　　　　　　　B. 载荷中心距

　　C. 最大起升高度　　　　　　　　　D. 门架倾角

　　E. 最少转弯半径　　　　　　　　　F. 最少离地间隙

　　G. 轴距和轮距　　　　　　　　　　H. 直角通道最小宽度

　　I. 堆垛通道最小宽度

3. 仓库选址的业务量是（　　）。

　　A. 工厂到仓库之间的运输量　　　　B. 向顾客配送的商品数量

　　C. 仓库保管的数量　　　　　　　　D. 配送线外的业务量

4. 重心法计算的假设条件是（　　）。

　　A. 需求集中一点　　　　　　　　　B. 根据可变成本选址

　　C. 运价随运距成正比　　　　　　　D. 运行路线为距离

　　E. 未来收入和成本变化之间无关

二、填空题

1. 仓库选址的原则包括＿＿＿＿＿＿＿＿＿＿＿＿＿＿＿＿＿＿＿＿＿＿＿。

2. 仓库选址需要考虑的因素包括＿＿＿＿＿＿＿＿＿＿＿＿＿＿＿＿＿＿＿。

三、简答题

1. 仓库选址的约束条件是什么？
2. 简述重心法的基本原理。
3. 简述评分法的基本原理。
4. 简述 AHP 的基本原理。

四、案例分析

德邦物流是国家 AAAA 级综合服务型物流企业,专业从事国内公路运输和航空运输代理。根据德邦物流股份有限公司官网显示,2020 年 11 月,德邦物流在全国 25 个省、市、自治区下设营业网点突破 1 050 家,拥有运输车辆 1 800 余台、员工 19 000 多人,服务网络遍及国内 500 多个城市和地区。从 2001 年 5 月 1 日北京新发地营业部成立,到 2002 年 5 月 19 日上海虹梅南营业部成立,再到 2005 年 6 月成都武侯营业部成立,德邦以华南为基地,陆续在华北、华东、西部等大区进行服务网点的铺设。迄今为止,公司设立了广州、深圳、东莞、华东、华北、西南等八大区,拥有 270 家直属分公司及营业部,卡车航班通达 50 个城市,普通长途专线通达 60 个城市,员工 6 000 多名,总资产逾亿元。2020 年总部拥有 662 个仓库,占地面积 16 万平方米,拥有库房 2.1 万平方米,货场面积 5 万平方米,库内拥有专用铁路线、大型龙门吊、汽车吊、汽车、叉车等起重设备与之配套。德邦物流已有这么多个网点,这些网点密切配合,支持着德邦物流为客户提供高效的服务,然而德邦物流为什么要把总部和最大仓库、配送中心设在广州呢? 针对这个问题,德邦物流考虑了以下几方面。

第一,任何一个仓库在规划建设初期都会将如何快速有效地送达货物作为考虑因素之一。货物的目的地大多是人口聚集地,因此库址相对于大都市的远近,在运输成本和操作效率上所反映出的相关性就十分显著。而德邦选择了我国东南部城市广州,很能体现它的优势。广东省的水、陆、空交通都在我国处于领先地位,这里有医疗设施齐全的医院,也有路线完善的员工上下班的公交,公安、银行、电话线等服务性设施更是应有尽有,非常适宜选址。

第二,要确定该地点建立的是工厂还是配送中心。不同的城市中,运输涉及的问题相对固定。如果你通过铁路车载货物和卡车来接收货物,那么铁路和公路因素将是主要的考虑因素;如果你接收的货物仅为一卡车或者还没有一卡车的容量,作为包裹运输又嫌太重,或者要求特定的到达时间时,空运就成为依赖的主要方式,这种情况下考虑重点又有所不同。

第三,需要考虑成本问题。德邦物流作了大量有关仓储业发展的实践调查,并且提供了一份关于 50 所顶级城市内仓储配送中心运营成本比较分析的报告。如常人所料,建设一所仓储或配送中心所花费用最低的前 10 个城市均集中在西北部地区,而成本高昂的地区是东部和东南部地区。在所有 50 所城市里面,上海的建设费用是最高的。为了构造成本模型,他们假定一个占地 35 万平方米和有 150 名劳动力的仓库,通过公路为全国市场运输货物。工人的种类从秘书到叉车司机一共约 16 种,这就构成了运作一个配送中心的基本薪水账册,德邦物流在他的研究中将该方法运用到这 50 个城市中,并做出了适当的比较。其他的基本成本还包括能源、供热和空气条件，以及运输成本。建筑物比较包括分期贷款成本和财产所得税。成本因素也是形成这种趋势的原因之一。同时公司发现它们可以将很多管理职能从办公室里面转移到生产一线。简单地比较一下，仓库内每平方英尺(1 平方英尺＝0.092 9m²)的费用为 40 元，而在写字楼里，同样的面积需要 160 元。在一个现代化的仓库里面，你不仅会见到叉车司机，还会发现软件工程师和原本入驻公司总部的其他合作企业的代表。大量的人员需求和技术需求使得这里的员工成本分析成为决定仓库选址的因素之一。然而，仓库的最基本功能仍旧是运输和接收货物。为了突出这一点，德邦在模型中假定了一个外运成本，来区别各类始发—终到类型。德邦的外运模型包括作为目的地的 10 个城市，这些城市都具有可以很好地服务于整个美国范围内的消费者市场。在模型中，广州、上海、北京、深圳、青岛仍然是运输成本最高的城市。同样，内陆中心城市，例如武汉、长沙甚至郑州在全国范围内的运输成本方面有着强劲的优势。

现在，大部分公司比较倾向于将仓库的位置选择在距离市场中心或者离市场较近的地方，以平衡成本和快捷之间的矛盾。而这在诸如西安和成都这样的低成本市场附近是不会因为设施而导致成本增加的，但是当它们在衡量上海、深圳和其他主要市场的交通拥堵所带来的附加影响的时候，它们发现只能在广州、北京进行选择了。

问题

德邦物流在仓库选址时考虑了哪些因素？运用了什么决策分析方法？

现代仓储运营管理规划与布局

物流项目的规划设计

如何做好物流项目的规划设计？首先，要清楚物流项目的规划设计前提。其次，要了解订单的结构。最后，才是物流技术的应用。每个方案都有具体的需求，通过分析、认证，找到对自身有用的数据。但是规划设计的前提要求规划设计人员具有前瞻性，能够预测商业模式的发展趋势。

如果规划设计人员预测不到这些变化，那这个设计就是死路一条，虽然设备非常强大，但是它的强大只是针对你设定的场景而已，绝不会根据业务的变化而变化，而且一旦流程固化以后，想改变是很难的。

在做物流项目规划过程当中有这么一个顺口溜：需求决定工艺，工艺决定设备，设备决定质量。怎么才能从纷繁的被动需求当中辨认出真正的需求？有很多需求是假需求，不是真正的需求。因为运营人员遇到了困难，就觉得是一个真需求，但往往这只是一个过程，或者是一个暂时性的东西。规划人员不要把精力放在这上面，如果是放在这上面就是本末倒置了。所以一个物流中心的总设计师必须有清醒的头脑，明白设计的东西至少能够覆盖未来 5～8 年的发展需求。

整个规划设计要以平面为主，而不是设备为主。辨别一个物流中心的好坏，不是自动化程度越高越好，而是在相同投资的前提之下，能效高的是最好的。这就牵涉一个抛砖引玉的话题——对物流中心的评价。这个评价应该什么时候做？不是建成后做，那时很难知道物流中心到底是优秀的，还是不好的。

企业需要把订单成本拆分成人效和平效，即每平方米产生多少订单，每个人、每天能够完成多少订单。不管你用什么样的设备，只有你的平均成本是最低的，才是高效的。这里还包含评价的客观性问题，如所讲的人效，其实是编制人效，包括保安、保洁、经理在内。一个物流中心应该是全流程的，只要是人员对物流中心构成了影响就应该算进来。

在追求一个物流中心的效率时，有两个维度：①能存多少货；②能发多少货。从表面上看这两点并没有多少联系，但如果一个物流中心连货都存不进去，怎么可能发得出来呢？存货和发货之间的关系实际上就是库存的周转率问题。

第三方平台更追求库存周转率，实际上是资金周转率。像服装企业最主要的问题是供应链的反应程度的问题。为什么会反应比较慢？是因为库存和效率没有计算过。如何在店铺、仓库之间建立一个高效的反应机制？其实这是一个库存联动的问题。对于信息系统来讲，这是三个库：第一个库是物流中心；第二个库是店面；第三个库是正在转运过程当中的车辆，车辆运输的周转箱，从空间角度可狭义定义为一个库。这三个库在不同的地点里快速地进行库存联动，其实这就是相互沟通的数量标准。已经卖掉的货是不是要补货，补货的数量够不够补货频次，如果补货频次太高的话，成本比较高，那么补货数量之间的关系是什么？其实如果把这个库存联动做好了，库存周转率的问题也就解决了。

做不到是因为没有相匹配的信息系统来支持，但也不能单靠成熟的软件，实际上很多内容是需要设计人员为企业量身定做信息系统的。

对于一个企业来讲，就是管四面墙以内的物流。OMS 是订单管理系统，那么它在订单处理过程当中应该把多次处理一起做好，再分发给 WMS（仓储管理系统），完成包装以后分拨给不同的库房，库房之间的调拨应该是 TMS（运输管理系统）。但是通常是这样的，因为业务在不断地发展，很难有一家或者是有一个单位能对这相互之间的系统进行关联。

说到随机存储，大家都觉得挺神秘，为什么亚马逊的东西可以随便乱放，它是怎么管理的呢？实际上非常简单，它把一个货位当成仓库，这样放其实也是有规则的，即不允许遮盖。亚马逊的货位都是竖着放的，可以看到货架上的货物，取、放方便，不影响效率。多货多位的目的是使整个货位的满足率达到最高。

库房概念发生了转变，由库房升级成生产工厂。原来的库房只作存放用途，现在的库房人员很密集，一般有 300～500 人，甚至上千人。库房的性质悄然发生了变化，变成了一个生产工厂。因此在做消防申报时，疏散距离如果小于 60m，就属于违章。规划人员在设计的过程中也要考虑这方面的因素。

思考

（1）物流项目的计划过程是怎样的？

（2）仓库设计时以什么为主？

第一节　仓储规划与布局

一、仓储规划概述

仓储规划是指在进行仓储活动之前，对于仓储模式、仓储设施、储存空间、信息管理系统等进行决策及设计，包括总体规划、尺寸规划、通道规划、储存规划等。

1. 仓储规划的目标

仓储设施规划总的目标是使人力、财力、物力和人流、物流、信息流得到最合理、最经济、最有效的配置和安排，即要确保进行仓储规划的企业能够以最小的投入获取最大的效益。仓储规划具有以下典型目标。

（1）有效地利用仓储设施设备、空间能源和人力资源。

（2）最大限度地减少物品搬运。

（3）有利于制造企业缩短生产周期，简化加工过程。

上述目标相互之间往往存在冲突，必须用恰当的指标对每一个方案进行综合评价，才能达到总体目标的最优化。

2. 仓储规划的原则

（1）减少或消除不必要的仓储作业，这是提高企业生产效率和降低消耗的有效方法之一。只有在时间上缩短生产周期，空间上减少占地，物品上减少停留、搬运和库存，才能保证投入的资金最少、生产成本最低。

（2）以流动的观点作为仓储规划的出发点，并贯穿仓储规划的始终，因为企业的有效运行依赖于人流、物流、信息流的合理化。

（3）运用系统分析的方法求得仓储系统的整体优化。

（4）重视人的因素，并要考虑环境的条件，包括空间大小、通道设置、色彩、照明、温度、湿度、噪声等因素对人的工作效率和身心健康的影响。

（5）仓储规划是从宏观到微观，又从微观到宏观的反复迭代并进行设计的过程。要先进行总体方案布置设计，再进行详细布置。而详细布置设计方案又要反馈到总体布置方案中，对总体方案进行修正。

二、仓储布局概述

仓储布局即仓储网点布局，是指在一定区域或库区内，对仓储设施的数量、规模、地理位置等各要素进行科学规划和整体设计。

1. 仓储布局的意义

随着当前物流业的快速发展，我国物流企业的数量越来越多，运营密度也越来越大，在竞争如此激烈的环境下，要想服务好客户，获取盈利空间，具有竞争优势，其中最重要的一点就是物流节点的合理布局。仓储网点作为物流节点的一种，已经成为企业的重要资源，对于物流企业而言，其已经上升到核心竞争力的地位。

所谓仓储网点布局，是以物流系统的完善和经济效益为目标，用系统的理论和系统工程方法，综合考虑物品的供需状况、自身资源、运输条件、自然环境、竞争状况等因素，对仓储网点的数量、位置、规模、供货范围、直达供货和中转供货的比例等进行研究和设计，建立一个有效率的物流网络系统，达到费用低、服务好、效益高的目的。

2. 仓储布局的原则

（1）尽可能采用单层仓储设施，这样做造价低，资产的平均利用效率也高。使物品在出入库时是单向和直线运动，避免逆向操作和大幅度改变方向的低效率运作。

（2）采用高效率的物品搬运设备及操作流程。

（3）在仓库里采用有效的存储计划。

（4）在物品搬运设备大小、类型和转弯半径的限制下，尽量减少通道所占用的空间。

（5）尽量利用仓库的高度，也就是说要有效地利用仓库的容积。

三、影响仓储规划与布局的因素

1. 适应仓储生产的作业流程

库房、货棚、货场等储放场所的数量和比例要与储存物资的数量和保管要求相适应，保证库内货物的流动方向合理，运输距离最短，作业环节和次数最少，仓库面积利用率最高，并能做到运输通畅，方便保管。

2. 货物吞吐量

在仓储作业区内，各个库房、货场储存的货物品种和数量不同，并且不同货物的周转快慢也不同，这些都直接影响库房、货场的吞吐作业量。进行作业区布置时应根据各个库房和货场的吞吐量确定它们在作业区内的位置。对于吞吐量较大的库房和货场，应使它们尽可能靠近铁路专用线或库内运输干线，以减少搬运和运输距离。但也要避免将这类库房过分集中，造成交通运输相互干扰和组织作业方面的困难。

3. 机械设备使用特点

为了充分发挥不同设备的使用特点，提高作业效率，在布置库房、货场时需要考虑所配置的设备情况。每种设备各有其不同的使用要求和合理的作业半径，因此，必须从合理使用设备出发，确定库房、货场在作业区内，以及与铁路专用线的相对位置。

4. 库内道路

库内道路的配置与仓库主要建筑设施的布置是相互联系、相互影响的，进行库房、货场和其他作业场地布置的同时，应该结合对库内运输路线的分析，制订不同的方案，通过调整作业场地和道路的配置，尽可能减少运输作业的混杂、交叉和迂回。另外，在布置时还应根据具体要求合理确定干、支线的配置，适当确定道路的宽度，最大限度地减少道路的占地面积，即使不增加仓库面积，也可以相应地扩大储存面积。

5. 仓库业务及作业流程

仓库业务及作业流程可以归纳为两种形式：一种形式是整进整出，货物基本按原包装入库和出库，其业务过程比较简单；另一种形式是整进零出、零进整出，货物整批入库、拆零付货，或零星入库、成批出库，其业务过程比较复杂。除接收、保管、发运外，还需要拆包、挑选、编配和再包装等项业务。为了以最少的人力、物力耗费在最短的时间完成各项作业，就必须按照各个作业环节之间的内在联系对作业场地进行合理布置，使作业环节之间密切衔接，环环相扣。

第二节　仓储规划的内容

一、储存空间规划

储存物品的空间又称储存空间，储存是仓储设施的核心功能和关键环节，储存区域规划合理与否直接影响到仓储作业效率和储存能力。因此，储存空间的有效利用极为重要。

在进行储存空间规划时，首先要考虑需储存物品的数量及其储存形态，以便能提供适当的空间来满足要求,因为在储存物品时,必须规划大小不同的区域,以适应不同尺寸、数量物品的存放。同时,必须进行仓储区的分类,了解各空间的使用目的,确定储存空间的大小,然后再进行储存空间的布置设计。如果因储存空间的限制而无法满足储存要求,就要寻求可以提高保管效率的储存方法来满足规划要求。

(一)储存空间的构成

储存空间即仓库中以储存保管为功能的空间。储存空间包括物理空间、潜在利用空间、作业空间和无用空间,即

$$储存空间=物理空间+潜在利用空间+作业空间+无用空间$$

式中,物理空间为物品实际上占用的空间;潜在利用空间为储存空间中没有被充分利用的空间,一般仓库有 $10\%\sim30\%$ 潜在利用空间未被利用;作业空间指按作业活动顺序进行操作所必备的空间,如作业通道、货品之间的安全间隙等;无用空间为一些角落,无法正常使用。

(二)储存空间规划的影响因素

影响储存空间的主要因素是作业、物品和设备。其中,作业因素主要包括作业方法及作业环境;物品因素主要包括货品特性、物品存储量、出入库量等;设备因素主要包括储存设备及出入库设备等。

在规划布局的过程中,必须在空间、人力、设备等因素之间进行权衡比较,宽敞的空间并不总是有利的。因为空间过大,保管或存取物品过程中机械设备与仓储管理人员行走距离也会随之增大。但是,空间狭小拥挤也会影响工作,降低作业效率。

(三)储存空间的评价要素和评价方法

1. 评价要素

储存空间规划得成功与否,需要从仓储成本、空间效率、作业时间、货品流量、作业感觉5个方面进行评价。各项要素具体如下。

(1)仓储成本:主要指固定保管费用、保管设备费用、其他搬运设备费用等。

(2)空间效率:主要指储存物品特性,储存物品数量,出入库设备,梁柱、通道的安排布置等。

(3)作业时间:主要指出入库时间。

(4)货品流量:主要指进货量、保管量、拣货量、补货量、出货量。

(5)作业感觉:主要指作业方法、作业环境。

2. 评价方法

评估要素确定后,可以利用下面的指标来衡量储存空间的规划是否科学合理。

(1)仓储成本指标。以 $1m^3$ 物品的保管数量来估算,该费用包括固定保管费用和可变保管费用,单位为元/m^3。

(2)空间效率指标。空间效率的评估可由实际的保管容积率来判别,其计算公式为

$$仓库空间效率 = \frac{实际仓储可利用容积}{仓储空间容积} \times 100\%$$

（3）时间指标。作业时间主要用拣货时间加上在保管时因货位空间的调整而移动货品的时间来表示。

（4）流量指标。流量的评估基准以月为单位，即以每月的入库货量、出库货量、库存量 3 项数值来计算，其值为 0～1，越接近 1 说明库存的周转率越高，其计算公式为

$$仓库流量 = \frac{入库货量 + 出库货量}{入库货量 + 出库货量 + 存货量}$$

（5）作业感觉指标。仓库可以自行定义该指标的级数，如宽的、窄的、大的、小的、舒服的、不舒服的、整齐的、杂乱的等，再利用问卷方式调查作业人员对其作业空间的感觉，由此可以得到这些感性指标。

二、仓库尺寸规划

仓库尺寸规划的内容包括仓库库容量的确定和利用及仓库面积的规划等。

（一）库容量的确定

库容量主要取决于拟存物品的平均库存量。物品平均库存量是一个动态指标，它随物品的收发经常发生变化。作为流通领域的经营性仓库，其库容量难以计算，但可以确定一个最大吞吐量指标；作为制造企业内仓库，可根据历史资料和生产的发展，大体估算出平均库存量，一般应考虑 5～10 年后预计达到的数量。

库存量以实物形态的重量表示。在库存量大体确定后，还要根据拟存物品的规格、品种、体积、单位重量、形状和包装等确定每个物品单元的尺寸和重量，以此作为仓库的存储单元。

仓库存储单元一般以托盘或货箱为载体，每个物品单元的重量多为 200～500kg，单元尺寸最好采用标准托盘尺寸。对于托盘货架仓库，以托盘为单位的库存量就是库容量，它可用来确定库房面积。

（二）库容量的利用

1. 蜂窝损失

分类堆码时计算面积要考虑蜂窝损失。若某仓库分类堆码为一个通道各有一排物品，每排物品有若干列，而每一列堆码 4 层，如果在一列货堆上取走一层或几层，只要不被取尽，所生产的空缺就不能被别的物品填补，留下的空位如同蜂窝，故名蜂窝形空缺（见图 4-1），它影响着库容量的充分利用。

2. 通道损失

通道损失是由于通道占据了有效的堆放面积。无论分类堆码还是货架储存，都存在通道损失。若不考虑通道深度方向的情况，通道损失可用下式计算。

$$L = \frac{W}{W + 2d}$$

式中,L 为通道损失;W 为通道宽度,m;d 为货堆深度,m。

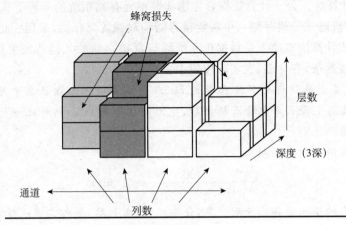

图 4-1　蜂窝形空缺

例如,托盘深度为 1m,叉车作业通道宽度为 3m,则通道损失为 3/5,即 60%,可见通道损失之多。为降低此损失,可以增加货位深度,如堆两排,通道损失降到 42.9%,此时却增加了蜂窝损失。但是,货堆越深,通道的损失越小,虽然蜂窝形的空缺损失增大,但总的库容量损失有所减少。对于常见的选择式货架而言,堆垛深度最多两排,即双深式货架,此时可配用带伸缩叉的叉车,但出入库和装卸搬运等操作不太方便,需要全面考虑。蜂窝损失空缺系数 $E(H)$ 计算公式为

$$E(H) = \frac{L-1}{2L}$$

3. 仓库面积计算

仓库面积包括存储面积和辅助面积,存储面积是指货架和作业通道实际占用面积;辅助面积是指收发、分拣作业场地、通道、办公室和卫生间等需要的面积。面积计算方法一般有直接计算法、荷重计算法、类比计算法和公式计算法。

(1) 直接计算法(化零为整法)。直接计算法就是直接计算出货架、堆垛所占的面积和辅助面积等,然后相加求出总面积。

(2) 荷重计算法。荷重计算法是一种经验算法,通常以每种物品的荷重因子,即每吨物品存储时平均占用的体积为基础,再根据库存量、储备期和单位面积的荷重能力来确定仓库面积。这种计算方法适合散装物品,在我国计划经济时代应用较多,但因为现在储备期时间大大缩短和采用货架、托盘后物品的单位面积荷重能力数据改变较大,应用不多。

$$A = \frac{E}{\lambda q}, \quad E = \frac{QK_1 t}{T}, \quad K_1 = \frac{H_{\max}}{H}$$

式中,A 为库场总面积,m^2;E 为库场堆存容量,t;Q 为年库场货物总储量,t;K_1 为库场不均衡系数;$H_{\max}$ 为月最大货物堆存吨天数,t·天;H 为月平均货物堆存吨天数,t·天;t 为货物在库场的平均堆存期,天;T 为仓库年营运天数,天,一般取 350~360 天;λ 为库场总面积利用系数;q 为单位面积货物堆存量,t/m^2。

(3) 类比计算法。面积较难计算时,可以采用类比计算法,以同类仓库面积比较类推

出所需面积。

（4）公式计算法。公式计算法综合考虑集装单元存储系统的 4 种方式：单元堆垛、深巷式存储（或称贯通式货架存储）、单深货架存储和双深货架存储，采用一套变量和公式来计算面积。公式计算法实质上是根据单元堆垛与货架存储的几何特征来得出公式的，只是这些公式比较复杂，变量多，在实际应用中多有不便。

【例 4-1】　某金属材料仓库库存量为 500t，全部采用汽车搬运集中堆垛存储，垛长 6m、垛宽 2m、垛高 1.5m，考虑蜂窝损失后，空间利用率为 0.7，材料比重为 7.8t/m³。求料垛所占用的面积。

【解】　料垛所占用的面积为

$$S=\frac{500}{1.5\times0.7\times7.8}=61(\text{m}^2)$$

在同一库内的不同物品应分别计算，分类堆垛，求和后，再考虑通道损失，得出最终占用的面积。

【例 4-2】　某仓库拟存储 A、B 两类物品，包装尺寸（长×宽×高）分别为 500mm× 280mm×180mm 和 400mm×300mm×205mm，采用在 1 200mm×1 000mm×150mm 的标准托盘上堆垛，高度不超过 900mm，两类货物最高库存量分别是 19 200 件和 7 500 件，采用选取式重型货架堆垛，货架每一货格存放两个托盘物品。作业叉车为电动堆垛叉车，提升高度为 3 524mm，直角堆垛最小通道宽度为 2 235mm。试确定货架长、宽、高，层数和排数，并计算货架区面积。

【解】　采用货架存储直接计算的方法是以托盘为单位的，要先确定货架和货格尺寸、货架排列和层数，再确定面积。

① 计算 A、B 两类物品所需的托盘存储单元数。对 A 类物品，1 200mm×1 000mm 托盘每层可放[(1 200×1 000)÷(500×280)]=8.57，取整数 8 件（不超出托盘尺寸），可堆层数为[(900−150)÷180]=4.17，取整即 4 层，故每个托盘可堆垛 32 件。库存量之和为 19 200÷32=600（托盘）。同理，对 B 类物品，每托盘可堆垛 30 件，共需 250 个托盘。A、B 共需 850 个托盘。

② 确定货格尺寸。因每格放 2 个托盘，按托盘货架尺寸要求，确定货格尺寸为 2 500mm(1 200+1 200+50+50)（立柱宽度 50mm）长，1 000mm 深，1 100mm 高（900+ 150+50)（含横梁高度）。

③ 确定货架层数。由叉车的提升高度 3 524mm 可知，托盘储货不超过 900mm，确定货架层数为 4 层，为 3 600mm，含地上层。

④ 确定叉车货架作业单元。由于叉车两面作业，故可以确定叉车货架作业单元，该单元共有 16 个托盘，长度为 2.5m，深度为两排货架深度＋背靠背间隙(100mm)＋叉车直角堆垛最小通道宽度，即深度＝2×1+0.1+2.235=4.335（m），取 4.4m；面积 S_0＝ 2.5×4.4=11（m²）。

⑤ 确定面积。由总库存量折合量除以叉车货架作业单元得所需单元数，再乘以单元面积即可得货架区面积，即单元数＝850÷16=53.125，取不小于 1 的整数得 54 个，故面积 S＝54S_0＝54×11=594（m²）。

⑥ 确定货架排数。货架总长和排数与具体的面形状有关。对新建仓库则可以此作为确定仓库大体形状的基础。本例有 54 个单元,按 9×6 得货架长为 9 个单元,即长为 $9 \times 2.5 = 22.5 (\text{m})$,共 6 个巷道,12 排货架;深为 $6 \times 4.4 = 26.4 (\text{m})$,深度比长度大,不符合货架沿长方向布置的原则。可考虑用 4 巷道,取 $14 \times 4 = 56$,此时长度为 $14 \times 2.5 = 35 (\text{m})$,深度为 $4 \times 4.4 = 17.6 (\text{m})$。

三、仓储货位管理

仓储货位管理是指对仓库存货物品的货位进行的规划、分配、使用、调整等工作。货位管理是为仓储管理人员提供便捷的管理方式,从而加强对物品在仓库中具体位置的管理。仓储货位管理单据包括出库货位分配单、入库货位分配单、货位调拨单、物流单据查询、货位单据查询、货位分布表。

1. 货位管理的分类

按照货位的使用方式,货位分为自由货位和固定货位。为了便于对货位进行管理,可采用货位编号的方法,如采用四号定位法和六号定位法。四号定位法中,个位数是指商品具体位置顺序编号,十位数是指货区排次或货架层次编号,百位数是指货区或货架编号,千位数是指库房或货场编号,例如 13—15—2—26。当然,若能利用计算机进行货位管理,则比较理想,它可以按照设定的条件分配、提供货位,并可进行各种查询,随时了解货位利用情况。

自由货位又称"自由料位"或"随机货位"。每个货位均可以存放任何一种物品(相互有不良影响者除外)。只要货位空闲,各种入库物品均可存入。其主要优点是能充分利用每个货位,充分发挥每个货位的作用,提高仓库储存能力。其缺点是每个货位的存货经常变动,物品没有固定的位置,仓储管理人员收发查点时寻找货位比较困难,影响工作效率并容易造成收发差错。如果利用计算机进行货位管理,一般均采取自由货位。

固定货位又称"自固定料位"。对某一货位严格规定只能存放某一规格品种的物品,而不能存放其他物品。其主要优点是每一种物品存放的位置固定不变,仓储管理人员容易熟悉并记住各种物品的货位,便于收发查点,能够提高收发货效率并减少差错。如果绘制成货位分布图,非本库管理人员也能比较容易地找到所需货位。其缺点是不能充分利用每一个货位,易造成储存能力的浪费。

2. 货位管理的目标

(1) 充分有效地利用空间。

(2) 尽可能提高人力资源及设备的利用率。

(3) 有效地保护好物品的质量和数量。

(4) 维护良好的储存环境。

(5) 使所有在储物品处于随存随取状态。

(6) 货位明确化,在仓库中所储存的物品应有明确的存放位置。

(7) 存放物品合理化,每一物品的存放均须遵循一定的规则,进行指定的管理。

(8) 货位上物品存放状况明确化。当物品存放于货位后,物品的数量、品种、位置等变化情况都必须正确记录,仓库管理系统对物品的存放情况应明确清晰。

3. 货位优化的策略

进行货位优化时需要很多的原始数据和资料,需要知道每种商品的编号、商品描述、材料类型、出巡环境、保质期、尺寸、重量、每项件数、每个托盘箱数等,甚至包括客户订单的信息。一旦搜集到完整的原始数据,选用什么样的优化策略就显得尤为重要了。

调查表明,应用一些直觉和想当然的方法会产生误导,甚至导致相反的结果。一个高效的货位优化策略可以增加吞吐量,改善劳动力的劳动条件,减少工伤,更好地利用空间和减少产品的破损。以下一些货位优化的策略可供参考选择。

(1)周期流通性的货位优化。根据某时间段内(如年、季、月等)的流通性,并以物品的体积来确定存储模式和存储模式下的储位。

(2)销售量的货位优化。在每段时间内根据出货量来确定存储模式和空间分配。

(3)单位体积的货位优化。根据某物品的单位体积,如托盘、箱或周转箱等的容器和商品的体积来进行划分和整合。

(4)分拣密度的货位优化。具有高分拣密度的物品应存储在黄金区域以及最易拣选的拣选面。

通常货位优化是一种优化和模拟工具,它可以独立于仓储管理系统(WMS)进行运行。因此,综合使用多种策略或交替使用策略在虚拟仓库空间中求得满意效果后再进行物理实施,不失为一种较好的实际使用方法。

四、仓储通道规划

1. 物流流动线类型

在仓储设施规划中,物料一般沿通道流动,而仓储设备一般也是沿通道两侧布置的,通道的形式决定了物品、人员的流动模式。影响仓库内部流动模式选择的一个重要因素是仓库入口和出口的位置。通常外部运输条件或原有设施规划与设计的限制,需要按照给定的入、出口位置来规划流动模式。基本物流流动线类型有以下5种。

(1)直线形。直线形是一种最简单的流动模式,入口与出口位置相对,仓储设施只有一跨,外形为长方形,设备沿通道两侧布置。

(2)L形。适用于仓储设施中不允许直线流动的情况,设备布置设计与直线形相似,入口与出口分别处于仓储设施相邻的侧面。

(3)U形。适用于入口与出口在仓储设施同一侧面的情况,生产线长度基本上相当于仓储设施长度的两倍,一般仓储设施有两跨,外形近似于正方形。

(4)环形。适用于要求物品返回到起点的情况。

(5)S形。在一个固定面积上,可以安排较长生产线。

实际物流流动线通常是由以上5种基本类型组合而成的。仓储设施可以根据作业流程要求及各作业单位之间物流关系选择合适的类型,进而确定仓储设施的外形及尺寸。

2. 影响通道位置及宽度的因素

影响通道位置及宽度的因素包括:①通道形式;②搬运设备的形式、尺寸、产能、回转半径;③储存物品的尺寸;④与进、出口及装卸区的距离;⑤物品的批量、尺寸;⑥防火墙的位置;⑦建筑柱网结构和行列空间;⑧服务区及设备的位置;⑨地板承载能力;⑩电梯及坡道位置。

3. 通道的设计原则

(1) 流量经济。让所有仓库通道的人、物移动皆形成路径。

(2) 空间经济。通道通常需占据不少仓库空间,因此需谨慎地设计以发挥空间运用的效益。

(3) 设计的顺序。应先对主要通道配合出入仓库门的位置进行设计;其次为出入库门及作业区间的通道进行设计;而后为服务设施、参观走道进行设计。

(4) 危险条件。要求通道足够宽敞,以便发生危险时人员可以尽快逃生。

第三节　仓储布局的内容

仓库布局是指一个仓库的各个组成部分,如主体建筑(库房、货棚、露天货场)、辅助建筑物、通道(铁路专用线、库内道路)附属固定设备等的位置安排。

一、仓库总体布局

仓库总体布局是指在一定区域或库区内,对仓库的数量、规模、地理位置和仓库设施道路等各要素进行科学规划和整体设计。

(一)仓库总体布局的原则

(1) 尽可能采用单层设备,这样做造价低,资产的平均利用效率也高。

(2) 使物品出入库时是单向和直线运动,避免逆向操作和大幅度改变方向的低效率运作。

(3) 采用高效率的物料搬运设备及操作流程。

(4) 在仓库里采用有效的存储计划。

(5) 在物料搬运设备大小、类型、转弯半径的限制下,尽量减少通道所占用的空间。

(6) 尽量利用仓库的高度,也就是说有效地利用仓库的容积。

(二)仓库总体布局的功能要求

(1) 仓库位置应便于货物的入库、装卸和提取,库内区域划分明确、布局合理。

(2) 集装箱物品仓库和零担仓库尽可能分开设置,库内物品应按发送、中转、到达货物分区存放,并分线设置货位,以防发生事故。

(3) 要尽量缩短物品在仓库内的搬运距离,避免任何迂回运输,并要最大限度地利用空间。

(4) 有利于提高装卸机械的装卸效率,满足装卸工艺和设备的作业要求。

(5) 仓库应配置必要的安全、消防设施,以保证安全生产。

(6) 仓库货门的设置既要考虑集装箱和货车集中到达时的同时装卸作业要求,又要考虑由于增设货门而造成堆存面积的损失。

（三）仓库总体布局的目标

1. 保护目标

我们可以制定一些通用的指导方针来实现保护的目标：①应该把危险物品（如易爆、易燃、易氧化的物体）与其他物体分开，以减小损坏的可能性；②应该保护需要特殊安全设施的产品，以防被盗；③应该对需要温控的设备，如冰箱或者加热器，进行妥善安置；④仓库人员应该避免将需要轻放和易碎的物品与其他物品叠放，以防损坏。

2. 效率目标

效率目标有两层含义：①仓库空间要有效利用，就是要利用现有设施的高度，减少过道的空间；②仓库里台架的布局要合理，以降低人工成本和搬运成本。

3. 适度机械化

机械化系统的使用大大提高了分销效率。机械化通常在以下情况下最为有效：①物品形状规则、容易搬运；②订单选择活动较为频繁；③物品数量波动很小且大批量移动。在投资于机械化、自动化时，应考虑相关风险，这包括因为技术的快速变化而引起的设备贬值，以及大规模投资的回报问题。

（四）影响仓库总体布局的因素

影响仓库布局的因素有很多，主要有以下几点。

1. 工农业生产布局

流通部门的工农业仓库受工农业生产布局的制约，因此，仓库的布局必须以我国资源的分布情况、工农业生产部门的布局、不同地区的生产发展水平以及发展规划为依据。这就是说，在进行仓库的布局时要充分研究工农业生产部门的布局，注意各地区生产和产品的特点，以及这些物品进入流通过程的规律，以适应工农业产品收购、储存和调运的需要。

2. 货物需求量的分布

我国各地区经济发展很不平衡，人民生产消费水平也各不相同，所以各地区对各种物品需求量的多少也有所不同，尤其对生活消费品的需求更是五花八门。所以，研究不同地区的消费特征，考虑各种物品的销售市场的分布及销售规律，是仓库布局的另一个重要依据。这就是说，仓库的分布与物品市场的分布应保持一致。

3. 经济区域

所谓经济区域，是结合了生产力布局、产销联系、地理环境、交通运输条件等自然形成的经济活动区域的简称。所以，按照经济区域组织流通，合理分布仓库，对于加速物流速度、缩短运输路线、降低物流费用，都有着重要的意义。

4. 交通运输条件

交通运输条件是组织物流活动的基本条件之一，如果交通不便，势必造成物品储存和交通运输的困难。因此，在仓库的布局上，要特别重视交通运输条件，仓库地址应尽量选择在具有铁路、公路、水路、航空等运输方便和可靠的地方,这是合理组织物流的基础。

5. 经济条件

根据组织流通的需要以及我国现有仓库设施和批发、零售网点的分布状况,合理布局仓库,这也是应考虑的因素。

总之,仓库的合理布局是在综合考虑上述因素的基础上,遵循有利于生产、加快物流速度、方便消费和提高物流效益等原则,统筹规划,合理安排,这对于提高仓储物流系统的整体功能有重要的意义。

(五)仓库总体布局设计

1. 仓库结构类型的选择

仓库结构类型的选择,主要根据仓库的功能和任务来确定,包括仓库的主要功能,是单纯储存还是兼有分拣、流通加工、配送等功能;储存的对象,储存货物的性质、类型、数量、外形和尺寸;仓库内外环境要求,主要指温、湿度的限制以及消防、安全等要求;经济能力、投资额的大小、对经营成本的要求等。

2. 仓库设施设备配置

根据仓库的功能、存储对象、环境要求等确定主要设施、设备的配置,如表 4-1 所示。

表 4-1　仓库设备配置

功 能 要 求	设 备 配 置
存货、取货	货架、叉车、堆垛机械、起重运输机械等
分拣、配货	分拣机、托盘、搬运车、传输机械等
验货、养护	检验仪表、工具、养护设备等
防火、防盗	温度监视器、防火报警器、监视器、防盗报警设备等
流通加工	加工作业机械、工具等
控制、管理	计算机及辅助设备等
配套设施	站台(货台)、轨道、道路、场地等

3. 仓储面积及参数的确定

仓储面积是影响仓库规模和仓储能力的重要因素,仓储面积包括库区总面积和仓库建筑面积。

1)仓库建筑面积及各项参数

仓库建筑系数是各种仓库建筑物实际占地面积与库区总面积之比。该参数反映库房及仓库管理的建筑物在库区内排列的疏密程度,反映总占地面积中库房比例高低。

$$仓库建筑系数 = \frac{仓库建筑占地面积}{库区总面积} \times 100\%$$

仓库建筑面积是仓库建筑结构实际占地面积,用仓库外墙线所围成的平面面积来计量。多层仓库建筑面积是每层的平面面积之和。其中,除去墙、柱等无法利用的面积之后的剩余面积称为有效面积。有效面积从理论上来讲是可以利用的面积,但是,可利用的面积中有一些是无法直接进行储存活动的面积,如楼梯等,除去这一部分面积的剩余面积称为使用面积。

仓库建筑平面系数是衡量使用面积所占比例的参数。

$$库房建筑平面系数=\frac{库房使用面积}{库房建筑面积}\times100\%$$

2)确定仓库面积的主要因素

(1)物资储备量,决定了所需仓库的规模。

(2)平均库存量,主要决定所需仓库的面积。

(3)仓库吞吐量,反映了仓库实际出入库的物品量,与仓库面积成正比关系。

(4)物品品种数,在物品总量一定的情况下,物品品种数越多,所占货位越多,收发区越大,所需仓库面积也越大。

(5)仓库作业方式,机械化作业必须有相应的作业空间。

(6)仓库经营方式,如实行配送制需要有配货区,进行流通加工需要有作业区等。

3)其他技术参数

(1)库房高度利用率是反映库房空间高度有效利用程度的指标,这个参数和库房面积利用率参数所起的作用是一样的,即衡量仓库有效利用程度。仓库中可以采取多种技术措施来提高这一利用程度。

$$库房高度利用率=\frac{货垛或货架平均高度}{库房有效高度}\times100\%$$

(2)仓容,即仓库中可以存放物品的最大数量,以重量单位(t)表示。仓容大小取决于面积大小及单位面积承载物品重量的能力以及物品的安全要求等。库容反映的是仓库的最大能力,是衡量流通生产力的重要参数。

(六)仓库的总体构成

一个仓库通常由生产作业区、辅助生产区和行政生活区三部分组成。

(1)生产作业区:仓库的主体部分,是物品储运活动的场所,主要包括储货区、铁路专运线、道路、装卸台等。

(2)辅助生产区:为物品储运、保管工作服务的辅助车间或服务站,包括车库、变电室、油库、维修车间等。

(3)行政生活区:仓库行政管理机构和员工的休息生活区域,一般设在仓库入口附近,便于业务接洽和管理。行政生活区与生产作业区应分开,并保持一定距离,以保证仓库的安全及行政办公和居民生活的安静。

二、仓库平面布局

仓库平面布局是指对仓库的各个部分,即存货区、入库检验区、理货区、流通加工区、配送备货区、通道以及辅助作业区,在规定范围内进行全面合理的安排。仓库平面布局是否合理,将对仓储作业的效率、储存质量、储存成本和仓库盈利目标的实现产生很大影响。仓库作业区平面布局如图4-2所示。

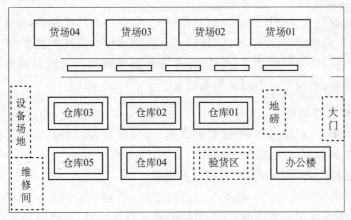

图 4-2　仓库作业区平面布局

（一）仓库平面布局的原则

1. 单层仓库布局的原则

（1）重、大件物品以及周转量大和出入库频繁的物品,宜靠近出入口布置,以缩短搬运距离,提高出入库效率。

（2）易燃的物品,应尽量靠外面布置,以便管理。

（3）要考虑充分利用面积和空间,使布局紧凑。

（4）有吊车的仓库,汽车入库的运输通道最好布置在仓库的横向方向,以减少辅助面积,提高面积利用率。

（5）仓库内部主要运输通道,一般采用双行道。

（6）仓库出入口附近,一般应留有收发作业用的面积。

（7）仓库内设置管理室及生活间时,应该用墙将其与库房隔开,其位置应靠近道路一侧的入口处。

2. 多层仓库布局的原则

多层仓库平面布置除必须符合单层仓库布置原则要求外,还必须满足下列要求。

（1）多层仓库占地面积、防火隔间面积、层数,根据储存物品类别和建筑耐火等级遵照现行建筑设计防火规范来确定。

（2）多层库房占地面积小于 $300m^2$ 时,可设一个疏散楼梯;面积小于 $100m^2$ 的防火隔间,可设置一个门。

（3）多层仓库建筑高度超过 24m 时,应按高层库房处理。

（4）多层仓库存放物品时应遵守上轻下重原则,周转快的物品放在低层。

（5）当设地下室时,地下室净空高度不宜小于 2.2m。

（6）楼板载荷控制在 $2t/m^2$ 左右为宜。

（二）影响仓库平面布局的因素

1. 仓库的专业化程度

仓库专业化程度主要与库存物品的种类有关,库存物品种类越多,仓库的专业化程度越低,仓库平面布局的难度越大;反之,难度小。因为储存物品种类越多,各种物品的理化性质就会有所不同,所要求的储存、保管、保养方法及装卸搬运方法也将有所不同,因此,在进行平面布局时,必须考虑不同的作业要求。

2. 仓库的规模和功能

仓储的规模越大、功能越多,则需要的设施、设备就越多,设施、设备之间的配套衔接成为平面布局中的重要问题,增加了布置的难度,反之则简单。

对于平面布局而言(图 4-3),应考虑以下要求。

（1）仓库平面布局要适应仓储作业过程的要求,有利于仓储作业的顺利进行。仓库平面布置,物品流向应该是单一的流向,最短的搬运距离,最少的装卸环节,最大限度地利用空间。

（2）仓库平面布局要有利于提高仓储经济效益,要因地制宜,充分考虑地形、地质条件,利用现有资源和外部协作条件,根据设计规划和库存物品的性质,更好地选择和配置设施、设备,以便最大限度发挥其效能。

（3）仓库平面布局要有利于保证安全和职工的健康。仓库建设时严格执行《建筑设计防火规范》(GB 50016—2014)的规定,留有一定的防火间距,并采取防火、防盗安全设施,作业环境的安全卫生标准要符合国家的有关规定,有利于职工的身体健康。

（4）每个仓库都应该根据效率最大化和生产最大化的原则进行布局和设计。仓储布局设计的内容包括外部布局和内部布局两方面。仓储外部布局关乎企业的发展战略与竞争优势的发挥,布局得当可以提高运作效率并降低运作成本,而且有利于企业的竞争。

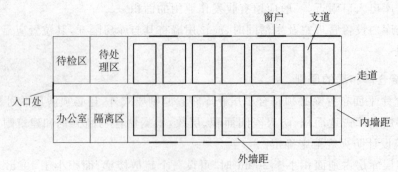

图 4-3　仓库功能平面布局

三、仓库内部布局

仓库内部布局是对保管场所内的货垛(架)、通道、垛(架)间距、收发货区等进行合理规划。

（一）仓库内部货位布置

货位布置的目的一方面是提高仓库内部平面和空间利用率；另一方面是提高物品保管质量，方便进出库作业，从而降低物品的仓储处置成本。

1. 货位布置基本要求

根据物品特性分区分类储存，将特性相近的物品集中存放；将单位体积大、单位重量大的物品存放在货架底层，并且靠近出库区和通道；将周转率高的物品存放在进出库装卸搬运最便捷的位置；将同一供应商或者同一客户的物品集中存放，以便进行分拣配货作业。

2. 货位布置的形式

保管面积是库房使用面积的主体，它是货垛、货架所占面积的总和。货垛、货架的排列形式决定了库内平面布置的形式。仓库货位布置的形式有垂直式布置和倾斜式布置两种。

（1）垂直式布置。货垛或货架前排列与仓库的侧墙互相垂直或平行，具体包括横列式布局、纵列式布局和纵横式布局。

① 横列式布局是指货垛或货架的长度方向与仓库的侧墙互相垂直，如图4-4所示。其主要优点：主通道长且宽，副通道短，整齐美观，便于存取盘点，如果用于库房布局，还有利于通风和采光。

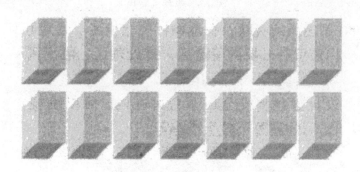

图 4-4　横列式布局

② 纵列式布局是指货垛或货架的长度方向与仓库侧墙平行，如图4-5所示。其主要优点：可以根据库存物品在库时间的不同和进出频率程度安排货位，在库时间短、进出频繁的物品放置在主通道两侧；在库时间长、进出不频繁的物品放置在里侧。

③ 纵横式布局是指在同保管场所内，横列式布局和纵列式布局兼而有之，可以综合利用两种布局的优点，如图4-6所示。

（2）倾斜式布置。倾斜式布置是指货垛或货架与仓库侧墙或主通道成60°、45°或30°夹角，具体包括货垛（架）倾斜式布局和通道倾斜式布局。

货垛（架）倾斜式布局是横列式布局的变形，它是为了便于叉车作业、缩小叉车的回转角度、提高作业效率而采用的布局方式，如图4-7所示。

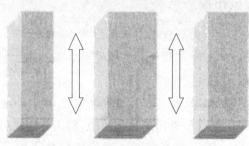

出入库作业区　　　出入库作业区

图 4-5　纵列式布局

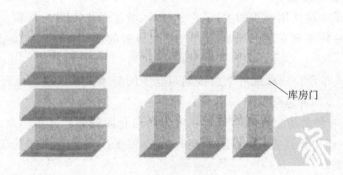

库房门

图 4-6　纵横式布局

图 4-7　货垛(架)倾斜式布局

通道倾斜式布局是指仓库的通道斜穿保管区,把仓库划分为具有不同作业特点的区域,如大量储存和少量储存的保管区等,以便进行综合利用。在这种布局形式下,仓库内地形复杂,货位和进出库路径较多,如图 4-8 所示。

(二) 仓库空间布置

仓库空间布置也称仓库内部竖向布局,是指库存物品在仓库立体空间上布局,其目的在于充分有效地利用仓库空间。其形式主要有就地堆码,利用托盘、集装箱堆码,上货架、架上平台存放和空中悬挂等。

其中,使用货架存放货物有很多优点,概括起来有以下几个方面。

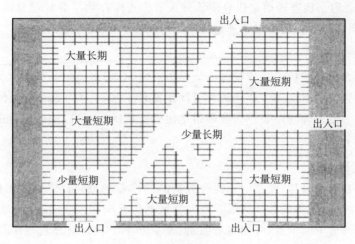

图 4-8　通道倾斜式布局

（1）便于充分利用仓库空间，提高库容利用率，扩大存储能力。

（2）货物在货架里互不挤压，有利于保证货物本身和包装完整无损。

（3）货架各层中的货物可随时自由存取，便于做到先进先出。

（4）货物存入货架，可防潮、防尘，某些专用货架还能起到防损伤、防盗、防破坏的作用。

（三）仓库内非保管场所的布置

仓库内非保管场所是指仓库内除货架和货垛所占的保管面积之外的其他面积，在日常管理中，应尽量扩大保管面积，缩小非保管面积。非保管面积包括通道、墙间距、收发货区、仓库工作人员的办公地点等。

1. 通道

库房内的通道分为运输通道、作业通道和检查通道。

（1）运输通道。运输通道供装卸搬运设备在库内行走，其宽度主要取决于装卸搬运设备的外形尺寸和单元装卸的大小，其计算公式为

$$A = P + D + L + C$$

式中，A 为通道宽度；P 为叉车外侧转向半径；D 为货物至叉车驱动轴中心线的间距；L 为货物长度；C 为转向轮滑行的操作余量。

大体来说，用小推车搬运时通道的宽度一般为 2～2.5m；用小叉车搬运时，一般为 2.4～3m；进入汽车的单行道一般为 3.6～4.2m。

（2）作业通道。作业通道是供作业人员存取搬运物品的行走通道。其宽度取决于作业方式和货物的大小。采用人工存取的货架之间的过道宽度一般为 0.9～1.0m，货垛之间的过道宽度一般约为 1m。

其中，当通道内只有一人作业时，其宽度的计算公式为

$$A = B + L + 2C$$

式中，A 为作业通道的宽度；B 为作业人员身体的厚度；L 为货物长度；C 为作业人员任务余量。

（3）检查通道。检查通道是供仓库管理人员检查库存物品的数量及质量而行走的通道，其宽度只要能使检查人员自由通过即可，一般约为 0.5m。

2. 墙间距

墙间距一方面是使货垛和货架与库墙保持一定距离，避免物品受潮和保持安全性，另一方面也可作为检查通道和作业通道。墙间距宽度一般约为 0.5m，当兼作作业通道时，其宽度需增加一倍。墙间距兼作作业通道是比较有利的，它可以使库内通道形成网络，方便作业。

3. 收发货区

收发货区是指供收货、发货时临时存放物品的作业场地，可分为收货区和发货区，也可以划定一个收货、发货的共用区域。收发货区的位置应靠近库房进门和运输通道，可设在库房的两端或适中的位置，并要考虑收货、发货互不干扰。对靠近专用线的仓库，收货区应设在专用线的一侧，发货区应设在靠近公路的一侧。如果专用线进入库房，收货区应设在专用线两侧。

4. 库内办公地点

仓库管理人员的办公地点可设在库内，也可设在库外，如果设在库内，需要隔成单间，这就影响了库内的布置，也占用了有限的储存面积，因此，宜在库外另建办公场所。如果在库外建办公场所，需要考虑管理的方便，不能离得太远。

第四节　设施布置的基本形式与方法

设施布置是指根据仓库的经营目标和生产作业纲领，在已确认的空间场所内，按照从产品的接收、产品的储存与保管、产品的包装、发运等全过程，力争将人员、设备和物料所需要的空间做最适当的分配和最有效的组合，以获得最大的经济效益。

设施布置包括库区总体布置和库内布置。库区总体布置设计应解决库区各个组成部分，包括作业库区、辅助作业库区、动力站、办公室、露天货场作业场地等各种作业单位和运输线路、管线、绿化及美化设施的相互位置，同时应解决物料的流向和流程、库区内外运输的连接及运输方式；库内布置设计应解决各作业环节、辅助服务部门、储存设施等作业单位及工作地、设备、通道、管线之间的相互位置，同时应解决物料搬运的流程及运输方式。

一、设施布置的基本形式

设施布置形式受工作流的形式限制，它有 4 种基本类型（工艺导向布置、产品导向布置、固定工艺布置）和一种混合类型（成组技术工艺布置）。

1. 工艺导向布置

工艺导向布置又称机群布置或功能布置，是一种将相似的设备或功能相近的设备集中布置的形式，如按车床组、磨床组等分区。被加工的零件，根据预先设定好的流程顺序，从一个地方转移到另一个地方，每项操作都由适宜的机器完成，如图 4-9 所示。这种布置形式通常适用于单件生产及多品种小批量生产模式。医院是采用工艺导向布置的典型例子。在物流管理中快递物流就可以采用工艺导向布置。

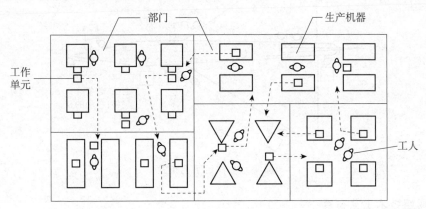

图 4-9　工艺导向布置

2. 产品导向布置

产品导向布置也称装配线布置、流水线布置或对象原则布置,是一种根据产品制造的步骤安排设备或工作过程的方式,如图 4-10 所示。产品流程是一条从原料投入到成品完工为止的连续线。固定制造某种部件或某种产品的封闭车间,其设备、人员按加工或装配的工艺过程顺序布置,形成一定的生产线。适用于少品种、大批量生产方式,这是大量生产中典型的设备布置方式。库存管理就可以采用产品导向布置。

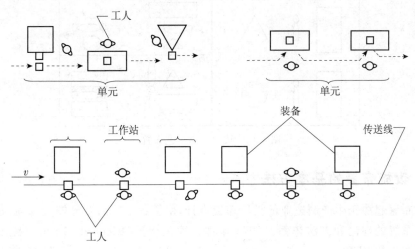

图 4-10　产品导向布置

3. 固定工艺布置

固定工艺布置适用于大型设备(如飞机、轮船)的制造过程,产品固定在一个位置上,所需设备、人员、物料均围绕产品布置,如图 4-11 所示。这种布置方式在一般场合很少应用,飞机制造厂、造船厂、建筑工地等是这种布置方式的实例。露天仓库的散装货物就可以采用固定工艺布置。

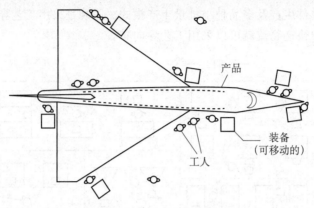

图 4-11　固定工艺布置

4. 成组技术工艺布置

在产品品种较多、每种产品的产量又是中等程度的情况下,将工件按其外形与加工工艺的相似性进行编码分组,同组零件用相似的工艺过程进行加工,如图 4-12 所示。将设备成组布置,把使用频率高的设备按工艺过程顺序布置,组成成组制造单元,整个生产系统由若干个成组制造单元构成。这种成组原则布置方式适用于多品种、中小批量生产方式。仓库管理中托盘和集装箱储存就可以采用成组技术工艺布置。

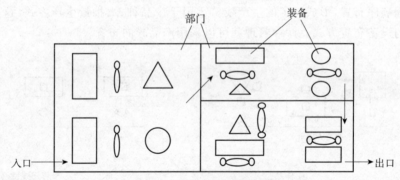

图 4-12　成组技术工艺布置

二、设施布置的基本方法

设施布置起源于生产制造业的工厂布置设计,由于各工厂的差异较大,设施布置设计没有形成系统的理论和方法体系。1973 年理查德·缪瑟(Richard Muther)提出了基于流程导向布局的 SLP(systematic layout planning,系统设施布置设计)方法,这对设施布置设计产生了较大的影响,这种方法提出了作业单位相互关系的等级表示,使设施布置由定性阶段发展到定量阶段。SLP 方法是一套具有普适性的基本程序模式,在各种制造工厂、办公室、仓库等的设施布置中得到了广泛应用。

(一)系统布置设计(SLP)要素及阶段

影响系统布置设计作业的基本因素包括 P、Q、R、S、T 和各单位之间的布置。

SLP方法的实施总共有四个阶段：第一阶段是确定位置。不论是工厂的总体布置，还是车间的布置，都必须先确定所要布置的相应位置。第二阶段是总体规划。在布置的区域内确定一个总体布局。要把基本物流模式和区域划分结合起来进行布置，把各个作业单位的外形及相互关系确定下来，画出一个初步区划图。第三阶段是详细布置。把厂区的各个作业单位或车间的各个设备进行详细布置，确定其总体位置。第四阶段是施工安装。编制施工计划，进行施工和安装。其中，总体规划和详细布置是系统设施布置设计的主要阶段，它们采用相同的SLP设计程序。SLP的模式流程如图4-13所示。

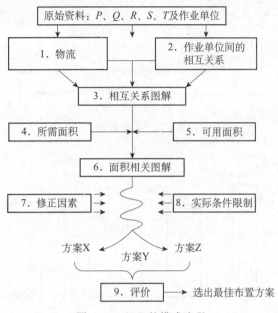

图4-13　SLP的模式流程

从模式流程图中可以看出，首先要输入影响作业布置的基本因素 P、Q、R、S、T。即充分调查研究取得各基本要素的标准原始数据，并细致分析计算。其中 P（products）指规划系统所生产的产品、材料、服务，Q（quantity）指产品或材料的数量、服务的工作量，R（routing）包括工艺路线、生产过程、加工路线及其物流路线在内的生产路线或工艺过程，S（service）指辅助服务部门，T（time）是包括工序的操作时间，更换批量次数在内的时间或时间安排。其次要分析各作业单位之间的相互关系，包括物流分析和作业单位相互关系分析，再综合这两种分析的结果得出物流作业单位相互关系图。根据各作业单位相互实际情况的限制及修正措施对面积相关图进行调整，得出备选方案，最后，量化各因素，评价各备选方案，并选择最佳布置方案。

（二）系统布置设计（SLP）模式

1. 基本要素分析

1）P（产品）- Q（产量）分析

一般来说，P-Q（产品-产量）分析可分为以下两个步骤：①将各种产品、材料或有关生产项目分组归类;②统计或计算每组或类的产品数量。

在 P-Q 分析过程中,将 P-Q 的关系绘制成 P-Q 曲线,如图 4-14 所示,在绘制曲线时,按产量递减顺序排列所有产品。通过 P-Q 分析,决定采用何种原则(产品、工艺、成组或固定原则布置)进行布置。在图 4-14 中 M 区的产品适用于采用大批量生产类型,按产品原则布置;J 区属于单件小批生产类型,按工艺原则布置:而介于 M 区与 J 区之间的产品生产类型为成批生产,适宜采用两者结合的成组原则布置,如图 4-15 所示。

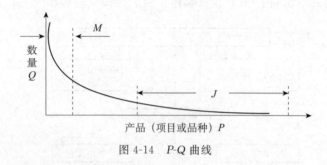

图 4-14　P-Q 曲线

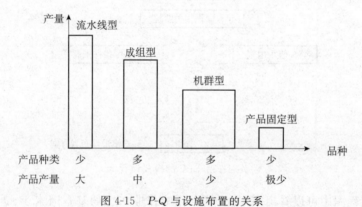

图 4-15　P-Q 与设施布置的关系

2) 物流分析(工艺过程 R 分析)

物流分析包括确定物料在生产过程中每个必要的工序之间移动的有效顺序及其移动的强度和数量。一个有效的工艺流程是指物料在工艺过程内按顺序一直不断地向前移动直至完成;中间没有过多的迂回或倒流。各条路线上的物料移动量就是反映工序或作业单位之间相互关系密切程度的基本衡量标准,在一定时间周期内的物料移动量称为物流强度,对于相似的物料,可以用重量、体积、托盘或货箱作为计量单位。在比较不同性质的物料搬运状况时,各种物料的物流强度大小应酌情考虑物料搬运的困难程度。

当物料流动是工艺过程的主要部分时,物流分析就成为布置设计的核心工作。针对不同的生产类型,应采用不同的物流分析方法。

(1) 工艺过程图。在大批量生产中,产品品种很少,用标准符号绘制的工艺过程图直观地反映出工厂生产的详细情况。此时,进行物流分析只需在工艺过程图上注明各道工序之间的物流量,就可以清楚地表现工厂生产过程中的物料搬运情况。另外,对于某些规模较小的工厂,无论产量如何,只要产品比较单一,就可以用工艺过程图进行物流分析,如图 4-16 所示。

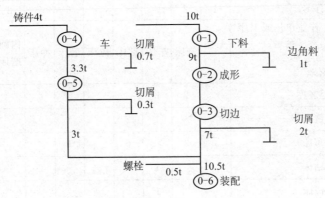

图 4-16　标注物流强度的工艺过程图(示例)

(2) 多种产品工艺过程表。在多品种且批量较大的情况下(如产品品种为 10 种左右),将各产品的生产工艺流程汇总在一张表上,就形成了多种产品工艺过程表,在这张表上各产品工艺路线并列绘出,可以反映各个产品的物流路径。为了在布置上达到物料顺序移动,尽可能地减少倒流,通过调整图表上的工序,使彼此有最大流量的工序尽量靠近,直到获得最佳的顺序,如表 4-2 所示。

表 4-2　多种产品工艺过程表(示例)

工艺 \ 作业 \ 零件或产品	A	B	C	D	E	F
剪切	①	①	①		①	①
开槽口	②	②	②	①		
回火		③	④	②	③	③
冲孔	③		③		②	②
弯曲	④	④		③	④	④
修整	⑤		⑤	④	⑤	

(3) 成组方法。当产品品种达到数十种时,若生产类型为中小批量生产,进行物流分析时,就有必要采用成组方法,按产品结构与工艺过程的相似性进行归类分组,然后对每类产品采用工艺过程图进行物流分析;或者采用多种产品工艺过程表表示各组产品的生产工艺过程,再做进一步的物流分析。

(4) 从至表。当产品品种很多,产量很小且零件、物料数量又很大时,可以用一张方阵图表来表示各作业单位之间的物料移动方向和物流量,表中方阵的行表示物料移动的源,称为从,列表示物料移动的目的地,称为至,行列交叉点表明由源到目的地的物流量。这样一张表就是从至表,从中可以看出各作业单位之间的物流状况,如表 4-3 所示。

表 4-3　从至表（示例）

生产部门	杂件车间	主要产品	①轴，②拨叉，③套筒，④盘	共 1 页	第 1 页

序号（从）＼序号（至）	作业单位或工序（从）名称 ＼ 作业单位或工序（至）名称	1 毛坯库	2 铣床	3 车床	4 钻床	5 镗床	6 磨床	7 冲床	8 内圆磨床	9 锯床	10 检验台	合计
1	毛坯库		2	8		1		4		2		17
2	铣床			1	2		1			1	1	6
3	车床		3		6		1			3		13
4	钻床			1				2	1		4	8
5	镗床			1								1
6	磨床			1							2	3
7	冲床										6	6
8	内圆磨床										1	1
9	锯床		1	1			1					3
10	检验台											0
	合计	0	6	13	8	1	3	6	1	6	14	58

当物料沿着作业单位排列顺序正向移动时，即没有倒流物流现象，从至表中只有上三角阵有数据，这是一种理想状态。当存在物流倒流现象时，倒流物流量出现在从至表中的下三角方阵中，此时，从至表中任何两个作业单位之间的总物流量（物流强度）等于正向物流量与逆向（倒流）物流量之和。运用从至表可以一目了然地进行作业单位之间的物流分析。综上所述，不同的分析方法运用于不同的生产类型，其目的是为了工作方便，在物流分析时，应根据具体情况选择恰当的分析方法。

（三）物流分析与物流相关表

1. 物流分析

由上所述可知，P-Q 关系决定了所采用的初步物流分析方式。当产品品种很少但产量很大时，应采用工艺过程图进行物流分析；随着产品品种的增加，可以利用多种产品工艺过程表或从至表来统计具体物流量的大小。在采用 SLP 法进行工厂布置时，不必关心各作业单位之间具体的物流强度，而是通过划分等级的方法来研究物流状况，在此基础上，引入物流相关表，以简洁明了的形式表示工厂总体物流状况。

【例 4-3】　物流相关分析。设有 A、B、C 三个产品，每个产品每天搬运的托盘数如表 4-4 所示。制成从至表。表 4-5 表示机器与作业单位间的相互距离，表 4-6 表示产品及每日搬运托盘数，表 4-7 表示产品及搬运总量。要求：将表 4-7 产品及搬运总量从至表中的物流强度按作业单位对汇总到表 4-8 物流强度汇总表中。

表 4-4 产品搬运托盘数

产品	A	B	C
每天的托盘数	8	3	5

表 4-5 作业单位距离从至表

名称	原料	锯床	车床	钻床	铣床	检验	包装	成品
原料		8	20	36	44	30	18	10
锯床			12	28	36	22	10	18
车床				16	24	10	22	30
钻床					8	18	30	38
铣床						26	38	46
检验							12	20
包装								8
成品								

【解】 (1) 计算搬运物流量。

表 4-6 产品及搬运托盘数从至表

名称	原料	锯床	车床	钻床	铣床	检验	包装	成品
原料		AC13		B3				
锯床			C5		A8			
车床				C5	AB11			
钻床			B3		C5	A8		
铣床				A8		ABC16		
检验			A8				ABC16	
包装								ABC16
成品								

(2) 计算物流强度。

表 4-7 产品及搬运总量从至表

名称	原料	锯床	车床	钻床	铣床	检验	包装	成品	合计
原料		AC104		B108					212
锯床			C60		A288				348
车床				C80	AB264				344
钻床			B48		C40	A144			232
铣床				A64		ABC416			480
检验			A80				ABC192		272
包装								ABC128	128
成品									0
合计	0	104	188	252	592	560	192	128	2016

（3）物流强度汇总。

表 4-8　物流强度汇总表

序号	作业单位对	物流强度	序号	作业单位对	物流强度
1(1-2)	原料—锯床	104	8(4-5)	钻床—铣床	40
2(1-4)	原料—钻床	108	9(4-6)	钻床—检验	144
3(2-3)	锯床—车床	60	10(5-4)	铣床—钻床	64
4(2-5)	锯床—铣床	288	11(5-6)	铣床—检验	416
5(3-4)	车床—钻床	80	12(6-3)	检验—车床	80
6(3-5)	车床—铣床	264	13(6-7)	检验—包装	192
7(4-3)	钻床—车床	48	14(7-8)	包装—成品	128

当存在物流倒流现象时，倒流物流量出现在从至表中的下三角方阵中，此时从至表中任何两个作业单位之间的总物流量（物流强度）等于正向物流量与逆向（倒流）物流量之和，具体见表 4-9。将表 4-9 中各作业单位对按物流强度大小排序绘制成表 4-10。

表 4-9　物流强度汇总表

序号	作业单位对	物流强度		序号	作业单位对	物流强度	
1	1-2	104		7	4-5	40	104
2	1-4	108			5-4	64	
3	2-3	60		8	4-6	144	
4	2-5	288		9	5-6	416	
5	3-4	80	128	10	6-3	80	
	4-3	48		11	6-7	192	
6	3-5	264		12	7-8	128	

表 4-10　作业单位对物流强度排序表

序号	作业单位对	物流强度	序号	作业单位对	物流强度
1	5-6	416	7	3-4	128
2	2-5	288	8	1-4	108
3	3-5	264	9	1-2	104
4	6-7	192	10	4-5	104
5	4-6	144	11	6-3	80
6	7-8	128	12	2-3	60

2. 物流强度等级

由于直接分析物流数据比较困难且没有必要，SLP 中将物流强度转化成五个等级，分别用符号 A、E、I、O、U 表示超高物流强度、特高物流强度、较大物流强度、一般物流强度和可忽略搬运五种物流强度。作业单位对（或称物流路线的物流强度等级）应按物流路线比例或承担的物流量比例来确定，可参考表 4-11 来划分。

参考表 4-11 物流强度等级比例划分表,可将表 4-10 所示的物流强度排序绘制成表 4-12 的物流强度分析表。

表 4-11　物流强度等级比例划分表

物流强度等级	符号	物流路线比例/%	承担的物流量比例/%
超高物流强度	A	10	40
特高物流强度	E	20	30
较大物流强度	I	30	20
一般物流强度	O	40	10
可忽略搬运	U		

表 4-12　物流强度分析表

序号	作业单位对	物流强度					物流强度等级
		一般	较大	较高	特高	超高	
1	5-6						A
2	2-5						E
3	3-5						E
4	6-7						E
5	4-6						I
6	7-8						I
7	3-4						I
8	1-4						I
9	1-2						O
10	4-5						O
11	6-3						O
12	2-3						O

3. 物流相互关系表

为了能够简单明了地表示所有作业单位之间的物流相互关系,仿照从至表结构,构造一种作业单位之间物流相互关系表,也称为原始物流相关表,如表 4-13 所示。

表 4-13　原始物流相关表

序号 从	至	1 原料	2 锯床	3 车床	4 钻床	5 铣床	6 检验	7 包装	8 成品
1	原料		O	U	I	U	U	U	U
2	锯床	O		O	U	E	U	U	U
3	车床	U	O		I	E	O	U	U
4	钻床	I	U	I		O	I	U	U
5	铣床	U	E	E	O		A	U	U
6	检验	U	U	O	I	A		E	U
7	包装	U	U	U	U	U	E		I
8	成品	U	U	U	U	U	U	1	

　　在这个表中不区分物料移动的起始与终止作业单位,在行与列的相交方格中填入行作业单位与列作业单位之间的物流强度等级。因为行作业单位与列作业单位排列顺序相同,所以得到的是右上三角矩阵表格与左下三角矩阵表格对称的方阵表格,除掉多余的左下三角矩阵表格,将右上三角矩阵变形,就得到了 SLP 中的物流相关表,如表 4-14 所示。进行工厂布置时,从物流系统优化的角度来讲,物流相关表中物流强度等级高的作业单位之间的距离应尽量缩小,即彼此相互接近,而物流强度等级低的作业单位之间的距离可以适当加大。

表 4-14　作业单位物流相关表

序号	作业单位	相互关系(按序号对)
1	原料	1-2:O
2	锯床	2-3:O　1-3:U
3	车床	3-4:I　2-4:U　1-4:I
4	钻床	4-5:O　3-5:E　2-5:E　1-5:U
5	铣床	5-6:A　4-6:I　3-6:O　2-6:U　1-6:U
6	检验	6-7:E　5-7:U　4-7:U　3-7:U　2-7:U　1-7:U
7	包装	7-8:I　6-8:U　5-8:U　4-8:U　3-8:U　2-8:U　1-8:U
8	成品	

(四)作业单位相互关系分析

　　对于布置设计,当物流对企业的生产有重大影响时,物流分析就是工厂布置的重要依据,但物流分析并不是唯一的依据。当物流对企业的生产影响不大或没有固定的物流时,工厂布置就不能依赖于物流分析,需要进行作业单位之间非物流关系分析。下面几种就属于非物流因素的情况:一些电子或宝石工厂,需要运输的物料很少,物流相对不是很重要。有的工厂的物料主要靠管道输送,在这种情况下,其他因素可能要比物流因素更加重要;辅助设施与生产部门之间常常没有物流关系,必须考虑其他密切关系。例如,维修间、办公室、更衣室与生产区域之间没有物流关系,但必须考虑到它们与生产区域都有一定的密切关系;在纯服务性设施中,如办公室、维修间内,常常没有真正的或固定的物流,确定它们之间的关系,要采用其他通用规则,而不是物流;在某些特殊情况下,工艺过程不是布置设计的唯一依据。例如,重大工件的搬运要考虑运入运出的条件,不能完全按工艺原则布置;有的工序属于产生污染或有危害的作业,需要远离精密加工和装配区域,也不能以物流为主要考虑因素。

1. 作业单位相互关系的决定因素及相互关系等级的划分

　　在 SLP 中,产品 P、产量 Q、工艺过程 R、辅助服务部门 S 及时间安排 T 是影响工厂布置的基本要素,P、Q 和 R 是物流分析的基础,P、Q 和 S 则是作业单位相互关系分析的基础,同时 T 对物流分析和作业单位相互关系分析都有影响。作业单位间相互关系的影响因素与企业的性质有很大关系。不同的企业,作业单位的设置是不一样的,作业单位之间相互关系的影响因素也是不一样的。作业单位之间相互关系密切程度的典型影响因素一般可以考虑以下几个方面。

（1）物流。

（2）工艺流程。

（3）作业性质相似。

（4）使用相同的设备。

（5）使用同一场所。

（6）使用相同的文件档案。

（7）使用相同的公用设施。

（8）使用同一组人员。

（9）工作联系频繁程度。

（10）监督和管理方便。

（11）噪声、振动、烟尘，易燃易爆等危险品的影响。

20世纪60年代美国学者理查德·缪瑟阐述了一种十分有代表性的研究方法——系统化布置设计。这套理论方法在20世纪80年代时，通过缪瑟来我国访问和讲学而传入了中国，并不断发展和壮大，继而被运用到各种设施布置以及物流规划之中，它作为一种比较基础的程序模式，不但可以应用于各种工厂的新建、重建、扩张中对厂房的布置优化，各个作业单位的布置以及各设备的放置和调整，还能应用于医院、机场、图书馆、校园、餐饮服务、商店以及各类服务业的设计，也适用于对办公室以及实验室等的设计。

据理查德·缪瑟的建议，一个项目中重点考虑的因素不应超过8～10个。确定了作业单位之间相互关系密切程度的影响因素以后，就可以给出各作业单位间的关系密切程度等级。在SLP中，单位之间相互关系密切程度等级划分为A、E、I、O、U、X六个等级，其含义及比例如表4-15所示。

表4-15 作业单位间相互关系等级　　　　　　　单位：%

符 号	含 义	说 明	比例
A	绝对重要		2～5
E	特别重要		3～10
I	重要		5～15
O	一般密切程度		10～25
U	不重要		45～80
X	负的密切程度	不希望接近，酌情确定	酌情确定

2. 作业单位之间相互关系表

作业单位间相互关系密切程度的评价，可以由布置设计人员根据物流计算、个人经验或与有关作业单位负责人讨论后进行判断，也可以把相互关系统计表格发给各作业单位负责人填写，或者由有关负责人开会讨论决定，由布置设计人员记录汇总。作业单位之间相互关系分析的结果最后要经主管人员批准。在评价作业单位间相互关系时，首先应制定出一套"基准相互关系"，其他作业单位之间的相互关系通过参照"基准相互关系"来确定，表4-16给出的基准相互关系供参考。

表 4-16　基准相互关系

相互关系等级	一对作业单位	关系密切程度的理由
A	钢材库和剪切区域 最后检查和包装 清理和油漆	搬运物料的数量,类似的搬运问题 损坏没有包装的物品,包装完毕前检查单不明确 使用相同的人员、公用设施、管理方式和相同形式的建筑物
E	接待和参观者停车处 金属精加工和焊接 维修和部件装配	方便、安全 搬运物料的数量和形状 服务的频繁和紧急程度
I	剪切区和冲压机 部件装配和总装配 保管室和财会部门	搬运物料的数量 搬运物料的体积、共用相同的人员 报表运送、安全、方便
O	维修和接收 废品回收和工具室 收发室和厂办公室	产品的运送 共用相同的设备 联系频繁程度
U	维修和自助食堂 焊接和外购件仓库 技术部门和发运	辅助服务不重要 接触不多 不常联系
X	焊接和油漆 焚化炉和主要办公室 冲压车间和工具车间	灰尘、火灾 烟尘、气味、粉尘 外观、振动

确定了各作业单位间相互关系密切程度以后,利用与物流相关表相同的表格形式建立作业单位之间相关表,在表中的每一个菱形框格内填上相应的两个作业单位之间的相互关系密切程度等级,密切程度等级符号下面的数字表示确定密切程度等级的理由,具体可参见表 4-17 叉车总装厂作业单位非物流相关表。

表 4-17　叉车总装厂作业单位非物流相关表

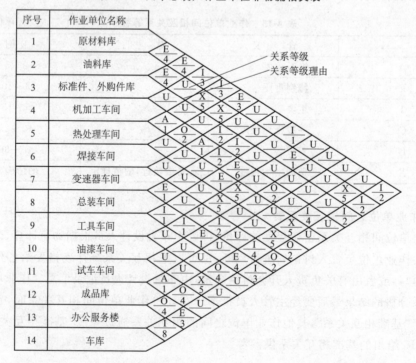

（五）作业单位间综合相互关系分析

在大多数工厂中，各作业单位之间既有物流联系也有非物流联系，两作业单位之间的相互关系应包括物流关系与非物流关系。因此在 SLP 中，要将作业单位之间物流的相互关系与非物流的相互关系进行合并，求出合成的相互关系——综合相互关系，然后由各作业单位间综合相互关系出发，实现各作业单位的合理布置。综合相互关系，即用图例、符号、数字、颜色画出各个作业单位之间的相互关系。在绘制时，可以考虑或不考虑作业单位的实际位置，也可以不考虑作业单位所需的面积。下面结合某叉车总装厂物流相关表（见表 4-18）及非物流相关表（见表 4-17），同时结合物流与非物流各自对布置的影响因素，以加权值为 1∶1 来综合考虑该工厂的相互关系，绘制作业单位综合相关表，如表 4-19 所示。

表 4-18　某叉车总装厂物流相关表

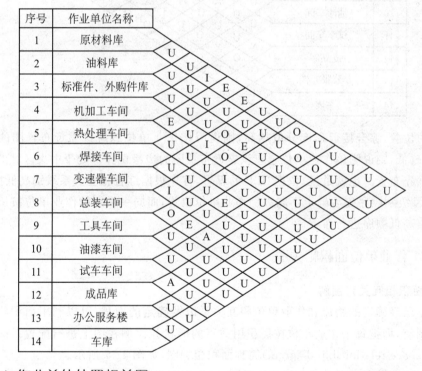

（六）作业单位位置相关图

在 SLP 中，工厂总平面布置并不直接去考虑各作业单位的建筑物占地面积及其外部的几何形状，而是从各作业单位间相互关系密切程度出发，安排各作业单位之间的相对位置。关系密切程度高的作业单位之间距离近，关系密切程度低的作业单位之间距离远，由此形成作业单位位置相关图。当作业单位数量较多时，作业单位之间相互关系数目非常多。因此，即使只考虑 A 级关系，也有可能同时出现很多个，故引入综合接近程度。某一作业单位综合接近程度等于该作业单位与其他所有作业单位之间量化后（A＝4，E＝3，I＝2，O＝1，U＝0，X＝－1）密切程度的总和。这个值的高低，反映了该作业单位在布置图

表 4-19 某叉车总装厂综合相关表

序号	作业单位名称
1	原材料库
2	油料库
3	标准件、外购件库
4	机加工车间
5	热处理车间
6	焊接车间
7	变速器车间
8	总装车间
9	工具车间
10	油漆车间
11	试车车间
12	成品库
13	办公服务楼
14	车库

注：表中为三角形综合相关关系图，各作业单位之间以 A、E、I、O、U、X 级别表示相互关系（图中字母为各单位间关系代号）。

上所处的位置，综合接近程度分值越高，则说明该作业单位越应该靠近布置图的中心位置；分值越低，则说明该作业单位越应该靠近布置图的边缘位置。处于中央区域的作业单位应该优先布置。也就是说，依据 SLP 的思想，首先根据综合相互关系级别高低按 A、E、I、O、U、X 级别顺序先后确定不同级别作业单位位置，而同一级别的作业单位按综合接近程度分值高低顺序进行布置。

（七）作业单位面积相关图

1. 面积相互关系图解

根据已经确定的物流和作业单位相互关系以及确定的面积，可以利用面积相互关系图进行图解，即把每个作业单位按面积用适当的形状和比例在图上进行配置。面积相互关系图（space relationship diagram）简称面积相关图，如图 4-17 所示。

（1）如果物流很重要而非物流不重要，可把面积和物流图结合起来，即在图上把每一个作业单位按物流关系依一定比例画出，并标明面积，这在一张方格纸上很容易画出。

（2）如果物流不重要而非物流很重要，可把面积与作业单位相关图结合起来画出。

（3）如果物流和非物流都很重要，则可把面积和物流及非物流相关图结合起来，按同样方式画出，并标明面积。

2. 面积相互关系图的调整

作业单位面积相关图是直接从位置相关图演化而来的，只能代表理想的布置方案，必须通过调整修正才能得到可行的布置方案，进行调整和修正必须考虑以下因素。

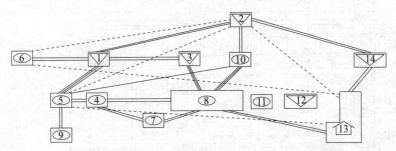

图 4-17 某叉车总装厂的面积相关图

1) 修正因素

（1）场址条件或周围情况。如地面坡度、主导风向、朝向、铁路或道路的出入口,对周围环境的污染、振动、噪声的影响等。

（2）搬运方法。如与外部运输的衔接、搬运的总体方案、搬运方式、搬运设备、起重机的起重能力和所占空间等。

（3）仓库设施。要根据面积相关图重新检查仓库设施的面积,这时要根据货物堆垛、上架、支撑方法等确定面积。

（4）建筑特征。如建筑立面、柱网、门窗形式、高度、地面负荷等。

（5）公用及辅助部门。要考虑公用管线、维修部门所需要的面积,包括机器设备、控制设备、通道等确定面积。

（6）人员的需要。包括工厂出入口的分布,更衣室、休息室的位置,以及安全、方便、通信问题,都要作为调整布置时要考虑的因素。

2) 实际条件限制

在考虑布置时,常常遇到一些对设计有约束作用的因素,这些因素叫作实际条件限制。例如,原有的建筑、原有的搬运方法、不宜变动的管理方法等限制了理想布置的实现。企业方针、建筑规范、资金不足等也是影响布置的重要限制条件。在处理这些因素时,可考虑重新安排面积。例如,在布置中希望设置一条高度同步化的自动输送带系统,但它可能阻断了车道,这就抵消了其所具有的优点,因此需要考虑舍弃这种布置方案。通过考虑多方面因素的影响与限制,形成众多的布置方案,抛弃所有不切实际的想法,保留2～5个可行方案供选择。采用规范的图例符号,将布置方案绘制成工厂总平面布置图,图 4-18 所示为某叉车总装厂的一种布置方案。

（八）方案的调整、修正、拟订及评价

初始方案要考虑实际条件的限制并进行调整和修正。实际中的限制有诸如建筑类型、搬运方式、辅助设备、人员需求等。在考虑这些修正因素时,有可能要舍弃最优方案,而选择备选方案。

方案的评价是 SLP 中重要的部分,方案的评价过程就是选择最优布置方案的过程。方案评价的方法有很多,如费用比较法、加权因素法等。下面着重介绍加权因素法。

加权因素法就是分析影响设施布置的各种定性和定量因素,并划分等级,给每个等级

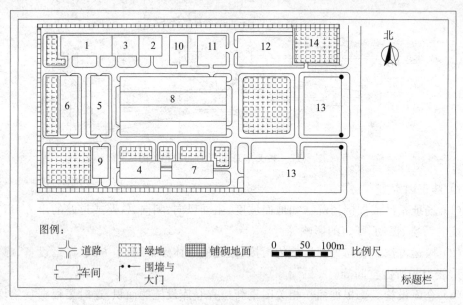

图 4-18　叉车总装厂总平面布置图

赋分,表示因素对设施布置的影响程度。根据对设施布置方案取舍影响程度的不同,给各个因素赋权值。其具体做法是:确定重要因素,给其赋权,然后根据其他因素和该重要程度的比较,确定适当的权值。权值的确定常常是采用集体评定后求平均值。计算各个方案的得分值,对其进行评价。

评价因素的等级划分采用 SLP 中等级划分的方式,分为 A、E、I、O、U 五级,各级别的解释及分值如表 4-20 所示。

表 4-20　评价等级表

等　　级	意　　义	分　　值
A	接近完美	4
E	很好	3
I	达到主要效果	2
O	效果一般	1
U	不好	0

方案得分的计算是将各因素的评价等级与加权值相乘求和,计算公式如下。

$$T_i = \sum_{i=1}^{n} S_j w_{ij} \quad (i = 1, 2, \cdots, n)$$

式中,n 为评价因素总数;j 为评价因素序号,且 $j = 1, 2, \cdots, m$;S_j 为第 j 个评价因素的加权值;w_{ij} 为第 j 个因素对第 i 个方案的评价等级分值;T_i 为第 i 个方案的得分。

某方案的得分高于其他方案的 20% 时,则可作为最优方案。当得分很接近时,需要增加一些评价因素来进行区分。

思　考　题

一、选择题

1. 仓储规划的内容是（　　）。
   A. 总体规划　　　　B. 尺寸规划　　　　C. 通道规划　　　　D. 储存规划
2. 仓储规划的原则是（　　）。
   A. 减少或消除不必要的作业　　　　B. 以流动观点
   C. 用系统分析方法　　　　　　　　D. 综合考虑因素
   E. 宏观和微观相结合
3. 影响仓储规划和布局的因素是（　　）。
   A. 适应仓储生产作业的流程　　　　B. 商品吞吐量
   C. 机械设备使用特点　　　　　　　D. 库内道路
   E. 仓库业务及作业流程
4. 储存空间的构成是（　　）。
   A. 物理空间　　　　B. 潜在利用空间　　　C. 作业空间　　　D. 无用空间

二、填空题

1. 仓库内物流流动形式包括_____、_____、_____、_____、_____。
2. 通道的设计原则包括_____、_____、_____、_____。_____
3. 仓库总体布局原则包括_____、_____、_____、_____、_____、_____。
4. 仓库总体布局的目标包括_____、_____、_____。

三、简答题

1. 阐述储存空间的评价因素。
2. 阐述储存空间规划的影响因素。
3. 阐述货位管理及其优化策略。
4. 仓库面积参数是如何确定的？
5. 阐述设施布置的基本形式。
6. 阐述系统设施布置考虑的因素。
7. 作业单位非物流相关因素包括哪些？
8. 什么是仓储规划与布局？
9. 简述影响仓库平面布局的因素。

四、案例分析

仓库布局设计的过程

　　某企业是一家生产工装裤的工厂，规模不是很大，它只生产几种产品，而产品的主要差别仅在于裤子的尺寸不同。

　　该企业在进行仓库布局设计的过程中，首先，根据产品的特点进行分类分项。在设计仓库布局时,该企业按照工装裤的尺寸大小分别存放进行考虑。先按照工装裤的腰围大小,从最小尺寸到最大尺寸,分为若干类。然后每一类再按裤长尺寸由最小尺寸到最大尺寸,分为若干项。然后,根据分类分项进行存放。分类分项后,按顺序存放。为了减少订单分拣人员的分拣时间,除按上述方法将工装裤依尺寸大小分类分项存放外,还将那些客户最常选购的一般尺寸就近存放在存取较为方便的货位,而将特小和特大、客户不常选购的特殊尺码,存放在较远和高层的货位。通过货物在仓库中的合理布局,提高了物流工作的效率,实现了物流的合理化。

最后,进行其他空间的安排。除货物入库和出库所需要的库房储存空间以外,为了进行仓库其他业务活动也需要有一定的场地。如车辆为等待装货或卸货的停车场地和员工休息室。入库和出库货物的暂时存放场地。办公室所需场地。保管损坏货物、等待承运商检查确认的场地。进行重新包装、贴标签、标价等业务所需用地。设备的保管和维护地区。危险品以及需要冷冻、冷藏等进行特殊保管的货物所需要的专用储存区。

采用这样进行仓库的布局设计,取得了很好的效果。

问题

(1) 结合案例,在布置仓库总平面布局时,如何划分区域?总平面布局由哪些区域构成?

(2) 在布置仓库平面布局时,一般考虑哪些因素?

(3) 该企业在仓储作业管理中,是如何满足特殊需求的?

现代仓储运营管理的仓库作业管理

案例1 吉林玉米中心批发市场玉米储存入库要求

一、玉米入库要求

交易商入库玉米,须持吉林玉米中心批发市场批准的"吉林玉米中心批发市场交货仓库入库通知单",并通知交货仓库安排接收玉米事宜。

二、玉米入库验收要求

1. 包粮玉米入库验收要求

(1) 重量验收。以乙方经计量检验合格的地磅为准。

(2) 质量检验。乙方按市场交货要求进行检验,检验内容包括水分、容重、杂质、不完善粒总量、不完善粒中的生霉粒、色泽、气味,并对甲方玉米是否有异味、活虫、结块、发热、霉变及水分等进行确认,确定其是否符合仓储保管要求。

如甲方玉米存在有异味、发热、结块、霉变、活虫、水分过高或不均等不符合保管条件的玉米,应及时建议甲方处理,如甲方没有给予明确的答复,乙方有权拒收。

(3) 玉米验收后,乙方须填写入库验收单。入库验收单包括以下内容:到货日期、货种、入库重量、入库件数、货位号、质量检验结果、包装、对玉米质量处理意见通知、检验人及检验日期。

(4) 乙方须将验收结果及时通知甲方,如甲方对乙方质量检验结果有异议,双方以质检机构检验为准。

2. 散粮玉米入库验收要求

(1) 甲方玉米散粮入库原则上应以整仓为单位。

(2) 重量验收。以乙方经计量验收合格的地磅为准。

(3) 质量检验。乙方按市场交货要求进行检验,检验内容包括水分、容重、杂质、不完善粒总量、不完善粒中的生霉粒、色泽、气味,并对甲方玉米是否有异味、活虫、结块、发热、霉变及水分等进行确认,确定其是否符合仓储保管要求。

如甲方玉米存在有异味、发热、结块、霉变、活虫、水分过高或不均等不符合保管条件的玉米,应及时建议甲方处理,如甲方没有给予明确的答复,乙方有权拒收。

（4）玉米验收后，乙方须填写入库验收单。入库验收单包括以下内容：到货日期、货种、入库重量、入库件数、货位号、质量检验结果、包装、对玉米质量处理意见通知、检验人及检验日期。

思考

（1）商品入库的要求包括哪些？

（2）商品验收单包括哪些内容？

案例2　吉林玉米中心批发市场玉米储存保管要求

一、仓储质量安全要求

仓库按照国家和当地粮食主管部门仓储有关规定对甲方的玉米实施保管以维护玉米储存期间的质量安全。

二、仓储交易安全要求

仓单生成后，仓库不能移动交易方玉米。

三、仓单损耗计算

（1）初始注册仓单的玉米，入库后，前30天（不足30天按30天计算）的损耗按2‰计算，从第31天起，每个月的损耗按1‰[不足15天（含）按半个月计算，损耗为0.5‰；超过15天不足一个月的，按一个月计算，损耗为1‰]。

（2）用提货单重新注册仓单的玉米，每个月的损耗按1‰[不足15天（含）按半个月计算，损耗为0.5‰；超过15天不足一个月的，按一个月计算，损耗为1‰]。

（3）仓库在储存玉米的过程中发现非仓库管理原因出现的问题（如生虫），应及时通知交易方采取措施，费用由交易方承担。熏蒸费为5元/t。

思考

（1）商品储存保管的要求有哪些？

（2）商品保管储存过程的损耗如何计算？

案例3　吉林玉米中心批发市场玉米储存出库要求

一、包粮出库要求

（1）必须凭市场签发的提货单提货。

（2）提货人应出具单位介绍信和本人身份证，并在乙方登记、签字结清相应全部费用。

（3）出库重量以实际过乙方经计量检验合格的地磅为准，扣减损耗后，短缺重量由乙方承担。

二、散粮出库要求

（1）玉米散粮出库原则上应以整仓为单位，也可以按实际接货量出库。

（2）玉米散粮出库检验标准按《吉林玉米中心批发市场交易管理办法》（吉玉中市〔2006〕8号）第2条的相关规定执行。

（3）必须凭市场签发的提货单提货。

（4）提货人应出具单位介绍信和本人身份证，并在乙方登记、签字，结清相应全部费用。

（5）出库重量以实际过乙方经计量检验合格的地磅为准，扣减损耗后，短缺重量由乙方承担。

思考

商品出库的要求包括哪些？

第一节　入　库　作　业

货物的入库业务也可称为收货业务，是指货物进入库场储存时所进行的卸货、搬运、清点数量、检查质量、装箱、整理、堆码和办理入库手续等一系列操作，主要有货物入库前的准备、接运、验收、入库四个步骤，如图5-1所示。

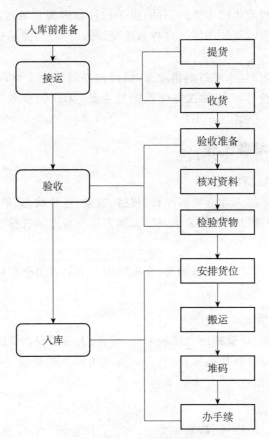

图 5-1　仓储货物的入库过程

货物入库的基本要求：根据货主的正式入库凭证，清点货物数量，检查物资和包装的质量，检验物资的标志，并按照规程安排物资入库。在入库业务环节中，要注意认真做好商务记录,并与承运人共同签字,以便分清责任。对负责入库的业务人员来说,在进行物资入库的工作中应做到手续简便清楚、作业快且稳定、技术准确,认真把好入库关。

货物入库方式是指货物到达仓库的方式。货物入库方式主要有托运入库、送货入库、自提入库、过户、退货入库、移仓等。

托运入库是指委托铁路、公路、水路、航空等运输部门,将商品从发货方运达收货方所在地的车站、码头、港口、机场,由收货方的提运员到运输部门接运商品并送达收货仓库,或者运输部门送货上门,或者经由铁路专用线直达仓库,仓库保管员根据入库凭证接收商品,办理商品入库手续,这种入库交接的特点是:先大数点收,再凭单验收。

送货入库是指发货方直接将商品送达收货方的仓库,由仓库保管员验收入库。这种入库方式的特点是:单货同行,随到随收,收货方仓库交接。

自提入库是指仓库自备运输工具,到发货方提取商品并运达收货方仓库。这种入库交接的特点是:提运员在发货方仓库验收商品,保管员在自己的仓库验收入库。

过户是指提供购销业务,商品的所有权已经转移,但商品仍要求在原处仓库存放。这种入库交接的特点是:单据交割,商品未动,更换货主。

退货入库是指销售或代销出去的商品,由于种种原因购货方将原来购进的商品退回或者代销方将销售剩余的商品退回。这种入库交接的特点是:商品先出库,不久后再返回仓库。

移仓是指在企业内部,未经过购销业务,但通过办理移库手续,将商品从企业内的一个仓库转移到另一个仓库。这种入库交接的特点是:无购销业务发生,单货同行,随到随收。

一、入库前的准备工作

1. 了解各种入库物资的状况

仓库管理人员需了解入库货物的品种、规格、数量、包装状态、单体体积、到库时间、物资存期、物资的理化特性以及保管要求,精确、妥善地进行库场安排、准备。

2. 制订仓储计划

根据货物情况、仓库情况、设备情况、仓库管理人员制订出仓储计划,并将计划下达到各相应的作业人员。

3. 掌握仓库库场情况

了解货物入库期间、保管期间仓库的库容、设备、人员的变动情况,安排好工作。

出库需使用重型设备操作的货物,要确保可使用设备的货位。必要时对仓库进行清查、清理、归类,以便腾出仓容。

4. 仓库妥善安排货位

仓库根据入库货物的性能、数量和类别,结合仓库分区分类保管的要求,核算货位;根据货位使用原则,严格验收场地,妥善安排货位,确定苫垫方案及堆垛方法等。

5. 做好货位准备

彻底清洁货位,清除残留物,清理排水管道(沟),必要时安排消毒、除虫、铺地。仔细检查照明、通风等设备,发现损坏及时通知修理。

6. 准备必要的苫垫材料、作业用具

在货物入库前,根据所确定的苫垫方案,准备相应材料及所需用具,对这种衬垫进行铺设作业。

7. 装卸搬运工艺设定

根据货物、货位、设备条件和人员等情况,合理科学地制定装卸搬运工艺,保证作业效率。

8. 文件单证准备

仓库管理员应妥善保管货物入库所需的各种报表、单证和记录簿等,如入库记录、理货检验单、存卡和残损单等,以备使用。

9. 合理安排人力、设备

根据入库货物的数量和时间,安排好物资验收人员、搬运堆码人员和物资入库工作流程,以及用来验收的点数、测试、开箱等工具,以确定各个工作环节所需要的人员和设备。

由于仓库、物资业务性质不同,入库准备工作也有所差别,这就需要根据具体情况和仓库制度做好充分准备。

二、货物接运

货物接运的主要任务是向托运者办清业务交接手续,及时将货物安全接运回库。

(一)提货

(1)到车站、码头提货。这是由外地托运单位委托铁路、水运、民航等运输部门或邮局带运或邮递货物到达本埠车站、码头、民航站、邮局后,仓库依据货物通知单派车接运货物。此外,在接受货主的委托,代理完成提货、末端送货活动的情况下也会发生到车站、码头提货的作业活动。这种提货大多是零担托运、到货批量比较小的货物。

(2)到货主单位提取货物。这是仓库受托运方的委托,直接到供货单位提货的一种形式。作业程序主要是:当接到通知后,做好提货准备,并将提货与物资的初步验收工作结合在一起进行。最好在供货人员在场的情况下,当场进行验收。因此,接运人员要按照验收注意事项提货,必要时可由验收人员参与提货。

(3)托运单位送货到库接货。这种接货方式通常是当托运单位于仓库在同一城市附近地区,不需要长途运输时采用。其作业内容和程序是:当托运方送货到仓库后,根据托运单(需要现场办理托运手续的先办理托运手续)当场办理接货验收手续,检查外包装,清点数量,做好验收记录。如有质量和数量问题,托运方应在验收记录上签字。

(4)铁路专用线到货接运。这是指仓库备有铁路专用线,大批整车或零担到货接运的形式。一般铁路专用线都与公路干线联合,在这种联合运输形式下,铁路承担主干线长距离的物资运输,汽车承担直线部分的直接面向收货方的短距离的运输。

(5)仓库收货。货物到库后,仓库收货人员检查货物入库凭证,然后根据入库凭证开列的收货单位和货物名称与送交的物资内容和标记进行核对,然后就可以与送货人员办

理交接手续。

若收货工作正常,收货人员则在送货回单上盖章表示货物收讫。如发现异常情况,必须在送货单上详细注明并由送货人员签字,或由送货人员出具差错、异常情况记录等书面材料,作为事后处理的依据。

(二)接收工作中出现问题的处理

1. 破损

(1)货物本身的破损,影响其价值或使用价值,甚至导致货物报废。

(2)包装的破损,影响货物的储存保管。造成破损的原因主要是接运前和接运中的责任。

破损责任如因接运过程中的装卸不当等原因造成的破损,签收时应写明原因、数量等,报仓库主管处理,一般由责任方负责赔偿。

2. 短少

短少也分接运前和接运中两种情况。因接运前短少的,可按上述办法处理。如因接运中的转载不牢而导致物资丢失的,或无人押运被窃等原因造成丢失的,在签收时应报告保卫部门进行追查处理。

3. 变质

(1)生产或保管不善、存期过长等原因导致货物变质,如责任在供货方,可退货、换货或索赔,保管员在签收时应详细说明数量和变质程度。

(2)承运中因受污染、水渍等原因导致货物变质,责任在承运方。保管员在签收时应索取有关记录,交货主处理。

(3)在提运中,因货物混放、雨淋等原因造成变质的,是接运人员的责任。

4. 错到

(1)因发运方的责任,如错发、错装等导致错到,应通知发运方处理。

(2)因提运、接运中的责任,如错卸、错装等导致错到,保管员在签收时应详细注明,并报仓库主管负责追查处理。

(3)因承运方责任,如错运、错送等导致错到,应索取承运方记录,交货主交涉处理。

(4)对于无合同、无计划的到货,应及时通知货主查询,经批准后,才能办理入库手续。同时,货主要及时将订货合同、到货计划送交仓库。

三、货物的验收

(一)验收准备

(1)全面了解验收货物的性能、特点和数量,根据其需求确定存放地点、垛形和保管方法。

(2)准备堆码苫垫所需处理和装卸搬运机械、设备及人力以便使验收后的物资能及时入库保管存放,减少物资停顿时间;若是危险品,则需准备防护设施。

（3）准备相应的检验工具，并做好事前检查，以便保证验收数量的准确性和质量的可靠性。

（4）收集和熟悉验收凭证及有关资料。

（二）核对资料

核对资料，即将下述证件加以整理与核对。凡供货单位提供的质量证明书、合格证、发货明细表等均须与入库实物相符。货物质量以该物资采用的统一标准进行验收。

（1）货物的入库通知单、仓储合同等。

（2）供货单位提供的质量证明书或合格证、装箱单、磅码单、发货明细表。

（3）运输部门提供的运单，若入库前在运输中发生残损情况，必须有普通记录和商务记录。

（三）检验货物

检验货物是仓储业务中的一个重要环节，包括数量检验、外观质量检验和包装检验三个方面的内容，即复核货物数量是否与入库凭证相符，货物质量是否符合规定的要求，货物包装能否保证在储存和运输过程中的安全。

1. 数量检验

数量检验是包装货物数量准确不可缺少的措施，要求货物入库时一次进行完毕。在一般情况下，按重量供货的应过磅验收；按理论换算供货的应按理论换算验收；按件（台）供货的应点件（台）验收。在检验数量的同时应注意过磅、记码单和堆垛三个环节，以确保数量准确。其具体要求如下。

（1）计重物资的数量检验。

① 计重物资一律按净重计算。

② 国产金属材料以理论换算交货的按理论换算验收。

③ 定尺和按件表明重量的货物可以抽查，抽查比例根据货物厂家信誉、运输情况和包装来决定，一般可抽查 $10\%\sim20\%$。如以往对该厂的产品检查无问题、运输途中良好、包装完好者也可少验；反之，则多验或全验。货物到达批量多时，其抽检的绝对数就多。因此，抽验的比例可适当减少，但也不得少于 5%。抽查无问题，其余包装严密和捆扎完好，就不再逐件过磅。抽查不符合规定要求或有问题时，应全部重新过磅。

④ 不能换算或抽查的货物，一律全部过磅计量、逐磅填写码单。

⑤ 凡计重货物验收时应注意按层分隔，标明重量，力求入库一次过磅清楚，以便复查和出库，减少重复劳动。

（2）计件货物的数量验收。

① 计件货物应全部清查件数（带有附件和成套的机电设备须清查主件、附件、零件和工具等）。

② 固定包装的小件物资，如内包装完整，可抽检内包装 $5\%\sim15\%$，无差错或其他问题时，可不再拆验内包装。

③ 用其他方法计量的货物（木材、胶带、玻璃等）按规定的计量方法进行检查。

④ 贵重货物应酌情提高检验比例或全部检验。

2. 外观质量检验

外观质量检验是指通过人的感觉器官检查货物外观质量情况的过程。主要检查货物的自然属性是否因物理及化学反应而造成的负面改变,是否受潮、沾污、腐蚀、霉烂、缺件、破裂等。外观检验的基本要求如下。

(1) 凡是通过人的感觉器官检查货物后,就可决定货物质量的,由仓储业务部门自行组织检验,检验后做好货物的检验记录。

(2) 对于一些特殊货物,则由专门的检验部门进行化验和技术测定。

(3) 验收完毕后,应尽快签返验收入库凭证,不能无故积压单据。单据填写时,除注明实收数量外,还应在备注栏内或验收情况栏内简明写上验收情况,如果验收与入库通知数不符,应以实际验收数为准。

(4) 对于货物已经进库,但入库单未到的可以预验,应单独存放保管,作为待验货物处理,直到单据齐全后,方可入库上账。

3. 包装检验

货物包装的好坏、干潮直接关系着物资的安全储存和运输,所以对货物的包装要进行严格验收,凡是产品合同对包装有具体规定的要严格按照规定验收,如箱板的厚度,打包铁腰的匝数,纸箱、麻包的质量等。对于包装的干潮程度,一般是用眼看、用手摸的方法进行检查验收。

4. 验收应注意的问题

(1) 凡必要的证件不齐时,保管人员可对已到库货物做待检验处理,进行临时妥善保管,待证件齐全后再进行验收。但保管人员应及时与有关方面联系,催促办理。

(2) 供货单位提供的质量证明书与规定的技术标准或与订货合同不符时,应立即通知货主,由货主与供货方交涉解决。

(3) 当规格、质量和包装不符合要求时,保管人员可先验收合格品,不合格部分应单独存放并进行查对,核实后将不合格情况以及残损、降级程度做出记录,提供给货主向供货方交涉处理,在交涉期间,保管人员对不合格部分应妥善保管。

(4) 当重量发生溢、缺时,在规定的"衡器公差"以内,保管人员可按实际验收重量验收。超过规定的"衡器公差"时,应进行核实并做出验收记录和磅码单,交货主向供货方交涉处理。

(5) 凡有关证件已到齐,但在规定时间内货物尚未到库的,保管人员应及时向有关方面查问处理。

5. 对验收中出现问题的处理

在货物验收过程中,如果发现货物数量或质量存在问题,应该严格按照有关制度进行处理,验收过程发现问题进行处理时应该注意以下几点。

(1) 单据不全的处理。凡验收所需的证件不全时,到库货物仍作为待验货物处理,待证件到齐后再进行验收,若条件允许也可提前验收。

(2) 单单不符的处理。单单不符是指供货单位提供的质量证明书等与存货单位(货主)提供的入库单不符。遇到这种情况应立即通知货主,并按货主提出的办法处理,但应将全部事实处理经过记录在案备查。

(3)质量有异的处理。凡规格、质量、包装不符或在途中受损变质,均称质量有异。此时,应先将合格品验收入库,不合格品分开堆放,做出详细记录,并立即通知货主。

如与发货单位发生交涉,交涉期间,对不合格品要妥善保管;如货主同意按实际情况验收入库时,应让货主在验收记录上签章、验收后,仍应将不合格品单存、单发,并填写入库验收单。

(4)数量不符的处理。若实际验收数量小于送验数量并小于合同中的磅差率,则以送验数量为验收数量;若实验数量小于验收数量并大于合同中的磅差率,经核实后立即通知货主。在货主未提出处理意见前,该物资不得动用。如供货单位来复磅,验收员应积极配合,提供方便;若供货单位不来复磅,验收员需提供到货登记表、检斤单、检尺单、铁路记录等相关验收证明材料(复印件),并加盖公章。验收过程中,如遇严重问题,应填写货物异常报告单,如表5-1所示,交货主确认。

表 5-1　货物异常报告单

序号　　　　　　　　　　　　　　　　　　　　　　　　　　　日期

编号	商品名称	商品异常原因	单位	备注

送货人:　　　　　　　　　　　　　　　　　　　　检验:

(5)有单无货的处理。有单无货是指有关单据已到库,但在规定时间内货物未到。此时,应及时向货主反映,以便查询。

(6)错验的处理。验收员在验收过程中发生数量、质量等方面的差错时,应及时通知货主,积极组织力量进行复验,及时更正。

6. 填写验收单据

货物检验后,仓库保管员应按质量合格的实际数量填制货物入库验收单,如表5-2所示;如果数量不符,还应填制货物溢余短缺报告单,如表5-3所示;如果有轻微质量问题,还应对这些货物填写货物残损变质报告单,如表5-4所示。经仓库负责人、核对人核对签字后,作为今后与供货方、运输方交涉的凭证。

表 5-2　货物入库验收单

发货单位:
发货单号数:
合同编号:　　　　　　　　　年　月　日　　　　　存放仓库:

货物编号	品名	规格型号	包装细数	单位	单价	应收	应收		实收	
							数量	金额	数量	金额
		合计								

会计:　　　　　记账:　　　　　　验收:　　　　　　制单:

表 5-3　货物溢余短缺报告单

仓库：　　　　　　　　　　　　　年　　　月　　　日

货物编号	品名	规格型号	包装细数	单位	单价	应收	实收	溢余	短缺	金额
溢余(短缺)原因										
处理意见										

仓库主管：　　　　　　保管：　　　　　　复核：　　　　　　　　制单：

表 5-4　货物残损变质报告单

仓库：　　　　　　　　　　　　　年　　　月　　　日

货物编号	品名	规格型号	包装细数	单位	数量	原来单价	原来金额	重估单价	重估金额	原因
审核意见					领导批示					

　　货物入库验收单一般包括验收时间、存放仓库、货物编号、品名、规格型号、包装细数、单位、单价、应收数量及金额、实收数量及金额、验收人等内容。

　　货物溢余短缺报告单一般包括时间、报告单位、货物编号、品名、规格型号、包装细数、单位、单价、应收数、实收数、溢余(短缺)数及原因等内容。

　　货物残损变质报告单一般包括时间、货物编号、品名、规格型号、包装细数、单位、原来单价及金额、重估单价及金额、原因等内容。

　　货物入库验收单、货物溢余短缺报告单、货物残损变质报告单的具体格式因使用企业的具体要求而不尽相同。

四、入库交接

(一)入库步骤

1. 安排货位

　　安排货位时，必须将安全、方便、节约的原则放在首位，使货位合理化。货物因自身的自然属性不同而具有不同的特性，有的怕冻，有的怕热，有的怕潮，有的怕虫蛀等。如果货位不能适应储存货物的特性，就会影响货物质量，发生霉腐、锈蚀、熔化、干裂、挥发等变化；为了方便出入库业务，要尽可能缩短收、发货作业时间；以最少的仓容，储存最大限量的货物，提高仓库使用效能。

2. 搬运

　　经过充分的入库准备及货位安排后，搬运人员可把验收场地上经过点验合格的入库货物，按每批入库单开制的数量和相同的品类集中起来，分批送到预先安排的货位，要做到进一批、清一批、严格防止品类互串和数量溢缺。

　　分类工作应力争送货单位的配合，在装车起运前，就做到数量准、批次清。对于批次多和批量小的入库货物，分类工作一般可由保管收货人员在单货核对、清点件数过程中同时进行,也可将分类工作结合在搬运时一起进行。

在搬运过程中要尽量做到"一次连续搬运到位",力求避免入库货物在搬运途中的停顿和重复劳动,对有些批量大、包装整齐、送货单位又具备机械操作条件的入库货物,要争取送货单位的配合,利用托盘实行定额装载,往返厂库之间,从而提高计数准确率、缩短卸车时间、加速货物入库。

3. 堆码

货物堆码直接影响着货物保管的安全,清点数量的便利,以及仓库容量利用率的提高。堆码方式主要有以下几种方式。

(1)散堆方式。将无包装的散货在库场上堆成货堆的存放方式,特别适用于大宗散货,如煤炭、矿石、散粮和散化肥等。

(2)堆垛方式。堆垛方式是指对有包装的超长、大件货物进行堆码。

(3)货架方式。采用通用或者专用的货架进行物资堆码。适合存放小件货物或不宜堆高的货物。

(4)成组堆码方式。采用成组工具使货物的堆存单元扩大。常用的成组工具有货板、托盘和网格等。

4. 办理入库手续

验收合格的货物,应及时办理入库手续,建立各种资料及给货主签回验收单。

(1)建卡。"卡"又称"料卡"或"货物验收明细卡",能够直接反映该垛货物的品名、型号、规格、数量、单位及进出动态和积存数。

卡片应按"入库通知单"所列内容逐项填写。货物入库堆码完毕,应立即建立卡片,一垛一卡。对于此卡片的处理,通常有两种方式。

① 由保管员集中保存管理。这种方法有利于责任制的贯彻,即专人专资管理。但是如果有进出业务而该保管员缺勤时就难以及时进行。

② 将填制的料卡直接挂在货物垛位上。挂放位置要明显、牢固。这种方法的优点是便于随时与实物核对,有利于物资进、出业务的及时进行,可以提高保管人员作业活动的工作效率。

(2)登账。货物入库,仓库应建立"实物保管明细账",登记货物进库、出库、结存的详细情况。

"实物保管明细账"按货物的品名、型号、规格、单价、货主等分别建立账户。此账采用活页式,按货物的种类和编号顺序排列。在账页上要注明货位号和档案号,以便查对。实物账必须严格按照货物的入、出库凭证及时登记,填写清楚、准确。记账发生错误时,要按"划红线更正法"更正。账页记完后,应将结存数结转新账页,旧账页应保存备查。登账凭证要妥善保管,装订成册,不得遗失。实物保管要经常核对,保证账、卡、物相符。它是反映在库储存货物进、出、存的动态账目,也是核对储存货物动态和保证与财务总账相符的主要依据。按账目管理分工,企业的财务部门负责总账的管理,并凭此进行财务核算。货物保管部门负责物资明细账的管理,凭此进行货物进、出库业务活动。明细账除有货物的品名、规格、批次之外,还要标明货物存放的具体位置、物资单价和金额等。

（3）建档。建档是将货物入库业务作业全过程的有关资料证件进行整理、核对,建立资料档案,以便货物管理和保持客户联系,为将来发生争议时提供凭据。同时也有助于总结和积累仓管经验,为货物的保管、出库业务创造良好的条件。

档案的资料范围包括:货物出厂时的各种凭证、技术资料;货物到达仓库前的各种凭证、运输资料;货物入库验收时的各种凭证、资料;货物保管期间的各种业务技术资料;货物出库和托运时的各种业务凭证、资料。

建档的具体要求如下。

① 应一物一档:建立货物档案应该是一物(一票)一档。

② 应统一编号:货物档案应进行统一编号,并在档案上注明货位号。同时,在实物保管明细账上注明档案号,以便查阅。

③ 应妥善保管:货物档案应存放在专用的柜子里,由专人负责保管。

（4）签单。货物验收入库后,应及时按照"仓库货物验收记录"要求签回单据,以便向供货单位和货主表明收到货物的情况。另外,如果出现短少等情况,也可作为货主向供货方交涉的依据,所以签单必须准确无误。

(二)入库凭证流转程序

货物验收工作由理货员、计量员、复核员和业务受理员分工负责。理货员组织对货物的数量与外观质量进行验收、计量、堆码和记录等,并向业务受理员提交货物验收的结果和记录。

（1）业务受理员接收存货人的验收通知(也可由存货人委托仓库开具)、货物资料(如质保书、码单、装箱单、说明书和合格证等),登建货物档案,并将存货人验收通知单作为货物储存保管合同附件的形式进行管理,其信息录入计算机中生成验收通知单。然后将存货人验收通知单作为验收资料、收货单及其他验收资料一并交理货员。

（2）理货员根据业务受理员提供的收货单,验收资料、计量方式等确定验收方案、储存货位、堆码方式、所需人力和设备等,做好验收准备工作。

（3）由理货员开具作业通知单,进行验收入库作业,做好有关记录和标识。

（4）货物验收完毕后,理货员手工出具验收单,一式一联,一并交给复核员。同时,负责作业现场与货位的清理和货牌的制作、悬挂。

（5）复核员依据收货单、验收码单对实物的品名、规格、件数和存放货位等逐项核对,签字确认后返回给理货员。

（6）理货员在经复核员签字的收货单、验收码单等诸联加盖"货物验收专用章"后,将验收单录入计算机中,据此生成仓单附属码单,根据验收结果填写存货人验收通知和收货单,并与其他验收资料一并转回业务受理员处。

（7）业务受理员在对理货员返回的单据和验收资料审核无误后,由计算机打印仓单附属码单一式两联,依据收货单、验收码单、计算机打印的仓单附属码单第一联和第二联、存货人验收通知以及有关验收资料、记录,报主管领导或授权签字后,连同存货人验收通知、收货单、仓单附属码单第一联和第二联转给收费员。

（8）收费员依据仓单、物资储存保管合同约定的收费标准,结算有关入库费用并出具收费发票。

（9）业务受理员将仓单正联、存货人验收通知、仓单附属码单一联及收费单据等一并转交（寄）给存货人，其余单证资料留存并归档管理。

第二节 在 库 作 业

由于商品只能在一定的时间内，在一定的条件下，保持其质量的稳定性，商品在库管理就是研究商品性质及商品在储存期间的质量变化规律，积极采取各种有效措施和科学保管方法，创造一个适宜于商品储存的条件，维护商品在储存期间的安全，保护商品质量和使用价值，最大限度地降低商品损耗的一系列活动。商品在库管理的内容主要包括储位管理（包括分区分类、货位选择、货位编码）、商品堆码、商品苫垫、商品在库养护管理、商品盘点等。

一、商品保管的基本要求

1. 合理存储

（1）仓库分类、库房分区、货区分类，按商品的性能及其对保管条件的要求，科学地安排商品的存储地点，便于机械化、自动化作业。

（2）根据商品的性能、体积、重量、包装及周转量，准确运用货架、堆码技术和苫垫技术，最大化地利用仓库空间，合理存放商品。

2. 科学养护

商品养护的目的在于维护商品的质量，保护商品的使用价值，避免和减少商品损失。

（1）按商品的性能，建立科学的商品养护制度，保护好商品的质量。

（2）妥善地运用苫垫技术，避免商品受到外界不良因素的损害。

（3）根据商品性能的要求，通过密封、通风、吸潮等方法，控制和调节好仓库的温湿度，创造适宜的储存条件。

（4）贯彻"以防为主，防治结合"的方针，做好金属防锈、除锈、商品防毒、防腐、防治害虫工作，保护好商品的使用价值，从而减少损耗。

3. 账务相符

（1）认真做好商品入、出库的点验工作，防止发放数量差错。

（2）设置齐全的商品实物账、货卡，正确记录商品进出动态，确保商品数量准确，做到物卡相符、账卡相符。

（3）对库存商品进行检查和盘点，掌握库存商品的数量和质量状况，做到账卡相符、卡货相符。

（4）有条件的仓库，实行商品条码管理和计算机管理。

4. 安全保管

（1）严格遵守仓储作业规范，安全进行仓库装卸、搬运、堆垛作业。

（2）对危险品妥善地专门存放保管。

（3）严格遵守仓库安全制度，做好防火、防盗、防漏、防自然灾害、防事故等工作，以确保人员、仓库、设备、商品安全。

二、货物堆码与苫垫技术

（一）货物存放策略

1. 定位存放策略

定位存放策略是指对储存每一类商品、每一种商品，都分配有相应固定的货区、货位，商品的货区、货位不能相互占用。在分区、分位时，要按商品的最大存量来安排储位的储存容量。

2. 变位存放策略

变位存放策略是指对储存每一类商品、每一种商品，没有分配固定的货区、货位，而是根据商品入库时仓库空余储位随机地安排货区、货位。

3. 分类存放策略

分类存放策略是定位和变位两种策略的综合。即对每一类商品，按该类商品的最大存量分配相应固定的货区；而对该类商品的每一具体品种，则没有分配固定的货位，而是在商品入库时，随机地安排在该类商品所在的空余货位上。

（二）合理存放

合理存放商品是在库管理的一项基本工作，库存商品应按以下要求合理存放。

1. 商品分类、分区、分位存放

将商品分类，同类商品在同一货区存放，同一品种在同一货位存放；一个货区存放一种大类商品或者几种数量少的近类商品，相似的商品尽可能靠近存放。便于员工熟悉商品存放位置，缩短出入库时间，提高工作效率。

2. 遵循储位指派法则，将商品安排到合适的货区、货位存放

（1）商品周转率法则。按照商品仓库的周转率来安排货区，即大批量商品使用大货区，小批量商品使用小货区；周转率低的商品尽量远离进货、出货区，放于仓库高位的货区，周转率高的商品尽量放于接近出货区及低位的货区。

（2）商品相关性法则。同类商品在同一货区存放，相关性高的商品在相邻货区存放，相关性低的商品则不能存放在一起。

（3）商品特性法则。根据商品的重量、体积、价值、适销性、季节性等特点正确选择货区。笨重、体积大的商品存放在较坚固的低位货区，并接近出货区；高价值、体积小的商品使用高位货区；将滞销商品或小的、轻的以及容易处理的商品存放在较远的货区、高货位；将畅销商品存放在较近出口的货区；季节性商品则依季节特性来选定放置的货区。

（4）方便仓储作业法则。安排货区、货位时，还要考虑仓储作业的要求，做到高效、经济、安全。例如，便于商品装卸、搬运、堆垛、存取不落地一次性作业；便于人力和机械操作，需要人工搬运的大型商品的存放位置应以腰部高度为基准。

3. 合理运用货架、堆码技术和苫垫技术,正确堆放商品

(1) 在安全的前提下,充分利用仓库三维空间,提高货架和堆垛高度。

(2) 依据商品形状安排存放方法。例如,为使商品出入库方便,容易在仓库内移动,将长形商品件面向通道存放;标准化的商品则应放在托盘或货架上保管。

(3) 结合库存定额管理,货位实行双行堆放。依据先进先出的原则,从一排到另一排按由外到里顺序出货、存货。

(三)堆码技术

1. 货物堆码要求

(1) 堆码货物应具备的条件:①货物已验收合格;②包装完好、标志清楚;③外表的污垢、尘土、雨雪等已清除,不会影响商品质量;④因受潮、锈蚀或其他原因导致的不合格商品应与合格商品分开堆放。

(2) 堆码货物的要求。商品堆码是指将商品在指定的货位上向上和交叉堆放的形式和方法,也称堆垛、码垛。堆码可以增加商品在单位面积上的堆放高度和堆放数量,减少商品堆放所需的面积,提高仓容使用效能。堆垛工作的合理与否对库存商品的质量有较大影响。商品在堆码前,必须在数量和质量方面已经验收合格,包装完好,标志清楚。在库房内堆码,要有垛垫或将垛底垫高;在库棚内堆码,顶部必须防止雨水渗漏,库棚两侧和四周必须有排水沟或管道,棚内地面应高于棚外地面,并有垛垫。

堆码的基本要求是合理、安全、方便、节约。

① 合理。应根据商品的性能、包装形状和仓库设备条件,选择合理的垛形,符合商品保管和养护技术的要求。

例如,对有散热、散湿特殊要求的商品,如茶叶、卷烟、食糖,应垛通风垛;对怕压、易变形、包装承受力差的商品,应控制垛高;对包装大而平稳的商品可用直堆法,否则用压缝法;有货架、托盘,则用货架、托盘存放。

② 安全。安全包括人身、商品和设备三方面的安全。注意堆码的牢固稳定,以保证堆垛不倒,不许压坏底层商品和损坏地面,注意保持五距(墙距、柱距、顶距、灯距、垛距);符合仓库作业、商品养护和消防的要求。

a. 墙距:墙距是指货垛和墙的距离。留出墙距,能起到防止商品受墙壁潮气的影响,便于开关窗户、通风散潮、检点商品、进行消防工作和保护仓库建筑安全等作用。垛与墙的间距一般不小于 0.5m。

b. 柱距:柱距是指货垛和室内柱的距离。留出柱距,能起到防止商品受柱子潮气的影响和保护仓库建筑安全的作用。垛与柱的间距不小于 0.3m。

c. 顶距:顶距是指货堆与屋顶之间的必要距离。留出顶距,能起到通风散潮、查漏接漏、隔热散热、便于消防等作用。顶距一般规定:平房仓库 0.2~0.5m;多层建筑库房底层与中层 0.2~0.5m;顶层不得低于 0.5m;人字屋架无天花板的库房,货垛顶层不能顶着天平木下端,应保持 0.1~0.2m 的距离。

d. 灯距:灯距是指货垛上方及四周与照明灯之间的安全距离,这是防火的要求,必须严格保持在 0.5m 以上。

e. 垛距:垛距是指货垛与货垛之间的距离,视商品性能、储存场所条件、养护与消防要求、作业需要而定。在一般情况下,货垛间距为1m左右。

③ 方便。方便是指等高、整齐堆放,便于存取、检查、盘点商品,利于商品先进先出。要求做到每行、每层商品数量成整数,每垛高度相等;堆垛整齐,主通道和支通道畅通;堆放时商品包装标志一律朝外。

④ 节约。节约是指充分利用空间,节约仓容量。商品堆码,必须在安全的前提下,尽量做到"三个用足",即面积用足、高度用足、荷重定额用足,充分发挥仓库使用效率。

2. 货物堆码方法

(1) 散堆法。散堆法主要用于散装商品,如粮食、煤炭、建筑材料等。这种方法的优点是作业简单,缺点是不利于通风、散热,人员造成商品发热、变质。采取散堆法时,应特别注意加强对商品的养护和管理。散堆法分为立锥式和立柱式两种形式。

① 立锥式。将细小的散装商品自然散堆成立锥形状。

② 立柱式。将细长的散装商品散堆在立柱之间。

(2) 垛堆法。垛堆法适用于堆放有外包装的商品,例如,箱装、袋装、桶装、篓装商品等;还适用于不需要外包装但形状统一的商品,例如,五金、木材等大件商品。堆垛法的特点是比较灵活,可以将商品堆成多种形状。采用垛堆法应注意货堆的稳定性,根据不同商品或包装形式而采用不同的堆垛方法,以增强货垛的稳定性。对通风、散热的商品,应采用通风的堆垛方法。垛堆法分为重叠法(直堆法)、牵制法、压缝法、纵横交错法、纵横码堆法等几种不同的堆码方法。

① 重叠法。重叠法又叫直堆法、垂直堆码法。它是按单件商品码一层,层层重叠散放。此方法适宜于包装规格一致、占地面积较大并且高度较低的商品,或者不需要外包装但形状矮胖、规格一致的商品。这一方法的特点是垛体整齐,能充分利用库容,适合机械化操作,但是堆放层数不能太多,特别是孤立的直堆货垛容易倒塌。

② 牵制法。牵制法又叫衬垫堆码法,此方法是在直堆法的基础上,每隔1或2层之间夹进衬垫(如木板),利用衬垫来牵制本层商品,以增加货垛的稳固性。

③ 压缝法。压缝法是将上一层的商品跨压在下层两件商品之间的缝隙上,逐层如此堆高。此方法具有货垛稳固的特点,但是不能充分利用仓库空间。压缝法按两件商品之间是否留有空隙,分为不留空隙压缝、留空隙压缝两种形式;按堆放形状分为台柱状(立体梯形垛)、金字塔状两种形式。留空压缝形式具有通风透气的特点,又叫通风法。

④ 纵横交错法。纵横交错法适用于长方形包装商品,并且长宽成一定比例。每一层商品并列摆放,上下层的商品纵横向交错摆放。即上层纵向排列,下层则横向排列。特点是堆垛成方形,便于计数,能充分利用空间,牢固性强。每层可由2~10件商品并列摆放。按并列错垛形便于通风透气,也称通风法。

⑤ 纵横码堆法。纵横码堆法适用于长方形包装商品。每一层商品纵横摆放,上下层的商品与它交错摆放。按每层堆放的商品件数,分为三件纵横码堆、四件纵横码堆、五件纵横码堆三种形式。

a. 三件纵横码堆。每一层一件横向摆放,另两件顶着纵向摆放,又叫"一顶二"。适宜于长宽比为2:1的商品包装。

b. 四件纵横码堆。四件纵横码堆有三种堆形：第一种是每一层一件横向摆放，另三件顶着纵向摆放，又叫"一顶三"，适宜于长宽比为 3∶1 的商品包装。第二种是每一层两件横向摆放，另两件顶着纵向摆放，又叫"二顶二"，适宜于长宽比为 2∶1 的商品包装。第三种是每一层由四件商品收尾连接纵横摆放，又叫"四连环"，不论长宽商品包装是否成比例，都可以用此方法堆放。

c. 五件纵横码堆（一顶四、二顶三）。五件纵横码堆（一顶四、二顶三）有两种堆形：第一种是每一层一件横向摆放，另四件顶着纵向摆放，又叫"一顶四"，适宜于长宽比为 4∶1 商品包装。第二种是每一层两件横向摆放，另三件顶着纵向摆放，又叫"二顶三"，适宜于长宽比为 3∶1 的商品包装。五件纵横码堆的特点是每一层商品都为五件，便于计数。

（3）托盘堆码法。托盘是用于集装、堆放、搬运和运输的放置货物和制品作为一单元负荷的水平平台装置。托盘已经成为最基本的物流器具，托盘分为平托盘、柱式托盘、箱式托盘、轮式托盘、特种专用托盘。它在装卸、搬运、包装、运输和保管方面得到广泛运用。随着托盘标准化，实现托盘单元化包装、托盘单元化保管、托盘单元化装卸搬运、托盘单元化运输。托盘堆码是托盘单元化保管的一个组成部分。

托盘堆码是将商品堆码在托盘上，以托盘为堆货单元，直堆或架堆成托盘垛的一种堆放方法。托盘堆码有利于商品存取机械化、自动化。

（4）架堆法。利用通用或专用的货架来堆放商品，主要用于存放零星小件的或怕压的商品。普通货架一般在仓库中一行一行地排列，中间留有通道。架堆法能提高仓库容量利用率，减少差错，加快存取速度。

3. 货物苫垫技术

商品在堆码时为了避免商品受到日光、雨水、冰雪、潮气、风露的损害，必须妥善苫垫。苫垫是指对堆码成垛的商品上苫下垫。

（1）垫垛。下垫即垫底、垫垛，是指在货物码垛前，按垛形的大小和重量，在货垛底部放置铺垫材料。垫垛的目的是使货垛底部商品与地面垫隔并垫高，可隔离地面潮湿，便于通风，避免潮气侵入使商品受损。

垫垛材料一般采用专门制作的水泥墩、条石、枕木、木板、垫架等垫高材料和苇席、防潮纸、塑料薄膜等垫隔材料。

垫垛方法：库房的货垛垫底，按商品防潮要求决定，一般使用垫板、垫架，高度 20cm以上。有的商品可以不用垫板、垫架等垫铺，只用防潮纸、塑料薄膜垫铺即可。垫板、垫架的排列，要注意将空隙对准过道和门窗，以利于通风散潮。

对露天货场的货垛垫底，应先将地面平整夯实，周围挖沟排水，再用枕木、石块、水泥墩作为垫底材料，高度不低于 40cm，在条石上铺苇席和塑料薄膜等材料。

（2）苫盖。上苫即苫盖，是商品货垛的遮盖物。露天货场存放的商品，除了垫垛外，一般都应苫盖，避免堆码的商品受到日光、雨水、冰雪、潮气、风露的损害。对库房或货棚内堆码的商品苫盖，可以遮光、防尘、隔离潮气。

通常使用的苫盖用品有篷布、塑料布、芦苇、草帘、油毡、塑料薄膜、铁皮、铝皮、玻璃钢等。选择苫盖用品时，应符合"防火、经济、耐用"的要求。

① 苫盖方法如下。

a. 整块苫盖法。整块苫盖法就是用整块的苫布(如篷布、塑料布等)将整个货垛苫盖起来。对露天货垛,首先将铺底的塑料膜向上翻起,用线将其与商品包缝牢,然后用苫布从垛顶苫盖到垛底,垛底的水泥墩、枕木、木板、垫架等不可露在苫布外,以防雨水流入垛底。如果货垛过大,可用两块苫布连接,苫布连接处重叠部分不少于 1.2m。苫盖好后,将苫布四周用绳子与垛底拉环拴紧拴牢。铺放苫盖材料的方式,可分为紧贴货垛铺放和用物件隔离货垛铺放两种方式。

b. 席片苫盖法。席片苫盖法就是用席片、芦苇等面积较小的苫盖材料,从垛底逐渐向垛顶围盖,盖好后形成鱼鳞状,又叫鱼鳞苫盖法。

c. 人字苫盖法。人字苫盖法就是先用竹、木材料在货垛上搭建人字形架子,再在架子上铺放苫盖材料。

d. 隔离苫盖法。隔离苫盖法就是在席片苫盖法基础上,将席片下部向货垛反卷并钉牢,在席片与货垛之间形成一定的空间,可以起到散热、散潮的作用,适用于苫盖怕热、怕潮的商品。

e. 棚架苫盖法。棚架苫盖法是指根据货垛的形状用钢材、木材制作成有轮子的活动棚架,在棚架上面及四周用苫盖材料铺牢围好,用时将活动棚架移动到货垛上。

② 选择苫盖材料和方法时要考虑以下因素。

a. 商品的保管养护要求。如裸露的五金类商品不能受潮,必须用严密性较好的苫盖材料;对怕热、怕潮的商品,应采用隔离苫盖法;对要求通气性好的商品,要求用人字苫盖法。

b. 本地气候变化情况。在雨季,用密封性较好的材料苫盖;在夏天,除考虑苫盖防雨外,还要有隔热设施。

c. 垛形对苫盖的要求。根据货垛的大小和形状选择苫盖材料和苫盖方法,各种货垛的苫盖都要做到刮风揭不开、下雨渗不进、垛顶有斜度、垛齐又牢固。

d. 商品进出对苫盖的要求。苫盖要方便进出货操作和商品检查,拆垛翻盖的面积要尽可能小。

三、库存商品检查与盘点

(一)库存商品的检查

为了摸清物资在储存期间的变化情况、掌握库存动态、及时发现和解决保管中的问题,必须对库存商品进行检查和盘点。

1. 检查内容

(1)查质量。检查仓库的温湿度是否超过标准,检查在库商品是否发生锈蚀、霉变、渗漏、老化、过期、虫蛀、鼠咬等质量变化情况。

(2)查数量。核对实物账、货卡与商品实物的数量是否一致,做到账、卡、物相符。

(3)查保管的条件与状况。看货垛、货架是否牢固,苫垫是否妥善完好,库房有无漏雨、场地有无积水、杂物,温度、湿度是否符合要求等。

（4）查设备器具。检查各种仓储设备是否完好，养护是否合理；检查计量工具是否准确；货位、货架的标识是否清楚明白。

（5）查安全。检查各种安全措施是否落实到位，防火、防盗等设备是否齐备、有效、符合要求。

对检查发现的商品质量、数量、保管条件、设备与安全等问题，应及时上报，按规定的程序进行调整、处理、维修。

2. 检查方法

（1）日常检查。仓库保管人员在每天上下班时，对所管商品的安全情况、保管状况、计量工具的准确性、库房和货场的清洁整齐程度进行重点检查。

（2）定期检查。定期检查是指按照规定的时间，由仓库领导者组织有关方面的专业人员，对在库商品进行全面检查。

（3）临时检查。在出现特殊情况前后，对受到影响的相应仓库、商品、设备进行重点检查，例如，在灾害性天气前后，临时组织的检查；或者是根据工作中发现的问题而决定进行的临时性检查。灾害性天气来临之前，应检查建筑物、水道、电路是否能经受灾害性天气袭击；灾害性天气或发生事故之后，应检查损失情况，并及时维修。

3. 对检查中发现问题的处理

各项检查结果和问题应该详细记录。

（1）商品有变质迹象或发生变质时，应按维护保养要求处理，查明原因，提出改进措施，通知存货单位。

（2）对于超过保管期或没有超过保管期但由于质量要求不能继续存放的，应通知货主及时处理。

（3）对于商品包装已经出现破损的，应查明原因，协商处理。

（4）商品数量有出入的，应弄清情况，查明原因，分清责任。造成短少、溢余的原因主要有磅差、计算方法错误、自然损耗、责任损益等。

（二）库存商品的盘点

1. 商品盘点的目的

（1）清查库存商品的实际数量，修正物账不符产生的误差，做到"三一致"——账、物、卡一致。

产生物账误差的原因包括：①库存资料记录不确实，如多记、误记、漏记等。②库存数量有误，如损坏、遗失、验收与出货清点有误。③盘点方法选择不恰当，如误盘、重盘、漏盘等。

（2）检查库存商品的溢余、短少、缺损情况及其原因，以利改进库存管理。

（3）查明库存商品的质量、保存期和适销状况。

（4）为计算企业的损益，考核仓库管理绩效提供数据。通过盘点，结合购进、销售资料，可以计算企业经营效益。结合参考商品的进出量，计算存货周转率。

2. 商品盘点方法分类

（1）按盘点商品的全面性，分为全面盘点和局部盘点。全面盘点是对仓库中的所有商品都进行盘点。局部盘点是对仓库中的部分商品进行盘点。动碰盘点是一种局部盘点，即对每天动过、碰过、发出过的商品在发货后随即检查点结。其特点是花费时间少、发现差错快，能及时解决问题、挽回损失。

（2）按盘点时间的固定性，分为定期盘点和临时盘点。定期盘点是固定在每月或每季的某一时间所进行的盘点。临时盘点是根据需要临时进行的突击性盘点。

（3）按盘点是否到现场，分为账面盘点和现货盘点。账面盘点是根据期初商品实际库存资料和本期商品入库、出库、损益的记录，推算出期末商品的库存量。现货盘点又叫实地盘点，是指到实地对库存现货进行盘点。

3. 常用的盘点方法

（1）月末盘点。在月末，对全部库存商品进行逐品、逐垛、逐架的清点，并与实物账核对。

（2）循环盘点法。在每天、每周分批对部分商品进行盘点，到月末才完成全部商品的盘点，周而复始，分批循环进行盘点。其中一些重要商品可以盘点多次。

（3）月末账盘、季末账盘。在每季前两个月的月末对库存商品进行账面盘点，推算月末库存，到季末才进行实地盘点。

4. 盘点后的处理工作

（1）盘点表单的制作、分送和记账。

① 根据盘点的结果填写好盘点表，如果商品有损益、残损、变质，还要填写商品损益报告单、商品残损变质报告单，经过审核无误后，由参与盘点的人员和保管员共同签名盖章。

② 核对账与货、账与账、货与卡是否相符。

③ 将盘点表单分送财务、业务、统计部门。

④ 根据审批后的盘点表单，调整货卡、实物账。

（2）盘点中发现问题的处理。

① 对盘点结果发现盘盈、盘亏、毁损、变质、报废、久储、滞销等商品，查明原因并报业务部门处理。

② 积极采取措施，及时处理过期、变质、残损、生锈的商品，尽可能减少损失。

（3）进行盘点差异因素分析。

① 分析造成账实不符的原因。

a. 盘点方法不当，存在漏盘、重盘和错盘的情况。

b. 由于计量、检查方面的问题造成的数量或质量上的差错。

c. 由于保管不善或工作人员失职造成的损坏、霉烂、变质或短缺等。

d. 因气候影响发生腐蚀、硬化、结块、变色、锈烂、生霉、变形以及受虫鼠啃食等，致使物资发生数量短缺或无法再使用。

e. 由于自然灾害造成的非常损失和非常事故发生的毁损。

f. 原始单据丢失,保存不齐全;登账不及时,有未达账项;存在计算错误、漏登、重登和错登情况。

g. 由于贪污、盗窃、徇私舞弊等造成的物资损失。

h. 由于供方装箱装桶时,每箱每桶数量有多少,而在验收时无法每箱每桶进行核对,所造成的短缺或盈余。

i. 由于使用的度量衡器欠准确或使用方法错误,而造成数量有差异。或由于整进零所发生的磅差。

j. 由于用作样品,而又未开单,造成数量短缺。

② 提出预防、解决账实不符的方法、措施。

第三节 出库作业

出库作业是指仓库根据购销业务部门或存货单位开出的货物出库凭证(提货单、调拨单),按其所列货物编号、名称、规格、型号和数量等项目组织货物出库,向提货单位发货等一系列工作。

货物出库的主要任务:所发放的货物必须准确、及时、保质保量地发给收货单位,包装必须完整、牢固,标示正确清楚,核对必须仔细。货物出库是仓储业务过程的最后阶段。

一、货物出库准备工作

(一)货物出库的基本要求

1. 严格贯彻"先进先出,推陈出新"的原则

根据货物入库时间的先后,先入库的货物先出库,以确保货物储存的质量。易霉易腐、机能已退化或老化的物资先出,接近失效期的货物先出,变质的货物不准出库。

2. 出库凭证和手续必须符合要求

出库凭证的格式不尽相同,但是,不论采用何种格式都必须真实、有效。出库凭证不符合要求的,出库不得擅自发货。特殊情况下,发货必须符合仓库有关规定。

3. 严格遵守仓库有关出库的各项规章制度

(1)货物出库必须遵守各项规章制度,按章办事。发出货物必须与提货单、领料单或调拨通知单上所列的名称、规格、型号、单价和数量相符。

(2)未验收的货物以及有问题的货物不得发放出库。

(3)货物入库检验与出库检验的方法应保持一致,以避免人为造成库存盘亏。

(4)超过提货单有效期尚未办理提货手续的,不得发货。

4. 提高服务品质,满足用户需要

货物出库要求做到及时、准确、保质、保量,防止差错事故发生。工作尽量一次完成,提高作业效率。为用户提货创造各种方便条件,协助用户解决实际问题。

5. 贯彻"三不""三核""五检查"的原则

(1)"三不",即未接单据不翻账、未经审单不备货、未经复核不出库。

（2）"三核"，即在发货时，要核实凭证、核对账卡、核对实物。

（3）"五检查"，即对单据和实物要进行品名检查、规格检查、包装检查、件数检查、重量检查。

（二）货物出库的方式

1. 代办托运

出库接受客户的委托，先根据客户所开的出库凭证办理出库手续，再通过运输部门把货物发运到需方指定的地方。

代办托运的操作方式：有业务部门事先将发货凭证送到运输部门，运输部门经过制单托运，经运输部门批票或派车派船之后，运输部门委托搬运部门或使用自有车辆办理仓库提货手续。

这种货物出库常用于内、外贸储运公司所属的仓库和产地，口岸批发企业所属仓库，是仓库推行优质服务的措施之一。适用于大宗、长距离的货物运输。

代运方式的特点：代办代提、整批发出，与承运部门直接办理货物交接手续。

2. 送货上门

（1）仓库直接把出库凭证所开列的货物送到收货单位所指定的地方。这种方式多被内、外贸储运公司所属的仓库、大型连锁超市公司配货中心（仓库）和产地、口岸批发企业所属的仓库采用。

（2）货主自行给用户送货。这种送货方式的特点是：事先来单备货，做好待运准备；承运单位派车到库提货，运送到收货单位办理交接手续。

3. 客户自提

自提方式是指收货单位或受收货单位委托，持货主所开出库凭证并自备运送工具到仓库直接提货。仓库根据出库凭证发货，交接手续应在仓库内当即办理完毕。这种出库方式，在产销地批发企业所属的仓库和储存工业原材料、工具等商品的仓库广泛采用。

自提方式的特点：提单下仓，随到随发，自提自运，当面点交划清物资（货物）的责任。

4. 过户、转仓和取样

过户是一种就地划拨的形式。物资虽未出库，但是所有权已从原有货主转移到新的货主。出库必须根据原有货主开出的正式过户凭证，才能办理过户手续。

货主单位为了业务方便或改变物资储存条件，需要将某批库存商品从甲仓库转移到乙仓库，这就是转仓的出库方式。仓库也必须根据货主单位开出的正式转库仓单，才能办理转仓手续。

取样是货主单位根据对货物质量检验、样品陈列等的需要，到仓库领取货样的一种方式，仓库必须根据正式取样凭证才能发给样品，并做好账务记录。

（三）货物出库前准备工作的步骤

（1）对货物原件的包装整理。货物经多次装卸、堆码、翻仓和拆检，会使部分包装受损，不适宜运输要求。因此，仓库必须视情况事先进行整理、加固或改换包装。

（2）零星货物的组配、分装。根据货主需要，有些货物需要拆零后出库，仓库应事先做好准备，备足零散货物，以免因临时拆零而延误发货时间；有些货物则需要进行拼箱，因此，应做好挑选、分类、整理和配套等准备工作。

（3）包装材料、工具、用品的准备。对从事装、拼箱或改装业务的仓库，在发货前应根据性质和运输部门的要求，准备各种包装材料及相应的衬垫物，以及刷写包装标志的用具、标签、颜料和钉箱、打包等工具。

（4）待运货物的仓容及装卸机具的安排调配。商品出库时，应留出必要的理货场地，并准备必要的装卸搬运设备，以便运输人员的提货发运和装箱送箱，及时装载货物，加快发送速度。

（5）发货作业的合理组织。发货作业是一项涉及人员较多、处理时间较紧、工作量较大的工作，进行合理的人员组织和机械协调安排是完成发货的必要保证。

由于出库作业比较细致、复杂，工作量也大，事先对出库作业加以合理组织，安排好作业人员和机械，保证各个环节的紧密衔接，也是十分必要的。

二、商品出库业务

1. 核对出库凭证

货物出库凭证，不论是领（发）料单或调拨单，均应由主管分配的业务部门签章。出库凭证应包括：收货单位名称（用料单位名称），发货方式——自提、送料、代运，货物名称、规格、数量、单价、用途或调拨原因，调拨编号及有关部门和人员签章，付款方式及银行账号。仓库接到出库凭证后，由业务部门审核证件上的印鉴是否齐全，有无涂改。审核无误后，按照出库单证上所列的货物品名规格、数量与仓库料账再作全面核对。无误后，在料账上填写预拨数后，将出库凭证移交给仓库保管人员，保管员复核账卡无误后，即可做货物出库的准备工作，包括准备随货出库的货物技术证件、合格证、使用说明书、质量检验证书等。

凡在证件核对过程中，物资名称、规格型号错误的，印鉴不齐全、数量有涂改、手续不符合要求的，均不能发货出库。

2. 备货

保管员对商品会计转来的货物出库凭证复核无误后，按其所列项目内容和凭证上的批注、与编号的货位对货，核实后进行配货。

（1）销卡。大多数出库的货卡是悬挂在货垛上的，但也有采用集中保管的，在货物出库时先销卡、后付货。

（2）理单。依出库单的货位，按出库单顺序排列，以便迅速找位付货。

（3）核对。按照货位找到应付货物时，要"以单对卡，以卡对货"，进行单、卡、货三核对。

（4）点数。仔细点清应付的数量，防止差错。

（5）批注地区代号。在多批货物同时发货需要理货时，为方便下一道作业环节，保管员在货物的外包装上还必须批注地区代号。

（6）签单。应付货物按单付讫后，保管员逐笔在出库凭证上签名和批注结存数。前者以明责任,后者供账务员(业务会计)登账时进行账目实数的核对。

3. 理货

理货是针对实行送货制的出库货物,将货物按地区代号搬运到备货区号,再进行核对、刷标签和待运装车等。

(1)核对。理货员根据货物场地的大小、车辆到库的班次,对到场货物按照车辆配载,地区到站编配分堆,然后对场地分堆的货物进行单货核对。核对工作必须逐车、逐批地进行,以确保单货数量、品种、去向完全相符。

(2)刷标签。搞好理货工作,必须准确刷标签。实行送货制的出库货物,为方便收货方的收转,理货员必须在应发货物的外包装上刷置"收货单位"名称。刷标签应在货物外包装两头,字迹清楚,不错不漏;复用旧包装,必须刷除原有标志;如系粘贴标签,必须粘贴牢固,便于收货方收转。

(3)待运装车。车辆到库转载待运货物时,理货员要亲自在现场监督装载全过程。要按地区到站逐批装车,防止错装、漏装,对于实际装车件数,必须与随车人一起点交清楚,再将送货通知单随货同行单证交付随车人员一起送达车站码头。

4. 全面复核查对

核查的具体内容包括以下几项。

(1)怕震怕潮等物资,衬垫是否稳妥,密封是否严密。

(2)每件包装是否都有装箱单,装箱单上所列各项目是否和实物、凭证等相符合。

(3)收货人、到站、箱号、危险品或防震防潮等标志是否正确、明显。

(4)是否便于装卸搬运作业。

(5)能否承受装载物的重量,能否保证在物资运输装卸中不致破损,保障物资的完整。

物资出库的复核查对形式可以由保管员自行复核,也可以由保管员相互复核,还可以设专职出库物资复核员进行复核或由其他人员复核等。

如经反复核对确实不符,应立即调换,并将原错备物品上刷的标记去除,退回原库房;复核结余物品数量或重量是否与保管账目商品保管卡片的结余数相符,发现不符应立即查明原因,及时纠正。

5. 登账

仓库发货业务中,有先登账后付货和先付货后登账两种做法。

先登账后付货的仓库,核单和登账的环节连在一起,由账务员一次连续完成。这种登账方法,可以配合保管员的付货工作,起到预先作用。因为根据出库单登账时,除必须认真核单之外,还可根据货账(仓储账页),在出库单上批注账面结存数,配合保管员付货后核对余数;对于移动货位货物,需随即更正货位,方便保管员按位找货。

先付货后登账的仓库,在保管员付货后,还要经过复核、放行才能登账。它要求账务员必须做好出库单、出门证的全面控制和回笼销号工作,防止单证遗失。按照日账日清的原则,在登账时,逐单核对保管员批注的结存数,如与账面结存数不符时,应立即通知保管员,直至查明原因。发现回笼单证中有关人员未曾签章的,应将原单退回补办签章手续,再做账务记载。虽然保管员付货之前缺少预先把关的机会,但是,对于发货频繁、出库单较多的仓库,为了提高服务质量、缩短零星客户提货等候时间和充分发挥运输能力等,采用这种做法也是可以的。

6. 交接清点

备货出库货物,经过全面复核查对无误之后,即可办理清点交接手续。

如果是用户自提方式,即将货物和证件向提货人当面点清,办理交接手续。

如果是代运方式,则应办理内部交接手续。即由货物保管人员向运输人员或包装部门的人员点清交接,由接收人签章,以分清责任。

运输人员根据货物的性质、重量、包装、收货人地址和其他情况选择运送方式后,应将箱件清点,做好标记,整理好发货凭证、装箱单等运输资料,向承运单位办理委托代运手续。对于超高、超长、超宽或超重的货物,必须在委托前说明,以便承运部门计划安排。

承运单位同意承运后,运输人员应及时组织力量,将货物从仓库安全无误地点交给承运单位,并办理结算手续。运输人员应向承运部门提供发货凭证样本、装箱单,以便和运单一起交收货人。运单总体应由运输人员交财务部门做货物结算资料。

如果是专用线装车,运输人员应于装车后检查装车质量,并与车站监装人员办理交接手续。

货物点交清楚,出库发运之后,该货物的仓库保管业务即告结束,仓库保管人员应做好清理工作,计算注销账目、料卡、调整货位上的吊牌,以保持货物的账、卡、物一致,及时准确地反映货物的进出、存取的动态。

三、商品出库问题的处理

1. 出库凭证(提货单)异常

(1)凡出库凭证超过提货期限,用户前来提货,必须先办理手续,按规定缴足逾期仓储保管费后方可发货。任何非正式凭证都不能作为发货凭证。提货时,用户发现规格开错,保管员不得自行调换规格发货。

(2)凡发现出库凭证有疑点,以及出库凭证发现有假冒、复制和涂改等情况时,应及时与仓库保卫部门以及出具出库单的单位或部门联系,妥善进行处理。

(3)货物进库未验收或期货未进库的出库凭证,一般暂缓发货,并通知货主,待货到并验收后再发货,提货期顺延。

(4)如果发现出库凭证规格开错或印鉴不符,保管员不得调换规格发货,必须通过制票员开票方可重新发货。

(5)如客户因各种原因将出库凭证遗失,客户应及时与仓库发货员和账务人员联系挂失;如果挂失时货已被提走,保管人员不承担责任,但要协助货主单位找回商品;如果货未被提走,经保管人员和账务人员查实后,做好挂失登记将原凭证作废,缓期发货。保管员必须时刻保持警惕,如再有人持作废凭证要求发货,应立即与保卫部门联系处理。

2. 提货数与实存数不符

(1)如属于入库时记错账,则可以采用"报出报入"方法进行调整。

（2）如属于仓库保管员串发、错发引起的问题，应由仓库方面负责解决库存数与提货数之间的差数。

（3）如属于货主单位漏记账而多开提货数，应由货主单位出具新的提货单，重新组织提货和发货。

3. 串发货和错发货

串发货和错发货主要是指由于发货人员对货物种类规格不是很熟悉，或者由于工作中的疏漏，把错误规格、数量的货物发出库的情况。

如果货物尚未离库，应立即组织人力，重新发货。如果货物已经离开仓库，保管人员应及时向主管部门和货主通报串发货和错发货的品名、规格、数量、提货单位等情况，会同货主单位和运输单位共同协商解决。一般在无直接经济损失的情况下由货主单位重新按实际发货数冲单（票）解决。如果已形成直接经济损失，应按赔偿损失单据冲转调整保管账。

4. 出库后异常问题的处理

（1）在发货出库后，若有用户反映规格混串、数量不符等问题，如确属保管员发货差错，应予纠正、致歉；如不属保管员的差错，应耐心向用户解释清楚，请用户另行查找。

凡属易碎货物，发货后用户要求调换，应以礼相待，婉言谢绝。如果用户要求帮助解决易碎配件，要协助其联系解决。

（2）凡属用户原因，型号规格开错，制票员同意退货，保管员应按入库验收程序重新验收入库。如属包装或产品损坏，保管员不予退货。待修好后，按有关入库质量要求重新入库。

（3）凡属产品的内在质量问题，用户要求退货或换货，应由质检部门出具检查证明、试验记录，经物资主管部门同意，方可退货或换货。

（4）退货或换货产品必须达到验收入库的标准，否则不能入库。

（5）物资出库后，保管员发现账实（结存数）不符，是多发或错发的要派专人及时查找追回以减少损失，不可久拖不决。

四、出库单证及单证的流转程序

1. 提货单

（1）出库单证主要是指提货单，是向仓库提取货物的正式凭证。在不同的单位中，会采用自提和送货这两种不同的出库方式，而不同的单位在不同的出库方式条件下，单证流转与账务处理的程序都会有所不同。

（2）提货方式下的提货单流转程序如下。

① 自提是仓库在收到提货单后，经审核无误后向提货人开具物资出门证，出门证上应列明每张提货单的编号。

② 出门证的一联交给提货人，管理人员根据另一联和提货单在"物资明细账"出库记录栏内登账并在提货单上签名，批注出仓吨数和结存吨数，将提货单交给保管员发货。

③ 提货人凭出门证向发货员领取所提商品，待货付讫，保管员应盖付讫章和签名，并

将提货单返回给账务人员。

④ 提货人凭出门证提货出门,并将出门证交给门卫。门卫在每天下班前应将出门证交回账务人员,账务人员凭此证与已经回笼的提货单号和所编代号逐一核对。如果发现提货单或出门证短少应该立即追查,不得拖延。

2. 出库单

(1) 出库单一般作为销售或第三方物流仓库货物出库的凭证。出库单主要包括以下项目:发货单位、发货时间、出库品种、出库数量、金额、出库方式选择、运费结算方式、提货人签字、仓库主管签字等。

出库单通常一式 4 份,第一联存根,第二联仓库留存,第三联财务核算,第四联提货人留存。

(2) 出库单的流转程序如下。

① 业务受理员根据发货单和作业通知单,将发货单和货物档案(即货物资料)转给保管员,到现场备货。

② 保管员根据发货单和货物档案核对物资,并与作业班组或计量员等联系,现场备货,核对无误,手续完备后装车发货,并与提货人清点交接,按照实发数量及有关内容填写发货单,转复核员进行实物复核。

③ 复核员根据发货单证,现场核对凭证号、实发数量、规格型号、储存货位、存货数量等,确认无误后签字,将所有单证返交保管员。

④ 保管员在复核后的发货单诸联上加盖"发货专用章",并将发货情况录入计算机中。

已办理结算和交费(即发货单上有费用收讫章)的,保管员将发货单第二联(出门证)、发货清单第二联(随货同行)交提货人作为出库凭证;发货单第一联、发货清单第一联及货物档案转交业务受理员存档。

未办理结算和交费的,保管员将发货单第一、第二联及货物资料返给收费员,收费员结算、收费、盖章,打印发货清单第一、第二联后,将发货单第二联"出门证"、发货清单第二联及随货资料等交提货人出库,将发货单第一联、发货清单第一联及货物档案返回业务受理员。

⑤ 业务受理员对保管员和收费员返回的发货单第一联和发货清单第一联审核无误后,发货单第一联归档留存;根据实发数量填写仓单分割单,发货清单第一联经签字、盖章后返给存货人。

第四节　越库作业

一、越库作业的含义

越库作业是国内外现代化配送中心为提高运作效率降低不必要的物流成本支出而针对特定属性的商品采取的特殊的配送运作方式。在越库作业过程中,如果没有将转出货物(包括散落货或者剩余零头货)存入中间仓库或站点进行短期存储,这种越库作业可以称为越库运输。

所谓越库运输,是指物品在物流环节中,不经过中间仓库或站点存储,直接从一个运输工具换载到另一个运输工具的物流衔接方式,这种做法又称直接换装。越库运输是一种先进的物流运作模式。

越库作业是配送中心提供的配送服务,是以客户需求为第一价值,以商品为核心,以确保提供商品种类、数量、质量和准确到货时间、地点,作为增加在被配送商品上的附加值,这种附加值正是越库作业所创造的。

二、越库作业模式

从模式上讲,拥有越库作业的配送中心与传统的混合式拼拆中心较为相似。但在某些方面,两者有很大的区别,最显著的区别是时效性。越库作业强调商品或者货物运达配送中心后很快地配送出去,不作为存货存储停留。对越库作业而言,其主要特征在于商品项目通过越库作业环节后,并不放置在储存区域或者订单拣选货架上,而是将货物直接从收货站台搬运到发货站台发出。从理论上讲,越库式配送中心储存的货物可以停留多长的时间,这取决于配送中心流程和技术状况。但在实践中,越库式配送中心的商品在库时间一般最多不超过 18~24 小时。

按照美国贝恩顾问公司总裁约翰·思贝恩的观点,越库作业服务主要有两种模式。

1. 工厂越库作业

工厂越库作业是指将制造出来的产品直接运到站台或者码头以供发运,而不是先运到工厂仓库储存起来再发运。理想状况是,产品刚一生产出来就被装上车或者船,这叫即期工厂越库;如果办不到,合理的选择就是将产品先运至车站、码头的站台或者堆场,以后再发运,这叫远期工厂越库。

2. 配送中心越库作业

配送中心收到上游的到货后可以采取与工厂越库作业相同的两种越库策略,即即期越库和远期越库。不同的是,配送中心越库的单位可能是整车,也可能是整箱,在整箱的情况下,需要与自动分拣系统相衔接,在即期越库中,还可分为即时越库(也就是随来随发的越库)和当天越库两种越库作业服务方式,这两种越库方式都是为了避免到货后的先入库,再出库、发运这样烦琐的流程,而建立一种更加简便的接口,即以站台或者配送中心为临时储存场所,在收货卡车和发货卡车之间建立一个快速转运、配送的平台。

我国 20 世纪在商业运输领域中采用的"四就直拨"(即就厂直拨,就车站、码头直拨,就库直拨,就车、船过载等),方法就是这样的配送模式,出发点、业务运作模式类似。但是,在大型跨国公司内推行的越库作业除属于一种物流业务外,还更多地将它与现代柔性制造系统,尤其是直销系统、现代分销渠道系统结合在一起,它不会在联运、多种运输方式协调等方面做过多考虑,因为它要在运费的节约和库存的减少两方面进行权衡,其结果往往是注重快速反应,因为这样做对于总成本的降低更有好处,所以,生产、流通各个环节如何实现快速反应就成为关注的问题,越库作业战略就提供了快速反应的接口。

三、越库作业的适用条件

运用越库作业战略非常成功的典型企业就是沃尔玛。为了满足美国国内 3 000 多个连锁店的配送需求,沃尔玛公司在国内共有近 3 万个大型集装箱挂车,5 500 辆大型货运卡车,24 小时昼夜不停地作业,每年的运输总量达到 77.5 亿箱,总行程 6.5 亿公里。合理调度如此规模的商品采购、库存、物流和销售管理,离不开高科技的手段。沃尔玛公司建立了专门的电脑管理系统、卫星定位系统和电视调度系统,拥有世界第一流的先进技术。沃尔玛公司总部只是一座普通的平房,但与其相连的计算机控制中心却是一座外貌形同体育馆的庞然大物,公司的计算机系统规模在美国仅次于五角大楼,甚至超过了联邦航天局。全球 4 000 多个店铺的销售、订货、库存情况可以随时调出查阅。公司与休斯公司合作,发射了专用卫星,用于全球店铺的信息传送与运输车辆的定位联络。公司 5 500辆运输卡车,全部装备了卫星定位系统,每辆车在什么位置,装载了什么货物,目的地是什么地方,总部一目了然,可以合理安排运量和路程,最大限度地发挥运输潜力,避免浪费,降低成本,提高效率。沃尔玛运用一种由区域中心库向地方库辐射的网络结构来向其零售终端配送商品。配送货物的车辆运抵配送中心时,货物都是整车到达的,在配送中心里,从各个供应商运来的整车货物都被分拆然后又被拼装成整车货物运输运往各个销售网点。在配送中心里,商品停留的时间很短,实际上都直接从收货站台收入后就直接转移到发货站台发运了。越库作业帮助沃尔玛减少了成本,并支持其天天低价战略的实施,从而提高了沃尔玛的市场份额和利润率。在这种模式下,产品在配送中心停留的时间一般不会超过 24 小时。国际上很多大公司(如丰田等)都开始运用越库运输的先进方式改进自身的物流过程,降低物流成本。

企业采用越库作业的适用条件如下。

1. 越库商品要有稳定的市场需求

对于可以实施越库作业的商品,需要满足以下三个方面的要求:较低的需求变异、较高的市场容量和较低的缺货成本。一方面,实施越库作业的关键之处在于保证需求与供应相匹配,如果需求不稳定,就很难实施越库作业模式。另一方面,除要减少变异外,还要有较大的需求量保证越库中心能够持续作业。如果需求量太低,那么频繁运送小批量货物会增加运输费用,这时选择仓库存储作业也许更有经济效益。同时,越库作业零库存的特点增加了缺货风险发生的可能性,为了尽量降低这种增加的风险所带来的损失,实施越库作业的商品应该是缺货成本较低的商品。

2. 供应链各环节之间要相互协作

尽管越库作业模式是一种先进的仓储管理模式,但其涉及的环节并不是只有仓库或配送中心这一环节,越库作业的成功实施要求供应链各环节的协调配合,这一点在上述的越库作业运作流程中已有所体现。例如,在实施越库作业的最初阶段,供应链各成员都会经历由设备投入、设施完善等带来的费用增加,尽管这些费用以后会通过越库作业得到补偿,但需要一定的时间。在实施的初期需要供应链各方合理协商。另外,由哪一方负责贴条码或标价,又由哪一方负责开发信息管理系统软件等具体问题,都需要供应链各成员进行充分的协调与合作。

3. 供应商应具有较高的质量管理能力

由于在越库作业的过程中减少了货物的登记、入库等环节,货物到达仓库后,只进行简单的分装与组配,同时也因时效的限制,无法像传统仓储模式一样对供应商发来的货物进行充分的质量检验。在这种条件下,质量检验的任务需要上游的供应商执行,上游供应商应保证发出的货物满足质量的要求。

4. 较高的信息化程度

越库作业最大的优势是缩短了产品流通时间,降低了库存。为达到这种目标,必须在供应链各成员间建立强大的信息共享系统,以实现整个供应链资源共享和达到事先分配、及时链接的水平。同时,可以协助完成大量的数据处理。另外,还要求全供应链都要使用通用条码和标准化的包装,以此简化产品流动过程中的处理程序,减少劳动力的使用。

5. 规范通用条码和标准化包装的使用

越库作业所实现的是一个从供应商到销售商的流畅的供货渠道,在这个渠道的各环节中,应采取一些标准化的措施保证渠道的畅通。在各种措施中,通用条码和标准化包装是两个基本要素,通过这两者的配合,可以方便供应链各环节单位的设备选择、布局设计,提高货物在各环节的识别、分拣、发配效率。

四、越库作业的实施

(一)越库作业的主要内容

在执行越库作业服务定位之前,首先需要了解越库作业服务定位针对的对象是什么。由于越库配送是一种服务,所以它需要有服务的对象,然后再确定它的服务内容。越库作业服务定位的内容如下。

1. 服务对象

越库作业的服务对象与配送中心的服务对象基本是一致的,都可能是针对大型连锁超市,或建筑工程,或某一行业的工厂。服务对象的考虑,除了纯商业的理由,还包含其他各种因素,而且越库作业的服务对象也不是一成不变的,可能会随环境、配送中心领导层、配送中心股东等的变化而变化。

2. 越库作业商品

对于越库作业来说,最好是所有越库配送的商品都可以进行直接越库配送,但这是不现实的。我们已经知道,越库作业是指货物从收货站台收货后,直拨到出货站台至配送货车上出货,没有入库、储存等作业,这就从商品的属性和客户需求等方面对越库作业商品提出了要求,即这种商品应具有缺货成本低、客户需求率稳定持续的特点。如果不求实际,什么商品都通过越库作业来配送,不但会套住大量资金,同时可能因为商品的需求不同,造成某些商品无法越库而造成库存积压,而某些商品缺货却没有流动资金去订购。因此,必须选择某些适当的商品作为越库作业可以配送的商品。并且越库作业还要考虑具体的服务对象,例如,对于大型连锁超市,越库作业的商品主要是日用品和食品,而对于建筑工程,则主要是建筑材料。因此,对越库作业商品的选择,除与商品本身的特性、供应商的特点、与供应商的关系、配送中心的条件有关外,还必须符合配送中心的总体发展战略,与配送中心未来的发展方向相一致。

产品开发在企业的生命周期中占据非常重要的地位,并且在很大程度上影响企业的经营效益。配送企业也需要对配送服务进行"开发",这种"开发"主要研究配送企业是否可以提供新的越库作业服务,所提供的越库作业应该具备何种特色,如何执行越库作业,以及需要哪些相关的措施。

配送服务对客户来说,它应该是指在特定的时间、地点提供特定数量、质量的特定商品,这同样适用于越库作业。还有五个因素对越库作业的服务质量有影响:时间、地点、商品的类型、商品的数量、商品的质量,因此,为越库作业提供的服务,可以通过协调这五个因素以达到提高配送服务质量的目的。

(二)越库作业实施的手段

越库作业实质是一种配送中心运作战略,它考虑用最小的停滞时间实现从进货站台直接到出货站台的物料移动过程,它能够有效地减少额外的运输成本而不用增加库存,同时还能够自动地保持既定的顾客服务水平。越库作业还能够缩短订货周期,从而改善配送网络使之更具柔性和敏捷性。

越库作业考虑用最小的停滞时间实现从进货站台直接到出货站台的物料移动过程。尽管这不是一个新的概念,但它在大量的实践当中却赢得了一片赞誉,包括准时制生产(JIT)、电子数据交换(EDI)、工厂直接向顾客供货技术等,对物流流程产生了巨大影响。

越库作业还可以称为通过式配送,主要是因为货物通过配送中心不经过储存直接搬运到发货站台发运。在传统的仓库中,产品收货后要经过储存程序,以利于发货运输。若采用越库作业,仓库中库存商品从收货到发运经过很少或不经过储存环节。因此,越库作业成功的关键点在于要尽可能缩短收发货设施设备的停滞周期。停滞周期越短,对于储存的缓冲需要就越低。当货运周转量增大或者是运输出现不协调的情况时,储存需要也会加强,那么在这种情况下越库作业就必须得到有效的管理。涉及收货、货物的再拼装、搬运等环节,这些都反映了产品的实体流通状况,与这种实体流通相联系的则是关注越库作业产品的信息流。随着产品的数量和种类的增加,对于信息流的管理也已经成为影响越库作业实施成功与否的重要因素之一。

大多数运输活动中存在着规模经济,即每单位重量的运输成本随装载量的增加而减少,之所以产生这种现象,是因为提取和交付活动的固定费用以及行政管理费用可以随装载的增加而被分摊。越库作业实现运输成本的经济性,主要是通过配送渠道将物品装成整车发运,从而实现规模经济。以前,整车运输会增加配送渠道的平均存货水平。但是通过越库作业,可以显著地减少这类运输成本而无须增加平均存货水平,同时还可以提供较高水平的顾客服务。实际上在许多实例中,仓库的存货水平通过越库作业都能得到减少,会引起存货成本的减少。越库作业还会带来其他一些好处,例如,订单周期的缩短,这将有助于改善配送网络的反应能力和适应能力。

越库作业的这些优势只有通过以下措施才能实现:①有效的物流搬运系统;②运用先

进信息技术;③整车运输的有效运用;④恰当的计划和先进管理手段并用。

越库作业在一些大公司得到了广泛的应用,采用包裹越库运输服务。例如,美国联邦快运公司(Federal Express)、联合包裹(United Postal Services)和美国联合包裹运输服务公司等在越库作业上都是减少多余环节的典型公司。这些包裹运输公司从运输商手中接收货物之后,都要将每样包裹进行分类拣选,然后尽可能快地送到收货人手中。因此,在整个配送系统内基本上没有存货,也就没有必要制定一些储存的条款规定。那些收进来的货品在整个运作环节都是处于动态移动状态,而且从分类到完成只需要几个小时。越库作业在制造和零售企业当中都得到了应用。其中一家运用越库战略成功的制造企业——美国米尔顿家庭美食公司,它是一家生产意大利面食食品制造商,办公百货是另一家成功运用越库作业战略的大企业。

五、我国发展越库作业的改进建议

我国企业在学习、实施国外先进的越库作业方法时,需要对自己的资源进行有效的整合,摒弃传统的重生产、轻流通的陈旧观念,分析企业内部因不合理的物流而产生的高成本、低效率、高浪费等现象的原因,参考实施越库作业的必要条件,从以下方面进行着力改善。

1. 加强供应链上供应商的管理

越库作业不是一项孤立的管理活动,它涉及对物料(原材料、辅助材料等)供应商的管理。在我国大多数企业存在以下现象:供应商不严格按越库作业计划发货,为了节省送货成本,经常会违反企业与物料供应商之间达成的分批供货的采购协议而随意加大每次供货数量以减少供货批次,配送中心如此接受这种供货方式,必然要加大物流与仓储的负担,这显然不符合越库作业基本要求。物料供应商供料不及时使各工序缺料等待;物料供应商所供物料的质量不能保证,因不合格物料要求退货后导致某些工序车间的停产或非计划内的转产使原有已发生的越库作业成为浪费物流。这些问题的存在使企业物流成本急剧上升,越库作业流程运转质量难以把握,所以,企业应加强对供应链上供应商的管理,加强与供应商的沟通与协作,通过企业间的电子数据交换、增值网、电子订货系统等信息系统的引入,与供应商信息共享,追求越库作业的协调通畅,降低供需双方的物流成本,实现"双赢"。

2. 制订合理的配送需求计划

建立在管理信息系统基础上的配送需求计划是一种既保证有效地满足市场需要、又使得物流资源配置费用最省的计划方法,是物料需求计划原理与方法在配送过程中的运用。它由主运输计划和临时配送需求计划逐层求出越库作业各资源(站台、车位、车辆、搬运设施、人员等)的数量与工作时间段;若本企业所拥有的资源不够,就需要根据实际情况调入外部的资源(即服务外包)来协调完成紧急越库作业任务,并要根据各货物到达的提前期,本企业能够接受的到货时间和数量而提前发出订货时间和订货数量,由此形成比较完整的越库作业计划。在DRP(配送需求计划)状态下,越库作业任何一个环节都是按准确的时间、地点、数量计划来进行的,从而避免了因无效需求的作用而造成的物流资源的浪费;DRP严格限定了各种物流资源的数量,并从时间上进行了周密的计划,不允许有任何时间浪费,因而,物流资源在时间上被充分利用;DRP建立基础的电子数据交换等信息系统,可以有效减少因信息交换不充分而带来的重复与浪费,有效消除"需求放大"效应。

3. 规划、设置合理的作业场所

配送中心越库作业场所在设置时的科学性与合理性极大地影响到越库作业的效率。若越库作业活动不能以最短的线路进行,货物的暂存、装卸不方便,从而造成物流的忙乱、阻滞、走弯路等浪费物流资源和阻碍越库作业顺利实施的现象,由此造成越库作业战略的失败。

在越库作业区和站台、出入门的规划时,需要用高级的数学方法(如运筹学等)来进行合理规划,保证越库作业总行程最短、最方便;在立体布局上,要将存在大量物流的中转作业区设在靠近出入货通道附近,以便货物的及时拼装发运而避免形成作业区的瓶颈;各个越库作业站台和出入门需要有特定的安排,从时间、数量、功用上都做好合理的分配,从而最大限度地发挥配送中心的越库作业能力。

4. 加强工作区的物流环境管理

在有些企业的配送中心内,经常会发现有些物流设施设备的定位不够流畅,收货、分拣、拼装、发运各环节的作业场所未合理规划,有些运送通道拐弯抹角,工具随意放置,行政办公区随遇而安,电线、管线随意嫁接,工作人员经常不必要地走动等现象。这些都是实施越库作业战略的大忌,这些现象会影响越库作业的效率和效果,经常导致物流混乱,增加货物寻找时间和搬运时间。实施越库作业战略要求企业应随时清理工作场所,腾出空间,活用空间,防止误用、误送、塑造清爽的工作场所,把留在工作区的必要物品依规定位置摆放整齐,加以标识,消除寻找时间,减少重复工作。

5. 提高作业区的作业效率

我国企业在实施越库作业时,物料暂存区的处理还是处在手工作业状况,这样不利于货物的准时发运和完好;而且暂存区物料摆放不合理,处理一个订单时常常要多次来回走动,致使物流效率降低;有的商品无任何标识,有的连起码的条码标识都没有,以这样的状况来实施越库作业,其结果可想而知。针对以上现象,有条件的大型企业,可以将部分环节改造为自动化处理,使暂存和出货实现自动化,不但极大地提高了配送中心越库作业的效率和准确性,还可以减掉大量的岗位从而降低成本;由于自动化设施的投资巨大,一般企业难以承受,可以在手工作业的条件下挖潜创新,提高人员的工作技能,加强规范管理,提高整个越库作业流程的工作效率。

6. 提升客户物流服务水平

越库作业通过互联网作为技术支撑,使配送中心能够实时获取并处理各种外部与内部信息,从而提高整个企业客户需求快速有效的反应能力,实现即时采购、即时制造、即时出售、即时供应。也就是说,通过优化组合,使需求信息的获取与随后做出的反应尽量接近实时及最终客户,将客户需求提前期减少到最低限度,从而获取市场竞争的时间和空间优势。以网络为依托实施越库作业战略,可以增强配送服务的即时性、时效性、准确性,提高企业效率;再则,采集客户群体对配送中心越库作业不同层次的需要,研究物流服务的具体功能。

思 考 题

一、选择题

1. 商品入库的方式有( )。
   A. 托运入库　　　　B. 送货入库　　　　C. 自提入库　　　　D. 过户
   E. 退货入库　　　　F. 移库

2. 商品入库的程序有( )。
   A. 申请　　　　　　B. 入库作业计划及分析　　　　　　C. 入库准备
   D. 接运　　　　　　E. 验收　　　　F. 入库　　　　G. 开出库凭证

3. 入库作业管理的内容有( )。
   A. 验单　　　　　　B. 卸货　　　　　　C. 点验　　　　　　D. 办理入库手续

4. 进货供应商的选择考虑的因素包括( )。
   A. 供应商的数量　　B. 送货方式　　　　C. 送货工具　　　　D. 送货时间

5. 商品验收的环节包括( )。
   A. 验收准备　　　　B. 核对凭证　　　　C. 实物检验　　　　D. 入库

二、填空题

1. 影响商品入库的因素包括_____、_____。

2. 入库交接手续包括_____、_____、_____。

3. 处理入库信息包括_____、_____、_____、_____、_____、_____、_____、_____。

4. 商品分区分类考虑的因素包括_____、_____、_____、_____。

三、简答题

1. 简述入库准备的内容。

2. 简述分区分类的方法。

3. 商品堆码的基本要求是什么？常见的堆码的方法有哪些？

4. 为什么要进行库存盘点？盘点的方法有哪些？出现账实不符的原因有哪些？

5. 具体说明商品出库的作用程序及内容。

6. 在商品出库过程中，出现问题该怎样处理？

7. 阐述越库作业的优点，具有哪些特点的商品适于越库作业？

四、拓展训练

根据本章学习的内容，学生组成小组，用表演形式反映仓库一天所发生的业务。学生需要做的工作如下。

(1) 由文笔好的同学做编剧，把仓库的入库流程、在库保管过程、出库流程写成剧本。

(2) 根据业务流程组成小组，选出导演。

(3) 导演根据业务流程功能对小组成员进行角色分工。

(4) 在导演的组织下进行排练，完成仓库一天的演出。

第六章

现代仓储运营管理的库存控制方法

微治公司的库存管理

微治公司是一家专门经营进口医疗器械产品的公司,2016 年,该公司经营的产品有 26 个品种,共有 60 个客户购买其产品,年营业额达 6 800 万元。对微治公司这样的贸易公司而言,因其进口产品交货期较长、库存占用资金大,库存管理显得尤为重要。因此,微治公司决定采用 ABC 分类法进行库存管理。

微治公司按销售额的大小,将其经营的 26 种产品进行排序,划分为 A、B、C 类。排序在前 3 位的产品占到总销售额的 97%,因此,把它们归位 A 类产品;第 4、5、6、7 种产品每种产品的销售额在 0.1%~0.5%,把它们归位 B 类;其余的 21 种产品(共占销售额的 1%),将其归为 C 类。其库存物品统计得知:A 类产品只占总库存的 11.5%,而其 A 类产品的销售价值占总销售价值的 97%,B 类产品占总库存的 15.4%,其销售价值占总销售价值的 2% 左右,C 类产品占总库存的 73.1%,销售价值占总销售价值的 1% 左右。

在此基础上,微治公司对 A 类的 3 种产品实行连续性检查策略,即每天检查其库存情况。但由于该公司每月的销售量不稳定,所以每次订货的数量不相同,另外,为了防止预测的不准确及工厂交货的不准确,该公司还设定了一个安全库存量,根据案例资料显示,该类产品的订货提前期为 2 个月,即如果预测在 8 月份销售的产品,应该在 6 月 1 日下订单给供应商,才能保证产品在 8 月 1 日出库。

微治公司对 B 类产品的库存管理,采用周期性检查策略。每个月检查库存并订货一次,目标是每月检查时应有以后两个月的销售数量在库里(其中一个月的用量视为安全库存),另外在途还有一个月的预测量。每月订货时,再根据当时剩余的实际对于库存数量,决定需要订货的数量,这样就会使 B 类产品的库存周转率低于 A 类。

对于 C 类产品,则采用了定量订货的方法。根据历史销售数据,得到产品的半年销售量,为该种产品的最高库存量,并将其两个月的销售量作为最低库存。一旦库存达到最低库存时就订货,将其补充到最低库存量。这种方法比前两种更省时间,但是库存周转率更低。

微治公司在对产品采用 ABC 分类法分类以后,该公司又对其客户按照购买量进行分类。发现在 60 个客户中,前 5 位的客户购买量占全部购买量的 75%,于是将这 5 位客户定为 A 类客户;到第 25 位客户时,其购买量已达到 95%。因此,把第 6 位到第 25 位的客户归为 B 类,其他的第 26 位到第 60 位客户归为 C 类。对于 A 类客户,实行供应商管理库存,一直保持与他们的密切联系,随时掌握他们的库存状况;对于 B 类客户,基本上可以用历史购买记录,以需求预测作为订货的依据;而对于 C 类客户,有的是新客户,有的是一年也只购买一次,因此,只在每次订货数量上多加一些,或者用安全库存进行调节。

按 A、B、C 分类以后,微治公司的库存管理效果主要体现在以下几方面:降低了库存管理成本,减少了库存占用资金,提高了主要产品的库存周转率。避免了缺货损失、过度超储等情况。提高了服务水平,增强了客户的满意程度。树立了良好的企业形象,增强了企业的竞争力。

思考

(1) ABC 管理方法对库存管理有什么好处?

(2) 试分析微治公司库存管理采用 ABC 管理方法后的效果?

第一节　库存控制的导入

为了提供产品或服务,满足客户的需求,生产及流通企业都存在一个进、销(出)、存系统,生产企业是利用生产手段,将原材料加工成产品销售给客户;流通企业则是利用采购手段,把从供应商那里购进的产品再销售给客户。企业的业务模式,都是将购进的物资转换为或销售给客户所需的物资,以满足市场需要。在企业的进销存大系统中,包括很多环节的子系统。企业大系统是针对市场客户的需求,而企业内进销存的子系统则是针对企业内各个环节的需求。为了保证各个系统的正常进行,库存(原材料库存、成品库存等)将起到衔接供需、缓解供需脱节矛盾的作用,使企业客户需求和企业内的生产需求都能得到满足。每个环节都需要库存控制,而每个环节周转库存的多少也是需要控制的。

一、库存的含义

(一) 库存的概念

库存是指处于储存状态的物品。广义的库存还包括处于制造加工状态和运输状态的物品,是暂时闲置的用于将来目的的资源,是处于储存状态的商品物资,库存是物品储存的表现形态,即是企业在生产经营过程中为现在和将来的耗用或者销售而储备的资源。凡是处于储存状态的物资都可以称为库存资源,简称为库存。储存状态的含义比较广泛,它既包括仓库中的物资,也包括不在仓库中的物资。它是一个组织所储备的所有物品和资源,如制造企业的库存为原材料、在制品、产成品、机械器具、备用品,商场的库存为商品,医院的库存为药品、医疗器械、病床等。

库存可以在生产线上,在车间里以及非仓库中的任何位置,如汽车站、火车站等类型的流通结点上;物品的停滞状态可能是由任何原因引起的,而不一定是某种特殊的停滞。这些原因大体包括:能动的各种形态的储备,被动的各种形态的超储,完全的积压。一般情况下,人们设置库存的目的是防止短缺。

企业的库存是不可避免的,库存具有两面性:一方面,库存能够缓解供需矛盾,保证企业生产正常连续进行;另一方面,库存也带给企业巨大的资金占用压力,成为产成品成本的主要来源。

(二)设置库存的好处

1. 平衡供求矛盾

设置库存可以缓解供求在时间、空间、数量上的不平衡,例如,供需不确定产生的安全库存、运输过程中产生的在途库存、规模效应产生的周转库存。

2. 防止生产中断

设置库存有利于保持生产的连续性,防止缺料,在需求波动时能够维持均衡生产。如果一个企业想要实现采购、运输、制造方面的规模经济,就需要设立库存。

3. 满足季节性的供求

在销售淡季设置产成品库存来满足在销售旺季的市场需求,库存可以缓解季节性的供需矛盾,减少旺季加班成本。

4. 订货具有批量优势

如果企业需要较大数量的周转库存,可以采取批量集中采购,减少补货次数,降低采购成本。

5. 库存可以防止不确定性,提高应急能力

设置库存可以缩短交货时间,提高对用户需求的快速响应性。制造商可以增加原材料库存,以防止采购的不确定性可能造成的缺货停产。

(三)设置库存的弊端

1. 库存占用大量资金,运营成本高

库存会占用大量资金,影响企业资金的流动性,降低资金周转速度。库存货物需要企业支付运营费用,各种仓储作业需要资金,设施设备的折旧以及库管费用都影响企业的利润,因此有一种说法认为,库存就是负债。

2. 库存风险大

库存物品储存风险大,储存过程中物品始终存在过期、变质、各类损耗、灭失等风险。

二、库存的分类

(一)存货按照功能和作用分类

1. 基本库存(经常性库存)

基本库存是指补给过程中产生的库存。如制造企业所需要的原材料、流通企业销售的产品。在进货之后,库存处于最高水平,日常的需求不断地"抽取"存货,直至该储存水平降至为零。实际中,在库存没有降低到零之前,就要开始启动订货程序,于是,在发生缺货前会完成物品的进货储备。补给订货的数量就是订货量。

2. 安全库存（最少库存、缓冲库存）

安全库存是指为了防止需求波动或订货周期的不确定而储存的货物。安全库存与市场需求特性、订货周期的稳定性密切相关。市场需求波动越小或需求预测越准确，订货周期确定，所需安全库存越少。如果企业能对市场做出完全准确的预测、订货周期固定，风险可控，就可以不必保有这部分库存。

根据资料显示，为了防止由于不确定因素（如突发性大量订货或供应商延期交货）的作用而影响订货需求准备的缓冲库存差不多占零售企业库存的1/3。

3. 中转库存（中途库存）

中转库存是指正在转移或等待转移的、装在运输工具上的存货。中转库存也可以不划在库存范围内，但如今它越来越引起企业的注意，可以使企业利用中转库存形成灵活的战略。对企业而言，中转库存是实现补给订货所必需的，从企业物流管理的角度看，中转库存给供应链增添了两种复杂性。

（1）虽然中转库存不能使用，但它代表了真正的资产。

（2）中转库存存在高度的不确定性因素，因为企业不知道运输工具在何处，或何时有可能到达。虽然卫星定位和通信技术已经降低了这种不确定性，但是企业在存取这类信息时，还是会受到限制。

目前，在企业的生产经营中，中转库存越来越重视小批量、高频率的运输和递送，企业积极开展准时制战略，使中转库存在总存货中所占比例逐渐增大。在企业的存货战略中，应把更大的注意力集中到如何减少总库存的数量及与此相关的不确定因素上。

（二）存货按照在生产和配送过程中所处的状态分类

（1）原材料库存。原材料库存是指在企业已经购买，但尚未投入生产过程的存货。

（2）在制品库存。在制品库存是指经过部分加工，但尚未完成的半成品存货。

（3）产成品库存。产成品库存是指已经制造完成并正等待装运发出的库存。

（三）存货按照所处的状态分类

（1）在库库存。在库库存是指存储在企业仓库中的库存，是存货的主要形式。

（2）在途库存。在途库存是指生产地和储存地之间的库存，这些物资或正在运载工具上，处于运输状态，或者在中途临时储存地，暂时处于待运状态。如果运输距离长，运输速度慢，在途库存甚至可能超过在库库存。

（四）按照存货的目的分类

（1）经常库存。经常库存也叫周转库存，是为了满足每两次进货期间市场的平均需求或生产经营的需要而储存的货物。存货量受市场平均需求、市场批量、运输中的经济批量、资金和仓储空间、订货周期、货物特征等多种因素的影响。

（2）促销库存。在企业促销活动期间，一般会出现销售量呈现一定幅度增长的现象，为满足这类预期需求而建立的库存称为促销库存。

（3）投机库存。投机库存是指以投机为目的而储存的货物。对一些价格看涨的原材料，如铁、铜、金等，企业多购买并多储存的目的一般不只是为了经营过程中降低成本，而是为了作价格投机。

（4）季节库存。季节库存是指为了满足具有季节性特征的需要而建立的库存，如水果等农产品、空调、冬季取暖用煤、夏季防汛产品等。

三、库存的功能

在现实经济生活中，商品的流通并不是始终处于运动状态的，作为储存的表现形态的库存是商品流通的暂时停滞，是商品因素的必需条件，"没有商品储存就不会有商品流通"。库存在商品流通过程中有其内在的功能。

1. 具有调节供需矛盾，消除生产与消费之间时间差的功能

不同产品（商品），其生产和消费情况是各不相同的。有些产品的生产时间相对集中，而消费则是均衡的；有些产品市场是均衡的，而消费则是不均衡的。例如粮食作物集中在秋冬收获，但是粮食消费在一年之中是均衡的；清凉饮料和啤酒等产品一年四季都在生产，但其消费在夏季相对比较集中。这表明，生产与消费之间，供给与需求两方面，在一定程度上存在着时间上的差别。为了维护正常的生产秩序和消费秩序，尽可能地消除供求之间、生产与消费之间这种时间上的不协调性，库存起到了调节作用，它能够很好地平衡供求关系、生产与消费关系，起到缓冲供需矛盾的作用。

2. 具有创造商品的"时间效用"功能

所谓"时间效用"，就是同一种商品在不同的时间销售（消费），可以获得不同的经济效果（支出），因此，为了避免商品价格上造成损失或为了从商品价格上涨中获利而建立的投机库存恰恰满足了库存的"时间效用"功能。但应该看到，在增加投机库存的同时，也占用了大量的资金和库存维持费用。只要从经济核算角度评价其合理性，库存的"时间效用"功能就能显示出来。

3. 具有降低物流成本的功能

对生产企业而言，保持合理的原材料和产成品库存，可以消耗或避免因上游供应商原材料供应不及时而需要进行紧急订货而增加的物流成本，也可以消除或避免下游销售商由于销售波动进行临时订货而增加的物流成本。

事实上，近年来在国外出现了一种新的库存管理方法——VMI，即供应商管理用户库存，这种库存管理策略打破了传统的各自为政的库存管理模式，体现了供应链的集成化管理思想，适应了市场变化的要求，是库存功能的发展。

库存是企业的一种资产。它也同其他资产一样，追求投资的最优化。库存过多会造成积压，增加企业不必要的储存成本；库存过少又会造成停产、脱销，影响企业的正常生产经营。因此，企业既不能库存投资过多，又不应投资过少，而应保持最优值。

四、库存成本的构成

1. 订货成本

订货成本是指订货过程中发生的与订货有关的全部费用,包括差旅费、订货手续费、通信费、招待费以及订货人员有关费用。订货成本的特点是在一次订货中,订货成本与订货量的多少无关,而若干次订货的总订货成本与订货次数有关,订货次数越多,总订货成本越大。在全年需求量一定的情况下,订货次数越多,则每次订货量越少,而全年订货成本越大,分摊到每次的订货成本就越大。

2. 储存(保管)成本

储存成本也称存货持有成本,是指仓库储存过程中发生的各种成本,包括收货、存储和搬运费用等。

(1) 存储费用。存储费用是指为持有存储物资而发生的成本,包括存储设施的成本,入、出库时的装卸搬运、堆码、检验费用,保管用具、用料成本,仓库房租、水电费。

(2) 人员费用。人员费用是指保管人员有关成本。

(3) 库存记录的保存费用。保存费用是指管理和系统费用,包括盘点和检查库存。

(4) 安全与保险成本。

(5) 库存物品变质、损坏和过时所发生的风险成本。这种成本包括保管过程中的货损货差,货物的贬损造成的损失。

(6) 资金占用成本。资金占用成本是指持有物资的资金成本。库存持有成本与持有物资数量的多少和持续时间的长短有关;持有物资的数量越多,持有的时间越长,持有成本也就越高。

上述成本都是可以控制的费用,用来衡量库存管理的效果。储存(保管)成本通常可以用物品单位成本的百分比来表示。

3. 缺货成本

缺货成本是指由于外部或内部中断供应所产生的成本。当企业的用户得不到全部订货时,叫作外部缺货;而当企业内部某一部门或班组得不到全部订货时,叫作内部缺货。外部缺货导致延期付货成本、当前利润损失和未来利润损失,可能失去用户。内部缺货可导致停工待料损失和完工日期的延误。缺货成本的大小取决于用户对缺货状况的反应,通常企业将会加速运货送达所缺货物,导致加速费的成本。因缺货而失去了为客户服务的机会,又没有得到的预期利益,以及由于一些难以把握的因素而造成信誉损失所产生的不良后果是比较严重的。缺货对仓库来说,轻则丧失销售机会,进而丧失盈利机会,重则耽误合同的履行,遭受罚款,更重则失去用户,失去竞争力,从而失去市场。缺货对用户来说,轻则多花些差旅费到别处去买,重则停工待料、停产改产。企业增大库存量可减少缺货,但库存持有成本则会大大增加。

4. 补货成本

补货成本是指用于补充货物所发生的费用。为了不丧失销售机会,要求用户仍然在此订货,企业进行欠账经营、答应马上进货,待进货后马上补给用户。

5. 进货费与购入成本

当物品从外部购买时,购入成本是指单位购入价格与购入数量的乘积;当物品由企业内制造时,指单位生产成本与生产数量的乘积。单位成本始终要以进入库存时的成本来计算。对外购物品来说,单位成本应包括购价加运费。对自制物品来说,单位成本则包括直接人工费、直接材料费和企业管理费用等。

五、库存控制的关键问题

(一)库存控制(管理)的内涵

《物流术语》中对库存控制作了以下定义:在保障供应的前提下,使库存物品的数量最少所进行的有效管理的技术经济措施。

也就是说,库存控制(又称库存管理)是对制造业或服务业生产、经营全过程所涉及的各种物品、产成品以及其他资源进行管理和控制,使其储备量保持在经济合理的水平上,即为了保证企业生产需求与客户需求的前提下,使库存物品数量最少,成本最低所进行的有效管理措施。

(1)库存控制的主要作用。①掌握库存量的大小,同时掌握库存量的动态变化情况,适时、适量提出订货,避免超储或缺货;②减少库存空间占用,降低库存总费用;③控制库存资金占用,加速资金周转。

(2)库存量过大导致的问题。增加仓库面积和库存保管费用,从而提高了产品成本;占用大量的流动资金,造成资金呆滞,既加重了贷款利息等负担,又会影响资金的时间价值和机会收益;造成产成品和原材料的有形损耗和无形损耗;造成企业资源的大量闲置,影响其合理配置和优化;掩盖了企业生产、经营全过程的各种矛盾和问题,不利于企业提高管理水平。

(3)库存量过小导致的问题。造成服务水平的下降,影响销售利润和企业信誉;造成生产系统原材料或其他物料供应不足,影响生产过程的正常进行;使订货间隔期缩短,订货次数增加,订货(生产)成本提高;影响生产过程的均衡性和装配时的成套性。

(二)库存控制的关键

1. 确定订货点

订货点是指当库存量降至某一数量时,应立即发出订货请求的点或界限。订货点的确定至关重要,如果订货点确定得过早,则将使库存增加,相对增加了货物的库存成本;如果订货点确定得太晚,则有可能因为库存得不到及时的补充,而影响对客户的交货。

2. 确定订货量

订货量是指库存量达到订货点时需要补充的数量,按此数量订购,方能达到在最高库存量与最低库存量之间的要求。订货量太多,增加库存成本;订货量太小,则会造成缺货。

3. 确定库存基准

库存基准包括最低库存量和最高库存量。

（1）最低库存量。最低库存量是指管理者在衡量企业本身特性、需求后，所制定的商品或原材料的库存数量应该维持的最低限度。最低库存量包括理想最低库存量和实际最低库存量。

为了防止缺货、停产，企业需要维持一个临界库存，这个临界点就是商品或原材料的库存数量的最低界限，即理想最低库存量。

实际最低库存量是安全库存量与理想最低库存量的总和。安全库存量是在理想最低库存量之外再设定的，以防供应不及时发生缺货。

（2）最高库存量。为了防止库存过多，占用有限的仓库，各种货品均应限定其可能的最高库存水平，也就是货品库存数量的最高界限，一旦达到这个界限，就应该停止订货或将该货品尽快出库。

六、库存控制系统

有效的库存控制系统的目标是保证获得足够的物料，鉴别出超储物品、畅销物品和滞销物品，向管理者提供准确、简明和适时的报告，并使费用最小化。

（一）库存控制系统分类

根据库存控制的不同方式，库存控制系统可分为定量补货系统、定期补货系统和最大最小系统。

1. 定量补货系统

定量补货系统采用库存连续检验法，在每次货物出库时，都要盘点物品的剩余量，检查库存量是否低于预先设定的补货点。如果库存量低于补货点，则应随时发出补货指令，每次补货量都是固定的。在这种系统下，补货点和补货量都是固定的，检查期和需求率是可变的，订单提前期可以是固定的也可以是可变的。

定量补货系统的优点在于，仅设置提前期内应对需求不确定的安全库存，安全库存较小；对预测值和参数变化相对不敏感。缺点在于需要进行连续不间断的库存记录，资料处理工作量大；确定补货批量时往往不进行经济分析，难以实现多物品合并订货及合并运输；不能按照实际需求时间补货，具有盲目性。

定量补货控制的特点：补货点和补货批量固定不变；连续地检查库存，当库存量降至补货点时就要发出补货通知，并且每次按照相同的补货批量补充库存；控制系统的关键要素是确定补货批量、补货点。A 类物资适宜采用此方法进行库存控制。

2. 定期补货系统

定期补货系统采用定期盘点库存的方法，每次经过一个相同的时间间隔，就会发出一次补货指令，补货量为将现有库存补充到一个最高目标水平所需要的量。与定量补货系统相反，在定期补货系统中，补货批量通常是变化的，补货间隔期则是固定的，因此，这种系统的关键是确定补货间隔期。企业可以制订统一的补货计划，一次处理多种物品的并单补货及并单运输，降低成本。

3. 最大最小系统

最大最小系统又称非强制补货供货系统,是定量和定期补货系统的综合,每隔固定的时间必须坚持库存并确定当时的库存量,当库存量小于或等于补货点时就发出补货指令。与定期补货系统相比,由于不一定在每次坚持时都补货,因而补货次数减少。但如果检查时的库存水平稍高于补货点,这时安全库存又很难满足下一次盘点补货期加上提前期的需求,就容易造成缺货。

(二)库存控制系统要素

一般的库存控制系统中,起决定作用或较大作用的要素主要有以下几项。

1. 企业的选址和选产

企业的选址和选产是库存控制系统中决定库存控制结果的最初的要素。在规划一个企业时,企业的选址对未来控制库存水平关系极大,如果这个企业远离原材料产地而运输条件又差,则库存水平很难控制到低水平,库存的稳定性也很难控制。同样,企业产品的决策本身也是库存控制的一个影响因素,产品决策脱离了该地库存控制的可能导致产品失败的先例也是不少见的。企业选址和选产一定意义上是库存对货物的供应条件的选择,即该供应条件是否能保证或满足某种方式的控制。

2. 订货

订货批次和订货数量是决定库存水平的非常重要的因素。对一个企业而言,订货控制是建立在一定要求的输出前提下,因此,需要调整的是输入,而输入的调整是依赖于订货,所以,订货与库存控制关系十分密切,乃至不少企业的库存控制转化为订货控制,以此解决库存问题。

3. 运输

订货只是商流问题,是否能按订货意图的批量和批次实现控制,这取决于运输的保障。运输是库存控制的一个外部影响因素,有时库存控制不能达到预期目标,并不是控制本身或订货问题,而是运输的提前或延误,提前则一下子增大了库存水平,延误则使库存水平下降甚至会出现失控状态。

4. 信息

在库存控制中,信息要素的作用和在其他系统中的作用应当是不分伯仲的,在库存控制系统中,监控信息的采集、传递、反馈是控制的一个关键,这可以说是信息在这个系统中的突出点。

5. 管理

管理和信息一样,也是一般要素,库存控制系统并不是靠一条流水线、一种高新技术工艺等硬件系统提供支持,而是靠管理,因此,管理要素的作用可能更大一些。

库存控制系统是解决订货时间和数量问题的常规联动系统。一个有效的系统要达到以下目的:①获得足够的货物和物料;②分出超储物品、畅销品与滞销品;③为管理部门提供准确、简明、适时的报告;④花费最低的成本金额完成前述3项任务。

（三）影响库存控制的因素

库存控制受许多环境条件制约,库存控制系统内部也存在"交替损益"的现象,这些制约因素可以影响控制效果,乃至于决定控制的成败。制约因素如下。

(1)需求的不确定性。在许多因素影响下,需求可能是不确定的,如突发的热销造成的需求突增等会使控制受到制约。

(2)订货周期。由于通信、差旅或其他自然的、生理的因素使订货周期不确定,会制约库存控制。

(3)运输。运输的不稳定和不确定性必然会制约库存控制。

(4)资金。资金的暂缺、资金周转不灵等会使预想的控制方法落空,因而也是一个制约因素。

(5)管理水平。管理水平达不到控制的要求,则必然会使控制无法实现。

(6)价格和成本的制约等。

一个完整的库存系统所涉及的内容远远不止是各种定量库存模型,还必须考虑六个极重要的方面:①开展需求预测和处理预测误差;②选择库存模型,如经济订货量、经济订货间隔期、经济生产量、物料需求计划、一次性订货量;③测定存货成本(订购、储存、缺货成本);④用以记录和盘点物品的方法;⑤验收、搬运、保管和发放物品的方法;⑥用以报告例外情况的信息程序。

常见的仓储库存控制系统有以下四种:①连续库存系统。这个系统以经济订货量(EOQ)和订货点的原理为基础。连续库存系统要保持存货数量的记录,并在存货量降低到一定水平时进行补充供应。②双堆库存系统。其特点是没有连续的库存记录,属于固定订货量系统。订货点由肉眼直觉来判断,当存货消耗第一堆时便开始订货,其后的需求由第二堆来满足。③定期库存控制系统。在定期库存系统中,在储物品的数量要按固定的时间间隔进行检查。④非强制补充供货库存系统。也称最小最大系统,是连续系统和定期系统的混合物。库存水平均按照固定的间隔进行检查,但订货要在库存余额已经降至的订货点时才进行。

（四）库存系统的重建

随着时间的推移,企业的经营条件不断地变化,库存品的需求特征也在不断地变化,因此企业已经建立的优化库存管理系统可能不是最优的,而暴露出许多缺陷。例如,经常出现缺货现象,不能很好地满足顾客的需求等;或者库存水平居高不下,库存周转率低,出现超储现象,所有这些现象的出现都表明库存系统已不能满足企业经营需要,需要进行重建。

在对库存系统进行重建时,应明确库存系统的各种目标及相对重要性。这些不同目标及其相对重要性可能随着时间和解决状况的不同而改变,所以企业管理部门必须全面了解企业的经营状况,并根据管理的要求,考虑重建库存系统。

对库存系统进行重建时,可按照如下步骤进行。

(1)选择并分析有代表性的库存品的样品。

（2）对现有的库存系统和改变后的库存系统进行比较。

（3）确定实施两个不同系统的成本节约额和综合效益。

（4）决定是改变库存系统还是保持原库存系统不变。

七、库存合理化标志

库存合理化是用最经济的办法实现库存的功能。库存的功能集中体现为对需要的满足，实现储物的"时间价值"，这是库存合理化的前提或本质。如果不能保证库存功能的实现，其他问题便无从谈起。但是，库存的不合理又往往表现在对库存功能实现的过分强调，因而是过分投入储存力量和其他储存劳动所造成的。所以，合理库存的实质是在保证库存功能实现前提下的尽量少的投入，也是一个投入产出的关系问题。

库存合理化的主要标志包括以下几项。

1. 质量标志

保证储存物的质量是完成库存功能的基本要求，只有这样，商品的使用价值才能通过物流之后得以最终实现。在库存中增加了多少时间价值或是得到了多少利润，都是以保证质量为前提的。所以，库存合理化的主要标志中，为首的应当是反映使用价值的质量。

现代物流系统已经拥有很有效的维护物品质量、保证物品价值的技术手段和管理手段。许多企业也正在探索系统的全面质量管理问题，即通过物流过程的控制，通过工作质量来保证储存物的质量。

2. 数量标志

在保证库存功能实现前提下要有一个合理的数量范围。目前，管理科学的方法已能在各约束条件的情况下，对库存合理数量范围做出决策。

3. 时间标志

在保证库存功能实现前提下寻求一个合理的储存时间，这是和数量有关的问题，库存量越大而消耗速率越慢，则储存的时间必然长；相反，则必然短。在具体衡量时往往用周转速度指标来反映时间标志，如周转天数、周转次数等。

在总时间一定的前提下，个别储物的储存时间也能反映库存合理程度。如果少量储物长期储存，成了呆滞物或储存期过长，虽反映不到总周转指标中去，也说明库存管理存在不合理。

4. 结构标志

结构标志是从储物不同品种、不同规格、不同花色的储存数量的比例关系对库存合理与否的判断。尤其是相关性很强的各种物品之间的比例关系更能反映库存合理与否，由于物品之间相关性很强，只要有一种物品出现耗尽，即使其他物品仍有一定数量，也会无法投入使用。所以，不合理的结构影响面并不仅局限在某一种库存物品上，而是有扩展性的，结构标志的重要性也可由此确定。

5. 分布标志

分布标志是指用不同地区库存数量的比例关系，来判断库存与当地需求比例关系和对需求的保障程度,也可以判断对整个物流的影响程度。

6. 费用标志

仓租费、维护费、保管费、损失费、资金占用利息支出等都能从实际费用上判断储存的合理与否。

第二节　库存控制的一般方法

一、库存的分类管理——ABC 分类法

一般来讲,企业的库存物资种类繁多,而各个品种的价格又有所不同,且库存数量也不相等。有的物资品种不多但价值很大,很多物资品种数量多但价值却不高。由于企业的资源有限,对所有库存品种均给予相同程度的重视和管理不太可能,也有一些脱离实际。为了使有限的时间、资金、人力、物力等企业资源能得到更有效的利用,要对库存物资进行分类,将管理的重点放在重要的库存物资上,进行分类管理和控制,按物资重要程度的不同,分别进行不同的管理,这就是 ABC 分类方法的基本思想。

也就是说,对于众多商品的库存管理,我们不能对所有库存物资进行无差别管理,因为有些商品进出频繁;有的商品价格高、占用资金大;有的商品储存期长、价格低廉等。如果对所有的商品都采用相同的库存管理方法,显然管理难度大,不利于低成本控制原则对存货采用有区别的管理。ABC 分类法是主张对众多商品进行分类管理的方法。

(一)ABC 分类法的概念

《物流术语》指出,将库存物品按品种和占用资金的多少分为特别重要库存(A 类)、一般重要的库存(B 类)和不重要的库存(C 类)三个等级,然后针对不同等级分别进行管理与控制。

ABC 分类法是根据事物在技术或经济方面的主要特征进行分类排队,分清重点和一般,从而有区别地确定管理方式的一种分析方法。意大利经济学家帕累托在 1897 年研究个人收入的分布状态时,发现少数人(20%)的收入占全部人收入的大部分(80%),而多数人(80%)的收入却只占一小部分(20%),他将这一关系用图表示出来,就是著名的帕累托图。该分析方法的核心思想是在决定一个事物的众多因素中分清主次,识别出少数的但对事物起决定作用的关键因素和多数的但对事物影响较少的次要因素。1951 年,美国的管理学家戴克将其应用于库存管理,命名为 ABC 分类法。后来,出生于罗马尼亚的质量管理专家朱兰将 ABC 分类法引入质量管理,用于质量问题的分析,被称为排列图。1963年,出生于维也纳的经济学家德鲁克将这一方法推广到全社会,使 ABC 法成为企业提高效益普遍应用的管理方法。

ABC 分类法大致可以分 5 个步骤:①收集数据,针对不同的分析对象和分析内容,收集有关数据;②统计汇总;③编制 ABC 分析表;④作出 ABC 分析图;⑤确定重点管理方式。

（二）ABC 分类法的应用

在众多的库存商品中，一般只有少数几种物资的需求量大，所以占用了大多数的流动资金；从用户方面来看，只有少数几种物资对用户的需求起着举足轻重的作用，种类数比较多的其他物资年需求量却较小，或者对于用户的重要性较小。由此可以将库存物资划分为 A、B、C 三类。一般来说，A 类物资种类占全部库存物资种类总数的 10％左右，而其需求量却占全部物资总需求量的 70％左右；B 类物资种类占 20％左右，其需求量为总需求量的 20％左右；C 类物资种类占 70％左右，而需求量只占总需求量的 10％左右。

（三）ABC 分类的标准

ABC 分类标准是库存中各品种物品每年消耗的金额（该品种的年消耗量与其单价的乘积）。将年消耗金额高的划归 A 类，次高的划归 B 类，低的划归 C 类。对于具体的划分各种物资在总消耗额中占的比重没有统一的规定，要根据企业多年运用 ABC 分类的经验，一般可根据物品在总消耗金额中所占的比重来划分。

通过上述分析可以得出，占用大部分消耗金额的 A 类物品，却占较小的数量比重。因此，经过 ABC 分类，可以使企业经营者弄清楚所管理物品消耗的基本情况，从而采取不同的策略进行管理。对 A 类物品，必须集中力量，进行重点管理。按常规对 B 类物品进行管理。对 C 类物品，则进行一般管理。

制定 A、B、C 三类物品的区分标准如下。

（1）计算出一定期间内每种物资的供应金额，例如，一年内的供应金额。其计算方法是单价乘以供应物资的数量。

（2）按供应金额的大小顺序，排出其品种序列。供应金额最大的品种为顺序的第一位，以此类推。然后计算各品种的供应金额占总供应金额的比重。

（3）按供应金额大小的品种序列计算供应额的累计百分比。把占供应总金额累计70％左右的各种物资作为 A 类；占余下的累计 20％左右的各种物资作为 B 类；除以上两类外，余下的各种物资作为 C 类。

例如，某库存系统的库存物资总数为 n 种，其按品种供应金额大小排序及其年消耗金额百分比、品种占比见表 6-1，这就是 ABC 分类。

表 6-1　库存物资 ABC 分类比重　　　　　　　　　单位：％

类　　别	年消耗金额	品　种　数
A	60～80	10～20
B	15～40	20～30
C	5～15	50～70

（四）ABC 分类法管理原则

在对库存物品进行 ABC 分类之后，应依据各企业的经营策略对不同类别的物品进行不同管理，以便有选择性地对库存进行控制，减轻库存管理的压力。

1. A 类库存物资

A 类物资在品种数量上仅占 10％左右,如果管理好这一类别物资,就等于管好 75％左右消耗金额的物资,对企业来说,自然应该千方百计降低这类物资的消耗量;对商业部门来说,则增加这类物资的销售额。物资与仓库管理的工作人员,除应该协助企业降低这类物资的消耗量(或增加其销售额)外,还要在保障供给的条件下,尽可能将库存额降低,减少占用资金,提高资金周转率。A 类物资消耗金额高,提高其周转率,具有较大的经济效益。但是,A 类物资又恰恰是企业中的重要物资,大大降低库存量,就会增加缺货风险,增加影响生产与经营的风险。加强管理 A 类物资的目的,正是要靠管理的力量,使库存量降低,却又能保障供给。只要采用适当的策略,严密监视 A 类物资库存量变化情况,在库存量降低到报警点时立即采取必要的积极措施,是可以防止缺货的。A 类物资品种不多,只要集中力量,完全可以管理好。

我们可从以下几个方面加强对 A 类物资的管理。

(1) 勤进货。最好是购买以后就加以利用,用了再买,库存量自然会降低,资金周转率自然会提高。当然,只有少数情况允许这样做,绝大多数情况下,都是买进一批物资,保证一段时间的供给,然后再买。对 A 类物资来说,原则上应该尽可能降低一次进货的数量。

(2) 勤发货。应适当控制每次的发料量,减少发货数量,可以降低二级库的库存量,也可以避免出现以领代耗的情况。当然,每次发货的数量,应满足工作上的方便与需要。

(3) 勤了解需求的动向。企业要对自己的物资需求量进行分析,弄清楚哪些是日常需要,哪些是集中消耗(如基建项目、技改专用项目等的料量集中发生,批量很大,而且用料时间是可以预知的)。因为后者要求大批量,应掌握其需求时间,有需求时再进货,不要过早进货造成积压。要掌握生产或经营中的动态,了解需求量可能发生的变化,使库存与这种需求相适应。要与用户协同研究物资代用的可能,尽量降低物资的单价。

(4) 选择恰当安全系统,使安全库存量尽可能减少。恰当选择报警点,要严密监视库存量的变化,当库存量降低到报警点时,要立即行动,采取预先考虑好的措施,防止发生缺货。首先应与供应厂商联系,了解下一批供货什么时候可以到达,数量有多少,并且计算出短缺多少,通过各种渠道,如补充订货、互相调剂、求援、请上级公司帮助解决等途径解决缺货量。

(5) 与供货厂商密切联系。对合同的履行情况应提前了解,并协商各种紧急供货的互惠方法,包括经济上的补救办法。

2. C 类库存物资

C 类物资与 A 类物资相反,虽然品种数量多,但消耗金额却较少。这么多品种,如果像 A 类物资那样一一加以认真管理,费力不小,经济效益却不大,是不合算的。C 类物资管理的原则恰好和 A 类相反,不应投入过多管理力量,宁可多一些储备,少报警,以便集中力量管理 A 类物资。由于所占消耗金额非常少,多储备,并不会增加多少占用金额。

那些长期以来不发生任何消耗的物资,已不属于 C 类,而应视作积压物资。这部分库存,除其中某些品种因其特殊作用仍必须保留的以外,应作清仓处理。

C类物资管理一般应注意：①采用双堆制或定期订货方式以求节省手续；②大量采购，以利在价格上获得优惠；③简化库存管理手段；④安全存量须较大，以免发生存货短缺事项；⑤每月盘点一次即可。

3. B类库存物资

年度使用量的价值占总成本的 15%～20%，物品数量所占 40%左右。B类物资的状况处于 A、C 类之间，因此，其管理方法也介于 A、C 类物资的管理方法之间。

B类物资管理一般应注意：①采用定量订货方式，但对前置时间较长，或需求量有季节性变动趋势的货品宜采用定期订货方式；②每 2～3 周盘点一次；③中等批量采购。

二、CVA 管理法

随着 ABC 分类法在企业的广泛使用，一些公司发现，ABC 法有时并不令人满意，因为 ABC 分类法的不足体现在 C 类物资往往得不到应有的重视，例如，经销鞋子的企业会把鞋带列入 C 类物资；汽车企业会把螺钉归为 C 类物资；而鞋子因缺鞋带会导致延期包装出库；汽车也会因为缺少螺钉而停工停产。其影响都是巨大的，即 C 类物资往往也会导致整个装配线的停工。为了弥补 ABC 分类法的缺憾，出现了 CVA（critical value analysis）法。

CVA 管理法是把存货按照其作用的关键性分成 3～5 类。

（1）最高优先级。这是经营的关键性物资，不允许缺货。

（2）较高优先级。这是经营活动中的基础性物资，允许偶尔缺货。

（3）中等优先级。这多属于比较重要的物资，允许合理范围内的缺货。

（4）较低优先级。经营中需用这些物资，但可替代性高，允许缺货。

CVA 与 ABC 的关系：CVA 是对 ABC 分类法有益的补充，CVA 管理法比起 ABC 分类法有着更强的目的性。在使用中要注意，人们往往倾向于制定高的优先级，结果高优先级的物资种类很多，最终哪种物资也得不到应有的重视。CVA 管理法和 ABC 分类法结合使用，可以达到分清主次、抓住关键环节的目的。尤其对于大企业，在对成千上万种物资进行优先级分类时，也不得不借用 ABC 分类法进行归类。

第三节　确定型库存控制的方法

库存控制是在保障工业生产的前提下，使库存物品的数量最少所进行的有效管理的经济技术措施。库存控制的重点是对库存量的控制，要进行库存控制，既可以控制订货、进货过程，也可以控制销售供应（出库）过程，都可以达到控制库存的目的。第一种库存控制方法可以通过控制销售过程来控制库存，这种方法会影响消费需求及客户满意度，一般都是供不应求的，属于物资紧缺时的企业进销存系统的管理方法，是不得不做的被动的做法，是仅仅针对短缺物资时所采用的缩减供应以控制库存的管理方法，适用范围很有限。第二种库存控制方法是从进货的数量和时间入手，来确定商品订购的数量和时间，从而达到控制库存量的目的，即通过控制订货和进货来控制库存的方法。这种控制方法是在保证用户需求的情况下，通过控制订货进货的批量和频次来达到控制库存的目的。由于这种方法能够保障客户需求,所以是可行的、主动的。但是这种控制库存的方法只是适应市场物资供过于求的情况,即市场是可以满足任何订货时间和订货量的需求的,是消费主导型的市场情况。下面只讨论第二种情况。

确定型库存控制模型是指需求量、前置期都是确定的条件下的库存控制模型。前置期是指从发出订单到收到该批新订购货物之间所花费的时间,它与订单完成周期的含义是基本一致的。

确定型库存控制模型的基本管理方法就是经济订货批量法。

确定型模型的前提假设条件如下:①需求的连续性、均匀性,设需求速度 D 为常数;②当货物储存量降为零时,可以立即得到补充(前置期很短,可以忽略);③每次订货量不变,订货成本不变;④无缺货成本;⑤单位储存成本不变。

一、经济订货批量

(一)经济订货批量的定义

产品的存货水平随着时间的变化而变化,订货到达时,存货水平上升;而为满足客户需求,售出产品时存货水平下降。

《物流术语》中对经济订货批量(economic order quantity,EOQ)的定义:就是通过平衡采购进货成本和保管仓储成本核算,以实现总库存成本最低的最佳订货量。

经济订货批量是指库存总成本最小时的订购量,所谓的经济订货批量法,就是确定一个最佳的订货数量来实现最低总库存成本的方法。该模型适用于整批间隔进货、不允许缺货的储存问题。

对于这样的库存过程,为使存货总成本最小,订货批量必须适中,批量过大则增大了在库货物的储存成本;批量过小则增加了订货次数,也就增加了订货成本,必须设法找到一个经济订货批量(EOQ)使得总成本最小。

(二)经济订货批量的模型假设

外部对库存系统的需求为均匀需求,而且需求率是已知的常量。即需求的连续性、均匀性,设需求速度 D 为常数。

(1)每次订货批量无数量限制。

(2)订货提前期为已知常量。

(3)每次订货费为已知常量。

(4)无价格折扣。

(5)库存费用与库存量成正比,且线性相关。

(6)补货时间忽略不计。

(7)不允许缺货。

(三)费用关系

在 EOQ 模型的前提假设条件下,缺货费用为零。费用与订货批量之间的函数关系如图 6-1 所示。每次订货费用不变,且与订货量无关,因此单位产品的订购费用与订货批量之间成反比。储存费用与订货批量之间呈线性相关关系。

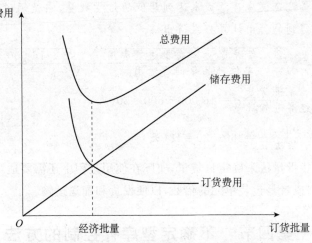

图 6-1　费用与订货批量之间的函数关系

（四）订货批量

订货批量反映了持有成本与订货成本之间的平衡。总持有成本等于平均库存量与单位库存持有成本的乘积,其中,平均库存是单位订货批量 Q 的一半,经济订货批量公式的推导过程如下。

总费用＝进货费用＋储存费用

$$= \frac{年进货量}{每批进货量} \times 每批进货费用 + \frac{每批进货量}{2} \times 单位产品年储存费用$$

用符号表示为

$$C = \frac{DC_1}{Q} + \frac{Q}{2} \times C_2$$

将上式对 Q 求导数,当 Q 的导数等于零时,C 的值最小。此时,

$$Q^2 = \frac{2DC_1}{C_2}, \quad Q = \sqrt{\frac{2DC_1}{C_2}}$$

$$经济进货批量 = \sqrt{\frac{2 \times 年进货量 \times 每批进货费用}{单位产品年储存费用}}$$

式中,C 为总费用;Q 为经济进货批量;D 为年进货量;C_1 为每批进货费用;C_2 为单位产品年储存费用。

$$年进货次数 = \frac{年进货量}{经济进货批量}$$

$$进货周期 = \frac{360}{年进货次数}$$

【例 6-1】 某仓库某商品年需求量为 16 000 个,单位商品年保管费为 20 元,每次订货成本为 400 元,求经济订货批量、年进货次数及进货周期。

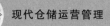

【解】 由已知条件可知,年进货量 D 为 16 000 个;每次进货费用 C_1 为 400 元;单位年储存费用 C_2 为 20 元。

由于经济批量就是使库存总成本达到最低的订货数量,它是通过平均订货成本和储存成本两个方面得到的。由计算公式得出

$$经济进货批量=\sqrt{\frac{2\times 年进货量\times 每批进货费用}{单位产品年储存费用}}=\sqrt{\frac{2\times 16\ 000\times 400}{20}}=800(个)$$

$$年进货次数=\frac{年进货量}{经济进货批量}=16\ 000\div 800=20(次)$$

$$进货周期=\frac{360}{年进货次数}=360\div 20=18(天)$$

采用经济订货批量法来确定订货量,实际在使用过程中还需要适当调整,使其尽量接近一个包装单元,或者是包装单元的倍数,以便发货和配送运输。

第四节　不确定型库存控制的方法

如果需求量或者订货提前期是不确定的,即经济订货批量的这两个前提条件有一个是不确定的,确定型库存控制模型就不再适用。动态条件下的库存控制方法则必须采用不确定型库存控制方法,是属于随机型库存控制问题。

一、不确定型库存控制方法的假设条件

在采用随机型库存模型时,要确定如下几种假设。

(1) 需求量和订货提前期为已知分布的随机变量,且在不同的补充周期,这种分布不变。

(2) 补充订货在同一时间交付。

(3) 允许晚交货,即供应过程中允许缺货,但一旦到货,所缺货的部分必须补上。

(4) 已知年平均需求量。

(5) 已知一次订货费、单位维持库存费、单位缺货损失费。

(6) 无价格折扣。

二、不确定型(随机型)库存控制方法

库存控制不仅要控制库存成本,还要保证服务水平。为了提高服务水平、维持现有客户,就必须设置合理的安全库存,以缓冲供应链各环节中的需求和供应的不确定性。

安全库存可以保证实现一定的客户服务水平,但是过度的安全库存同样会增加成本负担。在经济订货批量模型的执行过程中,货物的需求率和提前期往往都是不确定的。将需求率或者提前期中至少一个考虑为随机变量的库存模型即为随机库存模型。

在理想的确定型库存模型中,由于需求率和前置时间固定,在一批订货达到后,库存量均匀下滑,用曲线表示为一条斜率为固定值的斜线。在各个周期内库存量变化曲线相

同,这种情况下不会发生缺货。在随机库存模型中,由于前置时间或需求量往往是可变的,库存量曲线为台阶型折线,且各个订货周期内的曲线形状各不相同,如图 6-2 所示。在一批货物到达后,库存水平处于高位。在下一批货物即将到达之前,库存水平处于低位。在各次补充订货刚到达之前的平均库存水平就是安全库存量。对于固定订货量的随机型库存系统而言,缺货只发生在采购提前期内。订货批量越大,全年的订货次数就越少,如果订货提前期时间短,则缺货的机会就会减少。

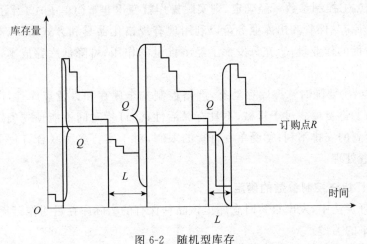

图 6-2　随机型库存

（一）定量订货方式

1. 定量订货方式（fixed quantity system,FQS）的概念

《物流术语》指出:定量订货法是指当库存量下降到预定的最低库存量(订货点)时,按规定数量(一般以经济订货批量)为标准进行订货补充的一种库存控制方法。

当库存量下降到订货点 R 时,即按预先确定的订货量 Q 发出订货单,经过交纳周期(订货至到货间隔时间)LT,库存量继续下降,到达安全库存量 S 时,收到订货 Q,库存水平上升,如图 6-3 所示。

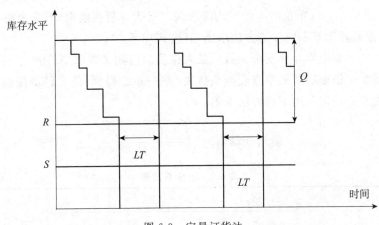

图 6-3　定量订货法

2. 定量订货法原理

预先确定一个订货点和订货批量,在销售过程中,随时检查库存,当库存下降到订货点时,就发出一个订货批量。它主要靠控制订货点和订货批量两个参数来控制订货进货,达到既最好地满足库存需求,又能使总费用降到最低。

3. 定量订货法的优缺点

(1) 优点:①控制参数一经确定,则实际操作就变得非常简单了;②当订货量确定后,商品的验收、库存、保管和出库业务可以利用现有规格化器具和方式,可以有效地节约搬运、包装等方面的作业量;③充分发挥了经济批量的作用,可降低库存成本,节约费用,提高经济效益。

(2) 缺点:①要随时掌握库存动态,严格控制安全库存和订货点库存,占用了一定的人力和物力;②订货模式过于机械,不具有灵活性;③订货时间不能预先确定,对于人员、资金、工作计划的安排不利;④受单一订货的限制,对于实行多种联合订货采用此方法时还需灵活掌握处理。

4. 定量订货法控制参数的确定

在定量订货法中,发出订货时仓库里该品种保有的实际库存量叫作订货点,它是直接控制库存水平的关键。

(1) 在需求量和订货提前期都确定的情况下,不需要设置安全库存,可以直接求出订货点。其公式如下。

$$订货点(R) = 订货提前期的平均需求量$$
$$= 每个订货提前期的需求量$$
$$= 每天需求量 \times 订货提前期(天)$$
$$= (全年需求量/360) \times 订货提前期(天)$$

(2) 在需求和订货提前期都不确定的情况下,安全库存的设置是非常必要的。其公式如下。

$$订货点(R) = 订货提前期的平均需求量 + 安全库存$$
$$= (单位时间的平均需求量 \times 最大订货提前期) + 安全库存$$

安全库存需要用概率统计的方法求出,其公式如下。

$$安全库存 = 安全系数 \times 最大订货提前期 \times 需求变动值$$

式中,安全系数可根据缺货概率查安全系数表(见表 6-2)得到;最大订货提前期根据以往数据得到;需求变动值可用下列方法求得。

$$需求变动值 = \sqrt{\frac{\sum (y_i - y_A)^2}{n}}$$

表 6-2 安全系数表

缺货概率/%	30.00	27.40	25.00	20.00	16.00	15.00	13.60
安全系数值	0.54	0.60	0.68	0.84	1.00	1.04	1.10

续表

缺货概率/%	11.50	10.0	8.10	6.70	5.50	5.00	4.00
安全系数值	1.20	1.28	1.40	1.50	1.60	1.65	1.75
缺货概率/%	3.60	2.90	2.30	2.00	1.40	1.00	
安全系数值	1.80	1.90	2.00	2.05	2.20	2.33	

【例 6-2】　某商品在过去 3 个月中的实际需求量分别为 1 月 126 个，2 月 110 个，3 月 127 个。最大订货提前期为 2 个月，缺货概率根据经验统计为 5%，求该商品的订货点。

【解】　　　　　　平均月需求量＝(126＋110＋127)÷3＝121(个)

缺货概率为 5%，查表得安全系数＝1.65。

$$需求变动值＝\sqrt{\frac{(126-121)^2+(110-121)^2+(127-121)^2}{3}}≈7.79$$

安全库存＝1.65×2×7.79≈26(个)

订货点＝121×2＋26＝268(个)

(二)定期订货法

1. 定期订货法的原理

预先确定订货时间间隔，进行订货补充的库存管理方法叫作定期订货法。

定期订货法是以时间为基础的订货控制方法。它设定订货周期和最高库量，从而达到控制库存量的目的。只要订货间隔期和最高库存量被合理地控制，就可能达到既保障需求、合理存货，又可以节省库存费用的目标。

定期订货法的原理：预先确定一个订货周期和最高库存量，周期性地检查库存，根据最高库存量、实际库存、在途订货量和待出库商品数量，计算出每次订货批量，发出订货指令，组织订货。

图 6-4 中表示的是在定期订货法一般情况下库存量是如何变化的，因预先确定了订货周期 T，订货时间也就被规定了，到了订货时间，不论库存剩下多少，都要发出订货指令。

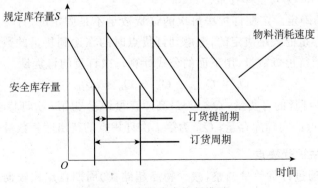

图 6-4　定期库存控制模型

定期订货法被用来保证库存需求与定量订货法不同。定量订货法是以订货期提前来满足需求的,其控制参数(订货量)是用于满足订货提前期内库存的需求。与其不一样,定期订货法是以满足整个订货提前周期内的库存需求[即本次发出订货指令到下次订货到达$(T+T_K)$这一期间的库存需求]为目的。由于在 $T+T_K$ 期间的库存需求量是无序改变的,因此根据 $T+T_K$ 期间的库存需求量(最高库存量)也是随机变量,它包括 $T+T_K$ 期间的库存平均需求量和防止需求波动或不确定因素而设置的安全库存。

定期订货法的实施需要解决 3 个问题:①如何确定订货周期;②如何确定最高库存量;③如何确定每次订货的批量。

2. 定期订货法的控制参数

(1) 确定订货周期 T。订货周期实际上就是定期订货的订货点,其间隔时间总是一致的。订货间隔期的长短直接决定最高库存量是多少,即库存水平的高低,库存成本的多少进而也被确定。所以,订货周期不能太长,否则会增加库存成本;也不能太短,太短会使订货次数增加,订货费用也增加,进而增加库存总成本。从费用方面来看,如果要使总费用达到最小,订货周期 T 可以采用经济订货周期的方法来确定。其公式为

$$T^* = \sqrt{\frac{2S}{C_i R}}$$

式中,T^* 为经济订货周期;S 为单次订货成本;C_i 为单位商品年储存成本;R 为单位时间(一年)内库存商品需求量(销售量)。

在现实操作过程中,经济订货周期可通过经常结合供应商的生产周期或供应周期来调整,从而确定一个切实可行的订货周期。当然也可以结合人们比较习惯的时间单位(如周、旬、月、季、年等)来确定经济订货周期,从而吻合企业的生产计划、工作计划。

(2) 确定最高库存量 $Q_{\max}$。定期订货法的最高库存量的作用是满足$(T+T_K)$期间内的库存需求的,所以我们可以用$(T+T_K)$期间的库存需求量为基础。考虑到为随机发生的不确定库存需求,也需要设置一定的安全库存,这样可以简单求出最高库存量。其公式为

$$Q_{\max} = \bar{R} \times (T + \bar{T}_K) + Q_S$$

式中,$Q_{\max}$ 为最高库存量;$\bar{R}$ 为$(T+\bar{T}_K)$期间的库存需求量平均值;T 为订货周期;$\bar{T}_K$ 为平均订货提前期;Q_S 为安全库存量。

(3) 订货量的确定。定期订货法每次的订货数量不是固定的,订货批量的大小都是由当时的实际库存量的大小决定的,考虑到订货点时的在途到货量的数量和已发出出货指令但尚未出货的待出货数量,用下面的公式计算每次订货的订货量。

$$Q_i = Q_{\max} + Q_{ni} - Q_{ki} - Q_{mi}$$

式中,Q_i 为第 i 次订货的订货量;$Q_{\max}$ 为最高库存量;Q_{ni} 为第 i 次订货点的在途到货量;Q_{ki} 为第 i 次订货点的实际库存量;Q_{mi} 为第 i 次订货点的待出库货数量。

3. 定期订货法的优缺点

(1) 优点:①通过订货数量调整,减少物品超储;②周期盘点比较彻底、精确,减少了工作量(定量订货法每天盘存),工作效率得到提高;③库存管理的计划性强,对于工作计

划的安排,实行计划管理十分有利。

(2) 缺点:①安全库存量不能设置太少。因为它的保险周期$(T+T_K)$较长,因此,$(T+T_K)$期间的需求量也较大,需求标准偏差也较大,因此需要设置较大的安全库存量来保障需求;②每次订货的批量不一致,无法制定出经济订货批量,因而运营成本降不下来,经济性较差。只适合于 ABC 物资分类中的 C 类。

(三) 订货点技术的评价

1. 订货点技术的基本特点

(1) 客户未来的需求不能预知。究竟客户将来需要的商品是什么,要多少,什么时候要,预先都不能确切知道,在这种情况下,只能根据客户以前和现在的处境以及将来发展变化的趋势进行预测,求出客户将来有可能需要什么,需要多少,何时需要。

(2) 以预测出的客户未来需求为根据,制定订货策略,筹集物资资源,以预防性储备来等待日后客户发出需求。

由于预测出来的需求与客户的确切的实际需求有一定差距,加之在制定订货策略时,考虑预防偶然需求的发生和订货过程中时间上发生延误,要有一定的安全库存为不确定因素做储备,而且客户服务水平越高,安全库存也就越高,所以整个订货点技术所设置的库存都比较高。如果客户需求能按预期实现,则达到给定的客户满足水平不存在困难,但如果客户需求不能按期实现,就造成库存长期积压,甚至为"死库存",供应者的利益也会受到影响。

2. 订货点技术的优点

(1) 至今它是唯一的能够应用于独立需求物资进行资源配置的方法,主要适合于未来需求不确定的情况,当然,如果未来需求是确定的,效果会更佳。

(2) 在应用于未来需求无法肯定的独立需求物资的情况下,可以做到最经济有效地配置资源。既可以按一定的客户需求满意水平满足客户,又保证供应者的总费用达到最小化。

(3) 订货点技术操作简单,运行成本低。当订货点和订货策略明确之后,只要对库存进行随时检查,一旦库存下降到订货点时就发出订货指令。另外,"双堆法"是订货点技术的一个变化形式,它的操作更为简单,是对低值物品有效控制的一种实用方法。

(4) 订货点技术特别适合于客户未来需求不间断且均匀稳定的情况。在这种情况下,保证客户需要不但可以 100% 做到,而且可以实现最低库存。这种方法能使客户的满意水平达到最高,同时操作最简单、运行成本也就最小。

3. 订货点技术的不足之处

(1) 订货点技术最大的缺点是库存量太高,库存费用太大,库存浪费的风险也大。这主要是由于不能确定需求或需求的不均匀性造成的。一方面,需求的不确定性可能导致预测的需求不能如期发生,此时就会产生超期积压浪费;另一方面,需求的不确定性在造成积压浪费的同时,还可能造成缺货。

（2）订货点技术的另一缺点是不适合于相关需求，即在满足某个客户的需求时没有把别的需求的相关关系加以考虑。因此，订货点技术一般不能完整地实现，企业内部各生产环节、各工序间的物料的配置供应。

（四）降低不确定的补货模式

1. 信息共享的补货模式

信息共享补货模式的重点在于供货方能从需求方获取真实的需求数据，以便更有效地安排生产计划，缩短补货提前期，实现供需基本协调。信息共享降低了供需的不确定性，从而可以降低安全库存量。

2. 快速反应补货的控制模式

快速反应的控制模式是指将需方向供方发出订单的传统补货方法，改变为由供方根据用户库存和需求信息决定补给数量，以提高交货频率，降低库存水平。

3. 连续补货的控制模式

连续补货的控制模式是指需方拥有库存所有权，但是交由供应商自动补充货物，需方不再拥有补货决策权。

需方参与制定自己需要的库存服务水平以及最低和最高库存水平，但不作为补货决策，而是由供方根据需方的信息做出补货与否的决策。供方根据预先设置的需方库存水平自动配货和送货，不需要需方下达订单，以及进行订单确认。在供方交货之后的存货所有权属需方所有，但补货决策权在供方，交货之前，货物所有权属供方所有。

这种补货方式对需方而言，省略了自己做补货决策的过程，就能使自己的库存及时得到补充；不但可以实现低库存，而且大大降低了过程管理成本，并且避免了供方临时性缺货的发生。

这种补货方式对供货方而言，可以更好地掌握市场需求信息，主动而有效地进行计划和生产，减少订货上下游的"牛鞭效应"的产生；同时可以提高供货速度和准确性，在连续补货模式下供需双方能够方便进行长期合作，也可以减少供方的竞争者。

这种模式由于供方能够及时地补充库存，及时调整产量满足市场需求的变化，与季节供需保持一致，所以相应地减少了传统订购模式下的周转性库存、安全库存、季节性库存，从而降低了需方的过程数量和缓冲库存量，缩短了补货提前期，提高了预测的精度和对市场变化的应急反应速度，达到动态中的供需同步化。

思　考　题

一、选择题

1. 设置库存的好处有（　　　）。

　　A. 平衡供需矛盾　　　　　　　　　B. 防止生产中断

　　C. 满足季节性的供求　　　　　　　D. 订货具有批量优势

　　E. 应对不稳定的市场风险

2. 库存按照功能和作用分类为（　　　）。

    A. 基本库存（经常性库存）　　　　　B. 安全库存（最少库存或缓冲库存）

    C. 中转库存（中途库存）　　　　　　D. 原料库存

3. 库存按照存货的目的分类为（　　　）。

    A. 经常库存　　　　B. 促销库存　　　　C. 投机库存　　　D. 季节库存

4. 储存成本构成包括（　　　）。

    A. 储存费用　　　　　　　　　　　　B. 人员费用

    C. 保存费　　　　　　　　　　　　　D. 安全与保险成本

    E. 变质、损坏和过时的风险成本　　　F. 资金成本

5. 采购成本包括（　　　）。

    A. 差旅费　　　　　　　　　　　　　B. 订货手续费

    C. 通信费　　　　　　　　　　　　　D. 招待费

    E. 与采购有关的其他费用

6. 库存成本包括（　　　）。

    A. 订货成本　　　　　　　　　　　　B. 储存保管成本

    C. 缺货成本　　　　　　　　　　　　D. 补货成本

    E. 进货费与购入成本

7. 库存控制的关键问题有（　　　）。

    A. 确定订货点　　　B. 确定订货量　　　C. 确定库存基准　　D. 其他

二、填空题

1. 订货点是指当库存量降到某一数量时，应立即发出订货请求的_____。

2. 订货量是指库存量达到订货点时需要_____的数量。

3. 库存控制不仅要控制_____，还要保证_____。

4. 经济订购批量是通过平衡_____和_____核算，以实现总库存成本最低的最佳订货量。

三、简答题

1. 库存的功能是什么？

2. 库存合理化内容包括哪些？

3. 简述 ABC 分析法的实现过程？

4. 库存控制的方法有哪些？你更喜欢哪一种方法，为什么？

5. 简述确定型库存控制模型的前提假设。

6. 简述定期订货方法的原理。

7. 简述影响库存控制的因素。

四、计算题

某企业每年消耗某种钢材 3 600kg，该材料单位成本 10 元，单位存储成本为 2 元，一次订货成本为 25 元。该企业如何订货才是合理的？请从最佳订货批量、最佳订货次数、存货总成本、最佳订货周期、经济订货量占用的资金几个方面分析。

第七章

现代仓储运营管理的库存控制技术

导入案例

雀巢库存控制技术

雀巢与家乐福公司在全球均为流通产业的领导厂商,雀巢台湾地区分公司也被指示进行供货商管理库存示范计划,并要把相关成果转移至其他厂商。台湾地区的雀巢公司积极开始与家乐福公司合作,建立整个计划的运作机制,总目标是要增加商品的供应率,降低顾客(家乐福)库存持有天数,缩短订货前置时间以及降低双方物流作业的成本。

就雀巢与家乐福既有的关系而言,是单纯的买卖关系,只是家乐福对雀巢来说是一个重要的顾客,所以设有相对应的专属的业务人员,买卖方式也是以家乐福具有充分的决定权,决定购买哪些产品与数量。

计划目标除建置一套可行的 VMI 运作模式及系统外,具体而言还要依据自行制订的评量表达到:雀巢对家乐福物流中心产品到货率达 90%,家乐福物流中心对零售店面产品到货率达 95%,家乐福物流中心库存持有天数下降至预设标准,以及家乐福对雀巢建议订货单修改率下降至 10% 等具体的目标。另外,雀巢也期望将新建立的模式扩展至其他渠道上运用,特别是对其占有重大销售比率的渠道,以加强掌控能力并获得更大规模的效益。相对地,家乐福也会持续与更多的主要供货商进行相关的合作。

在成果上,除建置一套 VMI 运作系统与方式外,在经过近半年的实际上线执行 VMI 运作以来,在具体目标的达成上也有显著的成果,雀巢对家乐福物流中心产品到货率由原来的 80% 左右提升至 95%(超越目标值),家乐福物流中心对零售店面产品到货率也由 70% 左右提升至 90% 左右,而且仍在继续改善中,库存天数由原来的 25 天左右下降至目标值以下,在订单修改率方面也由 60%~70% 下降至 10% 以下。除在具体成果的展现上,对雀巢来说最大的收获却是与家乐福的合作。过去与家乐福是单向的买卖关系,顾客要什么就给他什么,甚至是尽可能地推销产品,彼此都忽略了真正的市场需求,导致卖得好的商品经常缺货,而不畅销的商品却有很高的库存量,经过这次合作让双方更为相互了解,也愿意共同解决问题,并使原本各项问题的症结点一一浮现,有利于从根本上改进供应链的整体效率。另外,雀巢也推动了将 VMI 系统运用到代送商的计划,在原来与家乐福的 VMI 计划上也进一步考虑针对各店降低缺货率,以及促销合作等计划的可行性。

思考

雀巢是如何利用 VMI 库存控制技术解决库存问题的？

第一节　MRP 与库存控制

MRP 是物料需求计划(material requirement planning)的简称,这种方法是由美国著名的生产管理和计算机应用专家欧·威特和乔·伯劳士在 20 世纪 60 年代对 20 多家企业进行研究后提出来的。由于该方法是生产管理专家在结合生产经验和计算机数据处理优势的基础上研制的,比较简单且适用,因而得到美国生产与库存管理协会的大力推广,并迅速应用于美国企业。与此同时,也很快传播到日本、西欧和其他一些国家。MRP 被看作是以计算机为基础的生产计划与库存控制系统,是目前世界上推广使用最为普遍的现代化管理方法之一,在实践中已取得显著的经济效益。

一、MRP 基本原理

在库存管理中,必须搞清独立需求与非独立需求的区别,库存系统决策的基础依赖于区分需求来自最终产品还是与该产品本身有关。

独立需求:当一个库存项目的需求与其他库存项目的需求无关时,称为独立需求。因此,独立需求是一种不能从上一级需求派生出下一级需求的需求类型。即需求项目之间没有任何联系,不会发生一个项目的需求对另一个项目的需求产生影响的需求形式,如对成品、备品备件等的需求。这种需求受市场等随机因素的影响,需求一般经过预测得到。

相关需求:当一个库存项目的需求与其他库存项目的需求直接相关时,称为相关需求。相关性包含两个方面:一种是纵向的,即上一级需求项目派生出下一级需求项目;另一种是横向的,如随同产品发货的附件等。

EOQ 系统解决了独立需求物品的库存控制问题,而 MRP 则是为有效地适应相关需求物品而发展起来的。相关需求的物品(物料),指这些物品的需求与其他物品的需求有着直接的关系,即按产品结构,一个低层次物料的需求取决于上一层部件的需求,部件的需求又取决于其上一层次组装件的需求,依此类推直至最终产品的需求。对相关需求的物品,由于其需求取决于最终产品的生产数量和交货期,因此要采用 MRP 对其进行控制,按最终产品的需求量和需求时间,来确定各种物资的需求数量和订购时间。因此,MRP 既是一种精确的排产(优先次序)系统,又是一种有效的物料控制系统,它的目标是将库存量保持在最低限度,而又能保证及时供应所需数量的物料。

MRP 依据最终产品的总生产进度计划,并按照产品结构确定所需零件的总需求量,然后根据已有的库存资源及各种零件的前置时间与最终产品的交货期限展开成零件的生产进度日程和材料与外购件的订购时间和订购数量。在情况发生变化后,MRP 能根据新的情况调整生产的优先次序,重新排产,它保证在需要的时间供应所需的物料,并同时使库存保持在最低水平。

二、MRP 系统的运行步骤

MRP 系统运行需要借助电子计算机,其运行步骤大致如下。

(1) 根据市场预测和客户订单,正确编制可靠的生产计划和生产作业计划,在计划中规定生产的品种、规格、数量和交货日期,同时,生产计划必须是与现有生产能力相适应的计划。

(2) 正确编制产品结构图和各种物料、零件的用料明细表,产品结构图是从最终产品出发,把产品作为一个系统,其中包括多个零部件,每个产品从总装→部装→部件→零件可划分为几个等级层次,而每一层次的零部件又由多少个小零件所组成。

(3) 正确掌握各种物料、零件的实际库存量,以及最高储备量和保险储备量等有关资料。

(4) 正确规定各种物料和零件的采购交货日期,以及订货周期和订购批量。

(5) 根据上述资料,通过 MRP 的逻辑运算确定各种物料和零件的总需要量(按产品结构图和明细表逐一计算)以及实际需要量。

(6) 按照各种物料和零件的实际需要量,以及规定的订购批量和订货周期,向采购部门发出采购通知单或向本企业生产车间发出生产指令。

MRP 系统的整个工作流程如图 7-1 所示。

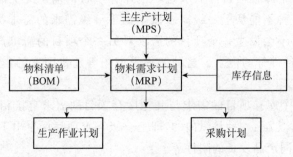

图 7-1　MRP 系统的整个工作流程

三、MRP 的计算方法

1. 产品结构与零件分解

产品结构是将组成最终产品的组件、部件、零件,按组装成品顺序合理地分解为若干个等级层次,从而构成产品的完整系统。产品结构越复杂,等级层次越多,零部件和材料明细表也就越复杂。以一个简单产品为例,其产品结构如图 7-2 所示。

从图 7-2 可以看出,A 是最终产品,共有四个等级层次,第一层次,A 产品是由 3 个 B 和 1 个 F 部件组成;第二层次,B 是由 4 个 C 和 1 个 D 零部件组成;F 是由 6 个 G 和 1 个 H 零部件组成;第三、第四层次可依次类推,其中的 E 是 D 和 H 的通用件。

零件分解是指根据企业在规定时期内应生产的产品种类和数量,分析计算这些产品所需各种零部件的种类和数量,并计算出每一种零部件所需准备、加工及采购过程的全部时间。

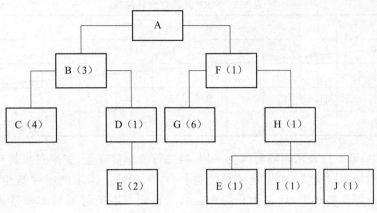

图 7-2　产品结构

2. 零部件需要量的计算方法

以图 7-2 所示的产品结构为例,已知 A 是最终产品,属于独立需求,其需求量是由客户或市场所决定。若已知其需求量为 100 个,而其他各种零部件都属于相关需求,其需求量受 A 产品的数量影响,根据所有产品及零部件的库存量,可以计算出它们的实际需求量,计算结果如表 7-1 所示。

表 7-1　A 产品及其零部件需求量计算表　　　　　　　单位:个

名　称	库　存　量	总　需　求　量	实际需求量
A	0	100	100－0＝100
B	250	3×100＝300	300－250＝50
C	14	4×50＝200	200－14＝186
D	20	1×50＝50	50－20＝30
E	40	(2×30)＋(1×74)＝134	134－40＝94
F	16	1×100＝100	100－16＝84
G	54	6×84＝504	504－54＝450
H	10	1×84＝84	84－10＝74
I	6	1×74＝74	74－6＝68
J	40	1×74＝74	74－40＝34

3. MRP 采购订货的确定方法

当需求量计算确定之后,就要进一步明确各种货物的进货总需量,每次订货批量是多少,以及订货周期是多长,一般可用表格法计算确定。

例如,假定已知某产品或零部件的总需要量在一段时间内每周分别为表 7-2 第二行所示;每次订货批量为 40 件;订货周期或采购提前期为 3 周。

表 7-2　　MRP 采购订货计算表

时间/周	1	2	3	4	5	6	7	8	9	10	……
总需要量/件	20	28	25	16	18	19	20	6	2	20	
计划到货量/件		40		40		40				40	
库存(35)/件	15	27	2	26	8	29	9	3	1	21	
计划订货量/件	40		40		40				40		

表 7-2 中，第一行表示间隔时间为一周，第二行为总需要量，如果是最终产品，主要是根据客户和市场需要确定；如果是零件或物料，应区分独立需求的零件与相关需求的零件。前者按市场预测确定，后者由最终产品数量确定。本例每周总需要量是不等的，因此，它的订货时间和到货时间应根据需要量的变化而变化。第三行为计划到货量，一般是根据实际需要时间来确定的，第二周到货 40 件，因订货周期为 3 周，所以它是上期发出订货到期进厂的零件；第四周到货 40 件，是第一周订货到期进厂的零件；第六周和第十周各到货 40 件，分别是第三周和第七周订货进厂的零件。第四行为库存量，第一周的库存量是上期库存量 35－20＝15(件)；第二周库存量是 15＋40－28＝27(件)，即每周库存量＝本周收货量＋上周库存量－本周需要量，本例不考虑最高和最低储备量。第五行为计划订货量，主要是根据计划到货期决定的，本例按每次计划到货期提前 3 周发出采购通知单，是定量不定期；而在实际工作中，也可以是定期不定量。

四、MRP 系统的发展

尽管 MRP 的目标之一是将库存保持在最低水平又能保证及时供应所需的物品，但是 MRP 仍存在一些缺陷，其主要缺陷是没有考虑生产企业现有的生产能力和采购的有关条件的约束。因此，计算出来的物料需求的日期有可能因设备和工时的不足而没有能力生产，或者因原料的不足而无法生产。同时，它也缺乏根据计划实施情况的反馈信息对计划进行调整的功能。

正是为了解决以上问题，MRP 系统在 20 世纪 70 年代发展为闭环 MRP 系统。闭环 MRP 系统除物料需求计划外，还将生产能力需求计划、车间作业计划和采购作业计划也全部纳入 MRP，形成一个封闭的系统。

随后闭环 MRP 系统中又加入了对制造范围的资金控制，计划方法的名称随着控制对象的升级而改为制造资源计划(manufacturing resource planning)，即 MRP Ⅱ。从 MRP Ⅱ 的概念产生后的 10 年间，企业计划与控制的原理、方法和软件都成熟和完善起来。在此期间又出现了许多新的管理方法[如准时制生产方式(JIT)]，新的管理思想和战略[如计算机集成制造系统(CIMS)和精益生产(LP)等]。计算机和信息技术更是飞速发展。各个 MRP Ⅱ 软件厂商不断地在自己的产品中加入新的内容，逐渐演变成了功能更完善、技术更先进的制造企业的计划与控制系统。20 世纪 90 年代初，美国人总结当时 MRP Ⅱ 软件在应用环境和功能方面主要发展的趋势，提出企业资源计划(enterprise resource planning，ERP)的概念。ERP 在资源计划和控制功能上的进步，其一是计划和控制的范围从制造延伸到整个企业；其二是资源计划的原理和方法应用到非制造业。

MRP、MRPⅡ和ERP的发展反映了应用对象需求的不断提高,具有鲜明的时代特征。美国《制造系统》杂志1998年12月公布的制造信息技术专业术语中,将ERP笼统地说成是"多数企业使用的当前一代的制造资源计划系统"。但同一个时期,特别是在中国,企业间的功能位置各异,发展水平也是不均衡的,不可能都采用一种等级的应用系统。因此,MRP、MRPⅡ和ERP都分别有各自的功能和应用范围。

第二节　JIT 与库存控制

一、JIT 基本原理

20世纪70年代末,在石油危机的冲击下,为了降低成本,消除在生产过程中的一切浪费,日本丰田汽车公司首先推出准时制生产方式JIT(just in time)。JIT反映了生产制造业追求优秀的一种理念,是通过工厂的"拉动系统"进行管理,它涉及产品设计、过程设计、设备选择、物料管理、质量保证等一系列的活动。其基本点是有计划地消除所有的浪费,持续不断地提高生产率。从原材料到产成品的所有过程消除一切浪费,强调零库存,以零缺陷为目标改善产品质量。通过减少准备时间、队列长度和批量达到缩短提前期,改进操作过程,并且以最小成本来实现这些目标。

JIT是由日本丰田汽车公司成功应用而使之成为闻名于世界的先进管理体系。1973年以后,这种方式对丰田公司渡过第一次能源危机起到了突出的作用,此后引起其他国家生产企业的重视,并逐渐在欧洲和美国的日资企业及当地企业中推行开来,现在这一方式与源自日本的其他生产、流通、管理方式一起被西方企业称为"日本化模式"。近年来,JIT不仅作为一种生产方式,也作为一种物流模式在欧美的物流领域得到推行。至今,JIT管理体系的采纳已经被视为那些具有世界领先地位的企业成功之关键。

丰田关于JIT系统的定义是只在必要的时间以必要的数量生产必要的物料。通常称为"看板"系统。JIT是一组活动的集合,其目的在于实现在原材料、在制品及产成品保持最小库存的情况下进行大批量生产,零件准时到达下道工序并被下道工序迅速加工和转移。准时制是基于任何工序只在需要时才生产必要的制品的逻辑。生产的需要是产生于对产品的实际需求。理论上讲,当有一件产品卖出时,市场就从系统的终端拉动一个产品,于是形成对生产线的订货。总装配线上的工人从物流的上游工位拉动一个新产品补充被取走的产品。这个上游工位又从更上游的工位拉动产品。重复这一过程,直到原材料投入工序。为了保证该拉动过程平稳工作,JIT要求全过程各阶段都要具有高水平的质量、良好的供应商关系以及对最终产品需求的准确预测。

二、JIT 生产系统与传统物流系统的不同

在JIT生产方式倡导以前,世界汽车生产企业包括日本丰田汽车公司均采用福特式的"总动员生产方式"。即一半时间人员和设备、流水线等待零件,另一半时间等零件一运到,全体人员总动员,紧急生产产品。这种方式造成了生产过程中的物流不合理现象,尤以库存积压和短缺为特征,生产线要么不开机,要么一开机就大量生产,这种模式造成了

严重的资源浪费。日本丰田汽车公司的 JIT 就是在这种情况下问世的,它采用的是多品种、少批量、短周期的生产方式,大大消除了库存,优化了生产物流,减少了浪费。

JIT 生产系统与传统生产系统主要的不同之处如下。

(1)生产流程化。传统生产系统是一种生产由前向后推动式的生产系统,即由原材料仓库向第一个生产程序供应原材料,把它们加工成在产品、半成品转入第一生产程序的在产品、半成品仓库,然后再由此仓库向第二个生产程序供应半成品,进行深加工,如此向后推移,直到制成成品转入产成品仓库,等待销售,在传统生产系统中,大量原材料、在产品、产成品的存在,必然导致生产费用的占用和浪费,而 JIT 生产系统则与此相反,它是需求拉动产品的生产。因比,JIT 系统也称为拉动式生产系统。企业以订单的要求为出发点,即要求企业由后向前全面安排生产,后一道生产程序决定前一道生产程序的内容,JIT 系统要求企业的供、产、销各环节紧密配合,大大降低了库存,从而降低成本,提高了生产的效率和效益。

(2)生产均衡化。即将一周或一日的生产量按分秒时间进行平均,所有生产流程都按此来组织生产,这样一条流水线上每个作业环节上单位时间必须完成多少种作业就有了标准定额,所在环节都按标准定额组织生产,因此要按此生产定额均衡地组织物质的供应、安排物品的流动。因为 JIT 生产方式的生产是按周或按日平均分的,所以与传统的大生产、按批量生产的方式不同,JIT 的均衡化生产中无批次生产的概念。

三、JIT 中的库存控制策略

JIT 在最初引起人们注意时,曾被称为"丰田生产方式"。JIT 从诞生以来,经过几十年的发展,已由最初作为库存管理的工具,演变到今天可以说已形成了一个复杂的、涉及控制企业生产全过程的管理体系,它的基本思想是"只有在需要的时候,按需要的量,生产所需要的产品"。核心是追求一种无库存生产系统,或使库存达到最小,它的出发点是减少消除从原材料投入到产成品的产出全过程中的库存及各种浪费,建立起平滑而更有效的生产过程。

JIT 对减少库存提出了一种新思路:把库存看成一条河,库存中存在的问题看成河底的石头,水深时,要搞清石块必须潜入水中调查,如果减少水量,石块就会自动显现出来。对库存来说,若减少库存,存在问题和浪费就会突出显露出来,就能针对问题提出解决方法,使问题得以全面解决。

另外,JIT 实现的是适时适量生产,即在需要的时候按需要生产所需的产品,也就是说产品生产出来的时间就是顾客所需要的时间,同样,材料、零部件到达某一工序的时刻,正是该工序准备开始生产的时候,没有不需要的材料被采购入库,也没有不需要的制品及产成品被加工出来。

JIT 实行生产同步化,使工序间在制品库存接近于零,工序间不设置仓库,前一工序加工结束后,使其立即转移到下一工序去,装配线与机械加工几乎同时进行,产品被一件件连续地生产出来。在制品库存的减少可使设备发生故障、次品及人员过剩等问题充分暴露,并针对问题提出解决问题的方法,从而带来生产率的提高。

在原材料库存控制方面,若仅考虑价格与成本之间的关系,依照传统的库存控制策略就可能为赢得一定的价格折扣而大量购入物品。JIT在采购时不仅考虑价格与费用之间的关系,还考虑了许多非价格的因素,如与供应商建立良好的关系,利润分享且相互信赖,以减少由于价格的波动对企业带来的不利影响,选择能按质、按时提供货物的供应商,保证JIT生产的有效运行。这样,JIT就有效地控制了原材料库存,从根本上降低了库存。

四、JIT生产方式消除库存、改善物流的关键做法

1. 生产准备耗费与储存成本控制

传统观念是接受生产准备耗费或订购成本与储存成本为必然存在且为既定的,因而控制的方法是找到一个理想的储量,其成本之和为最低。与此相反,JIT的观念认为这两类成本并不为既定的,可以寻求方法和采取措施使之下降,或者趋于零。它通过以下途径实现。

(1)引进先进的机器设备,计算机化的控制与操作已使得生产准备阶段所耗时间变得很短,从而使准备耗费大幅度下降。

(2)仅选择几个可靠的供应商,且与他们建立起长期的订购关系,采购业务由互联网、大数据、云计算等技术组成的网络交易方式进行,由此采购费用大幅度下降。

(3)选定的供应商可按时、按量及按质将材料运来,因此企业的库存可以压低到极限,储存成本也可降低到最低水平。

2. 如何保证交货期

能否按期交货是衡量企业是否有能力满足顾客需求的关键标准之一,传统处理方式是由储存一定量的产成品来达到。然而,JIT却采用改善企业内部机制,大幅度缩短"提前期"的方式实现。这里的提前期是指顾客提出要货至拿到货物所需的时间。提前期越短,企业面临市场变化需求的能力也越高。JIT在这方面的改革包括以下方面。

(1)降低生产准备时间以缩短"提前期"。

(2)提高材料、零部件和产成品的质量,消除生产废品及事后检验的时间耗费。

(3)改革生产过程的布局方式,由部门型或职能型转化为以产品为中心的生产布局方式,由此缩短了由原材料—零部件—产品转移过程的路途。

(4)库存方式由集中型转化为小而分散式,减少了库存空间和资金的占用。

3. 避免事故损失

JIT的观念认为,正是由于允许存货的存在而遮盖了急需管理的问题,如同河里的石头,水深是看不见的,要解决问题,必须让石头露出水面。JIT的做法如下。

(1)追求设备失灵为零的目标,强调全员参与设备的日常保养与维修。

(2)从采购到内部生产进行全过程的全面质量控制。

(3)利用看板管理法保证生产过程物流畅通。

看板管理,即把工厂中潜在的问题或需要做的工作显现或写在一块显示板或表示板上,让任何人一看板就知道出了何种问题或应采取何种措施。看板管理需借助一系列的手段来进行,例如告示板、带颜色的灯、带颜色的标记等,不同的方法表示不同的含义,举例如下。

红条:在物品上贴上红条,表示该种物品在日常生产活动中不需要。

看板:为了让每个人容易看出物品放置地点而制作的表示板,在该板上标明什么物品在什么地方、库存数量是多少。

警示灯:让现场管理者随时了解生产过程中何处出现异常情况,某个环节的作业进度、何处请求供应零件等的工具。

标准作业表:将人、机械有效地组合起来以决定工作方法的表。

错误的示范:为了让员工了解何谓不良品,而把不良品陈列出来的方法。

错误防止板:为了减少错误而做的自我管理的防止板。

红线:表示仓库及储存场所货物堆放的最大值标记,以此简便方法来控制物品的最大库存量。

4. 消化价格的影响

实施 JIT 系统订货与传统的订货有不同的方式和要求。物料购买过程也就是与供应商打交道以获取企业生产产品或提供劳务所需的材料,购买的关键就是要选择供应商,需要考虑价格、质量、及时交货等问题。传统的购买最关心的是价格,而忽视了质量和及时交货的要求。在这种购买方式下,企业一般有许多供应商。日本 JIT 采购系统的成功经验极大地影响了现代采购方式。JIT 方式认为,从较少的供应商那里采购比从许多供应商那里采购有许多优势,从长远的角度来看,厂商与供应商建立合作关系将有利于厂商和供应商达成共识,促进双方共同获得成功,尽管价格仍然是一个不容忽视的因素,但质量和可靠性已成为现代购买方式中越来越重要的因素。在 JIT 系统中,如果物料质量和可靠性出现问题,将导致整个系统处于停顿状况。为消化价格的影响,JIT 的做法如下。

（1）选择较近的供应商,降低运输成本。

（2）选择能按时、按量及按质提供货物的供应商,保证 JIT 生产的有效运行。

（3）与供应商建立良好的关系,利用分享且相互信赖,以此减少由于价格的变动对企业带来的压力。

五、JIT 在仓储管理中的作用

JIT 是一种生产方式,但其核心是消减库存,直至实现零库存,同时又能使生产过程顺利进行。这种观念本身就是物流功能的一种反应,而 JIT 应用于物流领域,就是指要将正确的商品以正确的数量在正确的时间送到正确地点,这里的"正确"就是"just"的意思,既不多也不少、既不早也不晚,刚好按需要送货。这当然是一种理想化的状态,在多品种、小批量、多批次、短周期的消费需求的压力下,生产者、供应商及物流配送中心、零售商者要调整自己的生产、供应、流通流程,按下游的需求时间、数量、结构及其他要求组织好均衡生产、供应和流通,在这些作业内部采用看板管理中的一系列手段来削减库存,合理规划物流作业。

在此过程中,无论是生产者、供应商还是物流配送中心或零售商,均应对各自的下游客户的消费需要作精确的预测,否则就用不好 JIT,因为 JIT 的作业基础是假定下游需求是固定的,即使实际上是变化的,但通过准确的统计预测,也能把握下游需求的变化。

第三节　VMI 与库存控制

一、供应商管理库存的基本思想

VMI(vendor managed inventory)是一种以用户和供应商双方都获得最低成本为目的,在一个共同的协议下由供应商管理库存,并不断监督协议执行情况和修正协议内容,使库存管理得到持续地改进的合作性策略。这种库存管理策略打破了传统的各自为政的库存管理模式。体现了供应链的集成化管理思想,适应市场变化的要求,是一种新的、有代表性的库存管理思想。

VMI 管理模式是从 QR（quick response,快速响应）和 ECR（efficient consumer response,有效客户响应）基础上发展而来,其核心思想是供应商通过共享用户企业的当前库存和实际耗用数据,按照实际的消耗模型、消耗趋势和补货策略进行有实际根据的补货。由此,交易双方都变革了传统的独立预测模式,尽最大可能地减少由于独立预测的不确定性导致的商流、物流和信息流的浪费,降低了供应链的总成本。

一般来说,库存是由库存所有者管理的。因为无法确切知道用户需求与供应的匹配状态,供应链的各个不同组织根据各自的需要重复建立库存,无法达到供应链全局的最低成本,整个供应链系统的库存还会随着供应链长度的增加而发生扭曲。供应商管理库存系统突破"库存由库存所有者管理"的传统条块分割的库存管理模式,以系统的、集成的管理思想进行库存管理,使供应链系统能够同步化的运作。其特点是:信息共享,使供应商更有效地做出计划,依据零售商的销售数据协调其生产、库存和销售活动。同时,供应商完全地管理和拥有库存,直到零售商将其售完为止,而零售商对库存有看管的义务,并对库存的损坏负责。

二、供应商管理库存的优点和局限性

供应商管理库存的模式不仅可以降低供应链的库存水平,而且还为用户提供了更高水平的服务,使双方达到双赢。具体地说,实施供应商管理库存具有以下优点。

(1) 销售商可以省去多余的订货部门和不必要的控制步骤,提高服务水平。

(2) 供应商拥有库存,并尽可能进行有效的管理,协调对多个零售商的生产和配送。

(3) 供应商按照销售时点的数据,对需求做出预测,减少预测的不确定性。

(4) 供应商能更快地响应用户需求,提高服务水平,并降低用户的库存水平。

供应商管理库存的主要思想是供应商在用户的允许下设立库存,确定库存水平和补给策略,拥有库存控制权。但在其实施过程中,供应商和用户之间必须相互信任,密切合作,遵循互惠互利的原则,在共同目标指导下,明确自己的责任,精心设计与开发供应商管理库存系统。只有这样,才能有效地降低供应链的库存水平和成本,改善资金流,并为用户提供高水平的服务。

虽然供应商管理库存取得了巨大的成功,但其也有很多局限性,主要表现在以下几点。

(1) 供应商管理库存中供应商和零售商之间的信任度和协作水平不高。

（2）虽然框架协议由双方协定，但供应商的主导地位明显，决策缺乏足够的协商。

（3）供应商管理库存的实施减少了库存总费用，但在供应商管理库存系统中，库存费用、运输费用和意外损失（如物品毁坏）不是由用户承担，而是由供应商承担，加大了供应商的风险。

三、供应商管理库存的实施原则

（1）合作性原则。在实施 VMI 策略时，企业之间的相互信任和信息透明是很重要的，供应商和零售商或客户之间都要有较好的合作精神，才能建立战略合作伙伴关系。

（2）互惠原则。VMI 不是成本在供应商和客户之间如何分配的问题，而是关于如何减少成本的问题。通过实施 VMI 策略，使双方的成本都减少，实现总成本最小化。

（3）目标一致性原则。实施 VMI 时，供应商和客户都要明确各自的职责，要达成一致的目标。然后在此基础上签订框架协议，制订具体实施计划。

（4）连续改进原则。VMI 的主要思想是供应商在用户的允许下设立库存，确定库存水平和补给策略，拥有库存控制权。精心设计与开发的 VMI 系统，不仅可以降低供应链的库存水平和成本，而且用户还可以获得高水平的服务，改善资金流，与供应商共享信息，使供需双方能共享利益和消除浪费。

四、供应商管理库存的形式

供应商管理库存概括起来主要有以下四种形式。

（1）供应商提供包括所有产品的软件进行库存决策，用户使用软件执行库存决策，用户拥有库存所有权，管理库存。在这种方式下，供应商对库存的管理和控制力有限，所以供应商受到用户的制约多一些，实质上不是完全意义上的供应商管理库存。

（2）供应商在用户的所在地，代表用户执行库存决策、管理库存，但是库存的所有权归用户。信息技术不是很发达的时候，供应商在用户地直接管理库存，同时供应商也可以了解充分的库存信息，但是库存的所有权不属于供应商，所以供应商在进行库存决策时的投入程度有限。

（3）供应商在用户的所在地，代表用户执行库存决策管理库存，拥有库存所有权。在这样的方式下，供应商几乎承担了所有责任，供应商的活动也很少受到用户的监督或干涉，是一种完整意义上的供应商管理库存方式。供应商可以十分清楚地了解自己产品的销售情况，供应商也可以直接参与销售。

（4）供应商不在用户所在地，但是定期派人代表用户执行库存决策，管理库存，供应商拥有库存的所有权。供应商拥有所有权的情况下，采取在用户地或是在分销中心保存库存，以求根据需要及时快速地补充，库存的水平由供应商决定。

五、供应商管理库存的实施步骤

供应商管理库存策略按以下几个步骤实施。

（1）洽谈并达成合作协议。供应商与零售商一起协商，确定契约性条款，包括所有权和转移时间、信用条件、订货责任、信息传递方式、绩效评价指标（服务水平、库存水平等）。

（2）建立一体化的信息系统。要有效地管理用户库存,供应商必须能够即时获得最终用户的真实需求信息。因此,必须通过接口将零售商的POS(销售时点信息)系统与供应商的信息系统相连接,用系统集成技术实现信息的实时共享。这样一来,当零售商销售商品时,通过手持扫描终端将条码所代表的商品信息输入信息管理系统,供应商便可以及时得到相关商品的市场需求信息。

（3）确定订单处理流程和库存控制有关参数。双方一起确定供应商的订单处理过程中所需的信息和库存控制参数(再订货点、最低库存水平等),建立订单处理的标准模式(如EDI标准报文),将订货、交货以及票据处理等业务功能集中于供应商一方。

（4）持续改进。在VMI实施过程中,双方共同合作一起寻找可以改进的地方,不断对目标框架进行修正,以达到持续改进的效果。

六、供应商管理库存的优势

1. 节约成本

实施供应商管理库存最明显的效果就是买方库存成本的降低和卖方总成本的降低。对买方而言,由于库存由卖方来管理,甚至由卖方来承担其库存的经济责任,其因库存成本降低而带来的效果立竿见影。对卖方来说,由于承担了买方库存的经济和管理责任,在供应商管理库存实施的初期会导致其库存成本和管理成本的上升,但随着该体系的正常运转,由于以下几方面的原因,卖方最终会获得总体成本的降低。

（1）由于共享了买方的销售信息,采用了整合供应链的优化库存策略,供应链的"牛鞭效应"将大幅降低,供应链的库存水平也比实施前的水平大大降低,使得卖方总体库存成本即使增加也是有限的。

（2）供应商是商品的供应者,它掌握用户的库存具有很大的主动性和灵活性。供应商可以根据市场需求量的变化,及时调整生产计划和采购计划,所以既不会造成大量的库存积压,又可以灵活响应市场的变化;既不存在占用资金的问题,又不存在增加费用、造成浪费的问题。

（3）由于卖方能即时、准确地获取买方的销售信息,因此可以更合理地安排生产计划,削减其零部件的库存成本,使得其产品生产成本降低。

（4）卖方可以更加合理有效地采用适当的运输策略和方式,例如,采用混装整担运输代替以前的零担运输、采用更加有效的运输路径计划等来降低产品的运输成本。

2. 提高服务水平

在实施供应商管理库存模式下,卖方有充分的信息来判断哪一项配送更紧急,能够协调多个买方之间的库存补充订单和配送任务,从而具备了平衡所有伙伴需求的能力,能够在不耽误任何单个客户的条件下提高系统的运作能力,提升自己的服务水平。对买方而言,因供应服务水平的提高,也会大大降低其产品断货的可能性,使其对自己客户的服务水平也得以提高。

3. 集中精力于核心业务

供应商掌握库存,就可以把用户从库存陷阱中解放出来。用户不需要占用库存资金,不需要增加采购、进货、检验、入库、出库、保管等一系列的工作,能够集中更多的资金、人力、物力于其核心竞争力的提高上,从而给整个供应链、包括供应商企业创造一个更加有利的局面。

4. 形成更具竞争力的供应链

实施供应商管理库存后,由于卖方能够在第一时间了解买方的销售和消耗信息,了解客户的消费水平和消费倾向,有利于卖方改善需求预测计划、改进产品结构和设计、开发销售对路的新产品,对市场做出更快、更准确的反应,从而大大缩短了供货周期,使供应链更敏捷、更柔性、更具竞争力。

第四节　JMI 与库存控制

一、联合库存管理的基本思想

JMI(jointly managed inventory)联合库存管理是一种在 VMI 的基础上发展起来的上游企业和下游企业权利责任平衡和风险共担的库存管理模式。

JMI 体现了战略供应商联盟的新型企业合作关系,强调了供应链企业之间的互利合作关系。联合库存管理是解决供应链系统中由于各节点企业的相互独立库存运作模式导致的需求放大现象,是提高供应链同步化程度的一种有效方法。联合库存管理强调供应链中各个节点同时参与,共同制订库存计划,使供应链过程中的每个库存管理者都从相互之间的协调性角度进行考虑,使供应链各个节点之间的库存管理者对需求的预期保持一致,从而消除需求变异放大现象。任何相邻节点需求的确定都是供需双方协调的结果,库存管理不再是各自为政的独立运作过程,而是供需连接的纽带和协调中心。

基于协调中心的联合库存管理和传统的库存管理模式相比,具有如下几个方面的优点。

(1) 为实现供应链的同步化运作提供了条件和保证。

(2) 减少了供应链中的需求扭曲现象,降低了库存的不确定性,提高了供应链的稳定性。

(3) 库存作为供需双方的信息交流和协调纽带,可以暴露供应链管理中的缺陷,为改进供应链管理水平提供依据。

(4) 为实现零库存管理、准时采购以及精细供应链管理创造了条件。

(5) 进一步体现了供应链管理的资源共享和风险分担的原则。

联合库存管理系统把供应链系统管理进一步集成为上游和下游两个协调管理中心,从而部分消除了由于供应链环节之间的不确定性和需求信息扭曲现象导致的供应链的库存波动。通过协调管理中心,供需双方共享需求信息,因而起到了提高供应链的运作稳定性作用。

二、联合库存管理的优势

实施联合库存管理能够给企业带来如下优势。

(1) 信息优势。信息是企业的一项重要资源,而缺乏信息沟通也是上述库存管理中出现问题的主要原因。JMI 通过在上下游企业之间建立起一种战略性的合作伙伴关系,实现了企业间库存管理上的信息共享。这样既保证供应链上游企业可以通过下游企业及时准确地获得市场需求信息，又可以使各个企业的一切活动都围绕着顾客需求的变化而开展。

（2）成本优势。JMI实现了从分销商到制造商再到供应商之间在库存管理方面的一体化，可以让三方都能够实现准时采购（即在恰当的时间、恰当的地点，以恰当的数量和质量采购恰当的物品）。准时采购不仅可以减少库存，还可以加快库存周转，缩短订货和交货提前期，从而降低企业的采购成本。

（3）物流优势。在传统的库存管理中存在着各自为政的弊端，上下游企业之间都是各自管理自己的库存，这就不可避免地会出现需求预测扭曲现象，产生"牛鞭效应"，从而极大地降低了企业的运作效率并增加了企业的成本。JMI则打破了传统的各自为政的库存管理局面，体现了供应链的一体化管理思想。JMI强调各方的同时参与。共同制订库存计划，共同分担风险，能够有效地消除库存过高以及"牛鞭效应"。

（4）战略联盟的优势。JMI的实施是以各方的充分信任与合作为基础的，JMI要想顺利有效运行，分销商、制造商和供应商缺一不可。因此，JMI的有效实施既加强了企业间的联系与合作，又保证了这种独特的库存管理而带来的企业间的合作模式不会轻易地被竞争者模仿，从而为企业带来竞争优势。

三、联合库存管理的实施策略

1. 建立供需协调管理机制

为了发挥联合库存管理的作用，供需双方应从合作的精神出发，建立供需协调管理的机制，明确各自的目标和责任，建立合作沟通的渠道，为供应链的联合库存管理提供有效的机制。

建立供需协调管理机制，要从以下几个方面着手。

（1）建立共同合作目标。要建立联合库存管理模式，首先供需双方必须本着互惠互利的原则，建立共同的合作目标。因此，要理解供需双方在市场目标中的共同之处和冲突点，通过协商形成共同的目标，如用户满意度、利润的共同增长和风险的减少等。

（2）建立联合库存的协调控制方法。联合库存管理中心担负着协调供需双方利益的角色，起协调控制器的作用，因此需要对库存优化的方法加以确定。这些内容包括库存如何在多个需求商之间调节与分配，库存的最大量和最低库存水平、安全库存的确定，需求的预测等。

（3）建立一种信息沟通的渠道或系统。信息共享是供应链管理的特色之一。为了提高整个供应链的需求信息的一致性和稳定性，减少由于多重预测导致的需求信息扭曲，应增强供应链各方对需求信息获得的及时性和透明性。因此应建立一种信息沟通的渠道或系统，以保证需求信息在供应链中的通畅和准确性。要将条码技术、扫描技术、云计算、大数据、POS系统和EDI集成起来，并且要充分利用互联网的优势，在供需双方之间建立一个畅通的信息沟通桥梁和联系纽带。

（4）建立利益的分配、激励机制。要有效运行基于协调中心的库存管理，必须建立一种公平的利益分配制度，并对参与协调库存管理中心的各个企业（供应商、制造商、分销商或批发商、消费者）进行有效的激励，防止机会主义行为，增加协作性和协调性。

2. 发挥两种资源计划系统的作用

为了发挥联合库存管理的作用,在供应链库存管理中应充分利用目前比较成熟的两种资源管理系统——MRPⅡ和DRP。原材料库存协调管理中心应采用制造资源计划系统(MRPⅡ);而在产品联合库存协调管理中心,则应采用物资资源配送计划系统(DRP)。这样在供应链系统中把两种资源计划系统很好地结合起来。

3. 建立快速响应系统

快速响应系统是一种有效的供应链管理策略,目的是最大限度地提高供应链的运作效率。实施快速响应系统后JMI的效率提高:缺货大大减少,通过供应商和零售商的联合协作保证24小时供货;库存周转速度提高1~2倍;通过敏捷制造技术,企业的产品中有20%~30%是根据客户的需求制造的。快速响应系统需要供需双方的密切合作,因此协调库存管理中心的建立为快速响应系统发挥更大的作用创造了有利的条件。

4. 发挥第三方物流系统的作用

第三方物流系统是供应链集成的一种技术手段。它为用户提供各种服务,如产品运输、订单选择、库存管理等。第三方物流系统的产生是由一些大的公共仓储公司通过提供更多的附加服务演变而来,另外一种产生形式是由一些制造企业的运输和分销部门演变而来。把库存管理的部分功能代理给第三方物流系统管理,可以使企业更加集中精力于自己的核心业务,第三方物流系统起到了供应商和用户之间联系的桥梁作用,为企业获得诸多好处。

四、实施 JMI 时需注意的问题

联合库存管理是解决供应链系统中独立库存模式导致的需求放大现象,改善供应链的供应水平和运作效率,以及提高供应链同步化程度的一种有效方法。实行联合库存管理,建立适应新形势的物资供应运行机制,将是库存管理今后几年的发展方向。但是,企业在应用 JMI 时需要注意以下几个问题。

(1)要清楚地认识到 JMI 模式并非适合所有生产企业,企业要根据自己的实际生产经营状况进行选择。

(2)要意识到推行 JMI 过程中企业会面临许多问题。例如当材料供应商在制造商工厂附近建立库存时,其物流成本将比直接向制造商发货高得多,当供货量达不到一定规模时,供应商不会赞同这种方式。

(3)要认识到 JMI 是一种管理思想,是对企业工作流程的调整。企业在实施 JMI 前,应对企业职工进行相应的培训,改变职工以前的管理观念和工作方法,提高职工的素质,为企业顺利实施 JMI 提供保证。

(4)要重视分销商的角色转变。在实施 JMI 后,库存由供应商管理,分销商不再拥有库存,传统分销商不复存在。分销商作为服务合作网络中的一员,它将协助供应商管理产品库存。由于分销商不再掌握仓库,可以省去以前投入库存中的精力和风险,便于更有效地承担市场开发和营销的功能,使供应链更加完整和顺畅。传统分销商向服务提供商的角色转变是对 JMI 的成功运行的一种有力支持。

(5)要注意保证零售商每日销售数据和库存数据的准确性也是 JMI 正确运行的基础。

思　考　题

一、选择题

1. MRP 的中文含义是(　　)。

　　A. 物料需求计划　　　B. 制造资源规划　　　C. 企业资源规划　　　D. 能力需求计划

2. 关于 JIT,下列说法错误的是(　　)。

　　A. 强调零库存,以零缺陷为目标改善产品质量

　　B. 采用的是多品种、少批量、短周期的生产方式

　　C. 库存方式由集中型转化为小而分散式,减少了库存空间和资金的占有

　　D. 即使物料质量和可靠性出现问题,整个系统也不会出现停顿状况

3. 供应商管理库存的原则是(　　)。

　　A. 互惠原则　　　　B. 合作性原则　　　C. 目标一致原则　　　D. 连续改进原则

4. 联合库存管理的优势是(　　)。

　　A. 信息优势　　　　B. 成本优势　　　　C. 物流优势　　　　　D. 战略联盟优势

二、填空题

1. MRP 运营的依据包括_____、_____、_____。

2. MRP 的运行结果输出包括_____、_____。

3. MRP 的升级过程包括_____、_____、_____、_____。

三、简答题

1. 简述 MRP 的运行步骤。

2. 什么是 JIT? 其消除库存、改善物流的关键做法是什么?

3. 简述供应商管理库存的基本思想及实施步骤。

4. 简述联合库存管理的基本思想及实施策略。

四、案例分析

联想集团 VMI 管理

联想集团 VMI 物流项目已正式启动,联想成为国内 IT 界第一个"吃螃蟹"的企业,其物流管理模式也由此脱胎换骨。

VMI 即供应商管理库存,是一种在供应链环境下的库存运作模式,它将多级供应链问题变成单级库存管理问题,相对于按照用户发出订单进行补货的传统做法,VMI 是以实际或预测的消费需求和库存量,作为市场需求预测和库存补货的解决方法,即由销售资料得到消费需求信息,供货商可以更有效、更快速地适应市场变化和消费需求。

作为近年来在理论与实践上逐步成熟的管理思想,VMI 备受众多国际大型企业的推崇。大型零售商沃尔玛、家乐福是实施 VMI 的先驱,朗科、惠普、戴尔、诺基亚等都是成功实施 VMI 的典范。

目前,联想集团年销量达 300 多万台,名列全世界电脑生产厂商第八位,其业务规模完全达到了 VMI 模式的要求,并已经引起了供应商的重视。在国内 IT 企业中,联想是

第一个开始品尝 VMI 滋味的,其在北京、上海、惠阳三地的 PC 生产厂的原材料供应均在项目之中,涉及的国外供应商的数目也相当大。

联想以往物流运作模式是国际上供应链管理通常使用的看板管理,即由香港联想对外订购货物,库存都放在香港联想仓库,当内地生产需要时由香港公司销售给内地公司,再根据生产计划调拨到各工厂,这样可以最大限度地减少内地材料库存。但是此模式经过 11 个物流环节,涉及多达 18 个内外部单位,运作流程复杂,不可控因素很大。同时,由于订单都是从香港联想发给供应商,所以大部分供应商在香港交货,而联想的生产信息系统只在内地的公司上使用,所以生产厂统计的到货准时率不能真实反映供应商的供货水平,导致不能及时调整对供应商的考核。

按照联想 VMI 项目要求,联想将在北京、上海、惠阳三地工厂附近设立供应商管理库存,联想根据生产要求定期向库存管理者即作为第三方物流的伯灵顿全球货运物流有限公司发送发货指令,由第三方物流公司完成对生产线的配送,从其收到通知,进行确认、分拣、海关申报及配送到生产线,时效要求为 2.5 小时。该项目将实现供应商、第三方物流与联想之间货物信息的共享与及时传递,保证生产所需物料的及时配送。实行 VMI 模式后,将使联想的供应链大大缩短,成本降低,灵活性增强。VMI 项目涉及联想的国际采购物料,为满足即时生产的需要,供应商库存物料在进口通关上将面临很多新要求,例如,时效、频次等。因此,海关监管方式对于 VMI 模式能否真正带来物流效率的提高至关重要。

针对联想所提出的 VMI 物流改革方案,北京海关与联想集团多次探讨,具体参与并指导联想集团对供应商管理库存模式的管理。北京海关改革了传统的监管作业模式,在保税仓库管理、货物进出口、货物入出保税仓库、异地加工贸易成品转关等方面采取了相应监管措施。

在物流方面,货物到港后,北京海关为其提供预约通关、担保验放等便捷通关措施,保证货物通关快速畅通;同时与其他海关配合协调,实现供应商在境内加工成品的快速转关,避免所需货物"香港一日游";另外,北京海关与深圳海关加强协调,双方起草了"VMI 货物监管草案"。

在信息系统方面,海关通关作业系统、保税仓库管理系统与联想、第三方物流企业间的电子商务平台建立连接,实现了物流信息的共享,既方便作业,又强化海关的监管,联想根据生产要求向第三方物流企业发出货物进口、出库、退运等各种指令后,由第三方物流公司向海关提出相应申请。海关接到审批查验后,由第三方物流企业完成货物出库、物流配送及出口报关、装运。据预测,VMI 项目启动后,将为联想的生产与发展带来可观的效益:一是联想内部业务流程将得到精简;二是使库存更接近生产地,增强供应弹性,更好地响应市场需求变动;三是改善库存回转,进而保持库存量的最佳化,因库存量降低,减少了企业占压资金;四是通过可视化库存管理,能够在线上监控供应商的交货能力。

问题

(1) 联想原有库存管理模式是如何实现的? 存在哪些不足?

(2) 联想是如何实施 VMI 的?

(3) 实施 VMI 给联想带来了什么好处?

第八章

现代仓储运营管理的商品养护与安全管理

导入案例

天津港瑞海公司危险品仓库一声巨响

2015 年 8 月 12 日深夜,天津港瑞海公司危险品仓库一声巨响,震动了整个滨海。据国务院事故调查组调查报告,"8·12"事故共造成 165 人遇难、8 人失踪,798 人受伤,304 幢建筑物、12 428 辆商品汽车、7 533 个集装箱受损,截至 2015 年 12 月 10 日,直接经济损失折合人民币 68.66 亿元,堪称新中国成立以来最大的安全生产责任事故。根据国务院事故调查组调查报告,"8·12"事故的直接原因是瑞海公司危险品仓库运抵区南侧集装箱内硝化棉由于湿润剂散失出现局部干燥,在高温(天气)等因素的作用下加速分解放热,积热自燃,引起相邻集装箱内的硝化棉和其他危险化学品长时间大面积燃烧,导致堆放于运抵区的硝酸铵等危险化学品发生爆炸。公诉机关指控,瑞海公司严重违反有关法律法规,是造成事故发生的主体责任单位。该公司无视安全生产主体责任,违法建设危险货物堆场,违法经营、违规储存危险货物,安全管理极其混乱,安全隐患长期存在。由于主要负责人在日常经营中违规操作,致使瑞海公司危险品仓库运抵区于 2015 年 8 月 12 日晚发生爆炸。这是"8·12"事故发生的最直接原因。

思考

天津港瑞海公司危险品仓库一声巨响给我们什么启示?

第一节 商品养护概述

一、商品养护的基本理论

物流仓库中储存着各种各样的商品,它们都有着不同的特性。仓储企业的商品养护工作就是针对不同商品的不同特性积极创造适宜的储存条件,采取适当的保管措施,以保证商品储运的安全,维护商品质量,减少商品的损耗,节约物流仓储的费用开支,为企业创造更好的经济效益和社会效益。

1. 商品养护的概念

商品养护是一项综合性、应用科学性技术工作。产品由生产部门进入流通领域后,需要分别对不同性质的商品在不同储存条件下采取不同的技术措施,以防止其质量变化。由于构成产品的原材料不同,性质各异,受到各种自然因素影响而发生质量变化的规律与物理、化学、生物、微生物、气象、机械、电子、金属学等多门学科都有密切的联系。因此,从事仓储管理工作的人员只有掌握和运用这些学科的理论,才能研发各种养护技术,并使之得到广泛的应用和提高。

2. 商品养护的目的

商品养护的目的是通过科学研究和实践,认识商品在储存期间发生质量劣化的内外因素和变化规律,研究采取对外因的控制技术,以维护其使用价值不变,避免受到损失,保障企业经济效益的实现。同时还要研究制定商品的安全储存期限和合理的损耗率,以提高整个行业的管理水平。

3. 商品养护的任务

"以防为主,防治结合"是商品养护的基本方针。做好防就可以减少治或者避免治。但是,一旦发生了质量问题,就必须进行治。如果治的方法恰当、及时,同样可以避免商品的使用价值受到影响而发生损失。

商品养护的基本任务就是面向库存商品,根据库存数量多少、质量变化速度、危害程度、季节变化,按轻重缓急分别研究制定相应的技术措施,尽量维护商品质量不变,最大限度地避免和减少商品损失,降低保管损耗。

4. 商品养护的基本措施

(1) 适当安排储存场所。产品由生产部门转入流通领域,首先进入储存部门。为了确保其质量不变,应根据商品的性能,选择适当的储存地点,同时要注意避免与同库储存的商品在性质上相互抵触,避免串味、沾染等。同时应注意采取的养护措施以及方法必须一致。

(2) 严格入库验收。商品在入库之前,通过运输、搬运、装卸、堆垛等,可能受到雨淋、水湿、沾污或操作不慎以及运输中受震动、撞击致使货物或包装受到损坏,通过入库验收即能及时发现,以分清责任。因此,对入库货物除核对数量、规格外,还应该按比例检查其外观有无变形、变色、沾污、生霉、虫蛀、鼠咬、生锈、老化、沉淀、聚合、分解、潮解、溶化、风化、挥发、含水量过高等异状,有条件的还应进行必要的质量检验。

(3) 合理堆垛苫垫。入库商品应根据其性质、包装条件、安全要求采用适当的堆垛方式,达到安全牢固、便于堆垛且节约仓库的目的。为了方便检查、通风、防火和库房建筑安全,应适当地留出垛距、墙距、柱距、顶距、灯距以及一定宽度的主走道和支走道。为了防止商品受潮和防汛需要,货垛垛底应适当垫高,对怕潮商品垛底还需要加垫隔潮层。露天货垛必须苫盖严密,达到风吹不开、雨淋不湿的要求。垛底应高于地面一定程度,货垛四周无杂草,并有排水沟以防积水。

(4) 加强仓库温湿度管理。各类商品在储存过程中发生的质量变化,多数是由于受到空气温度和湿度的影响。因此,不同的商品在储存过程中都要求有一个适宜的温湿度范围,这样就需要掌握自然气候变化规律,并通过采取各种措施,使库房内的温度和湿度得到控制与调节,创造适宜货物储存的温度和湿度条件,以保护商品的质量不变。

（5）坚持在库检查。商品在储存期间受到各种因素的影响,在质量上可能发生变化,如未能及时发现,就可能造成损失,因此需要根据其性质、储存条件、储存时间以及季节气候变化分别确定检查周期、检查比例、检查内容,分别按期进行检查或进行巡回检查。在检查中发现异状,要扩大检查比例,并根据问题情况及时采取适当的技术措施,防止商品受到损失。

（6）开展科学实验研究。对入库储存的商品及时检验质量,开展对货物质量变化规律的研究和采取养护措施的科学实验,是养护科研工作的一项主要内容。通过实验的可靠数据,证实养护措施的可靠性以指导实践。再通过保管实践的数据反馈,使养护措施的可靠性得到验证,或根据其不足再做进一步研究改进。

二、商品储存期间的质量变化

1. 物理机械变化

商品的物理变化是指只改变物质本身的外表形态,不改变其本质,没有新物质的生成,并且有可能反复进行的质量变化现象。商品的机械变化是指商品在外力的作用下,发生形态变化。物理机械变化的结果不是数量损失,就是质量降低,甚至使商品失去使用价值。商品常发生的物理机械变化主要有挥发、溶化、熔化、渗漏、串味、沉淀、沾污、破碎、变形等形式。

（1）挥发。挥发是低沸点的液态商品或经液化的气体商品在空气中经汽化而散发到空气中的现象。液态商品的挥发不仅会降低有效成分、增加商品损耗、降低商品质量,一些燃点很低的商品还容易引起燃烧或爆炸,一些商品挥发的蒸汽有毒性或麻醉性,会对人体造成伤害。常见易挥发的商品包括酒精、白酒、香精、花露水、香水以及化学试剂中的各种溶剂,医药中的一些试剂,部分化肥、农药、杀虫剂、油漆等。

挥发的速度与气温的高低、空气流动速度的快慢、液体表面接触空气面积的大小成正比关系。防止商品挥发的主要措施是增强包装、控制仓库温度。高温季节要采取降温措施,保持较低温度条件。

（2）溶化。溶化是指某些固态商品在保管过程中,吸收空气或环境中的水分,当吸收数量达到一定程度时,就溶化成液态。易溶性商品必须具有吸湿性和水溶性两种性能。常见易溶化的商品有食糖、食盐、明矾、硼酸、甘草硫浸膏、氯化钙、氯化镁、尿素、硝酸铁、硝酸锌和硝酸锰等。

商品溶化与空气温度、湿度及商品堆码的高度有密切关系。虽然溶化后商品本身的性质并没有发生变化,但由于形态改变,给储存、运输及销售部门带来很大的不便。对易溶化商品应按商品性能,分区分类存放在干燥阴凉的库房内,不适合与含水分较多的商品存放在一起。在堆码时要注意底层商品的防潮和隔潮,垛底要垫高一些,并采取吸潮和通风相结合的温、湿度管理方法来防止商品吸湿溶化。

（3）熔化。熔化是指低熔点的商品受热后发生软化乃至化为液态的现象。商品的熔化,除受气温高低的影响外,还与商品本身的熔点、商品中杂质种类和含量高低密切相关。熔点越低,越易熔化;杂质含量越高,越易熔化。商品熔化有的会造成商品流失、粘连包装、沾污其他商品,有的因产生熔解热而体积膨胀,使包装爆破,有的因软化而使货垛倒塌。预防商品的熔化应根据商品的熔点高低,选择阴凉通风的库房储存。在保管过程中,一般可采用密封和隔热措施,加强库房的温度管理,防止日光照射,尽量减少温度的影响。

(4) 渗漏。渗漏主要是指液态商品,特别是易挥发的液态商品,由于包装容器不严密,包装质量不符合商品性能的要求,或在搬运装卸时碰撞震动破坏了包装,而发生跑、冒、滴、漏的现象。商品渗漏与包装材料性能、包装容器结构及包装技术优劣有关,还与仓库的温度变化有关。如金属包装焊接不严,受潮锈蚀;有些包装耐腐蚀性差;有的液态商品因气温升高,体积膨胀而使包装内部压力增大胀破包装容器;有的液态商品在降温或严寒季节结冰,也会发生体积膨胀引起包装破裂而造成商品损失。因此,对液态商品应加强入库验收和在库商品检查以及环境温度、湿度控制和管理。

(5) 串味。串味是指吸附性较强的商品吸附其他气体、异味,从而改变本来气味的变化现象。具有吸附性、易串味的商品,它的成分中含有胶体物质,以及疏松、多孔性的组织结构。常见易被串味的商品有大米、面粉、木耳、食糖、饼干、茶叶、卷烟等。常见的易引起其他商品串味的商品有汽油、煤油、腊肉、樟脑、卫生球、肥皂、化妆品以及农药等。商品串味与其表面状况、异味物质接触面积的大小、接触时间的长短,以及环境中异味的浓度有关。预防商品的串味,应对易被串味的商品尽量采取密封包装,在储存和运输中不与有强烈气味的商品同车、船混载或同库储藏。

(6) 沉淀。沉淀是指含有胶质和易挥发成分的商品,在低温或高温等因素影响下,部分物质的凝固,进而发生沉淀或膏体分离的现象。常见的商品有墨汁、墨水、牙膏、化妆品等。某些饮料、酒在仓储中,也会离析出纤细絮状的物质而出现混浊沉淀的现象。预防商品的沉淀应根据不同商品的特点,防止阳光照射,做好商品冬季保温工作和夏季降温工作。

(7) 沾污。沾污是指商品外表沾有其他物质,或染有其他污秽的现象。商品沾污主要是因生产、储运过程中卫生条件较差及包装不严所致。对一些外观质量要求较高的商品要特别注意。

(8) 破碎与变形。破碎与变形是常见的机械变化,是指商品在外力作用下发生的形态上的改变。商品的破碎主要发生于脆性较大商品的仓储中。如玻璃、陶瓷等因包装不良,在搬运过程中受到碰、撞、挤、压和抛掷而破碎、掉瓷、变形等。商品的变形则通常发生于塑性较大商品的仓储中,如铝制品和皮革、塑料、橡胶等制品由于受到强烈的外力撞击或长期重压,商品丧失回弹性能,从而发生形态改变。对于容易发生破碎和变形的商品,主要注意妥善包装,轻拿轻放,在库堆垛高度不能超过一定的压力限度。

2. 化学变化

商品的化学变化与物理变化有本质的区别,它是构成商品的物质发生变化后,不仅改变了商品的外表形态,也改变了商品的本质,并且有新物质生成,且不能恢复原状的变化现象。商品化学变化过程即商品质变过程,严重时会使商品失去使用价值。商品的化学变化形式主要有氧化、分解、水解、化合、聚合、裂解、老化、风化等。

(1) 氧化。氧化是指商品与空气中的氧或其他能放出氧的物质化合的反应。容易发生氧化的商品品种比较多,如某些化工原料、纤维制品、橡胶制品、油脂类商品等。棉、麻、丝、毛等纤维织品,长期受阳光照射会发生的变色,这也是由于织品中的纤维被氧化的结果。商品在氧化过程中会产生热量。如果产生的热量不易散失，就能加速其氧化过程，从而使反应的温度迅速升高；当达到自燃点，就会发生自燃现象。如植物性油脂类或含油脂较多的商品，如豆饼、核桃仁等，就会发自燃现象。所以，此类商品要储存在干燥、通风、散热和温度比较低的库房，才能保证其质量安全。

（2）分解。分解是指某些性质不稳定的商品，在光、电、热、酸、碱及潮湿空气的作用下，由一种物质生成两种或两种以上物质的变化。商品发生分解反应后，不仅使其数量减少、质量降低，有的还会在反应过程中，产生一定的热量和可燃气体，从而引发事故。如过氧化氢（双氧水）是一种不稳定的强氧化剂和杀菌剂，在常温下会逐渐分解，如遇高温能迅速分解，生成水和氧气，并能放出一定的热量。漂白粉，呈白色粉末状，其外观与石灰相似，故又称氧化石灰，也是一种强氧化剂和杀菌剂，当漂白粉遇到空气中的二氧化碳和水汽时，就能分解出氯化氢、碳酸钙和次氯酸。在反应过程中，所生成的新生态氧具有很强的氧化能力，即能够加速对其他商品的氧化，还能破坏商品的色团。因此，过氧化氢和漂白粉都具有漂白作用。但在保管过氧化氢和漂白粉的过程中，一旦发生上述变化时，就会降低其有效成分，还会降低其杀菌能力。这类商品的储存要注意包装物的密封性，库房中要保持干燥、通风。

（3）水解。水解是指某些商品在一定条件下，遇水发生分解的现象。不同商品在酸或碱的催化作用下发生水解的情况是不相同的。如肥皂在酸性溶液中，能全部水解，而在碱性溶液中却很稳定；蛋白质在碱性溶液中容易水解，在酸性溶液中却比较稳定，所以羊毛等蛋白质纤维怕碱不怕酸；棉纤维在酸性溶液中，尤其是在强酸的催化作用下，容易发生水解，能使纤维的大分子链节断裂，从而大大降低纤维的强度，而棉纤维在碱性溶液中却比较稳定，所以棉纤维怕酸而耐碱。

（4）化合。化合是指商品在储存期间，在外界条件的影响下，两种或两种以上的物质相互作用，从而生成一种新物质的反应。化合反应通常不是单一存在于化学反应中，而是两种反应（分解、化合）依次先后发生。如果不了解这种情况，就会给保管和养护此类商品带来损失。例如化工产品中的过氧化钠，如果储存在密闭性好的桶里，并在低温下与空气隔绝，其性质非常稳定。但如果遇热，就会发生分解放出氧气。过氧化钠如果与潮湿的空气接触，在迅速吸收水分后，便发生分解，会降低有效成分。

（5）聚合。聚合是指某些商品，在外界条件的影响下，能使同种分子互相加成而结合成一种更大分子的现象。例如，由于桐油中含有高度不饱和脂肪酸，在日光、氧和温度的作用下，能发生聚合反应，生成 B 型桐油块，浮在其表面，而使桐油失去使用价值。所以，储存和保管养护此类商品时，要特别注意日光和储存温度的影响，以便防止发生聚合反应，降低商品质量。

（6）裂解。裂解是指高分子有机物（如棉、麻、丝、毛、橡胶、塑料、合成纤维等），在日光、氧、高温条件的作用下，发生了分子链断裂、分子量降低，从而使其强度降低，机械性能变差，产生发软、发黏等现象。例如，天然橡胶在日光、氧和一定温度的作用下，就会变软、发黏而变质。另外，塑料制品中的聚苯乙烯，在一定条件下，也会与天然橡胶一样，发生裂变。所以，这类商品在保管养护过程中，要防止受热和日光的直接照射。

（7）老化。老化是指含有高分子有机物成分的商品（如橡胶、塑料、合成纤维等），在日光、氧气、热等因素的作用下,性能逐渐变坏的过程。商品发生老化,能破坏其化学结构,改变其物理性能,使机械性能降低,出现变硬发脆、变软发黏等现象,而使商品失去使用价值。容易老化的商品,在保管养护过程中,要注意防止日光照射和高温的影响,不能在阳光下暴晒。商品在堆码时不宜过高,以防止在底层的物品受压变形。橡胶制品切忌与各种油脂和有机溶剂接触,以防止发生粘连现象。塑料制品要避免与各种有色织物接触,以防止由于颜色的感染,发生串色。

(8) 风化。风化是指含结晶水的商品,在一定温度和干燥空气中,失去结晶水而使晶体崩解,变成非结晶状态的无水物质的现象。

3. 生化变化及其他生物引起的变化

生化变化是指有生命活动的有机体商品,在生长发育过程中,为了维持它的生命,本身所进行的一系列生理变化。如粮食、水果、蔬菜、鲜鱼、鲜肉、鲜蛋等有机体商品,在储存过程中,受到外界条件的影响和其他生物作用,往往会发生这样或那样的变化。这些变化主要有呼吸作用、发芽、胚胎发育、后熟作用、霉腐、虫蛀等。

(1) 呼吸作用。呼吸作用是指有机商品在生命活动过程中,不断地进行呼吸,分解体内有机物质,产生热量,维持其本身生命活动的现象。呼吸作用可分为有氧呼吸和缺氧呼吸两种类型。不论是有氧呼吸还是缺氧呼吸,都要消耗营养物质,降低食品的质量。有氧呼吸中呼吸热的产生和积累,往往使食品腐败变质。特别是粮食的呼吸作用,产生的热不易失散,如积累过多,会使粮食变质。同时由于呼吸作用,有机体分解出来的水分,又有利于有害微生物生长繁殖,加速商品的霉变。缺氧呼吸则会产生酒精积累,引起有机体细胞中毒,造成生理病害,缩短储存时间。对于一些鲜活商品,缺氧呼吸往往比有氧呼吸要消耗更多的营养物质。保持正常的呼吸作用,维持有机体的基本生理活动,商品本身会具有一定的抗病性和耐储性。因此,鲜活商品的储藏应保证它们正常而最低的呼吸,利用它们的生命活性,减少商品损耗,延长储藏时间。

(2) 发芽。发芽是指有机体商品在适宜条件下,冲破“休眠”状态,产生的发芽、萌发现象。发芽会使有机体商品的营养物质转化为可溶性物质,供给有机体本身的需要,从而降低有机体商品的质量。在发芽萌发过程中,通常伴有发热、生霉等情况,不仅增加损耗,而且降低质量。因此对于能够萌发、发芽的商品,必须控制它们的水分,并加强温、湿度管理,防止发芽、萌发现象的发生。

(3) 胚胎发育。胚胎发育主要是指鲜蛋的胚胎发育。在鲜蛋的保管过程中,当温度和供氧条件适宜时,胚胎会发育成血丝蛋、血环蛋。经过胚胎发育的禽蛋新鲜度和食用价值大大降低。为抑制鲜蛋的胚胎发育,应加强温、湿度管理,最好是低温储藏或截止供氧条件。

(4) 后熟作用。后熟是指瓜果、蔬菜等类食品在脱离母株后继续其成熟过程的现象。瓜果、蔬菜等的后熟作用,将改进色、香、味以及适口的硬脆度等食用性能。但当后熟作用完成后,则容易发生腐烂变质,难以继续储藏甚至失去食用价值。因此,对于这类鲜活食品,应在其成熟之前采收并采取控制储藏条件的办法,来调节其后熟过程,以达到延长储藏期、均衡上市的目的。

(5) 霉腐。霉腐是指商品在霉腐微生物作用下发生的霉变和腐败现象。在气温高、湿度大的季节,如果仓库的温、湿度控制不好,储存的针棉织品、皮革制品、纸张、香烟以及中药材等许多商品就会生霉,肉、鱼、蛋类食品就会腐败发臭,水果、蔬菜就会腐烂。无论哪种商品发生霉腐,商品体都会受到不同程度的破坏,甚至完全失去使用价值。食品发生霉腐会产生能引起人畜中毒的有毒物质。对易霉腐的商品在储存时必须严格控制温、湿度,并做好商品防霉和除霉工作。

(6)虫蛀。商品在储存期间,常常会遭到仓库害虫的蛀蚀。经常危害商品的仓库害虫有多种,仓库害虫在危害商品的过程中,不仅破坏商品的组织结构,使商品发生破碎和孔洞,而且排泄各种代谢废物污染商品,影响商品质量和外观,降低商品的使用价值,因此害虫对商品危害性也是很大的。凡是含有有机成分的商品,都容易遭受害虫蛀蚀。

三、影响储存商品质量变化的因素

商品在储存期间发生质量变化是由一定因素引起的。为了保养好商品,确保商品的安全,必须找出其变化的原因,掌握商品质量变化的规律。通常引起商品变化的因素可分为内因和外因两种,内因决定了商品变化的可能性和程度,外因是促进这些变化的条件。

1. 影响储存商品质量变化的内因

商品本身的组成成分、分子结构及其所具有的物理性质、化学性质和机械性质,决定了其在储存期发生损耗的可能程度。通常情况下,有机物比无机物易发生变化;无机物中的单质比化合物易发生变化;固态商品比液态商品稳定且易保存保管,液态商品又比气态商品稳定并易保存保管;化学性质稳定的商品不易变化、不易产生污染;物理吸湿性、挥发性、导热性都差的不易变化;机械强度高、韧性好、加工精密的商品易保管。

1) 商品的物理性质

商品的物理性质主要包括吸湿性、导热性、耐热性、透气性等。

(1)吸湿性。吸湿性是指商品吸收和放出水分的特性。商品吸湿性的大小、吸湿速度的快慢,直接影响该商品含水量的增减,对商品质量的影响极大,是许多商品在储存期间发生质量变化的重要原因之一。商品的很多质量变化都与其含水的多少以及吸水性的大小有直接关系。

(2)导热性。导热性是指物体传递热能的性质。商品的导热性与其成分和组织结构有密切关系,商品结构不同,其导热性也不一样。同时商品表面的色泽与其导热性也有一定的关系。

(3)耐热性。耐热性是指商品耐温度变化而不致被破坏或显著降低强度的性质。商品的耐热性,除与其成分、结构和不均匀性有关外,也与其导热性、膨胀系数有密切关系。导热性大而膨胀系数小的商品,耐热性良好;反之则差。

(4)透气性。商品能被水蒸气透过的性质称为透气性,商品能被水透过的性质叫透水性。这两种性质在本质上都是指水的透过性能,所不同的是,前者是指气体水分子的透过,后者是指液体水的透过。商品透气、透水性的大小,主要取决于商品的组织结构和化学成分。结构松弛、化学成分含有亲水基团,其透气、透水性都大。

2) 商品的机械性质

商品的机械性质是指商品的形态、结构在外力作用下的反应。商品的这种性质与其质量关系极为密切,是体现适用性、坚固耐久性和外观的重要内容,它包括商品的弹性、可塑性、强力、韧性、脆性等。这些商品的机械性质对商品的外形及结构变化有很大的影响。

3)商品的化学性质

商品的化学性质是指商品的形态、结构以及商品在光、热、氧、酸、碱、温度、湿度等作用下,发生改变商品本质相关的性质。与商品储存紧密相关的商品化学性质包括商品的化学稳定性、毒性、腐蚀性、燃烧性、爆炸性等。

(1)化学稳定性。化学稳定性是指商品受外界因素作用,在一定的范围内,不易发生化学分解、氧化或其他变化的性质。化学稳定性不高的商品容易丧失其使用性能。商品的稳定性是相对的,稳定性的大小与其成分、结构及外界条件有关。

(2)毒性。毒性是指某些商品能破坏有机体生理功能的性质。具有毒性的商品,主要是用作医药、农药以及化工商品等。有的商品本身有毒,有的蒸汽有毒,有的本身虽无毒,但分解化合后,产生有毒成分等。

(3)腐蚀性。腐蚀性是指某些商品能对其他物质产生破坏作用的化学性质。具有腐蚀性的商品,本身具有氧化性和吸水性,因此,不能把这类商品与棉、麻、丝、毛织品以及纸张、皮革制品等同仓储存,也不能与金属制品同仓储存。盐酸可以与钢铁制品作用,使其遭受破坏;烧碱能腐蚀皮革、纤维制品和人的皮肤;硫酸能吸收动植物商品中的水分,使它们炭化而变黑;漂白粉的氧化性,能破坏一些有机物;石灰有强吸水性和发热性,能灼热皮肤和刺激呼吸器官等。因此在保管时要根据商品不同的性能,选择储存场所,安全保管。

(4)燃烧性。燃烧性是指有些商品性质活泼,发生剧烈化学反应时常伴有热、光同时发生的性质。具有这一性质的商品被称为易燃商品。常见的易燃商品有红磷、火柴、松香、汽油、柴油、乙醇、丙酮等低分子有机物。易燃商品在储存中应该特别注意防火。

(5)爆炸性。爆炸是物质由一种状态迅速变化为另一种状态,并在瞬间以机械功的形式放出大量能量的现象。能够发生爆炸的商品要专库储存,并应有严格的管理制度和办法。

4)化学成分

(1)无机成分的商品。无机成分商品的构成成分中不含碳,但包括碳的氧化物、碳酸及碳酸盐,如化肥、部分农药、玻璃、五金及部分化工商品等。无机成分的商品按其元素的种类及结合形式,又可以分为单质商品、化合物、混合物三大类。

(2)有机成分的商品。有机成分商品是指以含碳的有机化合物为其成分的商品,但不包括碳的氧化物、碳酸与碳酸盐。属于这类成分的商品,其种类相当繁多,如棉、毛、丝、麻及其制品,化纤、塑料、橡胶制品、石油产品、有机农药、有机化肥、木制品、皮革、纸张及其制品,蔬菜、水果、食品、副食品等。这类商品成分的结合形式也不相同,有的是化合物,有的是混合物。

(3)单一成分的商品极少,多数商品含杂质,而成分绝对纯的商品很罕见。所以,商品成分有主要成分与杂质之分。主要成分决定着商品的性能、用途与质量,而杂质则影响着商品的性能、用途与质量,给储存带来不利影响。

5)商品的结构

商品的种类繁多,各种商品又有各种不同形态的结构,所以要求用不同的包装盛装。

如气态商品,分子运动快、间距大,多用钢瓶盛装,其形态随盛器而变;液态商品,分子运动比气态慢,间距比气态小,其形态随盛器而变;只有固态物品,有一定外形。

虽然商品形态各异,概括起来,可分为外观形态和内部结构两大类。商品的外观形态多种多样,所以在保管时应根据其体形结构合理安排仓容,科学地进行堆码,以保证商品质量的完好。商品的内部结构即构成商品原材料的成分结构,属于商品的分子及原子结构,是人的肉眼看不到的结构,必须借助各种仪器来进行分析观察。商品的微观结构,对商品性质往往影响极大,有些分子的组成和分子量虽然完全相同,但由于结构不同,性质就有很大差别。

总之,影响商品发生质量变化的因素很多,这些因素主要包括商品的性质、成分、结构等内在因素,这些因素之间是相互联系、相互影响的统一整体,工作中绝不能孤立对待。

2. 影响储存商品质量变化的外因

商品存储期间的质量变化,主要是商品体内部运动或生理活动的结果,但与储存的外界因素有着密切关系。这些外界因素主要包括自然因素、人为因素和储存期。

1) 自然因素

(1) 空气中的氧。空气中约含有21%的氧气。氧非常活泼,能和许多商品发生作用,对商品质量变化影响很大。如氧可以使金属商品生锈加速;氧是好氧性微生物活动的必备条件,能使有机商品发生霉腐;氧是害虫赖以生存的基础,是仓库害虫发育的必要条件;氧是助燃剂,不利于危险品的安全储存;在油脂的酸败与鲜活商品的分解、变质中,氧都是积极参与者。因此,在养护中,对于受氧气影响比较大的商品,要采取各种方法(如浸泡、密封、充氮等)消除氧气对商品的影响。

(2) 日光。日光中含有热量、紫外线、红外线等,它对商品起着正、反两方面的作用。一方面,日光能够加速受潮商品的水分蒸发,杀死杀伤微生物和害虫。在一定条件下,有利于商品的保护。但是另一方面,日光直接照射某些商品,又会发生破坏作用。如日光能使酒类挥发、油脂加速酸败、橡胶塑料制品迅速老化、纸张发黄变脆、色布褪色、药品变质等。因此要根据不同商品的特性,注意避免或减少日光的照射。

(3) 微生物和仓库害虫。微生物和仓库害虫存在是商品霉腐、虫蛀的前提条件。微生物在生命活动过程中分泌一种酶,利用它把商品中的蛋白质、糖类、脂肪、有机酸等物质,分解为简单的物质加以吸收利用,从而使商品受到破坏、变质、丧失其使用价值。同时,微生物异化作用中,在细胞内分解氧化营养物质产生各种腐败性物质排出体外,使商品产生腐臭味和色斑霉点,影响商品的外观,加速高分子商品的老化。

(4) 温度。气温是影响商品质量变化的重要因素之一。温度能直接影响物质粒的运动速度。一般商品在常温或常温以下都比较稳定,高温能够促进商品的挥发、渗漏、熔化等物理变化及各种化学变化,而低温又容易引起某些商品的冻结、沉淀等变化,温度忽高忽低,会影响商品质量的稳定性。此外,温度适宜时会给微生物和仓虫的生长繁殖创造有利条件,加速商品腐败变质和虫蛀。因此,控制和调节仓储商品的温度是商品养护的重要工作内容之一。

(5) 湿度。空气的干湿程度称为空气的湿度。空气湿度的改变,能引起商品的含水量、化学成分、外形或体态结构发生变化。湿度下降,将使商品因放出水分而降低含水量、减轻质量。如水果、蔬菜、肥皂等会发生萎蔫或干缩变形,纸张、皮革制品等失水过多,会发生干裂或脆损。湿度增高,商品含水量和质量相应增加,如食糖、食盐、化肥、硝酸铵等易溶性商品会结块;膨胀或进一步溶化,钢铁制品生锈,纺织品、竹木制品、卷烟等发生霉变或被虫蛀等。湿度适宜,可保持商品的正常含水量、外形或体态结构和质量。所以,在商品养护中,必须掌握各种商品的适宜湿度要求,按具体商品及设备,尽量创造商品适宜的空气湿度。

(6) 卫生条件。卫生条件是保证商品免于变质腐败的重要条件之一。卫生条件不良,不仅是灰尘、油垢、垃圾、腥臭等污染商品造成某些外观疵点和感染异味,而且为微生物、仓虫等创造了活动场所。因此商品在储存过程中,一定要搞好储存环境的卫生,保持商品本身的卫生,防止商品之间的感染。

(7) 有害气体。大气中的有害气体,主要来自燃料,如煤、石油、天然气、煤气等燃料放出的烟尘以及工业生产过程中的粉尘、废气等。对空气的污染,主要是氧、二氧化碳、二氧化硫、硫化氢、氯化氢和氮等气体。商品储存在有害气体浓度大的空气中,其质量变化明显。如二氧化硫气体溶解度很大,溶于水中能生成亚硫酸,当它遇到含水量较大的商品时,能强烈地腐蚀商品中的有机物。在金属电化学腐蚀中,二氧化硫也是构成腐蚀电池的重要介质之一。空气中含有 0.01% 二氧化硫,能使金属锈蚀增加几十倍,使皮革、纸张、纤维制品脆化。特别是金属商品,必须远离二氧化硫发源地。目前,主要采用改进和维护商品包装或在商品表面涂油、涂蜡等方法,减少有害气体对商品质量的影响。

2) 人为因素

人为因素是指仓储管理人员未按商品自身特性的要求或未认真按有关规定和要求作业,甚至违反操作规程而使商品受到损害和损失的情况。这些情况主要包括以下内容。

(1) 保管场所选择不合理。由于商品自身理化性质决定了不同库存物在储存期要求的保管条件不同,因此,对不同库存应结合当地的自然条件选择合理的保管场所。一般条件下,普通的黑色金属材料、大部分建筑材料和集装箱可在露天货场储存;怕雨雪侵蚀、阳光照射的商品放在普通库房及货棚中储存;要求一定温湿度条件的商品应相应存放在冷藏、冷冻、恒温、恒湿库房中;易燃、易爆、有毒、有腐蚀性危险的商品必须存放在特种仓库中。

(2) 包装不合理。为了防止商品在储运过程中受到可能的冲击、压缩等外力而被破坏,应对库存物进行适当的捆扎和包装,如果该捆扎或包装不牢,将会造成倒垛、散包,使商品丢失或损坏。某些包装材料或形式选择不当不仅不能起到保护作用,还会加速库存物受潮变质或受污染霉烂。

(3) 装卸搬运不合理。装卸搬运活动贯穿于仓储作业过程的始终,是一项技术性很强的工作。各种商品的装卸搬运均有严格规定,如平板玻璃必须立放挤紧捆牢,大件设备必须在重心点吊装,胶合板不可直接用钢丝绳吊装等。实际工作表明,装卸搬运不合理,不仅给储存物造成不同程度的损害,还会给劳动者的生命安全带来威胁。

(4) 堆码苫垫不合理。垛形选择不当、堆码超高超重、不同商品混码、需苫盖没有苫盖或苫盖方式不对都会导致库存物损坏变质。

(5) 违章作业。在库内或库区违章明火作业、烧荒、吸烟,则会引起火灾,造成更大的损失,带来更大的危害。

3）储存期

商品在仓库中停留的时间越长,受外界因素影响发生变化的可能性就越大,且发生变化的程度也越深。商品储存期的长短主要受采购计划、供应计划、市场供求变动、技术更新甚至金融危机等因素的影响,因此仓库应坚持先进先出的发货原则,定期盘点,将接近保存期限的商品及时处理,对于落后产品或接近淘汰的产品限制入库或随进随出。

第二节　商品养护管理

一、温湿度管理

商品在仓库储存过程中的各种质量变化现象,几乎都与空气温湿度有密切关系,仓储商品保管的中心环节就是控制好仓库的温湿度。

由于各种商品的性质不同,其所适应的温湿度也不同。仓库温湿度的变化对储存商品质量安全影响很大,而仓库温湿度往往又受自然气候变化的影响,这就需要仓库管理人员正确地控制和调节仓库温湿度,以确保储存商品的安全。

1. 温度

温度一般是指空气的冷热程度。空气中热量的来源,主要是由太阳通过光辐射把热量传到地面,地面又把热量传到近地面的空气中。因为空气的导热性很小,所以只有接近地面的大气层温度较高,通过冷热空气的对流使整个大气层的温度发生变化。一般来说,距地面越近,气温越高;距地面越远,气温越低。

仓库里所指的温度,库房外的叫气温,库房内的叫库温,储存商品的温度叫垛温。气温是用温度表来测定的。温度表按其所表示的方法不同而分为摄氏和华氏两种,它们都以水沸腾时的温度(沸点)与水结冰时的温度(冰点)作为基准点。

摄氏的结冰点为 0 摄氏度,沸点为 100 摄氏度,中间分 100 个等份,每 1 等份为 1 度,用符号"℃"表示。

华氏的结冰点为 32 华氏温度,沸点为 212 华氏温度,中间分 180 个等份,每 1 等份为 1 度,用符号"℉"表示。

在仓库日常温度管理中,多用摄氏表示,凡 0 摄氏度以下度数,在度数前加一个"一"号。

华氏与摄氏度数之间的相互换算公式如下。

$$℃ = 5 × (℉ - 32)/9$$
$$℉ = 9 × ℃/5 + 32$$

2. 空气湿度

空气湿度是指空气中水汽含量的多少或空气干湿的程度。空气中的水汽,主要来自江河湖海和土壤,空气中的水汽含量越多,空气湿度就越大;反之,空气湿度就越小。水汽在蒸发和凝结的过程中,要吸收或放出热量,所以它对空间的气温也有一定的影响。

表示空气湿度,主要有以下几种方法。

（1）绝对湿度。绝对湿度是指单位容积的空气里实际所含的水汽量，一般以克为单位，用 g/m^3 来表示。

温度对绝对湿度有着直接影响。在通常情况下，温度越高，水汽蒸发得越多，绝对湿度就越大；相反，绝对湿度就小。

（2）饱和湿度。饱和湿度是表示在一定温度下，单位容积空气中所能容纳的水汽量的最大限度。如果超过这个限度，多余的水蒸气就会凝结，变成水滴。此时的空气湿度便称为饱和湿度。

空气的饱和湿度不是固定不变的，它随着温度的变化而变化。温度越高，单位容积空气中能容纳的水蒸气量就越多，饱和湿度也就越大。

（3）相对湿度。空气中实际含有的水蒸气量（绝对湿度）距离饱和状态（饱和湿度）程度的百分比叫作相对湿度。也就是说，在一定温度下，绝对湿度占饱和湿度的百分比数就为相对湿度。相对湿度用百分率来表示，公式为

$$相对湿度 = \frac{绝对湿度}{饱和湿度} \times 100\%$$

相对湿度越大，表示空气越潮湿；相对湿度越小，表示空气越干燥。

空气的绝对湿度、饱和湿度、相对湿度与温度之间有着相应的关系。温度如发生了变化，则各种湿度也随之发生变化。

含有一定量水蒸气（绝对湿度）的空气，当温度下降到一定程度时所含的水蒸气就会达到饱和状态（饱和湿度）并开始液化成水，这种现象叫作结露。水蒸气开始液化成水时的温度叫作"露点温度"，简称"露点"。如果温度继续下降到露点以下，空气中超饱和的水蒸气就会在商品或其他物料的表面上凝结成水滴，此现象称为"水凇"，俗称商品"出汗"。

3. 仓库温湿度的调节与控制

货物在库储存期间，需要一个相适应的环境，以维持其质量水平。在诸多环境因素中，仓库的温度、湿度对储存货物的质量影响是很大的。因此，要根据货物的特性和质量变化规律，研究并采取一些措施来控制和调节仓库的温湿度，创造适合货物安全储存的温湿度条件，就成为货物储存保管中的一项重要的日常工作。控制调节仓库温湿度的方法很多，主要有密封、通风、吸湿等。

1）密封

密封是把货物严密地封闭在储存环境之中，以减少外界因素对货物的影响。如果密封的合理、得当，可以收到防霉、防锈、防虫、防冻等多种效果。在采取密封作业过程中，除要考察库内外温湿度的变化因素外，还应做好以下几方面的工作，方能达到预期效果。

（1）认真检查入库货物的质量。密封储存的货物，质量必须正常。商品含水量要符合安全储存要求，没有虫、霉、锈、损等异常现象，如有要经妥善处理。另外，包装材料的含水量，也应符合相关规定要求。

（2）科学确定密封时间。密封时间要按货物性质及当地气候变化规律确定。怕潮、易霉的货物，应在梅雨季节到来之前密封；怕热、易熔的货物，应在较阴凉的季节即行密封；怕干、易裂的货物，要在干燥期到来之前密封好；怕冻、易凝固的货物，可在气温较高时密封。

（3）合理选择密封材料。密封材料要按货物性质和密封目的合理选择，单独或配合使用具有不同性质（防潮、隔热、透气）的材料。

（4）做好密封后的检查管理。密封后，要定期检查温湿度状况及抽验货物质量和水分。如发现异常，要及时进行通风、吸湿，以确保商品安全。

密封的形式有整库密封、库内小室密封、货垛密封、货架（橱、柜）密封、按件（箱、筒）密封、按个密封等。在储存作业中，可按货物情况、养护需要、气候条件等灵活选用。

2）通风

通风是利用空气自然流动的规律，组织库内、外的空气交换，借以调节库内空气的温湿度，使之适应储存货物的需要。

（1）通风原理。通风是在压力差的作用下，利用空气自然流动的原理进行的。由于温度的差异，大气中不同空间的空气密度是不一样的，从而产生了压力差。空气既从温度低、密度大、压力高的地方向温度高、密度小、压力低的地方流动。这是通风的客观基础。由于库内、外温度的差异，使库内、外的空气密度、压力形成差距。尤其是门、窗、通风口内外，压力差更加悬殊。一旦开启门、窗、通风口，空气将自然流动。向风面与背风面的门、窗、通风口的距离越远，空气曲线串流，效果越好。这是通风的实践意义。

（2）通风时机。可否通风，什么情况下通风，要按照商品性能的要求，参考库内外温湿度的实际情况以及风向、风力等因素，相机通风，以达到预期目的。

（3）通风降温。利用通风降低库内温度，只要气温低于库温，即可进行。一般是在夏季，利用夜间至日出前进行。主要用于怕热、不怕湿的货物。

（4）通风升温。为适应怕冻货物的需要，可在冬季白天，选取库外气温高于库温的时机进行。

（5）通风散湿。利用通风降低库内湿度，应在判断库内、外温度、绝对湿度和相对湿度的基础上确定可否通风。当库外的相对湿度和绝对湿度都小于库内时，可以通风。主要是利用库外较干燥的空气，降低库内的湿度；当库外的温度稍高于库内，但绝对湿度和相对湿度却低于库内时，可以通风。主要是利用库外较低的湿度调节库内较高的湿度；库外相对湿度稍高于但温度和绝对湿度却低于库内时，可以通风。主要是利用库外较低的绝对湿度冲淡库内的湿度。

（6）通风提湿。储存怕干、易裂商品的仓库，可在库外湿度大时，进行通风，以适当增加库内湿度，使之适应货物性能的需要。

3）吸湿

吸湿是指在梅雨季节，库内、外的湿度都比较大，不宜通风时，在库房密封的条件下，利用吸湿剂和机械来降低库内的湿度。

（1）吸湿剂。吸湿剂具有较强的吸湿性，能够迅速吸收库内空气中的水分，进而降低库内的相对湿度。吸湿剂有吸附剂和吸收剂两类。

① 吸附剂。本身具有大量毛细孔筛，具有强烈的毛细吸附作用，在同温度下，毛孔表面水汽分压力比空气分压力低，所以能吸附空气中的水分，使空气中的水汽向毛细孔腔中扩散、凝聚。吸附剂主要有硅胶、铝胶、分子筛、活性炭等。

② 吸收剂。其表面水汽压比空气水汽压低，吸收空气水汽后，生成含有更多结晶体

的水化物,继而由固体变成液体,最后失去吸湿能力。吸收剂有氧化钙、氯化钙等。

(2) 机械吸湿。机械吸湿也是较广泛采用的方法。机械吸湿就是采用空气去湿机吸湿。其工作原理是:用压缩泵将制冷剂通过一组吸热管循环吸热,使空气中水蒸气达到露点,凝结成水,集中排去。

4) 气幕隔潮

在潮湿地区或雨季,室外湿度高且持续时间长,一般仓库打开库门作业时,便自然形成了空气交换的通道。仓库内若想保持较低的湿度,就必须防止室内外空气的频繁交换。

气幕,俗称风帘。气幕隔潮就是在库门上方安装鼓风设备,利用机械鼓风产生的强气流,在仓库门口形成一道气墙。由于这道气流有较高压力和流速,可有效阻止库内外空气自由交换,达到防止湿热空气侵入仓库的目的。

二、商品霉腐防治

由于糖类、蛋白质、脂肪和有机酸等物质是微生物生长繁殖所必需的营养物质,因此,凡是生物制品如植物的根、茎、叶、花、果及其制品,动物的皮、毛、骨、肌体、脏器及其制品,在适宜于菌类生长的条件下,都易发生霉变。一般仓库中,主要有下列各类商品容易生霉:棉麻、纸张等含纤维素较多的商品;皮毛、皮革、丝毛织物等含蛋白质较多的轻纺工业商品;鱼、肉、蛋、乳及其制品等含蛋白质较多的食品商品;烟、酒、糖、茶、干鲜果、菜等含多种有机物质的商品。

1. 影响微生物生存繁殖的外界条件

(1) 水分和空气湿度。当湿度与霉腐微生物自身的要求相适应时,霉腐微生物就生长繁殖旺盛,反之,则处于休眠状态或死亡。试验证明,只有当空气相对湿度达到 75% 以上时,多数商品的含水量才可能引起霉腐微生物的生长繁殖。因而通常把 75% 这个相对湿度叫作商品霉腐临界湿度。

各种霉腐微生物生长繁殖的最适宜相对湿度,因菌属不同略有差异。一般细菌和酵母菌,在空气相对湿度达到 90% 以上的环境中才能正常发育繁殖。多数霉菌生长的最低相对湿度为 80%～90%;在相对湿度低于 75% 的条件下,多数霉菌不能正常发育。所以在储存环境的空气相对湿度低于 75% 时,多数商品不易发生霉腐。水果、蔬菜等本身含水较多的食品,对湿度要求比一般商品高,储存适宜湿度为 85%～90%,但温度不宜过高。

(2) 温度。在霉腐微生物中,大多是中温性微生物,最适宜的生长温度为 20～30℃,在 10℃ 以下不易生长,在 45℃ 以上停止生长。由此可以看出,高温和低温对霉腐微生物生长都有很大的影响。据研究,低温对霉腐微生物生命活动有抑制作用,能使其休眠或死亡;高温能破坏菌体细胞的组织和酶的活动,使蛋白质发生凝固作用,使其失去生命活动的能力,甚至会很快死亡。酵母菌在 50～60℃ 时,5 分钟就会死亡。许多细菌在 60℃ 条件下,1 分钟就会死亡。而个别细菌具有耐寒性,如鱼类的腐败菌中,有的在 -7℃ 的条件下仍然生长。

(3) 光线。日光对于多数微生物的生长都有影响。多数霉腐微生物在日光直射下经1～4 小时即能大部分死亡。所以商品大都是在阴暗的地方才容易霉腐。日光的杀菌作用,主要是日光中的紫外线能强烈破坏菌体细胞和酶。一般微生物在紫外线灯下照射3～5分钟就会死亡。

（4）溶液浓度。多数微生物不能在浓度很高的溶液中生长。因为浓度很高的溶液能使微生物细胞脱水,造成质壁分离,使其失去活动能力甚至死亡。例如能使蛋白质腐败的细菌,在10%～15%的食盐溶液中多数不能生长;能引起食物中毒的霉腐微生物,在6%～9%的食盐溶液中也不能生存。另外多数霉腐微生物在60%～80%的糖溶液中也不能生存。因此,盐腌和蜜饯食品一般不易腐烂。但也有少数微生物对浓度高的溶液有抵抗能力,如蜜酵母能引起蜜饯食品的变质;嗜盐的盐芽孢杆菌能使盐脯食品腐败。

（5）空气成分。多数霉腐微生物特别是霉菌,需要在有氧条件下才能正常生长,在无氧条件下不形成孢子。二氧化碳浓度的增加不利于微生物生长,如果改变商品储存环境的空气成分,例如使二氧化碳逐渐增加,使氧逐渐减少,那么微生物的生命活动就要受到限制,甚至导致死亡。霉菌中的某些青霉和毛霉,当空气中的二氧化碳浓度达到20%时死亡率就能达到50%～70%,二氧化碳在空气中达50%时将全部死亡。

2. 商品霉腐的防治

加强储存商品的科学管理,控制霉腐微生物的生长繁殖条件,是防止商品霉腐的重要途径。首先,严格商品的入库验收,检验商品的含水量是否超过安全水分,对已受潮、发热或已开始霉变的商品要及时处理;其次,改善储存条件,保持库内外清洁,进行经常的杀菌消毒,尽量减少菌种;最后,加强库内温湿度管理,根据商品的不同特性和霉腐原理,保持库内温度和相对湿度的相对稳定性,抑制霉腐微生物的生长和繁殖。

在储存过程中还可以采用各种方法来防止商品的霉腐,常用以下方法。

（1）化学药剂防霉腐。对霉腐微生物具有抑制和杀灭作用的化学药剂,能使菌体蛋白质凝固或变性,破坏其细胞机能;能抑制酶的活性,破坏菌体的正常代谢;能降低菌体细胞的表面张力,改变细胞膜的通透性,导致细胞破裂或溶解。

（2）气相防霉腐。气相防霉腐是指使用具有挥发性的防霉剂或防腐剂,利用其挥发产生的气体,直接与霉腐微生物接触,杀死或抑制霉腐微生物,以达到防霉腐的目的。

（3）气调防霉腐。气调防霉腐是在密封条件下,采用缺氧的办法,抑制霉腐微生物的生命活动,从而达到防霉腐的目的。气调防霉腐主要有真空充氮防霉腐和二氧化碳防霉腐两种方法。

此外,一些商品经过低温冷藏、干燥、辐射等处理,也可以达到防霉腐的目的。

三、仓库害虫的防治

仓库害虫属于农业害虫。在移植到物流仓库这个特定环境之后,既能危害库存货物和包装,又能危害仓储用具和苫垫物料,还能危害库房建筑和设备,所以,仓库害虫是引起储存商品损耗的主要原因之一。搞好仓库害虫的防治是做好商品养护工作的一个重要组成部分。在仓储的商品中,最易招致虫害的是粮食和药材,其次是纺织品、麻制品、烟叶、竹木制品、纸张、生毛皮、茶叶、水产加工品、干果、干菜等。这些商品如遭受虫害,就会在不同程度上降低其使用价值。因此,要了解仓库害虫的生活习性和规律,采取措施,达到抑制害虫的繁殖和消灭害虫,确保商品安全的目的。

（一）仓库害虫的种类与生活习性

1. 常见的仓库害虫

仓库害虫的种类很多,目前世界上已定名的仓库害虫有 600 多种,我国有记载的有 200 余种。其中危害严重的约 70 种,危害 300 多种商品。常见的仓库害虫如下。

（1）黑皮蠹。黑皮蠹又名毛毡黑皮蠹,属于鞘翅目,皮蠹科。幼虫耐干、耐寒、耐饥能力较强。食性相当广、杂,除喜食动物性商品外,还严重危害粮食、干果、烟叶、干菜等商品。

皮蠹科除黑皮蠹外,还有花斑皮蠹、花背皮蠹、小圆皮蠹、百怪皮蠹、赤竹皮蠹和似白腹皮蠹等。

（2）竹长蠹。竹长蠹又名竹蠹,属于鞘翅目,长蠹科。喜食竹材制品及包装。长蠹科仓库害虫除竹长蠹外,危害较大的还有角胸长蠹。

（3）烟草甲。烟草甲又名苦丁茶蛀虫、烟草标本虫,属鞘翅目,窃蠹科。喜食烟叶、卷烟及部分中药材,并能危害丝毛织品及皮毛、皮革、书籍、茶叶等。

窃蠹科仓库害虫除烟草甲外,还有危害中药材、面粉及其制品的药材甲等。

（4）锯谷盗。锯谷盗又名锯胸谷盗,属鞘翅目,锯谷盗科。大多数以成虫潜伏越冬,成虫可活 140～996 天。抗寒、抗毒性强,并有假死现象,喜食干果类和含糖分较多的中药材。

（5）袋衣蛾。袋衣蛾又名负袋衣蛾,属鞘翅目,衣蛾科。成虫能结成茧袋并负袋爬行。幼虫耐寒性强,在零下 6～10℃ 的低温下不致冻死。成虫一般产卵后 1～2 天死亡。在仓库中幼虫主要危害毛制品、毛织品、毛衣、毡垫等。

衣蛾科中危害毛织制品的仓虫,还有织网衣蛾、毛毡衣蛾等。

仓库害虫除以上介绍的几种外,还有衣鱼科的毛衣鱼;蛛甲科的裸体蛾甲、白斑蛾等;天牛科的星天牛、褐幽天牛;豆象科的各种豆象以及象虫科的玉米象等。

2. 仓虫的生活习性

认识与掌握仓库害虫的生活习性,能帮助我们识别仓虫和做好防虫治虫工作。其生活习性,主要有如下几个方面。

（1）能适应恶劣的环境。仓库害虫大都能耐干、耐热、耐寒、耐饥饿、耐药。一般适宜生长的温度范围是 18～35℃,能耐 38～45℃ 的高温,在 0℃ 以下发育停止,但不易冻死;大多数仓库害虫(除白蚁等外)能耐干,能生活于含水量很少的食物中。大部分仓库害虫能经长时间的饥饿而不死。如花斑皮蠹饿几个月亦不死亡,只是体形缩小,获食后又能复原。

（2）繁殖力强,繁殖期长。仓库害虫在适宜的环境下,大多数一年内能继续不断地繁殖,而且能持续繁殖 2～3 年之久。虫卵的孵化率较高,例如花斑皮蠹的成虫,一次产卵多达一百多粒,一年可繁殖 2 代。

（3）食性广而杂。仓库害虫是多食性或杂食性的害虫,但各种仓虫所喜食的东西有所不同,有的喜食植物质,如绿豆象、锯谷盗等,有的喜食动物质,如皮蠹属种类。仓虫的食性不但极其复杂,而且有时还离奇得难以理解。例如,药材甲虫专吃中药材中的莨菪、附子等毒品,而且摄取锡箔、铅板、铅皮等。

(4) 趋性不同。仓虫受到外界环境的刺激,就会引起某种行动,这一特性即称为趋性。趋性分为正趋性和负趋性两种。趋向刺激来源的运动叫正趋性,背着刺激来源的运动叫负趋性。

趋光性是由光的作用所引起的运动。大多数蛾类都具有正趋光性,甲虫、白蚁则为负趋光性。趋温性即由于热的作用所引起的运动。仓虫是变温动物,并且各有其最适宜的温度界限。如果环境温度高于它们生活的最适温度,它们就表现出负的趋温性,向别处移动。如果环境温度低于它们生活的最适温度,它们就向较高的温度方向行动,表现出正的趋温性。利用仓虫趋温性的特点,可以使用热源检查库内的害虫。趋化性即对由于化学物质刺激所引起的反应,这种趋性表现于仓虫的觅食及寻找异性方面。如用糖浆拌和毒药可以引诱来很多蛾子,蛾类对糖浆有正趋性。相反的如尼古丁、奈等升华的气体,可以使有些仓虫回避,表现为负趋化性。同类仓虫异性间性诱剂散发的气味,即使是很微量的,也能将不同的异性从很远的地方引诱过来。所以,我们可以利用这种趋性对仓虫进行诱杀或驱避。

3. 仓库害虫的来源

库房内的仓虫除大部分是从田间或仓外飞入库房里外,其他来源如下。

(1) 仓库内或商品加工场所潜藏的害虫,并未加以清除而繁殖蔓延。

(2) 运输工具或包装材料、仓库用具感染仓虫,以致繁殖传播。

(3) 商品本身或使用的原料中寄生有虫卵,未经处理,入库后便繁殖蔓延。

(4) 未生虫商品和已生虫的商品放在一起,相互感染,从而繁殖传播。

(5) 保管商品的场所不清洁,周围的垃圾等污物中潜藏有仓虫或虫卵,以致传播蔓延。

(二) 仓库害虫的防治

仓库害虫的防治方法包括以下几种。

1. 清洁卫生法

防治仓库虫害感染的基本方法是做好储存环境的清洁卫生工作。在干净、整洁的储存环境中,仓虫不适宜生存,因此清洁的环境是仓虫渐趋死亡的一种限制性措施。清洁是一项经常而细致的工作,既要做到彻底扫除、清理仓具、嵌缝粉刷等,还要在清洁的基础上用药物进行空仓消毒、实仓消毒和器材用具的消毒。为了防止害虫的传染和蔓延,要严格做好隔离工作,将已感染虫害的货物封锁在一定区域。

2. 物理机械法

采用自然的或人为的高、低温作用于仓虫时,这种温度必须超过仓虫生命活动所不能容忍的界限,才能破坏虫体的生理机能达到致死的目的。高温杀虫的方法有日光暴晒、蒸汽热杀、沸水浸烫等。低温致死害虫的方法有库外冷冻、趁冷入库密封和库内通冷风等。另外,还可以利用风车、筛子等人工器械进行清理,将害虫排出。

3. 化学药剂法

化学药剂防治是利用药剂破坏害虫的生活机能以致死。这是彻底的、歼灭性的方法，兼有防与治的作用。

(1) 药剂类型有以下几种。

① 胃毒剂。用药剂拌和食物，仓虫取食后，进入消化道及其他内脏发挥毒效而致死。

② 触杀剂。药剂接触仓虫后，通过仓虫体壁表层或膜质进入虫体，使其生理机能发生障碍而死亡。

③ 熏蒸剂。利用药物挥发有毒气体，通过仓虫的呼吸器官或透过仓虫的体壁进入虫体，使仓虫中毒死亡。

(2) 药剂使用方法有以下几种。

① 驱避。利用易挥发并具有特殊气味的毒性固体药剂，放入商品包装或密封的货垛内，使药物挥发出来的气体在商品周围经常保持一定的浓度，以杀灭仓虫或使仓虫不敢接近。

② 喷射。将接触性药剂直接喷射于虫体，仓虫通过皮肤接触药物，而进入体内与神经纤维接触，促使肌肉过度收缩，从而麻痹神经致死。

③ 熏蒸。利用熏蒸药剂容易挥发、扩散性强、渗透力大的特性，在密闭空间杀灭仓虫。

四、金属制品防锈

腐蚀是金属材料和制品在环境介质的作用下发生化学或电化学反应所引起的破坏现象。习惯上人们所讲的锈蚀通常是指金属在大气中的腐蚀。金属制品的腐蚀不仅影响商品的外观和质量，而且严重时会失去其使用价值。因此，防止金属制品的腐蚀也是商品养护的一项重要工作。

1. 金属腐蚀的机理

金属材料和制品的腐蚀，形式多样，类型不一，但就其腐蚀机理来看，不外乎化学锈蚀腐蚀和电化学锈蚀腐蚀两大体系。仓储金属制品的腐蚀过程中，单纯的化学腐蚀是较少见的，更多的是电化学腐蚀。

(1) 化学腐蚀。化学腐蚀是指金属在干燥气体或非电解液的作用下，与某些物质如空气中的氧、二氧化硫、硫化氢等直接发生化学所引起的腐蚀现象。如在高温下金属的氧化就属于此。化学腐蚀所生成的化合物可在金属表面形成一层薄膜，在不同程度上具有抑制腐蚀继续进行的作用。其膜越是致密、坚实、完整，抑制作用越好。这种抑制作用被称为膜的"自行制动"作用。在常温下，其化学腐蚀的速度是很缓慢的，化学腐蚀一般不会造成金属的严重损失。

(2) 电化学腐蚀。电化学腐蚀是指具有不同电极电位的金属互相接触，在有电解质溶液存在的情况下，电极电位低的金属(比较活泼的金属)作为阳极，电极电位高的金属作为阴极，两极之间有电流产生，所引起的金属腐蚀现象。

造成电化学腐蚀有三个基本条件：①不同金属之间(或同一金属的各部分之间)存在

电极电位差;②具有不同电极电位差的金属处于互相接触之中;③该金属表面有电解质溶液存在。

电化学腐蚀又分为大气腐蚀、海水腐蚀、土壤腐蚀等。在仓库发生的腐蚀主要是大气腐蚀,即常温下金属在潮湿空气中发生的腐蚀。空气中的水汽凝聚在金属表面形成水膜,空气中的有害气体(如二氧化硫)溶于水膜中形成电解质溶液。而且由于金属各部分之间存在着化学成分的不均匀性、晶体组织的不均匀性和物理状态的不均匀性,因而有不同的电极电位,能构成阳极和阴极。这就具备了产生电化学腐蚀的基本条件。造成金属腐蚀的主要原因是电化学腐蚀。

2. 金属腐蚀的影响因素

(1) 影响金属腐蚀的外界因素。

① 空气的温湿度。金属制品的腐蚀,只有在金属表面结成一层水膜时,腐蚀才能发生。而这种水膜的形成,就是由空气的温湿度决定的。一般在空气相对湿度低于70%时,金属表面不易形成水膜,当相对湿度上升到85%以上时,水膜的形成就足以使电化学腐蚀顺利地进行。温度对金属腐蚀的直接影响不大,但是空气的温度与湿度却决定金属表面水膜的形成和腐蚀。如在白天气温较高、相对湿度较低的情况下,虽不致引起水膜的形成和腐蚀,但当夜间温度下降,绝对湿度较高时,金属表面就有可能出现结露现象,并会引起金属的腐蚀。

② 空气中的有害气体和灰尘。空气中含有的二氧化硫、硫化氢、氯化氢等气体会加速金属的腐蚀。特别是在相对湿度较大的条件下,二氧化硫气体含量在很大程度上决定腐蚀的速度。空气中的灰尘附在金属表面,比较容易形成水膜,若灰尘属于电解质,就会加速金属的腐蚀。

(2) 金属材料本身的原因。金属材料在组织结构、化学成分、理化性质、表面状态、应力状态等方面存在各种各样的不均匀性和热、冷加工而产生的不均匀性,从而引起电极电位不均会影响或加速腐蚀。

3. 金属制品防锈

在仓库里,对影响金属锈蚀的内在因素无法改变和控制,所以只能根据影响金属腐蚀的外界因素,采取相应的措施。

(1) 防水防潮,保持干燥。在露天存放的金属材料和设备,主要应预防大气降水(雨、雪、雾、霜、露等)的直接侵蚀,做好下垫上苫;存入料棚的金属材料应主要防止漏雨和涌雨;金属库房应保持干燥,其相对湿度应控制在临界湿度以下。为了达到这个目的可综合采用通风、密封、吸湿等方法。

(2) 避免库内温度的急剧变化。库温度的变化直接影响大气的饱和湿度。如果库内温度骤然下降,就有可能出现结露现象,应尽量缩小库内外的温差和库房内昼夜的温差。特别是在冬季,白天供暖温度较高,夜间不供暖温度下降,很容易发生结露现象。另外,在冬季,库外的金属材料或设备,应选择库内、外温差小的时机入库,否则温度很低的金属材料入库后与温度比较高的空气接触,有可能出现结露现象。对于有包装的仪器设备,入库后可先放置一段时间,待设备的温度与库内气温相接近时,再进行拆装。

（3）尽量避免有害气体的影响。如前所述,有害气体对金属腐蚀产生直接的影响。有害气体主要是工业废气,室内的仓库很难避免,但可以采取一些措施,减小其危害程度。例如仓库是露天料场,应与产生工业废气的工厂、车间、铁路干线、锅炉房、浴池等保持一定的距离,库房应具有较好的密封性;保管场所应处于有害气体源的上风处等。

（4）防尘除尘,搞好卫生。金属材料上落上灰尘,将会加速金属的腐蚀,所以无论是库房还是料棚、料场的存料,都应注意防尘和除尘。防尘主要是通过对物资的苫盖和密封,而除尘则应使用除尘器。另外,应使物资仓库远离储灰场、储煤场和储砂场。仓库范围内应硬化地面和绿化库区,防止起尘。库区内不应堆放垃圾及杂物,保持库区的清洁卫生。

（5）文明装卸,防止机械损伤。新出厂的金属材料,特别是新轧制的钢材,表面有一层氧化膜,有一定的防护作用;有些金属材料及制品,出厂前已经进行了表面钝化处理,有较好的防腐蚀性能。物资在装卸搬运过程中,应注意文明装卸,保持防护膜不受损坏。

第三节　仓储安全管理

现代仓储的安全管理是其他一切管理工作的前提和基础,具有十分重要的意义。现代仓库的安全管理主要包括现代仓储设施、设备、仓储商品等物质的安全管理和仓库保管人员的人身安全管理两大方面。现代仓库不安全的因素,包括火灾、水灾、爆炸、盗窃、破坏等,还有放射性物品、腐蚀性物品、有毒物品均会对现代仓库管理人员人身安全造成威胁。只有努力克服和预防这些不安全的因素,才能保证现代仓库的安全,也才能使仓库的生产活动得以正常进行。

一、仓储治安管理

仓储治安管理的总任务是采取一切措施,提高警惕,防止各种事故的发生,保卫仓库及仓储物资的安全。仓库要深入做好有关安全保卫的宣传和教育工作,提高广大职工的认识,把安全保卫工作落实到每项具体工作中去,变为广大职工的自觉行动,坚决打击一切破坏活动;严格执行各项安全保卫制度和防火措施,如严禁把火种带入库区,严格遵守危险品保管规程,加强安全检查工作,使事故消灭在萌芽状态之中。

1. 仓库治安保卫工作的任务

仓库的保卫工作是仓库安全管理的重要组成部分。一般情况下,仓库都设有保卫机构或专职保卫人员。仓库保卫机构的组织形式应根据仓库规模的大小、作业特点及所储物资对国民经济的重要程度来确定。仓库保卫机构在仓库党、政领导下进行工作,业务上受公安机关和上级保卫部门的双重领导。它的主要任务是协同仓库有关职能部门和群众性组织,以高度的警惕,搞好"六防"工作,即防破坏、防盗、防火、防中毒、防工伤事故、防灾害性事故,维护仓库内部治安,同一切破坏仓库的坏人坏事作坚决的斗争,确保安全。小型仓库不必单独设立保卫机构,可以配备专职或兼职的保卫干部。保卫工作在本单位党组织的领导下进行工作,业务上受公安机关和上级保卫部门的双重领导。保卫机构的成员,要贯彻执行群众路线,围绕生产,结合各个时期的中心任务,做好安全保卫工作。

仓库保卫机构负责对仓库内群众性治安保卫委员会的组织领导,对警卫人员进行经常性的政治思想和业务教育,增强组织纪律性,密切联系群众,提高他们的政治思想水平和业务能力,维护内部治安,保证仓库安全。

2. 仓库治安保卫管理制度

治安保卫工作是仓储长期性的工作,需要采取制度性的管理措施。通过规章制度确定工作要求、工作行为规范、明确岗位责任,通过制度建立管理系统,及时顺畅地交流信息,随时堵塞保卫漏洞,确保及时、有效的保卫反应。

仓库需要依据国家法律、法规,结合仓储治安保卫的实际需要,以保证仓储生产高效率进行,实现安全仓储,防止治安事故的发生为目的,以人为本的思想,科学地制定治安保卫规章制度。仓库所订立的规章制度不得违反法律规定,不能侵害人身权或者其他合法权益,避免或者最低限度地减少妨碍社会秩序,有利于促进安全生产。

为了使治安保卫规章制度得以有效执行,规章制度需要有相对的稳定性,使每一位员工家喻户晓,以便按照执行、照章办事。但是随着形势的发展、技术的革新、环境的变化,规章制度也要适应新的需要进行相应修改,使之更符合新形势下的仓库治安保卫工作的需要。规章制度的修改,意味着新一轮的制度学习和宣贯的开始。

仓库治安保卫的规章制度既有独立的规章制度,如安全防火责任制度,安全设施设备保管使用制度,门卫值班制度,车辆、人员进出仓库管理制度,保卫人员值班巡查制度等,也有合并在其他制度之中,如仓库管理员职责、办公室管理制度、车间作业制度、设备管理制度等规定的治安保卫事项。

3. 仓库治安保卫工作的内容

仓库的治安保卫工作主要有防火、防盗、防破坏、防抢、防骗、员工人身安全保护、保密等工作。治安保卫工作不仅有专职保安员承担的工作,如门卫管理、治安巡查、安全值班等,还有大量的工作由相应岗位的员工承担,如办公室防火防盗、财务防骗、商务保密、仓库员防火、锁门关窗等。仓库主要的治安保卫工作及要求如下。

(1)守卫要害部位。仓库需要通过围墙或其他物理设施隔离,设置一至两个大门。仓库大门是仓库与外界的连接点,是仓库地域范围的象征,也是仓储承担货物保管责任的分界线。大门守卫是维持仓库治安的第一道防线。大门守卫负责开关大门,限制无关人员、车辆进入,接待入库。

办事人员实施身份核查和登记,禁止入库人员携带火源、易燃易爆物品入库,检查入库车辆的防火条件,指挥车辆安全行驶、停放,登记入库车辆,检查出库车辆,核对出库货物和物品放行条和实物,并收留放行条,查问和登记出库人员携带的物品,特殊情况下查扣物品、封闭大门。

危险品仓、贵重物品仓、特殊品储存仓等要害部位应安排专职守卫看守,限制人员接近,防止危害、破坏和失窃。

(2)巡逻检查。由专职保安员不定时、不定线、经常地巡视整个仓库区每一个位置的安全保卫工作。巡逻检查一般安排两名保安员同时进行,携带保安器械和强力手电筒。查问可疑人员,检查各部门的防卫工作,关闭确实无人的办公室、仓库门窗、电源,制止消防器材挪作他用,检查仓库内有无发生异常现象,停留在仓库内过夜的车辆是否符合规定等。巡逻检查中发现不符合治安保卫制度要求的情况,采取相应的措施处理或者通知相应部门处理。

(3)防盗设施、设备使用。仓库的防盗设施大到围墙、大门,小到门锁、防盗门、窗,仓库根据法规规定和治安保管的需要设置和安装。仓库具有的防盗设施如果不加以有效使用,都不能实现防盗目的。承担安全设施操作的仓库员工应该按照制度要求,有效使用配置的防盗设施。

仓库使用的防盗设备除专职保安员的警械外,主要有视频监控设备、自动警报设备、报警设备,仓库应按照规定使用所配置的设备,专人负责操作和管理,确保设备的有效运作。

(4)治安检查。治安责任人应经常检查治安保卫工作,督促照章办事。治安检查实行定期检查与不定期检查相结合的制度,班组每日检查、部门每周检查、仓库每月检查,及时发现治安保卫漏洞、安全隐患,采取有效措施及时消除。

(5)治安应急。治安应急是仓库发生治安事件时,采取紧急措施,防止和减少事件所造成的损失的制度。治安应急需要通过制定应急方案,明确确定应急人员的职责,发生事件时的信息(信号)发布和传递规定,以经常的演练来保证实施。

二、仓储消防安全管理

(一)火灾的分类

火灾是指在时间和空间上失去控制的燃烧所造成的灾害。

根据 2007 年 6 月 26 日公安部下发的《关于调整火灾等级标准的通知》,新的火灾等级标准由原来的特大火灾、重大火灾、一般火灾三个等级调整为特别重大火灾、重大火灾、较大火灾和一般火灾四个等级。

特别重大火灾:造成 30 人以上死亡,或者 100 人以上重伤,或者 1 亿元以上直接财产损失的火灾。

重大火灾:造成 10 人以上 30 人以下死亡,或者 50 人以上 100 人以下重伤,或者 5 000 万元以上 1 亿元以下直接财产损失的火灾。

较大火灾:造成 3 人以上 10 人以下死亡,或者 10 人以上 50 人以下重伤,或者 1 000 万元以上 5 000 万元以下直接财产损失的火灾。

一般火灾:造成 3 人以下死亡,或者 10 人以下重伤,或者 1 000 万元以下直接财产损失的火灾。(注:"以上"包括本数,"以下"不包括本数。)

《火灾分类》(GB/T 4968—2008)指出,火灾根据可燃物的类型和燃烧特性,分为 A、B、C、D、E、F 六大类。

A 类火灾:固体物质火灾。这种物质通常具有有机物质性质,一般在燃烧时能产生灼热的余烬。如木材、干草、煤炭、棉、毛、麻、纸张等火灾。

B 类火灾:液体或可熔化的固体物质火灾。如煤油、柴油、原油、甲醇、乙醇、沥青、石蜡、塑料等火灾。

C 类火灾:气体火灾。如煤气、天然气、甲烷、乙烷、丙烷、氢气等火灾。

D 类火灾：金属火灾。如钾、钠、镁、铝镁合金等火灾。

E 类火灾：带电火灾。物体带电燃烧的火灾。

F 类火灾：烹饪器具内的烹饪物（如动植物油脂）火灾。

（二）燃烧的基本理论

所谓燃烧，是可燃物分解或挥发出的可燃气体，与空气中的氧剧烈化合，同时发出光热的反应过程。燃烧是有条件的，只有当同时具备可燃物、助燃物和着火热源，并且它们相互作用时，燃烧才能发生，这三个条件通常也被称为燃烧的三要素。从三要素理论可以知道，只要缺少一个燃烧条件，燃烧就不会发生，所以仓库防火的措施就是千方百计抑制某一燃烧条件，从而达到防火目的。

从仓库的具体情况来看，我们会发现，库存中的绝大多数货物及其包装材料，以及仓库中的许多设备、设施的结构都是可燃物，其中还会有一部分易燃物甚至自燃物。仓库中存在可燃物具有客观性，不能因为某种货物可燃或易燃就不储存了。助燃物的主要成分是空气中的氧，而氧充斥在自然空间中，仓库也不例外（气调仓库除外）。最后剩下着火热源，尽管着火热源在仓库中也广泛存在，但与上述两个条件比起来是可以控制的。因此，仓库防火措施主要从控制着火热源入手。

仓库中可能引发火灾的着火热源比较多，列举如下。

明火：如使用油灯、蜡烛、电石灯照明，利用炭炉、煤炉、电炉取暖，在库内或库区焚烧树叶、杂草、包装物，打火吸烟等。

火花：如内燃式装卸搬运机械及运输车辆排烟管排出的火花，库区及周围烟囱带出的火花，金属气割、电焊产生的火花，电动机及电器开关产生的火花，金属撞击所产生的火花，静电放电产生的火花等。

热能：如来自日光（主要是红外线）的热能，物质发生化学反应放出的热能，供暖及照明设备放出的热能，物体互相摩擦产生的热能等。

其他：如雷电、爆炸、配电线短路等。

（三）仓库防火措施

物流仓库的消防工作非常重要，它直接关系到仓库安全，必须给予高度重视。消防工作应切实贯彻"预防为主，防消结合"的方针，并自觉接受公安机关的监督。消防工作的重点是预防火灾的发生，同时对灭火也要做好充分的准备。

根据物流仓库发生火灾的不安全因素，应采取相应的防火措施。

（1）严格管理火种火源。库区内要严禁吸烟，不准携带火柴、打火机进入危险品库区，可单独设置吸烟室；不准用火炉、电炉取暖；不准在库内和库区点火燃烧杂物等。

（2）仓库附属装置必须满足防火安全的要求。仓库照明灯具应与货架或货垛间应保持一定的安全距离；危险品仓库、配电线路不能设置明线，导线应有足够的安全断面，并使用安全导管，采用防爆灯具，开关及保险装置设置在库外；库内供暖以水暖为好，其散热比较均匀；产生可燃性和腐蚀性气体的仓库，其通风机械应选用吸入式；危险品仓库应安装避雷装置等。

（3）加强对装卸运输设备的防火管理。凡进入仓库的机动车辆和装卸搬运机械,其烟管均应加装防火罩;进入储油区的车辆,停车后应立即关闭发动机,油罐装卸油时,应接好地线,内燃式装卸搬运设备及车辆,不得驶入危险品库内;库内起重机的供电,以拖缆式供电方式为宜。

（4）加强对危险品和自燃物品的妥善保管。石油产品、火工品、氧化剂、压缩气体及液化气体等,受到外界的作用比较容易燃烧和爆炸,所以在储存保管中必须格外留心、加倍注意,要防高温、防日晒、防外溢、防止剧烈振动等。

（5）严格执行仓库作业操作规程。危险品的装卸搬运作业,必须严格按照操作规程进行,不得有丝毫疏忽。

（6）建立健全必要的规章制度。为了预防火灾的发生,物资仓库必须建立相应的防火安全制度,并严格遵守,如门卫制、库区巡回检查制、库区防火须知、消防器材检查更换制、消防安全奖惩制等。

（四）仓库灭火系统

仓库虽然要把防火放在首位,但万一发生火险,必须有足够的准备和能力及时加以扑灭,控制其蔓延,减少损失。因此仓库必须配置适量的灭火工具和设备设施,建立起一个高效的灭火系统。

1. 灭火的基本方法

（1）隔离法。隔离法是把燃烧物或燃烧物周围的可燃物与火场隔离或转移,使火势由于缺少可燃物不能扩展蔓延而停止燃烧。如将燃烧物迅速转移到安全地带,将燃烧物附近的燃烧物和助燃物移走,拆除与燃烧物连接的可燃建筑结构,阻止可燃液体向四处溢流,切断电源,拆除供电线路等。

（2）冷却法。任何可燃物的燃烧必须达到其燃点才能进行。当温度低于燃点温度时,燃烧就会终止。除冷却燃烧物外,还可冷却燃烧物附近的可燃物或建筑物,使其温度降低到不致受燃烧辐射热或火焰的影响也开始燃烧的程度。最常采用的冷却方法是密集高压水或雾状水。

（3）窒息法。窒息法是指减少或断绝氧气的供给,造成缺氧的环境,使燃烧减缓和停止。它主要是利用不燃气体(如水蒸气、二氧化碳等)、泡沫、砂土、浸水棉麻织物覆盖在燃烧物之上,使周围的氧不能进入燃烧区,燃烧物由于供氧不足而自行熄灭。

2. 常用的灭火剂

燃烧的冷却、窒息和隔离主要通过灭火剂实现。常用的灭火剂有水、泡沫、不燃气体(二氧化碳)、卤代烷、干粉等。

（1）水。水是来源广泛的天然灭火剂。其灭火原理如下。

① 冷却作用。水的热容量和汽化热都比较大。1kg 的水温度升高 1℃,需要 4 200J 的热量;若升到 100℃,则需要 420kJ 的热量。达到沸点的 1kg 水,全部变成蒸汽时,需要吸收 2 264kJ 量。

② 窒息作用。1kg 的水汽化后,能变成 1 720L 蒸汽,能冲淡空气中氧的比例,并阻止

周围的空气进入燃烧区。当空气中含有 30%（体积）以上的水蒸气时,燃烧就会因缺氧而熄灭。

③ 乳化作用。雾状水滴与重质石油产品相接触,在石油表面能形成一层乳化层,可降低燃烧石油的蒸发速度,促使燃烧停止。

④ 冲击作用。当用密集水流灭火时,水流强烈地冲击火焰,使火焰中断而熄灭。

⑤ 稀释作用。水可稀释溶于水的可燃液体(如酒精),使其挥发速度降低,可燃气体的浓度被冲淡,使之难以燃烧。

用水灭火具有上述综合作用,效果良好,但并非所有火灾都能用水灭火。下列物质引起的火灾不能用水扑灭:a. 碱金属,因为碱金属与水作用生成氢气并放出大量的热,容易引起爆炸;b. 炭化碱金属和氢化碱金属,因为炭化碱金属(如炭化钾、炭化钠、炭化钙、炭化铝等),遇水生成可燃气体,同时放出热能,引起燃烧;c. 三酸(盐酸、硫酸和硝酸),因为密集水能引起酸的飞溅、溢出,飞溅溢出的酸,与可燃物质接触时,有引起燃烧的危险,必要时可使用雾状水;d. 轻于水且不溶于水的易燃液体,因为水遇到这种液体,便沉入底层,不能起灭火的作用,同时由于易燃液体受到水的排挤,容易溢出,造成火势蔓延,如汽油、煤油、柴油等,但原油和重油可使用雾状水灭火;e. 未切断电源的电气设备,因水是导体,可导电,当用密集水柱灭火时,水一遇到带电物体,电流就会沿水柱导向持水枪的人身,造成触电事故,但用雾状水基本上没有危险。

(2) 泡沫。泡沫的作用主要是窒息作用,同时也有一定的冷却作用。泡沫是体积较小、表面被液体所包围的气泡群。主要用于扑灭可燃液体和易燃液体的火灾。泡沫分为化学泡沫和空气机械泡沫。其灭火原理是因为泡沫轻,流动性好,持久性和抗烧性强,导热性差,黏着力大,能迅速流散和漂浮在着火的液面上,形成严密的覆盖层,起到窒息作用。另外,泡沫也能吸收一定的热量,具有一定的冷却作用。

(3) 二氧化碳灭火剂。二氧化碳(CO_2)在常温下为无色无味的气体,比空气重,不燃烧,不助燃,能稀释空气,相对地减少空气中氧气的含量。当燃烧区域空气中氧气的含量低于 12%,或者二氧化碳的浓度达到 30%~35% 时,绝大多数的燃烧都会熄灭。二氧化碳灭火剂是以液态的形式加压充装在灭火器中的,当阀门一打开,喷出的二氧化碳会变成雪花状的固体,温度很低,对燃烧物有一定的冷却作用。因为二氧化碳不含水、不导电、无污染,所以可用于扑救电气、仪器仪表、贵重设备、图书档案等的火灾。

(4) 卤代烷灭火剂。卤代烷灭火剂是 20 世纪 60 年代发展起来的效率高、不留痕迹、绝缘性能好、腐蚀性小的灭火材料,适用于扑救易燃液体、气体、精密仪器和电气设备的火灾。卤代烷灭火剂都含有卤素原子(氟、氯、溴),它是由碳氢化合物中的氢原子被卤族原子取代后而生成的化合物。卤代烷灭火剂的灭火原理是对燃烧的化学反应起抑制作用,其作用是通过夺去燃烧连锁反应中的活泼性物质来完成的,这一过程称为断链过程或抑制过程。

(5) 干粉灭火剂。干粉灭火剂又称粉末灭火剂,它是一种干燥的、易于流动的微细固体粉末。其成分是由基料和防潮剂、流动促进剂、结块防止剂等添加剂所组成。基料的含量一般在 90% 以上。常用的干粉灭火剂有小苏打干粉灭火剂、改性钠盐干粉灭火剂、氨基干粉灭火剂、全硅化小苏打干粉灭火剂等。

3. 自动报警灭火系统

所谓自动报警灭火系统,是将报警与灭火联动并加以控制的系统。一旦发生火灾,火灾产生的烟雾、高温和光辐射使感烟、感温、感光等火灾探测器产生感应(如离子感烟探测器、光电感烟探测器、激光感烟探测器、定温式探测器、差温探测器、红外光辐射探测器、紫外光辐射探测器等),将接收到的发生火灾的信号转变成电信号输入自动报警器,并立即以声、光信号向人们发出警报,同时指示火灾发生的部位。接着控制装置发出指令性动作,打开自动灭火设备的阀门喷出灭火剂,将火灾扑灭。

自动报警灭火控制系统分为有管网系统和无管网独立系统两种类型。有管网系统保护面积大,可保护多个区域;无管网独立系统只能保护一个独立单元或区域。

自动报警灭火控制装置有多种类型,按自动化程度来分,可分为全自动报警灭火系统、半自动报警灭火系统和手动报警灭火系统。火灾的自动报警装置与自动灭火装置可分别设置,也可合为一体。

火灾自动报警装置的作用主要是将感烟、感温、感光等火灾探测器接收到的火灾信号,用灯光显示出火灾发生的部位,并以声响报警,提示人们尽早尽快采取灭火措施。

火灾自动灭火装置有喷水灭火系统、二氧化碳灭火系统、1211(二氟一氯一溴甲烷)灭火系统、干粉灭火系统、泡沫灭火系统等。以二氧化碳自动灭火系统为例,其整个系统是由二氧化碳容器、瓶头阀、管道、喷嘴、操作系统及附属装置等所组成。该系统的启动方式有手动和自动两种。当采用自动方式时,探测器探测到发生火灾后,立即发出声响报警,并通过控制盘打开启动用气容器的瓶头阀,放出启动气体,打开选择阀和二氧化碳储存钢瓶的瓶头阀,从而喷射出二氧化碳进行灭火。

思 考 题

一、选择题

1. 商品的化学变化形式不包括( )。
　　A. 水解　　　　　B. 串味　　　　　C. 裂解　　　　　D. 曝光

2. ( )在碱性溶液中容易水解,在酸性溶液中却比较稳定。
　　A. 羊毛　　　　　B. 肥皂　　　　　C. 棉纤维　　　　D. 漂白粉

3. 某些商品在外界条件的影响下,能使同种分子互相加成而结合成一种更大分子的现象是( )。
　　A. 化合　　　　　B. 聚合　　　　　C. 老化　　　　　D. 风化

4. 天然橡胶在日光、氧和一定温度的作用下,就会变软、发黏而变质的现象是( )。
　　A. 氧化　　　　　B. 分解　　　　　C. 裂解　　　　　D. 老化

5. 既有益又有害的生化变化是( )。
　　A. 呼吸　　　　　B. 发芽　　　　　C. 霉腐　　　　　D. 胚胎发育

6. 反映商品的弹性、可塑性、强力、韧性、脆性等是商品的( )。
　　A. 物理性质　　　B. 机械性质　　　C. 化学性质　　　D. 结构

7. 下列不属于有机成分商品的是(　　)。

　　A. 棉制品　　　　　B. 橡胶制品　　　　C. 碳酸盐　　　　　D. 石油产品

8. 一般在夏季降低湿度的适宜时间是(　　)。

　　A. 早晨6点至下午4点　　　　　　　　B. 夜间22点以后至次日早晨6点

　　C. 下午4点至夜间22点　　　　　　　D. 早晨8点至下午5点

9. 通常把(　　)这个相对湿度叫作商品霉腐临界湿度。

　　A. 70%　　　　　　B. 75%　　　　　　C. 80%　　　　　　D. 85%

10. 可用于皮革制品等日用工业品的防霉的是(　　)。

　　A. 化学药剂防霉腐　　　　　　　　　B. 气相防霉腐

　　C. 气调防霉腐　　　　　　　　　　　D. 以上皆可

11. 尼古丁、奈等升华的气体,可以使有些仓虫回避,表现为(　　)。

　　A. 趋光性　　　　　B. 趋温性　　　　　C. 正趋化性　　　　D. 负趋化性

12. 下列(　　)燃烧后,可以用水灭火。

　　A. 碱金属　　　　　B. 硝酸　　　　　　C. 汽油　　　　　　D. 酒精

13. 扑救电气、仪器仪表、贵重设备、图书档案等的火灾,最好采用(　　)。

　　A. 泡沫　　　　　　B. 干粉灭火剂　　　C. 二氧化碳灭火剂　D. 水

二、填空题

1. 商品养护的基本方针包括_____、_____、_____、_____、_____。

2. 物理机械变化的形式包括_____、_____、_____、_____、_____、_____、_____。

3. 化学变化的形式包括_____、_____、_____、_____、_____、_____。

4. 生化变化的形式包括_____、_____、_____、_____、_____、_____。

三、简答题

1. 商品养护的基本措施有哪些?

2. 影响储存商品质量变化的因素有哪些?

3. 控制调节仓库温湿度的方法有哪些?

4. 影响微生物生存繁殖的外界条件有哪些?

5. 在储存过程中可以采用哪些常用的方法来防止商品的霉腐?

6. 仓库害虫的防治经常采用哪些方法?

7. 造成金属锈蚀的影响因素有哪些?

8. 仓库经常采用的防火措施有哪些?

四、案例分析

2008年12月8日18时27分,位于上海普陀区未来岛高新科技园区绥德路669号的世界500强企业法国施耐德电气(中国)投资有限公司上海分公司的物流仓库突然着火,过火面积约5 000m²,所有东西毁之一俱。报警后近50辆消防车,200多名消防官兵迅速赶到现场救援,经过消防官兵2个多小时的扑救,仓库内明火被扑灭。

消防有关专家告诉记者,此次着火的是施耐德电气上海分公司的物流仓库,物流仓库由于现场情况复杂、物资堆放密度大,十分容易发生火情,所以物流仓库的防火安全,一直是消防研究课题的重中之重。从库房建设要求来看,物流库房一般库房较长、房体跨度大、顶棚高、耐火等级低、易燃物品码放密度大,过火速度快,燃烧易形成规模效应;火情复杂,可燃物不完全燃烧,产生大量高温有毒烟尘,阻碍视线,不利于人员逃生;由于火场条件易于空气对流,造成可燃物余烬飞洒,容易引发它处火情而殃及池鱼。最好的办法是配备超细干粉灭火剂,通过灭火剂与可燃物反应而夺取有氧燃烧所必需的热量和燃烧时产生的大量活性因子来切断燃烧链,并在可燃物表面形成晶体保护膜来隔绝氧气,从而实现迅速有效的熄灭火焰。

问题

（1）为什么说物流仓库的防火安全是消防研究课题的重中之重？

（2）如何防患于未然,提出你对现代物流仓库防火管理的合理化建议。

第九章

供应链环境下的现代仓储运营库存控制管理

导入案例

雀巢与家乐福的 VMI 运作模式

雀巢和家乐福现有关系只是一种单纯的买卖关系,家乐福是雀巢的一个重要客户,家乐福对买卖方式具有充分的决定权,决定购买的产品种类及数量,雀巢对家乐福没有专属的业务人员。并且在系统方面,双方各自有独立的内部 ERP 系统,彼此间不兼容,在推动计划的同时,家乐福也正在进行与供货商以 EDI 方式联机的推广计划,而雀巢的 VMI 计划也打算以 EDI 的方式进行联机。雀巢与家乐福双方都认识到 VMI 是 ECR 中的一项运作模式或管理策略。这种运作模式的实施可大幅缩短供货商面对市场的响应时间,较早获得市场确实的销售情报;降低供货商与零售商用以适应市场变化的不必要库存,在引进与生产市场所需的商品、降低缺货率上取得理想的提前量。

雀巢与家乐福公司在全球均为流通产业的领导厂商,在 ECR 方面的推动都是不遗余力的。总目标是:增加商品的供应率,降低客户(家乐福)库存持有天数,缩短订货前置时间以及降低双方物流作业的成本,计划目标除建立一套可行的 VMI 运作模式及系统之外,具体而言还要达到:雀巢对家乐福物流中心产品到货率达 90%,家乐福物流中心对零售店面产品到货率达 95%,家乐福物流中心库存持有天数下降至预计标准,以及家乐福对雀巢建议性订单的修改率下降至 10% 等。另外,雀巢也期望将新建立的模式扩展至其他渠道上,特别是对其占有重大销售比率的渠道,以加强掌控能力并获得更大规模的效益。相对地,家乐福也会持续与更多的主要供应商进行相关的合作。

雀巢与家乐福计划在一年内建立一套 VMI 系统并运行。具体而言,分为系统与合作模式建立阶段以及实际实施与提高阶段,第一个阶段约占半年的时间,包括确立双方投入资源、建立评估指标、分析并讨论系统的要求、确立系统运作方式以及系统设置。第二个阶段为后续的半年,以先导测试方式不断修正使系统与运作方式趋于稳定,并根据评估指标不断发现并解决问题,直至不需人工介入为止。具体做法如下。

(1)评估双方的运作方式与系统,探讨合作的可行性。合作前双方评估各自的运作能力、系统整合、信息实时程度、彼此配合的步调是否一致等,来判定合作的可行性。

(2)高层主管承诺与团队建立。双方在最高主管的认可下,由部门主管出面商议细节并做出内部投入的承诺,确定初步合作的范围。

（3）密切的沟通与系统建立。双方人员每周至少集会一次讨论具体细节，并且逐步确立合作方式与系统。包括补货依据、时间、决定方式、建立评分表、系统选择与建立等。

（4）同步化系统与自动化流程。不断地测试，使双方系统与作业方式及程序趋于稳定，成为每日例行性工作，并针对特定问题做出处理。

（5）持续性训练与改进。回到合作计划的本身，除使相关作业人员熟练作业方式和不断改进作业程序外，还要不断思考库存管理与策略问题以求改进，长期不断进行下去，进一步商量研究针对促销品的策略。

最终实施成效：雀巢对家乐福物流中心产品到货率由原来的 80% 左右提升至 95%（超越目标值），家乐福物流中心对零售店面产品到货率也由 70% 左右提升至 90% 左右，而且仍在继续改善中，库存天数由原来的 25 天左右下降至目标值以下，在订单修改率方面也由 60%～70% 下降至现在的 10% 以下。同时，这也是一种双方合作关系上的体现。对雀巢来说最大的收获是在与家乐福合作的关系上，从过去与家乐福是单向的买卖关系转变为合作关系。经过合作，双方加深了相互了解，也愿意共同解决问题，有利于从根本上改进供应链的整体效率。另外，雀巢也在进一步考虑降低各店缺货率、促销合作等计划的可行性。

思考

（1）供应商管理库存的策略一般可以分为哪些操作步骤？

（2）针对雀巢与家乐福来说，供应商管理库存的策略主要通过哪些方面来实现的？

（3）通过以上案例分析，供货商管理库存（VMI）策略具有哪些优点和缺点？

第一节　供应链环境下的库存控制管理概述

随着经济全球化的迅速发展，市场竞争呈现国际化趋势，企业面临的环境更为严峻，如何在有效满足顾客需要的基础上实现低成本运营已成为众多企业面临的难题，同时也成为学术界和企业界的关注热点。库存既保证了企业生产平稳，又作为一种闲置的资源造成企业资金的大量积压，致使企业生产成本居高不下，因此库存控制已成为困扰中国企业发展的难题之一。传统的库存控制主要是从单个企业的角度来考虑，如 EOQ 模型；自 20 世纪 90 年代以来，一种新的经营和运作模式——供应链管理应运而生。有的企业开始从供应链的视角来研究库存控制，从而使企业在应对市场变化时做出准确、快速、有效的反应，并最大可能降低企业库存，实现企业的低成本运营。

一、供应链管理理论

供应链的概念最早是在 20 世纪 80 年代末提出的，近年来随着全球制造的出现，供应链在制造业管理中得到普遍应用，并成为一种新的管理模式。由于国际市场竞争激烈、世界经济及客户需求等不确定性因素的增加，加之信息技术的迅猛发展等因素的影响，供应链管理思想虽提出的时间不长，但已引起人们的广泛关注。国际上一些著名的企业，如苹果公司、IBM 公司、DELL 公司等，在供应链实践中都取得了巨大的成绩。

1. 供应链的概念与特征

国家标准化管理委员会对供应链定义：供应链是围绕核心企业，通过对信息流、物流、资金流的控制，从采购原材料开始，制成货物，最后由销售网络把货物销售给客户以连成一个整体的功能网链结构模式。由此可见，供应链的概念应当更加注重围绕核心企业的网链关系，即核心企业与供应商、供应商的供应商乃至与一切前向的关系，核心企业与客户、客户的客户及一切后向的关系，如图9-1所示。

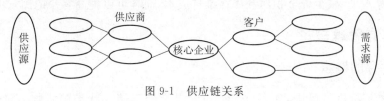

图 9-1　供应链关系

2. 供应链管理的内涵

随着人们对物流管理认识的提高，经济环境、产业结构和科学技术的迅速发展，物流理论和实践开始向纵深发展。在理论上，人们越来越清楚地认识到物流与生产、经营紧密相连，它已经成为支撑企业竞争力的三大支柱之一。近年来在现代服务业的研究中，人们逐渐从理论和实证上认识到现代物流活动对于创造需求具有相当大的作用。从物流实践来看，计算机技术、互联网技术、可视化技术的发展日益加快，推动了现代物流实践的发展，为物流向纵深化发展带来了契机。

供应链物流管理的本质就是物流整合，是指在货物流通过程中，有效整合商品移动、储存等物流作业，或者有效整合流通信息（含订单、货运单据、仓单和购货发票等），提升流通效率，降低流通成本，从而提高服务水准。提高物流整合的水平，要从传统的仓库管理到集约化的库存管理，要从传统的运输管理到集约化的订单管理，要从单个环节、局部区域的优化向总体的优化，才能使整个供应链优化得到发展。整合供应链就是要求供应链上的各节点企业做到物流成本低、响应时间快、提供的服务质量高。供应链的优化是从局部优化逐渐迈向总体优化，追求整个供应链的总体效益最大化才是整合供应链的目标。

3. 基于供应链的库存管理策略

供应链管理的目的就是通过对供应链中各环节的协调，整合各种软资源（如物流发展战略、物流企业管理制度、物流作业流程、物流合同等）和硬资源（如仓储设施、运输设备、仓库、机场、车站、道路、物流网络设施等），使物流效率达到最优，提高企业的竞争力。

一般情况下，企业设置库存的目的是为了防止缺货，以保持生产过程的连续性、分摊订货费用、快速满足用户的订货需求。它是由于人们无法预测未来的需求变化，不得已采用的应对外界变化的手段，由此会产生一些库存的冗余与囤积。传统的库存管理仅仅是对企业自身库存货物的数量管理与控制，它们往往只是着眼于自身的库存水平的最低与库存持有费用的最少，而把库存货物往其上游或下游实行转移。如果把视野从一个企业扩大到由供应商、制造商、批发商和零售商组成的供应链视域来考虑库存问题的话，就会发现有问题的库存数量很多。例如，企业对各自供应商及时、准确交货的承诺并不完全信任,因而,他们会储存超过实际需要的库存量,以防万一出现供应商延期交货或不能交货的情况,这种超过实际需要量的库存常常被称为"缓冲库存"或"安全库存"。同样,各企业与各自的客户之间缺乏必要的信息交换,从而对客户的需求,特别是最终消费者的实时需要难以把握。

从供应链的整体来看,过去这种传统交易习惯导致的不必要库存给企业增加了成本,而这些成本最终将转嫁给客户,从而降低了客户的满意度。因此,为了保证供应链上各企业运行的连续性和应付市场不确定性的需求,在供应链范围内进行库存管理,不仅可以降低企业的库存水平,减少资金积压和库存维持成本,而且可以提高客户的满意度。

二、库存管理理论

(一)库存的概念

在国家物流标准术语中,库存(inventory)是指处于储存状态的货物。包括原材料、在制品、在途品、半成品、产成品。在制品是指仍处在生产过程中已部分完工的在制品,有时又称为零部件。在途品是指已经支付货款或定金处于运输中的货物。企业存货的目的是防止缺货,调节供需,就像水库储存的水一样,水多了就放水,水少了就存水。存货是物流和商品流通过程中关键的一环,始终是企业关注的焦点。在企业中,库存分析主要目的是解决两个问题:一个是什么时候订货;另一个是订货量是多少。无论是生产环节还是流通环节,存货是普遍存在的。但是,存货过多会使资金积压,发生资金调度的困难;库存过少,则会造成订货频繁,订货费用增大,客户满意度下降。

(二)库存的作用与弊端

库存是把"双刃剑",具有双重的属性,既能发挥一定的作用,又有其弊端。库存管理水平高,可以保障企业的顺畅运行;库存管理水平不高,可能会造成库存积压,资金占用,库存费用高;也有可能造成库存缺货,给企业带来负面影响,甚至造成客户永久流失。

1. 库存的作用

(1)抑制价格的大幅波动。如果市场在某个时点需求量大增,生产能力无法满足该需求,就需要直接利用存货来满足客户的需要。许多企业原材料或产品具有明显的季节性,使企业不得不持有存货,例如在节日期间,产品需求量剧增,这就要求企业能够有充足的货源来迅速满足市场的需要。此外,某些产品的需求在一定的时期可能相对比较平稳,但其相应原材料的供给和需求变化较大,这同样要求企业能够保留适当的原材料库存以保持生产的连续性,避开不利的价格变动。

(2)平抑需求的不确定性和随机性。库存可以作为预防不确定性的保护措施。制造商可增加原料库存以防止因采购的不确定、物流运输的不确定而造成的缺货或计划外生产对原料的需求增加。制造商将存货带来成本的节约与停工待料带来的机会损失进行比较,以确定是否增加存货量以及增加多少量。在产品的生产过程中,为了应付突发的设备故障而引起的停工或各个生产环节的均衡,在各个生产加工环节保持在制品库存是必要的。在制品库存对保持生产的连续性发挥着重要作用。成品的库存可以应付无法预料的市场需求和交货期不确定所引起的缺货问题,可作为一种提高客户服务水平的手段。

(3) 协调供应链关系。组成供应链的各个企业改变传统的买卖关系,采用信息共享和存货协调管理。在整个供应链中,存货变成了一种平衡机制,各企业利用它作为缓冲器,以满足连续性需求、突发性需求、维持连续性生产以及提高客户的服务水平。在供应链机制下,存货管理的实质是从供应商开始到消费者的存货管理进行统一整体协调,使整个供应链的存货降低到合理水平,实现各节点的存货优化和平衡。

(4) 保证客户的服务水平。当今企业的竞争所面临的是一个供过于求的完全买方市场,客户需求的变化和转移速度都非常快,这给企业的存货管理带来了巨大的压力。存货的不足将带来更低的订单满足率,影响到顾客的满意度,从而产生销售损失。按照市场营销的解释,销售损失是指在市场竞争中,由于竞争对手的因素或自身因素,企业所面临的顾客流失和顾客转移。据统计,接近 30% 的销售损失是由于企业未能管理好存货造成缺货而引起的。因此,保持充足的存货,可以避免存货短缺带来的销售损失,保证较高的客户服务水平。

2. 消极影响

任何事物都具有两面性,库存也不例外。充足的库存在保证企业生产和带来顾客满意的同时,也给企业带来了沉重的负担,从而给企业产生了消极的影响。

(1) 占用了大量流动资金,导致成本增加。库存是闲置的资源,仓库中存放的货物越多,虽然满足客户需求的可能性越大,但同时,流动资金的占用大大增加。一般情况下,存货资金可能占流动资金的 40%,甚至是 60%。由于存货产生的相关成本费用有占用资金的利息、保管费、保险费、存货货物的跌价损失等。企业为维护库存需要支出一定的费用,直接增加了产品成本和企业的管理费用,这些费用的增加使企业利润下降。据统计,美国制造业的平均库存成本是库存价值的 30%～35%;若一个企业有 1 000 万美元的库存,仅此一项就使企业增加约 300 万美元的成本。

(2) 掩盖了企业管理中的一些问题,导致企业倒闭。由于库存的存在,许多问题无法得到及时暴露。例如,掩盖经常性发生的产品或零部件的质量问题,一般的做法是加大原材料、在制品和产品的存货,掩盖了供应商质量、交货不及时、生产过程中存在的问题(如生产计划不周、采购不力、生产不均衡、产品质量不稳定)。多样化的客户要求,刺激产品品种的剧增,制造商和销售商为满足客户的需要,产品存货大量增加,使企业承担更高的经营风险。随着客户需求的多样化发展,企业的产品开发能力不断提高,与此相应的是产品的生命周期缩短,更新换代速度加快。由于产品在市场上存留时间大大缩短了,企业在产品开发和在市场销售的时间余地也越来越小,给企业造成巨大压力。由于库存管理不当而造成存货过多,造成产品落伍、贬值,企业就会倒闭。

因此,在如今的激烈竞争环境下,供应链中的企业既要尽量提高客户的满意度,又要尽可能地降低经营成本,反映在库存管理方面就体现在以下两个方面:一方面需要通过持有库存防止缺货,做到快速地向客户提供所订购的商品,缩短客户的订货提前期;另一方面又要在实现上述目标的基础上尽量降低库存,避免资金的挤占,降低经营风险。库存管理由此陷入"两难"境地。

（三）库存控制的动因与目标

企业发生不良库存的原因有许多,例如,生产预测错误、销售计划变更、安全库存过多、企业内部壁垒严重、成本意识降低等。如果企业要满足一定的客户服务水平,就必须加强库存管理,使其成本最小化而进行补货时机和补货批量的最优化决策。库存管理主要目的是在满足顾客服务要求的前提下通过对企业的库存水平进行控制,力求尽可能降低库存水平,提高物流系统的效率,增强企业的竞争力。库存管理的对象是存货项目,即企业中的所有物料,包括原材料、零部件、在制品、半成品及产品,以及辅助物料。库存管理的主要功能是在供需之间建立缓冲区,达到缓和用户需求与企业供应之间的矛盾。库存管理的核心是对货物本身的管理,是对货物的数量与相关属性的管理,目的是为销售与采购服务,确保合理的库存保有量。

1. 库存控制的动因

（1）成本费用。库存成本是指建立库存系统所花费的各种支出,包括购入成本、订货费用、储存成本、存货风险成本及缺货成本等。从外部购买商品形成库存,其购买的单价和数量影响库存成本;订货费用与采购的频次有关,从发出订单到收到商品有订货、采购、来料验收、跟踪订货等费用,采购次数越多,这样的费用就越大;储存成本是货物在储存过程中发生的各项费用,包括收货、储存、搬运等。储存成本包括房屋、设备折旧,库房租金,水、电、气费用,设备修理费用,人工费用、存货占用资金的利息费、存货的保险费、存货残损和变质损失等一切发生在库房中的费用。如果管理不善,储存的存货数量越多,成本就越高;存货风险成本是发生在货品持有期间,由于市场变化、价格变化、货品质量变化所造成的企业无法控制的商品贬值、损坏、丢失、变质等成本,反映了存货的现金价值下降的可能性。库存风险成本一般包括废弃成本、损坏成本、损耗成本和移仓成本。废弃成本是由于存货不能以正常的价格出售而必须处理掉的成本,废弃成本是产品的原始成本和残值之间的差额,或者是正常销售价格和为了清除这种商品而降价销售的价格之间的差额。损坏成本是仓库营运过程中发生的商品损毁而丧失使用价值的那一部分成本。损耗成本多是因为盗窃造成的产品缺失而损失的那一部分商品成本。移仓成本是指为避免废弃而将库存从一个仓库所在地运至另一个仓库所在地时产生的成本。

（2）机会损失。如果发生外部缺货,即库存没有办法满足客户的需求,将导致以下三种情况发生:①延期交货。延期交货可以有两种形式:缺货商品可以在下次规定的订货时得到补充,或者利用快递延期交货。如果客户愿意等到下一个规定时间订货,那么企业实际上没有什么损失。但如果经常缺货,客户可能就会转向其他供应商。商品延期交货会产生特殊订单处理费用和运输。延期交货的特殊订单处理费用要比普通处理费用高。由于延期交货经常是小规模装运,运输费率相对较高,而且,延期交货的商品可能需要从一个地区的一个工厂的仓库供货,进行长距离运输。另外,可能需要利用速度快、收费较高的运输方式运送延期交货的商品。因此,延期交货成本可根据额外订单处理费用的额外运费来计算。②失销。由于缺货,可能造成一些用户转向其他供应商,也就是说,许多公司都有生产替代产品的竞争者,当一个供应商没有客户需要的商品时,客户就会从其他供应商那里订货,在这种情况下,缺货会导致失销,对于企业来说,直接损失就是这种商品的利润损失。因此,计算这批商品的利润可以确定直接损失。除了利润的损失,失销还包括当初负责相关销售业务的销售人员所付出的努力损失,这就是机会损失。需要指出的是,很难确定在一些情况下失销的总损失。例如,许多客户习惯用电话订货,在这种情况下,客户只是询问是否有货,而未指明订货多少。如果这种产品没货,那么客户就不会说明需要多少,企业也不会知道损失的总成本。此外,很难估计一次缺货对未来销售的影响。③失去客户。第三种可能发生的情况是由于缺货而失去客户,也就是说,客户永远地转向另一个供应商。如果失去了客户,企业也就失去了未来一系列的收入,这种缺货造成的损失很难估计。除了利润损失,还有由于缺货造成的商誉损失。

(3) 采购管理。采购问题与库存有着密切关系,因为存货管理合理化的关键是对源头进行控制,即对采购环节的控制。为了达到库存控制的目的,首先需要分析需求规律,制定合适的订货和进货策略。对货物进、销、存制定和实施工作制度,货物采购工作的好坏,就看是否能实现以最小的库存水平来保障生产、经营。货物采购管理部门是企业库存控制的核心,在企业的库存控制中起决定性的作用。现在,很多企业将库存控制问题转化为对采购订货的控制,订货批次和订货批量是非常重要的决定库存水平的因素。订货批次多了,订货费用升高;订货批量大了,库存费用升高。因此只有两者取一个适当的比例,总体的库存费用才能最低。

(4) 销售要素。库存控制与销售状况密切相关,良好的库存水平是基于对销售要素的合理管理和预测。同时,销售工作的快慢,很大程度上决定了补货速度。补货数量与仓库的库存费用紧密相关,补货数量既能够满足销售需要,又能使库存保持合理水平。

2. 库存管理的目标

(1) 保障生产经营的供应。库存的基本功能是保证生产经营活动的正常进行,保证企业经常维持适度的库存,避免因供应不足而出现非计划性的生产间断。

(2) 控制生产系统的工作状态。一个精心设计的生产系统,均存在一个正常的工作状态,此时,生产按部就班地有序进行。生产系统中的库存情况,特别是在制品的数量,与该系统所设定的在制品定额相近。反之,如果一个生产系统的库存失控,该生产系统也很难处于正常的工作状态。因此,现代库存管理理论将库存控制与生产控制结合为一体,通过对库存情况的监控,达到生产系统整体控制的目的。

(3) 降低企业成本。无论是经营过程中的存货消耗,还是生产过程中的流动资金占用,均与企业的库存控制有关。在制造业中,库存资金常占企业流动资金的 $40\% \sim 80\%$,因此,必须通过有效的库存控制方法,使企业在保障生产的同时,减少库存量,提高库存货物的周转率,进而降低产品成本。而在流通业中,在满足客户需要的条件下,应尽量使库存水平在客户服务和存货成本之间寻求平衡。

随着信息技术的发展,各种信息技术应用在物流领域,不断提高企业的资源配置能力和竞争力。现代库存管理充分利用信息技术,采用信息化取代库存,用"虚拟库存"战略降低整个供应链库存水平。建立信息畅通、资源共享的信息平台,通过信息有效管理与共享代替分散的库存存货。

（四）传统的库存控制方法

传统的库存控制通常表现为企业各自为政，采用独立的库存策略，以自己的库存最优化为目标，不考虑库存策略对上下游企业的库存影响。上游企业独立管理自己的库存，并根据企业自身经营目标预测库存需求，并向上游递交订单；上游企业根据下游企业提供的订单决定自己的库存策略，向自己的上游企业定制需求订单，企业之间的关系是非常松散的。

传统的库存控制方法主要有以下几种。

（1）ABC 分类法。ABC 分类法又称帕累托分析法，是由意大利经济学家维弗雷多·帕累托首创的。该分析方法的核心思想是对事物起决定作用的关键因素占少数而对事物影响较少的次要因素却占多数。在库存管理中发现，少数的库存品种占用大部分资金，而多数的库存品种仅占用少部分资金，即 5%～15% 库存品种数，占用了 60%～80% 的库存资金，而 60%～80% 库存品种数，仅占用 5%～15% 的库存资金。ABC 分类库存管理，基本原理是根据库存货物中存在着少数货物占用大部分资金，而相反大多数货物却占用很少资金，利用库存与资金占用之间的这种规律，对库存货物按其消耗数量、价值大小，进行分类排序。将数量少、价值大的一类称为 A 类，将数量大、价值小的一类称为 C 类，介于 A 类与 C 类中间的称为 B 类，然后分别采用不同的管理方法对其进行控制。ABC 库存分类控制模式基于"关键的少数和一般的多数"规律，通过对库存货物的统计、排列、分类等手段，抓住重点货物、照顾一般货物。对于列入 A 类的物资，要重点监控，每日盘点，采用频率高的采购办法；对于 B 类，采用批量采购，每月或每周盘点；对于 C 类，可以采取尽量少的采购次数和盘点次数。

（2）CVA 库存分析法。ABC 库存分类管理法在使用中，忽略了对 C 类货物的重视，导致生产线的停工，因此在库存管理中，引入了影响生产的关键因素分析法。CVA 库存管理法（critical value analysis，CVA）又称关键因素分析法，CVA 库存管理法比 ABC 库存管理法有更强的目的性。CVA 的基本思想是把库存货物按照重要程度分成最高优先级、较高优先级、中等优先级和较低优先级，允许缺货的程度是不同的（见表 9-1）。在使用中，人们往往倾向于制定高的优先等级，造成优先等级的货物种类很多。太多的高优先级货物，结果是哪种货物都得不到重视。因此要注意不要确定太多的高优先级货物。在实际工作中可以把两种方法结合使用，效果会更好。

表 9-1　CVA 库存管理法库存品种及管理策略

库 存 类 型	货 物 特 点	管 理 措 施
最高优先级	关键货物或 A 类重点货物	不允许缺货
较高优先级	企业经营活动中的基础性货物或者 B 类货物	允许偶尔缺货
中等优先级	比较重要的货物或 C 类货物	允许合理范围内的缺货
较低优先级	需要但可替代性的货物	允许缺货

（3）经济订货批量法。经济订货批量（economic order quantity，EOQ）是指当库存水平降低到某个订货点时，发出采购指令，而且每次订货的量都是固定的。对于固定订货量

系统来说,核心是要确定每次的订货量,即经济订购批量,使得总库存成本最低。一般来说,单项货物库存的年总成本由购入成本、订货成本、储存成本、缺货成本四部分组成。订货成本和储存成本对总成本影响较大,增加订货批量,有利于降低订货次数和订货成本,但订货批量的增加会导致库存量增加,进而增加储存成本。以经济订货批量订货时,年订货成本与年储存成本相等,此时,总库存成本最低。

(4) 定期订货法。定期订货法是按预先确定的订货时间间隔按期进行订货,以补充库存的一种库存控制方法。它要求按固定的检查周期对库存量进行盘点,并根据检查盘点的实际库存量和下一个进货周期的预计需要量来确定订购批量。所以,定期库存控制法是以定期不定量为特征的,即订购周期固定,如果备运时间相同,则进货周期也固定,而订购点和订购批量不定。定期订货法是基于时间的订货控制方法,它主要是确定一个订货周期和一个最高库存量。这个订货周期,就是控制库存的订货时机;这个最高库存量,就是控制库存的一个给定库存水平。然后每隔一个订货周期,就检查库存发出订货,订货量的大小就是最高库存量与当时实际库存的差。通过设定这个订货周期和最高库存量达到控制库存量的目的,只要订货周期和最高库存量控制得当,就可以达到既不缺货又节省库存费用的目的。可见,定期订货法是以订货费用和采购费用总量最低为原则的,其关键是需要确定合理的订货间隔期、最高安全库存和每次订货量。

随着现代信息技术的发展和库存管理理念的变化,传统的库存控制方法已经不能适应新的经济环境和形势的要求,因此出现了一系列有效地降低库存的库存控制管理方法。

第二节　零库存管理

零库存管理概念的诞生可以追溯到 20 世纪的六七十年代。零库存管理最初源于日本的先进管理方式,在日本企业中有着广泛的应用。零库存管理在日本的成功应用案例中,日本丰田汽车公司无可争议地成为零库存管理最大的受益者。随着零库存管理在日本丰田汽车公司的成功实施,越来越多的日本企业加入实行零库存管理的行列。经过几十年的发展,零库存管理在日本已经拥有了供、产、销的集团化作业团队,形成了以零库存管理为核心的供应链体系。而美国的企业从 20 世纪 80 年代开始逐步了解并认识了零库存管理理论。现在,零库存管理已从最初的一种减少库存水平的方法,发展成为内涵丰富的管理方式。

1. 零库存管理的内涵

零库存是指在生产、流通、销售等环节中,资金占用为零的库存。其典型的表现是货物以供应商或用户的存货存放在企业的仓库,或者是处于周转状态的一种库存方式。零库存并不等于不要库存和没有库存,而是通过实施特定的库存控制策略,实现库存量的最小化。实施库存控制战略的目的之一就是加强企业各部门间、供应链上下游的信息交流与共享,而零库存模式就是利用科技信息技术手段做到库存管理决策信息的准确、即时和透明。企业通过运用零库存管理模式,可以减少仓储环节物料的浪费,将库存管理环节中占用的多余资金用于投资,更利于企业发展。零库存表现如下。

(1) 零库存生产。零库存生产是拉动式生产模式,以客户需求为中心,根据客户订单组织生产,按照订单要求的产品数量,上道工序就提供相应数量的组件,更前一道工序就提供相应的配件,再前一道工序提供需要的零件或原料。上道工序提供的正好是下道工序所需的,时间上准时,数量上正好。零库存生产要求供、产、销各环节紧密结合,大大降低了库存。

(2)零库存配送。零库存配送,或者叫准时制配送、协同物流,就是在运输途中做到一体化协同运作,减少中间仓储和搬运等环节,将成本控制在最低水平,这需要各个协作企业之间建立方便的信息交换平台。

(3)零库存销售。零库存销售,就是在产品制造完成后立即交付给客户,从而使产成品的库存为零。在零库存的生产方式下,企业只有在接到客户订单后才开始生产,生产产量与需要数量一致,因而不会出现产成品库存,并且大大提高了客户服务水平及应对需求变动的灵活性。

(4)零占用资金。零库存管理的真正目的是尽可能消除库存浪费,在供应、生产、配送、销售等环节实现零库存,做到零占用资金。

2.“零库存”管理模式的优势

(1)对于企业库存来说,零库存管理模式的应用的作用在于提高库存周转率。从理论的角度来看,基本上能够实现即时生产、即时销售,并不影响企业资金的价值和流动性水平。

(2)从财务管理的角度来看,有利于企业降低管理成本和库存成本。管理费用、财务费用都是企业利润的抵减项目,过多的成本费用会导致利润水平直线下降。而零库存模式能够保证这两项资金的减少,这就意味着企业利润的增加,更使企业成本与收益之间的关系均衡发展。

(3)从内部控制的角度来看,零库存管理的实施是提高企业质量控制和监督的有效措施。零库存模式对实施企业有较高的标准,除了供应链稳定的支持,还需要保证质量。因此,客观上促进了企业产品质量的监控,同时有效预防产品质量缺陷带来的风险。

3. 零库存管理的实现途径

(1)仓库不保存货物。企业与上游供应商签订合作伙伴关系合同,由供应商准时提供原材料等生产所需物资,企业在仓库中不保存货物,以此达到零库存。

(2)委托储存或委外分包生产。委托第三方物流的仓库或物流组织储存货物,从现象上看,就是把所有权属于用户的货物存放在专业化程度比较高的仓库中,由后者代理用户保管和发送货物,企业按照一定的标准向受托方支付服务费,在一定范围内以实现零库存和进行无库存式生产。

(3)采用准时制生产。准时制生产,即 JIT 生产方式,“在需要的时候,按需要的量生产所需的产品”。这是在日本丰田公司生产方式的基础上发展起来的一种先进的管理模式,它是一种旨在消除一切无效劳动,实现企业资源优化配置,全面提高企业经济效益的管理模式。看板方式是 JIT 生产方式中的一种简单有效的方式,也称传票卡制度或卡片制度。在具体操作过程中,可以通过增减看板数量的方式来控制库存量。

(4)按订单生产方式。在拉动生产方式下,企业只有在接到客户订单后才开始生产,企业的一切生产活动都是按订单来进行的,仓库不再是传统意义上的储存货物的仓库,而是物流的一个"枢纽",是物流作业中的一个站点。货物是按订单信息要求流动的,因此从根本上消除了呆滞货物,从而也就消灭了"库存"。

一般来说,在没有缓冲存货的情况下,生产和配送作业对送货时间不准更加敏感。无论是生产资料,还是商品,物流配送在一定程度上影响其库存量。因此,通过建立完善的物流体系,实行合理的配送方式,企业及时地将按照订单生产出来的货物配送到用户手中,在此过程中通过货物的在途运输和流通加工,减少库存。企业可以通过采用标准的零库存供应运作模式和合理的配送制度,使货物在运输中实现储存,从而实现零库存。

4. 零库存管理存在的风险

零库存管理模式的实施也存在着诸多风险。

(1) 单一供应源的风险。一些企业在实施零库存管理模式时,倾向于选择与某一供应商之间建立长期稳定的合作关系,这样可以得到供应商的充分信任,确保与供应商达成良好的合作关系,也有利于对供应商进行有效的控制。但事实证明,单一供应来源的选择,会使企业实现零库存存在一定的风险。一是缺货的可能性将增大,机会成本也会增加。企业库存少,当有过大的订单时,单一供应商若不能及时交货,通常会导致企业不能有效组织生产,无法及时准确地满足客户需求,企业声誉受损,有违约或者失去订单的风险,同时也让客户对该企业失去信心,客户会转向其他同类企业,该企业就会面临失去客户及潜在客户的危机。二是供应商将处于主导地位,制约企业发展的能力。企业会对单一供应商产生依赖感,因为没有其他竞争对手,供应商占据了议价的主动权,可能会提高原材料价格、偷工减料、忽略质量等,导致企业运营成本增加,制约企业发展。

(2) 配送成本增加的风险。实现企业的零库存,为了更好地满足客户需求,应该按时交货、及时送达来满足客户的要求。为了确保送货及时,企业普遍使用少批量、多批次的配送模式,多次运输将大幅增加运输费用、管理费用等,物流成本的增加也将使企业无法取得市场竞争优势。此外,由于客户需求的不稳定,需求量的波动以及企业对客户需求预测的不准确,都会给分销成本、盈利能力和企业的声誉显著增加的需求带来一定的影响。

(3) 交货期过长的风险。生产企业实施零库存策略,必先接受预订,然后根据客户订单要求再采购原材料,企业没有或只有少量的成品库存。但这样的模式常常导致客户订货周期过长。这与传统的有大量的成品库存的企业相比,以较低的市场反应速度,给了对手一个机会,竞争对手可能依靠生产快速反应,抢占市场份额。

(4) 供应链上下游企业合作的风险。成功的零库存管理模式需要依托供应链的支撑,因此,实施零库存策略对供应链上的企业的合作伙伴关系提出更高的要求。这就要求合作的供应商必须按时、保质保量地将所需原料送到指定地点,同时也需要与顾客取得及时的沟通。但在实际的合作中,总有一些例外的情况发生,导致满足供应和需求之间的矛盾,这就要求供应链上的合作伙伴要理性应对。假设供应商没能遵守约定按时供货,这有可能是供应商缺少足够的库存产生的问题,也可能是由于企业没能及时将订货信息通知给供应商带来的问题;供应商为降低物流成本,每次交货量大于企业需求量,使企业库存管理成本增加;客户订单的临时改变,导致企业无法组织有效的生产等情况。如果不解决这些问题,将导致供应链伙伴合作关系无法持续下去,当某方决定不再做合作伙伴,原来的关系将被打破,供应链将被破坏,原本处于平衡状态的资金链、信息流和物流链将变得不平衡,致使整条供应链受到重创。

第三节　供应商管理库存

1. 供应商管理库存的概念

供应商管理库存(vendor managed inventory,VMI)是一种新型的库存管理策略,它是一种基于顾客和供应商的合作策略,在一个双方协定的目标框架下,由供应商来管理库存的模式。这一模式突破了企业之间的边界,合作双方通过电子数据交换系统实现高效率的信息资源共享,使供应商能及时掌握下游用户的每天进、销、存数据,并根据这些数据预测实际需求量,最后再结合即时库存情况,给予科学、合理的供货,其结果是双方都获得了效益最大化,得到了双赢。VMI体现了供应链集成化管理思想,有助于打破传统企业"各自为政"的库存管理模式,使整个供应链的库存管理最优化目标得以实现。

早在20世纪80年代末,沃尔玛和宝洁公司就开展供应商管理库存的合作,以洗发水单一商品为例,宝洁公司能在第一时间知道沃尔玛物流中心洗发水的即时库存情况,同时通过与各门店的POS系统对接,掌握了沃尔玛各个门店的纸尿裤销量、库存、价格等数据。宝洁公司掌握了这些数据后,在两个方面获得了利益:一是在第一时间掌握了市场需求信息,为制订出符合市场需求的生产和研发计划创造了条件;二是通过销售跟踪,做到了及时补货,防止出现商品结构性问题所带来的损失(即滞销商品库存过多,畅销品断货)。实施了VMI后,沃尔玛获得的好处:一是由于宝洁公司的及时补货,减少了脱销发生的概率,增加了销量;二是减少了不必要的库存备货,降低了库存成本。由于很多作业都是由计算机系统来实现的,双方都减少了人力资源成本。

VMI是一个系统,也是一项变革。它是对传统库存管理的突破,因此在企业决定实施VMI时,应该认真设计实施方案,仔细规划实施步骤。VMI库存管理模式,要求供应商和下游买家之间一起协商,确定订单业务以及库存的有关信息。因此,双方之间必须改变传统的简单买卖关系,建立更为密切、信任的合作关系,才能有效协作配合。供应商的物流部门不仅负责原先的物流业务,还要负责用户库存的控制、补货以及保证客户服务水平等工作。

2. 实施准备

(1) 建立EDI系统。实施VMI必须改变传统的订单处理方式,建立标准化的订单处理模式。例如建立EDI系统,双方之间的订单采用标准报文格式,使订货、交货和票据处理等各个业务能够通过EDI方式进行传递。

(2) 建立POS系统。为了实时了解、收集用户销售数据,下游销售企业建立POS系统。POS系统即销售时点信息系统,是指通过自动读取设备(如收银机)在销售商品时直接读取商品销售信息(如商品名、单价、销售数量、销售时间、销售店铺、购买顾客等),并通过通信网络和计算机系统传送至有关部门进行分析加工以提高经营效率的系统。实施POS系统提高了资金的周转率,可以避免缺货现象,使库存水平合理化。终端POS数据的准确性对供应商管理库存影响至关重要。

（3）建立 VMI 管理系统平台。为了及时获得销售数据，供应商还要建立 VMI 管理平台，平台上能够实现订单处理、销售数据共享、仓储管理与运输管理、生产管理等功能，如图 9-2 所示。

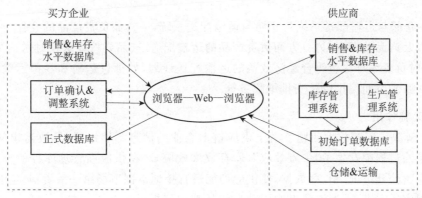

图 9-2　VMI 管理平台

3. 操作流程

供应商企业和下游企业实施 VMI 后，必须实施针对 VMI 的工作流程以保证整个策略的实施，如图 9-3 所示，供应商根据客户提供的周预测数据，确认生产订单；供应商根据订单和存货情况，制订生产计划；供应商根据 VMI 库存的情况，每天实施补货；供应商根据客户提出的每天订货，进行配送，并确认相关采购、运输等费用。VMI 仓储主要工作内容包括负责收货、验货、入库、储存、流通加工、拣货、分货、集货、配送、盘点及统计分析等。

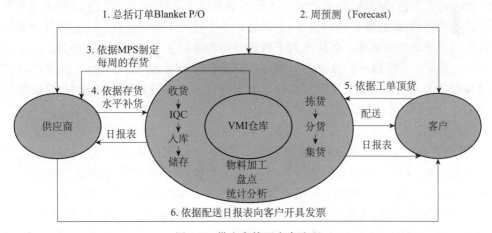

图 9-3　供应商管理库存流程

整个供应商管理库存的实施是透明化的，买方企业和供应商随时都可以监控，主要分为以下两个部分。

（1）库存管理。库存管理是由销售预测和库存管理以及由供应商生产系统共同决定的。供应商库存决定首先从由买方企业获得产品的销售数据，然后与当时的库存水平相结合并及时传送给供应商，然后由供应商的库存管理系统做出决策。如果供应商现有的仓储系统能够满足库存管理系统做出决策所需要的产品数量,就直接从供应商管理的仓库将产品及时配送给买方企业;如果供应商现有的库存量不能满足库存管理系统做出决策的数量,就必须通知生产系统生产产品后再通过运输与配送系统及时将产品配送给买方企业。

(2) 仓储与运输配送系统。仓储与运输配送系统,一方面负责产品的仓储、产品的分拣入库以及产品的保存;另一方面负责产品的运输配送,产品要按要求及时送达买方企业手中,同时负责编排尽量符合经济效益的运输配送计划,如批量运输和零担运输的选择,运输的线路和时间编排以及安排承载量等。

4. 实施作用

(1) 解决了库存放大问题。由于供应链上企业的信息不够透明,导致需求从下游向上游传导的过程中发生了"牛鞭效应"(库存放大效应)。在供应商管理库存的方式下,买方向供应商公开了进、销、存数据,使供应商能最直接地掌握市场第一手资料,给予其更准确地预测市场需求,掌握消费者购买动态和品牌偏好提供了数据支持。信息共享能向上游厂商延伸,则厂商能在第一时间内掌握市场的总量变化、结构变化、趋势变化、季节变化的规律,为厂商及时调整生产计划提供数据支撑。这种管理模式极大缓解了需求放大效应所产生的供需失衡矛盾,同时为准确预测市场需求创造了条件。

(2) 提升了工作效率。对供应商来说,实施供应商管理库存以后,由于大部分订单评审工作由计算机自动完成,使订单评审的时间大大缩短,导致人力资源成本大幅下降。据有关专家估计,一般可提高 30%~50% 的工作效率。

(3) 提高了客户服务水平。实施 VMI,可以精简业务流程,提高供应链的柔性。实施 VMI 后,业务流程的精简,明显缩短了供需双方的交易时间,进而使上游制造商更好地控制其生产经营活动,满足用户需求,提高整个供应链的柔性。同时,实施 VMI 可以提高货物的可得率和供货效率。供应商对下游客户的物流服务水平获得大幅提升。

(4) 缩减了买家物流资源投入。将库存交给供应商管理,极大节约了买家的物流仓储设施以及人工的投入。买家无须在物流资源的投入上再花费资金和精力,将资源集中在核心业务上,有利于核心竞争力的提升。

(5) 增加了买方的销售收入。实施 VMI,由供应商负责下游客户的库存管理。首先,下游的客户不需要对库存进行大量投资和管理,可以把原来用在库存上的资金,投入市场开发中去,从而提高资金的使用效率,增加销售收入;其次,为下游客户节省了用于库存的空间占用,可以有更多的空间用来陈列商品,从而提高商品的销售额。许多成功实施VMI 企业的实践证明,实施 VMI,可以显著增加商品销售收入。例如,迪勒德百货公司、JC 彭尼和沃尔玛等公司实施 VMI 后,销售额上升了 20%~50%。雀巢公司与家乐福实施 VMI 后,每日商品销售额也上升了 20% 左右。

(6) 改善了企业与上游供应商的关系。在传统的供应链管理中,上游的供应商与下游的客户只是单向买卖关系,下游客户要什么,上游供应商就给什么,甚至是尽可能多地推销产品。双方的关系是敌对的输赢关系,彼此都忽略了真正的市场需求,导致好卖的商品经常缺货,而不畅销的商品却有很多存货。实施 VMI,上下游企业之间的关系由原来的敌对关系转变为合作的双赢关系。通过合作,双方共同面对市场、共同解决问题,有利于从根本上改进供应链的整体运作效率。

实践证明,在供应链上实施 VMI,有利于供应链整体竞争力的提升和效率的提高。但不能忽视的是,供应商管理库存也存在一定的风险。例如,供应商管理库存将买家库存管理的压力向上游供应商传导,加大了供应商的风险,如库存积压、资金占用、存货保管等;供应商管理库存,买家的商业信息被供应商所熟知,存在被不良供应商泄露商业机密的风险;下游企业对供应商存在极大的依赖,变更供应商比较困难。

第四节 联合管理库存

长期以来,供应链中的库存是各自为政的。供应链中的每个环节都有自己的库存控制策略,都是各自管理自己的库存。由于各自的库存控制策略不同,因此不可避免地产生需求的扭曲现象,即所谓的需求放大现象,形成了供应链中的"牛鞭效应",加重了供应商的供应和库存风险。近年来,出现了一种新的供应链库存管理方法——联合库存管理(jointly managed inventory,JMI)。

一、联合库存管理的内涵

联合库存管理策略打破了传统的各自为政的库存管理模式,有效地控制了供应链中库存风险,体现了供应链的集成化管理思想,适应市场变化的要求,是一种比较有代表性的库存管理思想。

JMI 是一种在 VMI 的基础上发展起来的上游企业和下游企业权利责任平衡和风险共担的库存管理模式。JMI 体现了战略供应商联盟的新型企业合作关系,强调了供应链企业之间双方的互利合作关系。联合库存管理是解决供应链系统中由于各节点企业的相互独立库存运作模式导致的需求放大现象,提高供应链的同步化程度的一种有效方法。联合库存管理强调供应链中各个节点同时参与,共同制订库存计划,使供应链中的每个库存管理者都从相互之间的协调性考虑,保持供应链各个节点之间的库存管理者对需求的预期保持一致,从而消除了需求变异放大现象。任何相邻节点需求的确定都是供需双方协调的结果,库存管理不再是各自为政的独立运作过程,而是供需连接的纽带和协调中心。

图 9-4 是基于供需协调中心的联合库存管理的供应链系统模型。基于协调中心的库存管理和传统的库存管理模式相比有以下优点。

(1)为实现供应链的同步化运作提供了条件和保证。

(2)减少了供应链中的需求扭曲现象,降低了库存的不确定性,提高了供应链的稳定性。

(3)库存作为供需双方的信息交流和协调的纽带,可以暴露供应链管理中的缺陷,为改进供应链管理水平提供依据。

(4)为实现零库存管理、准时采购以及精细供应链管理创造了条件。

(5)进一步体现了供应链管理的资源共享和风险分担的原则。

JMI 把供应链系统管理进一步集成为上游和下游两个协调管理中心,共同制订库存计划,实现供应链的同步化运作,从而部分消除了由于供应链环节之间的不确定性和需求信息扭曲现象导致的供应链的库存波动。JMI 在供应链实施中建立合理的库存管理风险

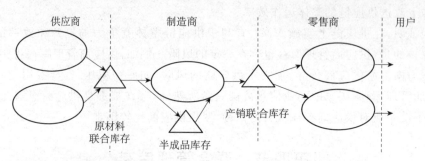

图 9-4　基于供需协调中心的联合库存管理的供应链系统模型

的预防和分担机制,库存成本与运输成本分担机制,以及与风险成本相对应的利益分配机制,并通过有效的激励机制,避免供需双方的短视行为及供应链局部最优现象的出现。通过协调管理中心,供需双方共享需求信息,提高了供应链的运作稳定性。

但是,在联合库存控制系统中,供应链整合遇到的最大的困难在于地域广阔所造成的运输问题。在短时间内,运输手段的提高、运输时间的减少、运输费用的降低、技术的实现都将是极其缓慢的,因此,在建立联合库存控制时,需引入第三方物流系统。第三方物流系统(3PL)是一种实现物流供应链集成的有效方法和策略,它通过协调企业之间的物流运输和提供后勤服务,把企业的物流业务外包给专门的物流管理部门来承担,特别是一些特殊的物流运输业务。在某些情况下,多品种小批量生产的供应链必须是小批量采购、小批量运输,这就提高了货物的供应频率,而运输频率的增加就要增加运输费用,这是由第三方物流系统提供一种集成运输模式,可使供应链的小批量库存补给变得更为经济。

二、联合库存管理的实施策略

1. 建立供需协调管理机制

为了发挥联合库存管理的作用,供需双方应从合作的精神出发,建立供需协调管理的机制,明确各自的目标和责任,建立合作沟通的渠道,为供应链的联合库存管理提供有效的机制,图 9-5 为供应商与分销商协调管理机制模型。

建立供需协调管理机制,要从以下几个方面着手。

(1) 建立共同的合作目标。要建立联合库存管理模式,首先供需双方必须本着互惠互利的原则,建立共同的合作目标。因此要理解双方的共同之处和冲突点,通过协商形成共同的目标,如用户满意度、利润的共同增长和风险的减少等,建立联合库存的协调控制方法。联合库存管理中心担负着协调供需双方利益的角色,起协调控制器的作用,因此需要对库存优化的方法进行明确确定。主要控制点包括库存如何在多个需求商之间调节和分配、库存的最大量、最低库存水平、安全库存的确定、需求的预测等。

(2) 建立一种信息沟通的渠道或系统。为了提高这个供应链的需求信息的一致性和稳定性,减少由于多重预测导致的需求信息扭曲,应提高供应链各方对需求信息获得的及时性和透明性。因此应建立一种信息沟通的渠道或系统,以保证需求信息在供应链中的畅通和准确性。要将条码技术、扫描技术、POS 系统和 EDI 集成起来,同时充分利用因特网的优势,在供需双方之间建立一个畅通的信息沟通桥梁和联系纽带。

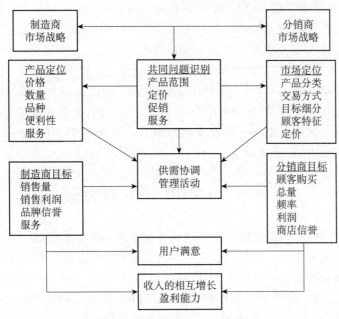

图 9-5　协调管理机制模型

（3）建立利益的分配、激励机制。要有效运行基于协调中心的库存管理，必须建立一种公平的利益分配制度，并对参与协调库存管理中心的各个企业进行有效的激励，提高协作性和协调性。

2. 发挥两种资源计划系统的作用

为了发挥联合库存管理模式的作用，在供应链库存管理中应充分利用目前比较成熟的两种资源管理系统：制造资源计划（MRPⅡ）和配送需求资源计划（DRP）。原材料库存协调管理中心应采用制造资源计划（MRPⅡ），而在产品联合库存协调管理中心则应采用配送需求计划系统（DRP）。这样在供应链系统中把两种资源计划很好地结合起来。

3. 发挥第三方物流系统的作用

第三方物流系统是供应链集成的一种技术手段。第三方物流系统的产生是由一些大的公共仓储公司通过提供更多的附加服务演变而来，另外一种产生形式是由一些制造企业的运输和分销部门演变而来。通过把库存管理的部分功能外包给第三方物流系统管理，可以使企业更加集中精力于自己的核心业务，第三方物流系统起到了供应商和用户之间联系的桥梁作用。实施第三方物流系统可为企业带来如下好处：减少成本；使企业集中于核心业务；获得更多的市场信息；获得一流的物流咨询；改进服务的质量；快速进入国际市场。面向协调中心的第三方物流系统使供应与需求双方都取消了各自独立的库存，增加了供应链的敏捷性和协调性，并且能够大大改善供应链的用户服务水平和运作效率。

4. 建立信息交流与知识共享机制

信息交流与知识共享机制的建立，有助于投机行为的减少，有利于重要信息的流动。为加强制造商和供应商之间的信息沟通，可以采取如下措施。一是成立合作小组，由合作团队专门收集与传递重要信息,协调解决双方碰到的问题。二是加强双方的合作互访,建立良好的合作氛围,及时沟通发现存在的问题,讨论出解决措施。三是利用现代信息技术,建立 EDI 系统和信息系统平台快速传递信息。

由于供应链企业决策信息的来源不再仅仅是一个企业内部,而是在开放的信息网络环境下,不断进行信息交换和共享,达到供应链企业同步化、集成化计划与控制的目的,而且随着 Internet/Intranet 发展成为新的企业决策支持系统,企业的决策模式将会产生很大的变化,因此处于供应链中的任何企业决策模式应该是基于 Internet/Intranet 的开放性信息环境下的群体决策模式。

第五节　CPFR 的库存管理

供应链是错综复杂的,供应链的业务活动不仅要跨越供应链通道(供应商、制造商、分销商、零售商和其他合作伙伴)的范畴,而且要跨越功能、文化和人员的范畴,在努力减少成本、增加效率和获得竞争的过程中,不得不重新构思、重新定义和重新组织供应链合作伙伴关系和模式。为了建立新型合作伙伴关系,CPFR 作为一种新型的库存管理实践活动于 20 世纪 90 年代在全球开始实施推广,它是库存管理在信息共享方面的发展。

一、CPFR 的内涵

CPFR 即协同计划、预测与补货策略,它提供覆盖整个供应链的合作过程,通过共同管理业务过程和共享信息来改善零售商和供应商的伙伴关系,提高预测的准确度,最终达到提高供应链效率、减少库存和提高消费者满意程度的供应链库存管理技术。CPFR 是一种协同式的供应链库存管理技术,它能同时降低销售商的存货量,增加供应商的销售量。CPFR 采取了一种"双赢"的原则,始终从全局的观点出发,制订统一的管理目标以及方案实施办法,以库存管理为核心,兼顾供应链上其他方面的管理。

1. CPFR 体现的思想

CPFR 能够实现伙伴间更广泛、更深入的合作,它主要体现了以下思想。

(1) 合作伙伴构成的框架及其运行规则主要基于消费者的需求和整个价值链的增值。由于供应链上各企业的运作过程、竞争能力、信息来源等不一致,在 CPFR 中就设计了若干运作方案供各合作方选择,一个企业可选择多个方案,各方案都确定了核心企业来承担产品的主要生产任务。

(2) 供应链上企业的生产计划基于同一销售预测报告。销售商和制造商对市场有不同的认识。销售商直接和最终用户见面,他们可根据 POS(point of sale)数据来推测消费者的需求,同时销售商也和若干制造商有联系,并可了解他们的市场销售计划。制造商和若干销售商联系,并了解他们的商业计划。根据这些不同,在没有泄露各自商业机密的前提下,销售商和制造商可交换他们的信息和数据,来改善他们的市场预测能力,使最终的预测报告更为准确、可信。供应链上的各企业则根据这个预测报告来制订各自的生产计划,从而使供应链的管理得到集成。

(3) 消除供应过程的约束限制。这个限制主要就是企业的生产柔性不够。一般来说,销售商的订单所规定的交货日期比制造商生产这些产品的时间要短。在这种情况下,制造商不得不保持一定的产品库存,但是如果能延长订单周期,使之与制造商的生产周期相一致,那么生产商就可真正做到按订单生产及零库存管理。这样制造商就可减少甚至去掉库存,大大提高企业的经济效益。另一个有望解决的限制是贯穿于产品制造、运输及分销等过程的企业间资源的优化调度问题。

2. CPFR 的主要特点

(1) 协同及规划。CPFR 这种新型的合作关系要求双方长期保证公开沟通、共享信息,从而确立协同性的经营战略,这是合作双方取得长远发展和良好绩效的唯一途径。应当注意的是,在确立这种协同性的目标时,不仅要建立起双方的绩效目标,还要确立协同的盈利驱动性目标,这样才能使协同性体现在流程控制和价值创造的基础之上。同时,也要保障合作规划(品种、品牌、分类、关键品种等)以及合作财务(销售量、订单满足率、价格、库存及安全库存、毛利率等)。为了实现共同的目标,还需要双方协同制订促销计划、库存政策变化计划、产品进入和中止计划以及仓储分类计划等。

(2) 预测。CPFR 强调合作双方必须做出最终的协同预测,以 CPFR 所推动的协同预测不仅关注供应链双方共同做出的最终预测,同时也强调双方都要参与预测反馈信息的处理和预测模型的制定和修正,尤其是如何正确处理预测数据的波动性等问题,只有把数据集成、预测和处理等多方面都考虑清楚,才有可能真正达到共同的目标,使协同预测落到实处。

(3) 补货。销售预测要利用时间序列预测与需求规划系统转化为订单预测,并且由供应方约束条件,如订单处理周期、提前时间、订单最小量、商品单元以及零售方长期形成的购买习惯等都需要双方加以协调解决。一些潜在的分歧,如对于基本供应量、过度承诺等问题,双方都应事先及时加以解决。

二、CPFR 的实施

CPFR 是一种集成化运作供应链的库存决策管理技术,以合作各方均能降低库存管理的成本为目标,建立一个共同的框架协议,并对该框架协议经常进行修正和改善以便持续性地改进库存管理的水平,它打破了各方各自为政和条块分割的传统库存管理状况。CPFR 提供了一整套工作流程,以客户为中心,通过供应链中合作企业的相互协调和沟通,共同分享标准化的信息,共同制定更加准确的销售预测数据并生成相应的订单,进行有效的库存管理,同时根据客户多样化需求的变更及时补充货物,提高整个供应链效率。通过综合供应与需求两个方面的信息,由生产厂家、代理商或零售商等共同分享资源,为整条供应链上的企业降低库存成本、减少营运费用、增加销售额、提高客户满意度,为最终得到合作各方共赢的目的提供操作准则。

为保障 CPFR 的成功实施,其过程一般分为三大环节九个步骤。即其内容可分成协同规划、协同预测和协同补货三大环节,九个步骤是确立合作关系、签订共同商业计划、制定销售预测、预测销售中可能出现的突发状况、制定共同处理和解决销售突发状况预案、制定订单预测、预测订单中可能出现的突发状况、制定共同处理和解决订单突发状况预案、制订协同补充货物计划。其中,步骤1、2属于协同规划,步骤3~8属于协同预测,步骤9属于协同补货,如图9-6所示。

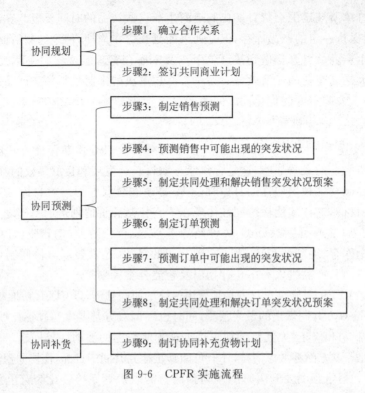

图 9-6　CPFR 实施流程

具体实施工作如下。

1. 协同规划

协同规划是 CPFR 的基础,它的作用就是帮助管理好预测和计划以及计划的执行。具体的工作包括:签订保密协议;确立纠纷解决机制;制定共同激励目标;制定财务合作规划和品类规划;制订客户回访及宣传计划、库存管理政策变化计划、产品进入和中止计划以及仓储分类计划等。

合作双方如果想在激烈的市场竞争中获胜,关键是合作企业双方之间要实现真正的协同,其中供应链的协同管理也是重中之重。如果协同能够做得到位并且具有力度,则供应链管理就会高效顺畅,企业竞争力就强;反之,如果协同没有力度,其竞争力也就无从谈起了。

2. 协同预测

管理的关键在于决策,而预测是决策的关键。预测需要专业知识和实践经验相结合,运用科学有效的工作机制,并对预测结果不断进行检验和修正才能达到理想的状态,生成和实际情况相符的预测。过高的预测必定会造成库存积压,且导致库存产品的报废,导致产品的高库存成本与低利润。销售和采购预测越精确,就越不需要过高的安全库存数量;而高的安全库存水平就意味着要多支付储存、保险等一系列的成本支出,即成为"隐性成本"的主要组成部分,同时也是降低企业盈利的一个重要原因。当然,如果预测不准确,过低的预估,就会造成企业断货,带给企业的损失绝不仅仅是当次所欠缺客户的产品这一部分的销售额。因为断货,无法及时满足客户的需求,导致客户的抱怨,对企业的形象带来很不利的影响。而其他品牌的竞争对手,正好可以利用此机会去向企业的现在用户游说其转换产品。如果企业仍然无法应对或快速响应满足客户的订单需求,客户就极有可能转向使用其他品牌的产品。

通过基于 CPFR 管理技术的流程指导,供应链合作企业共同建立新型合作流程以提高预测准确性。在实施和运行过程中,各企业的库存量、在途信息、销售明细等数据要进行信息共享,合作方根据共享信息做出协同预测。动态管理此类信息是进行订单预测的依据,通过对库存信息进行收集和分析,能够有效减少合作双方凭主观判断造成的较大误差。①在销售预测中,合作企业的销售预测要互相进行比较,共同核对及分析已生成的销售预测是否有很大的不符,以确定预测是否有例外情况。如果存在,就通过信息共享等方式加以确认,最终生成双方都认可的统一的销售预测信息。②在订单预测中,合作企业要根据该销售预测、现有的库存、产品历史需求、发货信息、工厂的交期等生成初步的订单预测。如出现例外的订单预测,合作企业间要立即相互反映,各方再一起讨论订单预测的例外情况,重新修正生成最终的订单。经过信息往复和联合预测,大大提高了预测的准确度,其和终端客户的最终需求的一致性也会得到极大提高。

3. 协同补货

补货优化自 20 世纪 80 年代以来就成为研究的重点,从连续补货、供应商管理库存和 CPFR 等管理技术的提出,都是从补货原则的研究出发提出的不同解决方案。

一项有效的补货计划主要就是通过 POS 终端数据共享、EDI、连续补货和计算机辅助订货(CAO),从而将正确的商品在正确的时间,按照正确的价格、正确的数量和最有效的配送方式运送给终端客户,并尽力降低交货时间和总体运营成本,从而降低商品售价,最终达到合作各方互利互惠的双赢目标。CPFR 的联合补货通过使用实际的销售数据来进行预测,可以消除合作双方信息的不一致性,同时选用经过实践验证的有效模型进行预测,并且在联合计划所确定的合作框架和异常处理机制的指引下,对出现异常的预测结果通过协商,来达成最终一致的预测结果,再以此作为生成订单和制订生产、配送计划的决策依据。联合预测中的预测结果则是由合作双方进行相互协商后达成的一个折中的预测结果。

综上所述,在企业实际运用和实施 CPFR 的过程中,要达到成功的效果,必须坚持认真执行其三大环节内的各个步骤环节的要求,因其各个环节和步骤是紧密联系,一环扣一环,在实施过程中,如果有任何一个环节打了折扣,就无法达到预期的效果,在其前面的环节为此所付出的劳动和努力就变得毫无意义。

三、实施效果

协同规划管理(即通过对双方之间的合作进行管理)能够使各方进行的相互支持和相互协调更加高效有序,从而提高库存管理水平,增加合作双方整体的竞争力。与之前相比,协同规划管理对合作双方有着以下的改善和帮助:①为了满足终端客户的需求和提高整体效益,合作双方都会强化"共赢"的意识,由以往有点敌对的你赔我赚的关系发展为紧密合作、共同进退的伙伴关系。②合作双方以信息共享为基础,以优化库存管理水平为目标进行协同规划和决策。协同规划和决策不仅消除了以往一方只是以本企业利益最大化为目标而进行独立决策所造成的库存管理水平低下问题,同时也克服了传统库存管理方式中由单一的决策制定者来主导决策所带来的一系列障碍和问题。③协同规划的形成使得合作一方借助对方企业的核心竞争力来强化自己的核心竞争力,同时也帮助对方一起提高客户的服务满意度,从而得到双方整体的利益和价值最大化。

经过协同规划和预测阶段以后,协同补货决策的困难程度就会明显降低,可以根据事先协议商定的冻结期间内订单的预测结果产生订单,冻结期间的长短一般和制造、送货的前置时间有关,对供应商而言,固定期间的数量被当作已确认的需求量,零售商实际的订单传来后,供应商就可以自动补充零售商的存货,并以固定期间的总量作为补货的准则。

CPFR 是从 VMI 和 JMI 发展而来的,它保留了 VMI 和 JMI 中一些先进的技术和管理思想,同时克服了它们的不足,代表了未来库存管理技术的发展方向。CPFR 协作的本质是一种协同式的供应链库存管理技术,它带来了对市场需求和生产需求更好的预测。这个改善后的预测提高了制造商的供货水平,减少了制造商的安全库存,同时降低销售商的存货量,增加销售商的销售量。通过欧美的实验性项目研究,CFFR 的实施对制造商来说可以降低 30% 的库存,对销售商来说可以降低 10% 的库存,增加销售商的销售额 8%~10%。CPFR 最大的优势是能及时准确地预测由各项促销措施或异常变化带来的销售高峰和波动,从而使双方都能做好充分的准备,赢得主动。

思 考 题

一、选择题

1. 供应链环境下的库存控制包括(　　)。

    A. 零库存　　　　　　　　　　　　B. 供应商管理库存

    C. 联合库存　　　　　　　　　　　　D. 协同式供应链库存

2. 零库存的优势包括(　　)。

    A. 资金利用率高　　　　　　　　　　B. 降低管理成本

    C. 降低库存成本　　　　　　　　　　D. 提高了质量控制

二、填空题

1. 供应链的本质包括_____、_____、_____。

2. 库存的作用包括_____、_____、_____、_____、_____。

3. 零库存实现的途径包括_____、_____、_____、_____。

4. 供应商管理库存实施的准备包括_____、_____、_____。

5. CPFR 协同的内容包括_____、_____、_____。

三、简答题

1. 库存管理的目标具体有哪些?

2. 简述零库存管理的实现途径有哪些。

3. 零库存管理存在哪些风险?

4. 简述 VMI 的操作流程及作用。

5. 简述 CPFR 的内涵。

6. 简述联合库存协调管理机制模式。

第十章

现代仓储运营管理与库存控制的绩效评价

浅谈烟草物流配送中心的绩效评价体系

烟草物流配送中心是为了给零售客户提供完善的配送服务而成立的。配送活动的作业流程包括进出货作业、储配作业、送货作业三个方面。

1. 物流配送绩效评价研究的现状

目前,国内外对物流配送绩效的研究主要集中在配送绩效评价方法和评价指标选取两个方面。物流权威机构指出,物流的绩效评价要考虑交货周期、送货可靠性、送货灵活性、库存水平4个指标,每一项指标都有理想值、目标值、当前值3个指标值。物流绩效管理的目标就是按照理想值设定目标值,根据目标值改进现有的绩效状况。有专家采用了功效系数法为主、综合分析判断法为辅的评价方法,从物流活动方面对物流绩效进行分析,主要包括经济效益、顾客服务业绩、配货和送货质量、库存绩效等指标。

2. 烟草物流配送绩效评价体系建立的原则

绩效评价的核心是确定评价指标体系,尽可能全面地反映影响绩效的所有因素,对烟草物流配送中心来说,指标体系就是要能够科学、客观、全面地反映配送中心的运行状况,但是要建立一套既科学又合理的绩效评价指标体系必须按照一定的原则进行分析。

(1) 目的性原则。指标体系要紧紧围绕绩效评价这一特定的目的进行设计。由于物流本身已经包含了运输、储存、搬运、包装、流通加工、配送、信息处理等基本功能,再加上配送中心自身的管理、规模、技术等,如果不遵循一定的目的性,那么提取出的指标不仅无法反映烟草企业的绩效水平,还会因指标数量过多不利于分析。

(2) 系统性原则。指标体系要包括企业绩效所设计的各个方面,使之成为一个系统。烟草物流配送中心是一个包含众多因素的共同体,必须采用系统设计的思想和系统评价的原则来建立指标体系。因此,要按照相关性、层次性、整体性和综合性的要求来提取指标。

(3) 科学性原则。指标的设计必须科学,包括指标体系结构的拟定、指标的取舍、公式的推导等都要有科学依据。

(4) 可操作性原则。指标定义时要求定义明确、概念清楚,尽量避免有歧义,能与烟草行业现行统计资料很好地对应。同时,指标的内容不应该过于烦琐,指标的数量不宜过多,以便于操作。

3. 影响烟草物流配送绩效评价的因素

(1) 时间性。这关系到配送中心能否及时满足零售客户需求的配送服务能力。时间是衡量效率最直接的因素,最能体现烟草物流配送中心的整体作业能力。因此,烟草物流配送中心应在最短的时间内完成配送活动。

(2) 经济性。经济性是指烟草物流配送中心为提供零售客户服务所投入的总成本费用。在烟草物流配送中心的服务策略中,既不能单方面地追求最低总成本,也不能单方面地追求高水平的客户服务。一个完善的烟草物流配送体系,需要准确估算实现不同质量水平服务所需要的不同运作成本,目标是以最低成本实现烟草物流配送服务的最优化。

(3) 可靠性。可靠性是指配送中心具备实施与交货相关的所有业务活动的能力,它体现了物流的综合运行质量,包括卷烟的完好无损、结算的准确无误、卷烟能够及时送达零售客户手中、到货卷烟数量符合订单要求等。

4. 烟草物流配送绩效评价分析

一个绩效评价指标体系应包含进出货作业、储存作业、配送作业三个一级指标,其下又分为不同的二级指标。在选用分析方法上,应将层次分析法和关键业绩指标法相结合,把企业的战略目标分解成可操作的工作目标,通过对各部门、岗位指标实施情况的考核来落实,提高配送中心的绩效。两种方法结合,既能进行定量分析,又能进行定性的功能评价。

对烟草物流配送中心来说,应从效率、成本、质量、服务四个维度建立物流绩效考核指标评价体系。

效率维度涉及库存周转率、订单处理率、交货及时率和完成一次销售的周期等指标。其中,库存周转率数值越高,表明卷烟销售情况越好,库存占用资金越少。因此,该指标是物流绩效考核的一个重点指标。

成本维度中统计的物流成本是运输成本和配送中心的运营成本。科学的物流成本应该是以物流活动为基础的,所有与物流活动有关的费用都应该包括在成本维度中。例如,采购费用、运输装卸费用、仓储费用、包装费用、流通加工费用、物流总成本等。

质量维度涉及卷烟配送完好率、物流纯收益、物流费用率、物流效用增长率等指标。

服务维度涉及卷烟配送的准确率、投诉处理率、卷烟破损率等指标。

5. 建立物流配送绩效评价体系应注意的问题

首先,物流配送绩效评价体系应具有以下特点:一是要把静态性指标和动态性指标相结合;二是要把可组合性指标和可分解性指标相结合。其次,单纯的指标已不能全面反映烟草物流绩效水平,因此可以根据评价目的和具体需要选择评价方法。最后,物流系统评价应以整体物流成本最小化、顾客服务最优化、企业利益最大化为目标,将绩效评价的重点放在降低成本上。

思考

(1) 建立物流配送绩效评价体系的原则是什么?

(2) 建立物流配送绩效评价体系注意的问题有哪些?

(3) 举例说明你所知道的提升物流绩效的方法有哪些?

资料来源:杨胜春.浅谈烟草物流配送中心的绩效评价体系[N].东方烟草报,2010-8-4(07).

第一节　仓储管理与库存控制绩效评价概述

随着经济全球化迅速发展,企业面临着新的机遇和挑战。技术变化日新月异,市场和劳务竞争全球化,顾客需求日益向多样化、个性化方向发展,产品研发难度越来越大。如何在快速有效地满足顾客需求的基础上,实现企业低成本、高效的运营,是现代企业经营的重要目标,同时也是企业面临的难题。在此背景下,企业纷纷着重考虑了供应链视角下的仓储管理与库存控制,不论在企业物流系统中还是在社会物流系统中,仓库都担负着企业生产经营所需的各种物品的收发、储存、保管保养、控制、监督和保证及时供应企业生产和销售经营需要等多种职能。这些活动对于企业是否能够按计划完成生产经营目标、控制仓储成本和物流总成本都至关重要。仓储管理与库存控制不仅影响着供应链上企业的综合成本,也制约着整条供应链的性能,所以有必要对仓储管理与库存控制的绩效进行评价,进而实现供应链环境下有效的库存管理与优化。

一、仓储管理与库存控制绩效评价的含义与作用

1. 绩效及绩效评价的含义

绩效的英文是"performance",《牛津现代高级英汉双解词典》中"绩效"的解释是"执行、履行表现、成绩",但由于绩效的多因性、多维性和动态性三重性质,对于"绩效"的概念,人们仍有不同的理解。国内外学者的观点基本分为绩效结果论、绩效行为论和行为与结果结合的绩效论三类:①绩效结果论认为,绩效是在特定时间内,特定工作职能活动中产生的结果记录,或者绩效是人们从事某一活动产生的成绩和成果等。②绩效行为论是一种以行为为导向的绩效理论。该理论认为,绩效是人们所做的与组织目标相关的、可测量的、具有可评价要素的行为。③行为与结果相结合的绩效理论认为,行为在工作中表现出来,是结果的工具,并且行为本身也是结果。以上三类观点有其合理之处,但也有不完善之处。绩效结果论会导致短期效应或者产生负责人无法控制的因素,从而致使评价失败;绩效行为论则过分地强调工作的方法和步骤,有时会忽略实际的工作成果;在行为与结果结合的绩效论的研究中,有学者提出将绩效分为目标绩效(作业绩效)和周边绩效(关系绩效),其中周边绩效是不与结果和产出相关的绩效,对其度量存在较大的难度,需要做进一步的研究。综述以上观点,绩效的范围应更广泛,它应该涵盖员工绩效和组织绩效。员工绩效是指员工在某一时期内的工作结果、工作行为和工作态度的总和。组织绩效是指组织在某一时期内,组织任务完成的数量、质量、效率及盈利状况。它不仅包括短期效益,还应包括长期效益;它不仅要体现组织或员工目前的状况,还要体现出一定的发展潜力或能力;它不仅注重经济效益,还要注重社会效益和环境效益;而且,更重要的是,它既包括结果,又包括行为,在注重结果的同时,注重对过程的有效控制,使行为和结果成为有机的统一体。因此,本书认为绩效是产生于实践活动中的,与劳动消耗和科学管理形成对

比关系,可测量和可控制的,对人们有益的价值或结果。

绩效评价不仅包括员工绩效考核,它还包括对过程控制、发展潜力、环境效益、科学管理等多方面的综合考核。因此,绩效评价是指运用一定的技术方法,采用特定的指标体系,依据统一的评价标准,按照一定的程序,通过定性、定量对比分析对业绩和效益做出的客观、标准的综合判断,真实反映现实状况,预测未来发展前景的管理控制系统。一般而言,绩效评价体系由评价目标、评价主体、评价对象、评价指标、评价标准、评价方法、分析报告构成。绩效评价的过程主要包括绩效指标定义、分析和报告、评价和改进三个部分,三个阶段循环往复,不断提高。

在现代商业管理中,绩效评价不仅仅是量化和计算,它更多作用在企业的管理和绩效的提高上。从管理的角度来说,绩效评价为决策的制定者和过程的管理者提供了必要的管理反馈信息,在监控绩效、加强激励和沟通、诊断问题上起着不可替代的作用。供应链库存控制绩效评价是指围绕供应链库存控制总体目标的不同企业之间,针对供应链库存整体、各环节运营状况以及各环节之间的营运关系情况,通过建立供应链库存控制指标评价体系,运用数量统计和运筹学方法,通过定量和定性的分析,对供应链库存控制在一定时期的绩效做出客观、公正和准确的综合评判。

2. 库存控制绩效评价的作用

供应链库存控制绩效评价对于优化整个供应链及链上各企业的库存管理有很大的推动作用,具体体现在以下几个方面。

(1) 认识作用。通过绩效评价,我们能够对供应链库存控制情况有一个比较全面、客观的认识,而且这种认识不是停留在定性的、感性的阶段,而是进入了理性阶段,认识较深刻,有一定的定量依据。

(2) 考核作用。通过绩效评价,对供应链库存控制情况做出全面考核,不仅直接考核绩效的大小,而且间接考核它的全部活动状况。

(3) 引导促进作用。通过绩效评价,将供应链中各企业的行为方向引导到绩效评价的内容方面,引导他们努力创造良好的绩效。

(4) 挖掘潜力作用。即在绩效评价中,通过各行业供应链库存控制绩效的横向比较,通过供应链自身这个时期与另一个时期的纵向比较,通过绩效达到的水平与理想水平的对比分析,通过各项评价内容之间的对比分析等,发现本供应链库存控制的劣势和优势,找出薄弱环节和潜力所在,从而达到发挥优势、克服薄弱环节、充分挖掘潜力、进一步提高绩效的目的。

3. 仓储管理绩效评价的意义

仓储管理是物流管理中的一个重要过程,仓储活动担负着生产经营所需各种货物的收发、储存、保管保养、控制、监督和保证生产需要等多项业务职能,而这些活动都与生产经营及其经济效益密切联系。仓储活动的各项考核指标是仓储管理成果的集中反映,是衡量仓储管理水平高低的尺度,也是考核评估仓库各方面工作和各作业环节工作成绩的重要手段。因而,利用指标考核管理手段,对加强仓储管理工作,提高管理的业务和技术水平是十分必要的。利用指标考核仓储工作的意义具体表现在以下几个方面。

（1）有利于仓储现代化管理水平的提高。仓储的每一个指标都反映某部分工作或全部工作的一个侧面，通过对指标的对比和分析，能发现工作中存在的问题。特别是对几个指标的综合分析，能发现彼此之间的联系，找出问题的关键所在。通过对比分析，能激发仓储管理人员自觉地钻研业务，提高业务能力以及管理工作的水平。

（2）有利于落实仓储管理的经济责任制。仓储的各项指标是实行经济核算的依据，也是衡量仓储工作好坏的尺度，要推行仓储管理的经济责任制，实行按劳取酬和各种奖励的评定，都离不开指标的考核。

（3）有利于推动仓储设施装备的现代化改造。仓储活动必须依靠技术设备才能正常进行，而在仓库里，如果设施装备落后，利用率低，则通过对指标的考核，就会找出仓储作业的薄弱环节，对消耗高、效率低、质量差的设备，进行挖潜、革新、改造，并有计划、有步骤地采用先进技术，提高仓储机械化水平。

（4）有利于提高仓储的经济效益。经济效益是衡量仓储工作的重要标志，通过指标的考核，可以对仓库的各项活动进行全面的测定、比较、分析，选择合理的储备定额、仓储设备、最优的劳动组合、先进的作业定额，提高储存能力、作业速度和收发保养工作质量，降低费用支出，加速资金周转，以尽可能少的劳动消耗获取尽可能大的经济效益。

二、仓储管理与库存控制绩效评价的原则

1. 库存控制绩效评价的特殊性

在工业生产领域，绩效评价已经广泛应用并取得成效，尤其对于工业企业的管理，绩效评价已成为管理上不可缺少的手段之一。对于工业生产而言，绩效评价比较简单、有效，其主要原因是工艺流程恒定性使得各种绩效评价都比较容易进行数量化，甚至可以通过计算机智能系统的运用，自动做出评价，以支持管理决策的制定。同时，在越是专业化、规范化、很完善的领域，绩效评价的作用就越显著。

库存控制作为物流领域中的一部分，其绩效评价不像工业领域广泛的应用，主要原因在于库存控制和物流活动的特殊性，这种特殊性主要表现在供应链环境下物流管理的复杂性。物流领域内各类活动结构复杂，而且很不稳定，系统很难具有恒定性。仓库管理尽管是其中业务较为稳定的领域，但目前供应链结构一般均为网络型，库存控制是供应链中企业生产活动、链上企业间商业活动的派生物，甚至受供应链中引入第三方物流企业后的各类交易活动的影响，具有远程性和服务性，同时由于库存控制的对象物也经常发生变化，流量的稳定性比工业生产差，因此供应链上库存控制系统恒定性较差，使得库存控制绩效评价很难像工业生产绩效评价那样可以达到事先控制的目的。

供应链库存管理绩效评价指标有其自身的特点，就整个供应链而言，其整体绩效取决于各个供应链的节点绩效，但这一点对供应链环境下的库存控制策略并不完全适用。这是由于供应链的各节点都是独立的企业，有各自的目标和利益，有时这些目标和利益与供应链下的库存管理目标是不相干的，甚至是相冲突的，这必然会影响供应链库存策略的整体效果。如某汽车制造配件厂为了减少流动资金的积压，而大量压缩库存，结果它对于组装厂与零配件分销中心的响应时间大大增加，以及更加波动不定，使得组装厂与零配件分销中心为满足顾客的服务要求不得不维持较高的库存，从而间接增大了供应链库存总成本。

2. 库存控制绩效评价的原则

为了建立能有效评价库存绩效的指标体系,在衡量库存管理绩效时应遵循如下原则。

(1) 采用能反映供应链环境下库存控制流程的绩效指标体系,在界定和衡量管理绩效时力求精确,以有价值的结果为中心来对绩效进行界定,采用能够根据指标发生的相对频率来加以衡量库存管理绩效结果。

(2) 绩效评价指标能反映整条供应链库存管理情况,而不仅仅是反映单个节点企业的库存管理。

(3) 将库存控制绩效指标的维度与满足供应链内部与外部的需要联系起来,采用供应商、制造商及用户之间关系以及供应链外部客户的满意程度相结合的指标,即反映整体供应链库存服务水平的库存控制绩效评价指标。

(4) 拟定供应链库存管理系统的总体目标,突出重点,对关键绩效指标进行重点分析。

(5) 由于库存管理系统作为供应链管理中一个子系统,库存控制绩效效益类指标或财务类指标不可过高或过低,特别是库存管理的战略目标是提高供应链敏捷性,降低供应链整体运作成本,因此应从属于供应链总体绩效。

在绩效评价中,可根据实际运作情况,将一些超出库存控制要求的工作绩效也包括进来,这些工作价值超出了完成库存管理工作的必需或带来了更大的价值增值,例如控制在制品库存水平时,促进了生产作业物流流程的改善;或在优化仓库利用率时,改进产品包装以节约包装材料成本等。

3. 仓储管理绩效评价的原则

为了保证仓储管理考核工作的顺利进行,使指标能起到应有的作用,在制定考核指标时必须遵循如下原则。

(1) 科学性原则。科学性原则要求设计的指标体系能够客观、如实地反映仓储管理的实际水平。

(2) 可行性原则。可行性原则要求指标简单易行,数据容易得到,便于统计计算,便于分析比较,现有人员很快能够灵活掌握和运用。

(3) 协调性原则。协调性原则要求各项指标之间相互联系、互相制约,应使之相互协调、互为补充,不能使指标间相互矛盾或彼此重复。

(4) 可比性原则。在对指标的分析过程中,更重要的是要对指标进行比较,如现在与过去比较、与其他单位比较等,所以要求指标必须具有可比性。

(5) 稳定性原则。指标体系一旦确定之后,应在一定时间内保持相对稳定,不宜经常变动、频繁修改。在执行一段时间后,通过总结,可以进行不断的改进和完善。

第二节　绩效管理及指标体系

一、建立绩效评价指标体系的要求

评价指标是实施绩效评价的基础,任何评价行为都要运用一定的指标来进行。经营绩效取决于诸多因素,具有综合性特征,一般情况下,单一的指标难以全面反映,因而实施绩效评价必须构建一个反映经营绩效各个侧面的由一系列相关指标组成的评价指标体系。合理的评价指标体系应满足下列要求。

(1) 符合绩效评价目的和评价内容的要求。选取的指标应具有明确的经济含义,能够从不同侧面反映企业绩效的实质,指标体系从整体上能够涵盖绩效评价内容的所有方面。

(2) 指标集中各项指标相互间具有较高的独立性。指标之间若存在较大的相关性,必然会造成指标内容所反映的信息出现重叠。

(3) 信息的冗余度低。较高的信息冗余会导致评价对象之间差异显示不灵敏。统计分析的目的就是在初步确定的指标框架基础上剔除一些指标,得到最小指标集,使最终的评价指标集中指标之间具有较大的独立性和较低的信息冗余度。这一方面可以减少评价工作的数据收集量和计算量,另一方面可以提高评价的灵敏度。

二、评价指标体系

针对供应链管理下的仓储管理及库存控制的特点,建立相应的库存控制绩效评价指标体系,如表 10-1 所示。

表 10-1　库存控制绩效评价指标体系

绩效目标	第 2 层次指标	第 3 层次指标
库存控制绩效	库存控制成本	存储成本
		订货成本
		缺货成本
		丢单成本
		运输成本
		搬运(或装卸)成本
		库存信息传递成本
	客户服务水平	准时交货率
		订单完成时间
		交货准确率
		库存物资损毁率
	库存控制质量	库存物资供应率
		库存物资循环率
		物资收发正确率
		仓容利用率

注:①在应用本指标体系进行评价时,应对同行业相关指标以及自身以往的绩效进行调查与比较,以确定指标评价标准。②供应链库存管理的评价重点应放在供应链当前各期间内的库存管理绩效。

三、评价指标分析

1. 库存控制成本

（1）存储成本、订货成本、缺货成本和丢单成本。供应链库存控制成本中的存储成本、订货成本、缺货成本和丢单成本与 EOQ 模型库存系统中含义是类似的，所不同的是，供应链作为一个系统，其库存控制成本是指由于库存控制活动而转移出供应链系统之外的相关库存费用之和，因此，需要将整条供应链上的所有节点企业作为一个整体系统来考虑供应链库存控制成本。

① 存储成本同样包括资金占用成本、保险费、保管人员薪金等，是由产品延迟所产生的成本；它与所有产品等待时间的总和有关；对于不易保存的货物，因为容易损失，存储成本则包括因系统时间推移而发生的任何损失的价值。计算存储成本时，需要计算供应链上所有企业或联合仓库中全部库存物料的存储成本。

② 订货成本是指供应链对外订货时所支付的费用，而对于供应链内部企业之间的订购费用则是不计算在供应链订货成本中的，而是归于信息传递成本中。

③ 缺货成本是指整条供应链为完成由于缺货而导致的加班补贴以及改变运输方式，供应链上所有企业为此而支付的费用之和。

④ 丢单成本同样是针对供应链整个系统而言的，指整条供应链由于成品（或商品）仓库出空而丢失外部客户所导致的机会成本损失。由于供应链是由企业制定相关协议组合而成的"横向一体化"，因此认为供应链内部是不存在丢单的。即使供应链合作协议中制定了关于若不能及时补充存货，则由责任企业支付惩罚成本的条款，但由于这部分成本并未流出供应链，因此供应链系统成本中不包括这种惩罚成本。

（2）运输成本。运输总成本只依赖于装载的货物数量，而与运输货物或运输时间无关，也与装载的项目数无关，每个项目的成本，可以用平均装运量 $\dfrac{v}{n}$ 来描述。

$$每个项目运输成本 = c_f\left(\dfrac{v}{n}\right) + c_v \qquad (10\text{-}1)$$

式中，c_f 为一次装运中的固定成本；c_v 为变动成本，依赖于距离长短而变化。

各类运输方式成本结构比较如表 10-2 所示。

表 10-2　各种运输方式成本结构比较

运 输 方 式	固 定 成 本	变 动 成 本
铁路	高（车辆及轨道）	低
公路	高（车辆及修路）	适中（燃料、维修）
水路	适中（船舶、设备等）	低
航空	低（飞机、机场）	高（燃料、维修）
管道	最高（铺设管道）	最低

如果问题很简单，只有一个起点和一个终点，变动成本 c_v 将不影响运输决定，只考虑 c_f 分摊到这次装运中的所有项目上，也即运输规模经济；但当有多个起点和终点时，距离

是不固定的。在进行运输费用分析与控制时，还要考虑以下因素。①成本与运输频率的关系。像存货和仓储成本一样，运输成本依赖于发货的频率，在其他因素不变的情况下，运输越频繁，所发生的费用越多。②成本与距离的关系。在运量一定的情况下，运输距离越远，所消耗的费用越多，与运输距离有关的另一方面，是复合起点和复合终点的运输问题，要分析运输成本和距离的关系，因为车辆要额外停留而增加了延迟成本。③考虑货物大小及运输工具容量的限制。有些超大型货物要用特殊的运输工具，这时的运输成本就要单独考虑，不能按常规的费用率计算成本，研究表明，运输成本随着货物大小约呈线性增长，并且在相当广的货物大小范围内这一点都是正确的。④考虑到多种运输方式(见表10-2)。当货物大小变化是一个很大的变数时，改变运输方式可能是最有效的。一些运输方式，例如邮寄，单位运输量的成本很高而单项的成本却很低，另外一些则可能相反。实践表明，最好的运输方式取决于货物的大小。当货物的大小增加时，人们趋向于使用固定成本较高而变动成本较低的运输方式。在比较各种方式时，管道运输中运输工具的成本应当包括管道中固定存货的成本；对于价值较高的货物，宜采用速度较高的运输方式。

（3）搬运（或装卸）成本。装卸成本包括将货项装载到集装箱中，将集装箱运到运输起点，到目的地后又将这些操作反序执行。集装箱可以是盒子或托板，或者当货物足够大时，可以不用集装箱。如果设每次装运规模为 v，如果货物是单独处理的，那么每次装运的装卸成本应该与 v 成比例，这样，搬运（或装卸）成本为 $c'_v \times v$。

如果货物很小，单独运送就很不经济，这时就可以把若干货物放在诸如托板之类的装卸工具上，因为货物是按协定运输的，如果一批货物比托板小，那么装卸成本就应该为每批装卸成本 $c'_f + c'_v \times v$。式中，常量 c'_f 为运输托板的固定成本，与装卸货物无关，包括叉车司机的工资、叉车的折旧费和运作成本；常量 c'_v 为往托板上装载货物的劳动力成本。在终点，搬运（或装卸）成本的计算与起点时类似，可能 c'_f 和 c'_v 会不同，装卸量应该是相同的。因此，将运输的起点和终点结合起来考虑的装卸成本仍然可以用上面的公式作为决策的辅助工具。单独运货与成批运货可以进行比较，但是，若托板上的货物多于 1 个，通常成批运输更经济。

（4）库存信息传递成本。供应链与外部客户每一笔交易的背后都伴随着产品的运动（物流）以及信息的运动（信息流），链上合作企业需要这些信息，以便对产品进行发送、跟踪、分拣、接收、提货、存储等操作，整条供应链要对外部需求快速做出反应，时间和客户服务水平是关键因素，因此，对供应链上物流的精确控制完全依赖于供应链上库存信息的传递。精确、可靠及快速的采集和传送信息变得日益重要。随着信息数量的增加，供应链上贸易合作伙伴的组织费用、数据处理费用和管理费用都在大幅增加。

库存管理的信息支持技术就是为了优化业务流程、降低运行成本和费用而产生的。例如，随着产品生命周期的缩短和产品价格结构调整的加速，精细管理各批次库存是供应链上生产厂商提高库存可用率的有效方法之一；此外，制造商对分销商销售报表的要求会越来越高，单凭手工汇总突击完成不是长远之策，利用初始数据进行一步到位的数据积累，显然比利用传真、电话进行多次信息交换要可靠和省力；对所有的销售和采购活动实现订单电子化，由系统直接记录和汇总业务信息，基本取消手工日报表方式。

由供应链库存信息管理系统可以看出，一般而言，库存信息管理是相当复杂的，需要相应的软件支持。对于整体供应链而言,库存信息传递成本是难以精确计算的,一般包括固定成本和变动成本。其中固定成本包括计算机网络平台、支撑软件等购置费用,变动成本则是指人工管理费用、系统维护和软件更新等费用。

2. 客户服务水平

客户服务是指系统供应外部订货和使客户满意而进行的有关各项库存管理活动的总和,它是一项综合性的活动,是以成本效益方式在实物配送中提供有意义的"增加价值"的过程。所谓"价值增值",是指提供某些额外的服务,使企业的产品和服务在竞争中比其对手更具有优势,更好地满足客户要求,例如,建立方便的订货动态系统,使供应链中各企业能迅速获得有关订货执行情况的准确信息。供应链上合作企业间良好的合作关系以及供应链对外部客户的服务水平都对供应链的良性运作起着至关重要的作用,而客户服务正是其中重要的影响因素之一。高效的库存管理则是实现供应链快速响应的基础,因此客户服务水平是一个关键的库存绩效评价指标。

在评价客户服务水平部分指标时,可运用行为模式法,即以问卷调查表的形式确定库存系统完成客户服务目的和目标的次数百分比,由企业相关部门向合作部门或客户发出调查表,让其填写并寄回,以便在绩效评价时进行统计分析。客户对库存系统的要求主要是时间、准确率及损毁等因素。因此,供应链环境下库存控制绩效在客户服务水平指标下,采用可以量化的评价因素指标,选取了准时交货率、订单完成时间、交货准确率、库存物资损毁率四个指标进行分析。

(1) 准时交货率。

$$准时交货率 = \frac{期间内准时交货次数}{期间内总交货次数} \times 100\%$$

(2) 订单完成时间。订单完成时间是指供应链从收到客户的订货单直到货物到达客户收货地点所需的时间。其中包括由库存管理部门选择和通知距离客户最近的仓库分拣、包装备运,并扣除订单所订库存,记录于公司库存控制信息系统的时间。在确定订单完成时间时,应收集日常订单处理工作的各项数据资料,确定各项作业耗费的生产工时。根据所掌握的同行业先进企业的作业工时资料,结合自身的设施、工作强度等实际状况,采用科学合理的方法确定标准工时以进行比较。

(3) 交货准确率。

$$交货准确率 = \frac{期内总交货量 - 出现差错总量}{期内总交货量} \times 100\%$$

(4) 库存物资损毁率。

$$库存物资损毁率 = \frac{某批物资缺损量}{该批物资总量} \times 100\%$$

3. 库存控制质量

(1) 库存物资供应率。

$$库存物资供应率 = \frac{库存物资供应总次数 - 缺货次数}{库存物资供应总次数}$$

（2）库存物资循环率。

$$库存物资循环率 = \frac{期间出库数量}{期间库存物资数量} \times 100\%$$

式中，   出库数量＝使用数量＋备用数量

或

$$库存物资循环率 = \frac{期间的出库总金额}{期间总库存金额} = \frac{期间的出库总金额}{期初库存金额＋期间入库库存总金额} \times 100\%$$

对于一个库存控制系统来说，库存物资循环率分析比其他指标模糊，不能简单地认为循环率高了就必然好，循环率低了就不好。当供应链销售额增加且远远超过存货资产或由于制造工程及采购决策的合理化而缩短周期时间时，库存系统周转率高是好的；但如果在销售额超过标准库存的拥有量，因而使缺货远远超过允许缺货率而丢失销售机会，或由于库存调整超过销售额降低的估计导致缺货时，库存周转率虽高但将减少收益。在下述情况下，库存周转率虽低，但对企业是有利的。①对于不久的将来确实能够预测大幅度涨价的商品，提高安全库存；②厂商或零售商对于有缺货危险的商品，有计划地进行库存；③对于未来销售额增加有正确估计而进行的库存；④在制造商订单间隔期较长时，有计划地生产季节性制品，以备旺季的需要，从而使某一期间的库存暂时性增加。当然若是由于销售额减少却未调整库存或由于库存中不良品、长期保管品、品质低下产品或过时产品等增加而导致周转率低时，就需要企业采取相应的对策措施来处理。

（3）物资收发正确率。

$$物资收发正确率 = \frac{期间仓库吞吐总量－出现差错总量}{期间仓库吞吐总量}$$

（4）仓容利用率。

$$仓容利用率 = \frac{储存物资实际数量或容积}{设计库存数量或容积} \times 100\%$$

四、绩效评价指标的管理

在制定了相应的指标体系之后，为了充分发挥指标在库存管理中的作用，应做好以下几项工作。

1. 指标的归类管理

绩效评价的各项主要指标的完成情况与每个员工的工作情况有直接关系。为了更好地完成计划指标，首先需加强指标管理的领导。仓库管理人员和领导对指标重视与否是问题的关键，如果仓库管理人员和领导懂得指标的意义和重要性，掌握了指标管理的方法，就能自觉地按照客观经济规律的要求，充分利用经济指标这一重要手段提高仓库管理水平。同时，要充分发挥各职能管理机构的作用，将各项指标按职能管理机构归类，例如，调运部门负责管理吞吐量、发运速度、装卸搬运质量等指标；库存管理部门负责接收速度、保管质量、仓库利用率等指标；劳动工资部门负责管理劳动生产率等指标；财务部门负责管理仓库储存成本等指标。实行指标归类管理、分工负责，使每项指标从上到下，层层有人负责，形成一个完整的指标管理体系，保证指标的全面完成。

2. 指标的分解和分级管理

在现代化仓储管理中,应将反映仓储综合管理水平的综合指标进行层层分解、层层落实。这些指标在仓库各部门、各班组直至每个职工都可以表现为一些具体的指标。为了确保指标的完成,并使每个职工明确自己的责任,应做好指标分解,层层落实到各部门、班组和个人,使每级部门、每个职工都有自己明确的职责和奋斗目标,将指标管理建立在广泛的群众基础之上。

3. 开展指标分析,实施奖惩措施

在现代化仓储管理中,应定期开展指标执行情况的分析,这也是改善仓库管理,促进仓库技术改造,提高仓储经济效果的重要手段。只有通过指标分析,才能对仓库的作业活动做出全面评价,透过现象揭示本质,找出问题的原因,提出解决方法,提高仓库管理水平。另外,应定期组织对指标分析结果的奖罚,把指标完成情况的好坏与每个部门、员工的利益密切结合起来。

第三节　绩效评价方法

一、绩效评价方法概述

绩效评价一般需要经过确定评价目的、选择评价参照系统、获取评价有效信息、形成价值判断四个基本环节,必须建立一套科学规范的绩效评价指标体系。因此,需要从系统理论和分析方法的观点出发,并借助运筹学、控制论等其他方法,通过对评价基本目标、评价服务对象、评价指标体系、评价参照系统、评价有关信息等评价基本要素的系统分析,以及对评价系统内整体与局部之间、系统与外部环境之间的相互联系、相互作用和相互制约关系进行综合研究,制定绩效评价指标体系。

1. 绩效评价指标的主成分分析

从统计意义上看,指标集中的各项指标对总体方差的贡献有差异,若在指标集中保留贡献很小的指标,就会使指标集有较大的冗余。通过主成分分析,目的在于剔除那些对总体方差贡献率很小的指标,尽可能减少指标集的冗余。主成分分析通过正交变换,设法求出一组新的变量,这组新变量是原来变量的线性函数,其数量通常小于原来变量的个数,但却最大限度地反映了原来变量的信息,并且彼此之间并不相关。采用主成分分析法筛选指标的步骤如下。

(1) 对原始数据进行标准化处理。标准化处理的作用是消除原来各指标的量纲,使各指标之间具有可比性,同时使标准化后的样本满足 $E(X)=0$。

计算公式为

$$X_{ij} = \frac{Z_{ij} - EZ_j}{s_j} \tag{10-2}$$

$$EZ_j = \frac{\sum Z_{ij}}{n} \quad (j = 1, 2, \cdots, p) \tag{10-3}$$

$$S_j = \sqrt{\frac{\sum (Z_{ij} - EZ_j)^2}{n-1}} \tag{10-4}$$

式中，Z_{ij} 为未经过标准化处理的指标值；X_{ij} 为经过标准化处理后的指标值；p 为原始指标数，n 为样本数。

（2）计算相关系数矩阵 $\boldsymbol{R}$，求出特征方程 $|\boldsymbol{R}-\lambda\boldsymbol{E}|=0$（$\boldsymbol{E}$ 为单位矩阵，λ 为 $\boldsymbol{R}$ 的特征值）的 p 个非负的特征值及对应于特征值 $\lambda_1,\lambda_2,\cdots,\lambda_p$ 且有 $\lambda_1>\lambda_2>\cdots>\lambda_p\geqslant 0$，以及对应于特征值 λ_i 的特征向量 $L_i=(I_{i1},I_{i2},\cdots,I_{ip})^{\mathrm{T}}(i=1,2,\cdots,p)$。由特征向量构成 p 个主成分的方程为 $\boldsymbol{Y}=\boldsymbol{LX}$。式中，$\boldsymbol{Y}$ 代表主要成分变量向量，$\boldsymbol{Y}=(y_1,y_2,\cdots,y_p)^{\mathrm{T}}$；$\boldsymbol{X}$ 代表原始变量向量，$\boldsymbol{X}=(x_1,x_2,\cdots,x_p)^{\mathrm{T}}$；$\boldsymbol{L}$ 为负荷矩阵，$\boldsymbol{L}=(l_{ij})_{p\times p}$。

（3）求出每个主成分的方差占全部方差的比例 $F_i(i=1,2,\cdots,p)$，选取主成分。$F_i=\lambda_i/\sum\lambda_i(i=1,2,\cdots,p)$ 为第 i 个主成分的贡献率且有 $\sum F_i=1$；F_i 表明主成分 y_i 反映原来指标 $x_1,x_2,\cdots,x_p$ 信息量的多少，当前 m 个主成分的贡献率之和（累计贡献率）达到一定水平时（一般取 0.85 以上），说明采用前 m 个主成分来描述原来指标所包含的信息量已经达到要求。

（4）求解各指标 $x_1,x_2,\cdots,x_p$ 的重要性系数 $w_i(i=1,2,\cdots,p)$。所谓重要性系数，即各指标对总体方差的贡献。

$$\begin{vmatrix} x_1: w_1=F_1l_{11}+F_2l_{21}+\cdots+F_ml_{m1} \\ x_2: w_2=F_1l_{12}+F_2l_{22}+\cdots+F_ml_{m2} \\ \vdots \\ x_p: x_p=F_1l_{1p}+F_2l_{2p}+\cdots+F_ml_{mp} \end{vmatrix}$$

（5）根据重要性系数大小并考虑指标间的相关性，最后确定指标筛选的结果。

2. 层次分析

层次分析法的原理：在每一层按某一规定的准则，对该层所有要素进行两两比较，写成判断矩阵，通过计算判断矩阵的最大特征值及其相应的特征向量，由此得出该层各要素相对该层准则的权重。确定权重时，请专家用 1~9 标度法（见表 10-3）对同一层内若干指标进行两两比较，得出判断矩阵 $\boldsymbol{B}=(b_{ij})$。

表 10-3　1~9 标度值及其含义

标度值	1	3	5	7	9	2、4、6、8	备　　注
含义	同等重要	较重要	重要	很重要	非常重要	上述两两相邻判断的折中	B_i 与 B_j 比较得 b_{ij} B_j 与 B_i 比较得 $1/b_{ij}$

判断矩阵 $\boldsymbol{B}$ 有三条性质：① $b_{ii}=1$，② $b_{ij}=\dfrac{1}{b_{ji}}$，③ $b_{ij}=\dfrac{b_{ik}}{b_{jk}}$。

具体计算权重的方法有许多，采用积法计算各层次相应权重，如以上述指标体系中第 2 层次为例，$A\begin{cases} B_1 \\ B_2 \\ B_3 \end{cases}$，对于 A 而言，将 B_1、B_2、B_3 就其重要性进行两两比较，得判断矩阵 $\boldsymbol{B}=[b_{ij}]_{3\times 3}$，则权重计算步骤如下。

（1）将 B 层元素按列归一化，即 $\dfrac{b_{ij}}{\sum\limits_{k=1}^{3}b_{kj}}$。

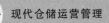

（2）将归一化后的各行相加，即 $\sum\limits_{j=1}^{n}\dfrac{b_{ij}}{\sum\limits_{k=1}^{3}b_{kj}}(n=1,2,3)$。

（3）将相加后的向量除以 n 得权重向量，即 $W_{BK}=\dfrac{1}{n}\sum\limits_{j=1}^{n}\dfrac{b_{ij}}{\sum\limits_{k=1}^{3}b_{kj}}$。

由此得到，$\boldsymbol{W}_B=[\,W_{B1}\quad W_{B2}\quad W_{B3}\,]^{\mathrm{T}}$ 列向量，则 W_{BK} 是第二层 B_K 指标相对于 A 的权重。按照上述方法，可分别得到其他各层指标因素的相对权重向量。

（4）一致性检验。在计算单准则相对权重向量时，必须进行一致性检验。在判断矩阵的构造中并不要求判断具有传递性和一致性，即不要求上述三条性质中第三条严格成立，这是由客观事物的复杂性与人的认识的多样性所决定的，但要求判断矩阵有大体上的一致性。

判断矩阵一致性指标 C.I 与同阶平均随机一致性指标 R.I 之比称为随机一致性比率，记作 C.R。其中，判断矩阵的一致性指标 $\text{C.I}=\dfrac{\lambda_{\max}-n}{n-1}$。

由于矩阵的阶数不同，判断矩阵的平均随机一致性指标 R.I 也不相同（见表 10-4）。

表 10-4　1～9 阶判断矩阵 R.I 值

阶数 n	1	2	3	4	5	6	7	8	9
R.I	0	0	0.58	0.90	1.2	1.24	1.32	1.41	1.45

则 $\text{C.R}=\dfrac{\text{C.I}}{\text{R.I}}$。

当 C.R＝0 时，判断矩阵具有完全一致性；当 C.R＜0.1 时，判断矩阵具有满意的一致性；当 C.R＞0.1 时，需要调整判断矩阵，使其满足 C.R＜0.1，达到具有满意的一致性。

综上所述，用层次分析法来研究绩效评价指标体系有以下几个步骤：①将影响物流绩效的基本因素进行分层，设计出多层次的评价指标体系；②根据指标采集数据，并对数据进行标准化处理，使各个指标可以进行加总，形成一个反映物流绩效整体水平的总和指标；③根据一个指标在同一层指标中的相对重要性和在整个指标体系当中的位置，确定各个指标的权重，并进行一致性检验；④计算出物流绩效水平的综合值，并进行必要的分析。

3. 绩效评价指标的模糊综合评判法分析

所谓模糊综合评判，是指运用模糊数学中的模糊统计的方法，通过影响某事物的各个因素的综合考虑，来对库存绩效优劣做出科学的评价。模糊综合评判法的基本步骤如下。

（1）确定评判物流绩效等级的向量评语集 $\boldsymbol{V}=\{v_1,v_2,\cdots,v_m\}$，$m$ 为向量评语集中评语数目。

（2）将因素集 $(U_1,U_2,\cdots,U_l,\cdots,U_s)$ 按其属性分成 s 个子集，每个 U 中若由若干个二级指标集组成，即 $U_l=\{u_{l1},u_{l2},\cdots,u_{lj},\cdots,u_{l_{nl}}\}$，$l=1,2,\cdots,s$；$j=1,2,\cdots,n_1$，$nl$ 表示 U_l 所包含的二级指标的数目。

（3）对构成每个一级指标 U_l 的二级指标集进行模糊评判。由 Fuzzy 的性质，可以得

出 U_l 的判断向量 $\overline{\boldsymbol{B}}_l = \overline{\boldsymbol{W}}_l \cdot \overline{\boldsymbol{R}}_l$；式中，$\overline{\boldsymbol{R}}_l$ 为由 U_l 到评语集 V 的一个模糊映射；若单独考虑 U_l 下各个二级指标 u_{lj}，可通过 Delphi 法或随机调查方式来获取 u_{lj} 隶属于第 $t(t=1,2,\cdots,m)$ 个评语 v_t 的程度 r_{ljt}，则可得到 U_l 的模糊评判矩阵。

$$\overline{\boldsymbol{R}}_l = \begin{bmatrix} r_{l11} & r_{l12} & \cdots & r_{l1m} \\ r_{l21} & r_{l22} & \cdots & r_{l2m} \\ \vdots & \vdots & \cdots & \vdots \\ r_{l_{nl}1} & r_{l_{nl}2} & \cdots & r_{l_{nl}m} \end{bmatrix}$$

式中，nl 为每个 U_l 中评价指标数目。$\overline{\boldsymbol{W}}_l = (w_1, w_2, \cdots, w_{nl})$ 为采用直接评分法、功能评分法、二项系数法、AHP 法或 Delphi 法等方法所获得的每个对 U_l 中评价指标权重向量。采用 $m(\cdot, \oplus)$ 算子方式，可求得对应每个 U_l 的模糊向量 $\overline{\boldsymbol{B}}_l = \overline{\boldsymbol{W}}_l \cdot \overline{\boldsymbol{R}}_l = (b_{l1}, b_{l2}, \cdots, b_{lm})$，即 $b_{lt} = w_{l1} \cdot r_{l1t} \oplus w_{l2} \cdot r_{l2t} \oplus \cdots \oplus w_{l_{nl}} \cdot r_{l_{nl}t}$ 从而构成对一级指标进行判断的模糊矩阵 $\overline{\boldsymbol{B}} = (\overline{\boldsymbol{B}}_1 \overline{\boldsymbol{B}}_2 \cdots \overline{\boldsymbol{B}}_s)^{\mathrm{T}}_{s \times m}$。

（4）采用 $m(\cdot, \oplus)$ 算子确定评价物流绩效的向量元素集 $\boldsymbol{Z} = (Z_1, Z_2, \cdots, Z_s) = \overline{\boldsymbol{K}} \cdot \overline{\boldsymbol{B}}$。其中，$\overline{\boldsymbol{K}} = (k_1, k_2, \cdots, k_{nl})$ 为对应每个 $U_l(l=1,2,\cdots,s)$ 的权重向量。

（5）对 Z 做归一化处理，可得到物流绩效的评判结果。

根据前面的绩效评价指标体系及模糊综合评判模型，对库存绩效进行模糊评判的具体步骤如下。

（1）确定评语集 $V = \{v_1, v_2, v_3, v_4\} = \{优, 良, 一般, 差\}$。

（2）获取评判数据。采用功能评分法、AHP 法或随机调查方式获得各级评价指标权重向量，采用 Delphi 法获取评语集数据。

（3）采用模糊综合评判法的基本步骤中的（2）、（3）、（4）来进行各级指标集的模糊评判。通过计算，得到最终结果 $\boldsymbol{Z} = (Z_1, Z_2, \cdots, Z_m) = \overline{\boldsymbol{K}} \cdot \overline{\boldsymbol{B}}$。

（4）对 Z 做归一化处理，可得到物流企业绩效的最终评价结果。

（5）评判结论分析。

4. 数理统计分析法

用数理统计分析法来研究物流绩效评价指标体系，就是应用主成分分析、因子分析、聚类分析、差别分析等数理统计分析方法，对有关物流绩效的评价对象进行分类和评判；就是要在建立物流绩效评价指标体系过程中，对各种可供选择的行动方针和方案，进行系统的比较分析，以得到优化的方案。一般有 6 个基本步骤：①收集物流绩效评价的必要信息。②确定物流绩效评价的基本目标。③拟订物流绩效评价的操作方案。④进行物流绩效评价方案比较。⑤检验物流绩效评价中选方案。⑥物流绩效评价方案实施。

5. 隶属因子赋值法

用隶属因子赋值法来研究物流绩效定性分析指标体系。定性指标的参照标准一般是根据评价指标的概念与内涵，结合企业价值取向和宏观经济环境要求，从抽象的角度确定定性评价指标的不同层次的要求。为了提高定性评价的准确性，对定性指标的计分方法，有的采用直接对每项指标进行打分的方法，但更多的是采用模糊数学中的隶属因子赋值方法。

隶属因子赋值法是根据评价对象因素(即评价指标),首先确定每项指标的评语等级(即标准档次);评语等级个数 m 通常应大于 4 且小于 10,一般为奇数,如 5、7、9,同时赋予每个等级不同的向量参数 n,然后通过问卷调查或专家选择评语等级的办法确定等级参数;其次,将每个评语等级参数与每个指标的权数相乘,便得出某个专家或问卷对某个指标所打的分数。最后,根据问卷总数或专家个数计算出平均赋值,得到定性指标的评价分数。

6. 物流绩效倍增系统分析方法

物流绩效倍增(PAC)系统分析方法一般用于研究物流绩效的评价指标体系,物流绩效倍增系统是一个对现有物流资源与物流运作管理过程进行系统改善,达到提升物流绩效的方法体系。其核心点就是绩效、分析与检查、管理。物流绩效倍增系统的分析包括 4 个具体的步骤:首先,调查与收集进行物流运作日常工作的各项数据资料,确定各项物流作业需要耗费的时间,以此作为改善的出发点;其次,从接受订货到供给商品的整个物流过程中,分析造成绩效损失的主要原因;再次,测算出物流绩效的损失状况;最后,寻找消除物流绩效损失的主要途径。

综上所述,用层次分析法明确物流绩效评价指标体系的指标构成;用数理统计分析法解决物流绩效评价指标体系的指标优化和修正问题;用隶属因子赋值法可以实现物流绩效评价指标体系中定性指标的量化分析;用物流绩效倍增系统分析方法有助于从改进绩效的角度来确定物流绩效评价指标,进一步完善物流绩效评价指标体系。

二、提升仓储管理与库存绩效的方法

仓储管理的目标是提高企业的仓储服务水平,降低仓储成本,实现仓储效益和效率的最优化。要达到这一目标,仓储管理就必须采取相应的方法来提升本部门的业务绩效水平,并且对仓储活动的成本和费用支出进行严格的管理,这样才能改善工作效率,实现优质的物流服务,确保物流成本降低,从而达到经营目标。

有效地提升仓储管理绩效大致有"硬件"和"软件"两个方面的内容。"硬件"就是要进行大规模的投资,全面引进先进的仓储设备等工作设施及开发和导入完善的仓储管理信息系统;"软件"则是要进行仓储工作现场管理与作业方式的改善,通过物流员工自身的努力来达到提升绩效的目的。

1. 硬件方面:引入信息技术,提升作业水平

现代信息技术和网络技术以及高科技物流设备的应用是现代物流业不断发展进步的基础。为提升仓储型物流企业的作业水平和作业效率,增加企业竞争力,进行综合信息改造,建立仓储管理信息系统很有必要。信息系统应用后,提高了客户服务水平,设计了库内定位码放,优化了工作流程,规范了工作程序,实现了管理者对仓储各业务部门和作业环节的实时跟踪和监控,加速了信息流在企业内部和企业间的流动,实现了信息共享和统计自动化,提高了工作效率。

(1)信息技术应用于客户服务。由于客户对服务、价值等方面的期望越来越高,物流管理和作业必须以客户为导向,重新定义和设计客户服务的内容。企业需要通过改善物

流管理,提高服务质量,降低价格,吸引新的客户,提高企业竞争力和市场营销效果。①收集客户信息,建立客户档案。将客户概况(包括客户名称、通信地址、法人代表姓名、注册资本金、注册地、企业性质、所属行业、上级主管单位、投资人、企业组织框架图等)、客户基本生产状况、客户产品资料、客户产品市场营销状况、客户仓储运用情况、客户运输情况、客户物流成本支出及仓储、运输保险情况的基础数据输入系统数据库进行集成管理,并适时更新。②引入客户关系管理,开展客户服务。对企业所有现有客户及潜在客户有针对性地进行管理,以维系现有客户,开发新客户,提高现有客户的服务水平,扩大现有客户的业务作业量,同时系统有能力对相关数据进行分析,最大限度地帮助客户改进产品生产销售和物流现状,实现与客户的双赢。③进行客户满意度的调查。系统设计各种不同形式的报表,对客户服务进行跟踪管理并制作档案,进行客户服务调查,计算客户满意度。

(2) 信息技术应用于库内码放定位设计。经过系统分析,根据仓库具体条件,规划货物的存放区域,并设计库内码放定位系统,绘制出库区货物码放图,使每种货物都有明确的码放定位,账、卡、物形成了一一对应关系,并明确标出要求保持的"五距"(顶距、灯距、墙距、柱距、堆距)及主通道和消防通道等。

(3) 信息技术应用于仓库作业。信息技术应用于仓库作业的全过程中,从入库作业、储存保管作业、库内包装和分拣作业及出库作业实行程序操作,在向系统输入客户资料和货物资料后,对不同客户及其货物进行管理,并可对所有货物进行分仓库、分时间、分货品、分货位或分客户库存管理。

① 入库作业。根据系统提示确认接待人员身份(如身份证号、内部人员工号等)核对随货同行单据。从计算机中直接调出数据,进行货物数量确认、品种确认、及时性确认,并对条形码进行检查。及时发现货物入库过程中出现的异常并及时处理,直接修改和确认数据库文件。

② 上架管理。输入货物信息,系统自动提示货物需要摆放的空间及货架特征。根据设备指示完成货物的定位摆放。这样既可提高上架速度,又可提高库位的利用效率以及仓库管理的整体效率。

③ 分拣管理。系统接到提货信息后,指导发货人员依照顺序取货,并按照货物单元或者客户单元直接操作打包、条形码扫描并打印输出包装标签,一次性完成所有作业,提高了效率,减少了由于多环节协作带来的混乱和等待。

④ 储存管理。对库内环境和货物进行各种监测、抽检,系统自动记录、统计计算并分析各种数据;对环境情况和货物情况给出指导性建议,并进行有效控制;对货物进行盘点,对多个商品或单个商品准确复核,及时检查,生成各种报表,实现实时库存管理。

⑤ 出库作业。出库作业是入库作业的反过程。首先要根据提示确认提货人的身份(如身份证号码、货单位、门店代码、内部人员的工号等),并核对提货单据和计算机所收到提货信息是否一致。录入信息,修改和确认(后台)数据库文件。按系统提示备货装货,打印货物清单,并要求提货人确认。对于误差直接输入计算机并输出误差数据。输入记录关联的物流信息,例如,运输单位到达时间、作业人员和设备特征(如车牌号码等)。

(4) 信息技术应用于统计管理。实现实时库存管理,仓库每接收或发出一件货物,所有相关方面的库存就会自动发生变化,有关部门和客户可及时得知货物在库"进、出、存"

情况,第一时间内准确掌握货物的在库状况。

实现统计自动化,自动生成日报表、月报表及各种有关统计报表,计算货物吞吐量、库房占用率等各种数据,汇总、统计各种经济指标并且对其销售趋势、销售地域、销售差异和利润进行分析。

2. 软件方面:以客户为中心,提高服务质量

企业经营讲究的是效益,仓储部门的效益就是工作量的大小。提高仓储部门服务水平的关键是实现以最小的支出获得最大的经济效益。这对仓储部门提出了新的更高的要求。如果仓储管理工作仍停留在简单的"收、发、管"上,势必与当前物资供应工作的高要求形成明显落差。因此,仓储部门要提高效率和效益,就必须转换思想,以客户为中心,在提升服务水平上下苦功。

(1) 将器材质量监督作为首要工作。健全以质量检测站为首,分库、站为基础,班组为核心的部门内部质量保证体系,深入施工现场、作业车间对器材质量进行监控,变器材的质量事后把关为事先预防,以优质的物资质量取信客户。

(2) 把降低器材价格作为关键工作。物资供应仓储系统在审核物资入库通知单时,应将所进器材的报价与网络报价进行比较,对高出网络报价的器材,及时向上级部门进行咨询;超过合同价格的物资应坚持拒之门外。通过灵敏快速的市场价格信息网络,按照物资价格的变动和市场供求变化的规律,及时与上级主管部门合理调整入库器材的价格,发挥仓储部门的批量与价格优势,用看得见的实惠赢得客户,有了客户,才有生存的空间,才能有效益。

(3) 利用卖方市场和仓储的优势,大力开展代储代销业务。例如,在油田器材经营中,在加大零库存保油田生产的同时对油田所需的部分量大、动态预测性差的器材,应积极吸引生产厂家进库设点,签订代储代销协议,建立稳定的供需关系,使其长期为企业所用,这种新型的物资供应方式有以下优势:①可以减少资金占用,节省银行利息支出;②可以缓解油田资金紧张局面,避免物资积压浪费;③采取用后付款方式,避免因产品质量问题而造成的经济损失;④节省运费和差旅费。

思 考 题

一、选择题

1. 绩效评价的观点包括(　　)。

  A. 绩效结果论　　 B. 绩效行为论

  C. 行为与结果结合论　　 D. 其他

2. 库存控制绩效评价的作用包括(　　)。

  A. 认识作用　　 B. 考核作用

  C. 引导促进作用　　 D. 挖掘潜力作用

3. 库存控制绩效评价指标包括(　　)。

  A. 库存控制成本　　 B. 客户服务水平

  C. 库存控制质量　　 D. 其他

4. 仓储管理绩效评价原则包括( )。

    A. 科学性   B. 可行性

    C. 协调性   D. 可比性

    E. 稳定性

5. 绩效评价的标准包括( )。

    A. 计划标准   B. 历史标准   C. 行业标准   D. 客户标准

二、填空题

1. 绩效评价的目的包括_____、_____、_____。

2. 库存控制绩效评价的原则包括_____、_____、_____、_____、_____。

3. 绩效评价指标的管理方法包括_____、_____、_____。

4. 绩效评价指标评价的方法包括_____、_____、_____、_____、_____、

_____。

三、简答题

1. 库存绩效评价的原则是什么?

2. 仓库管理与库存绩效评价的指标体系是什么?

3. 什么是层次分析法? 如何运用层次分析法进行库存绩效评估?

4. 提升仓储管理与库存绩效的方法有哪些?

第十一章

现代仓储运营管理合同与法规

导入案例

仓储合同中对储存期间没有约定或约定不明的法律风险

1. 风险提示

一般而言,仓储合同的当事人在所签订的仓储合同中应当约定有明确的储存期,但储存期间并不是仓储合同的必要条款,如果在仓储合同中对储存期没有约定或者约定得不够明确,并不直接导致仓储合同无效,但这为存货方和保管方因存储期间的不同认识而产生纠纷埋下了隐患。

2. 法律依据

《中华人民共和国民法典》(以下简称《民法典》)第九百一十四条:当事人对储存期限没有约定或者约定不明的,存货人或者仓单持有人可以随时提取仓储物,保管人也可以随时请求存货人或者仓单持有人提取仓储物,但应当给予必要的准备时间。

3. 案例呈现

某年11月11日,原告天津市友谊百货有限公司与被告天津市大华运输公司货场签订了一份仓储合同,合同约定,原告于11月15日起在被告的3号仓库储存一批服装共计200箱,并就其他有关存储的条件、方法以及仓储费用等内容进行了约定,但是没有具体约定仓储期间。在合同履行了一段时间之后,第二年1月29日,又有一家公司希望和被告天津市大华运输公司货场签订仓储合同。以储存其一批运动鞋,并表示愿意支付更高额的仓储费。由于天津市大华运输公司货场的其他仓库已满,因此,被告于2月2日通知原告天津市友谊百货有限公司在2月12日之前来提货。原告得知被告是为了给另一家公司腾出仓库,以赚取更高仓储费,遂拒绝提取货物。被告在2月12日之后又多次催告原告前来提取货物,原告均未予理睬。于是2月25日,被告将存储在其3号仓库的200箱服装以当时的市价变卖给了该市的另外一家百货公司,获得价款268 000元,扣除此期间的仓储费1 400元之后,被告将剩下的266 600元退回给了原告友谊百货公司。

原告随即向法院起诉。原告称,其与被告之间存在有效的仓储合同,虽然没有规定仓储期间,但是被告为了与第三人签订仓储合同获得更高利益而要求解除合同,并在双方仓储合同并没有解除的情况下,擅自将原告存储在被告运输公司货场3号仓库中的货物变卖,从而造成原告经济损失人民币3万元。根据《民法典》的有关规定,储存期间,因保管人保管不善产生的经济损失应该向存货人承担赔偿责任,因此,望法院支持其诉讼请求。

被告辩称,被告与原告方是签订了一份有效的仓储合同,但是这份仓储合同没有约定仓储期间,根据《民法典》的有关规定,2月2日,被告通知原告于2月12日之前来提取货物,这就表明事实上仓储合同的履行期限已经确定下来,即储存期间截至2月12日届满。但是原告对此无故拒绝,也没有提出与被告续签仓储合同,后被告又经多次催告无果。为使被告方的业务不受影响,根据《民法典》第九百一十四条规定,被告方将原告在3号仓库的200箱衣服予以提存。

4. 法院裁判

经审理,法院认为,本案的争议焦点在于仓储合同对储存期间没有约定时对仓储物的处理。对于没有明确约定储存期限的仓储合同,在保管人通知存储人提取货物并给予一定时间准备的情况下,该指定时间的届满是否表示仓储合同中储存期间的届满,是否表示原先在合同中并没有约定的仓储期间在此时已经确定;如果存储人在指定的期间内不履行提取义务,是否就陷入了迟延履行的违约状态?《民法典》第五百一十一条第四款对期限不明的合同履行作了规定:履行期限不明确的,债务人可以随时履行,债权人也可以随时请求履行,但应当给对方必要的准备时间。

在本案中,原告天津市友谊百货有限公司和被告天津市大华运输公司货场签订了一份没有确定仓储期间的仓储合同,按照《民法典》第九百一十四条规定,当事人对储存期限没有约定或者约定不明确的,存货人或者仓单持有人可以随时提取仓储物,保管人也可以随时请求存货人或者仓单持有人提取仓储物,但是应当给予必要的准备时间。在被告天津市大华运输公司货场发出要求原告在2月12日之前提取货物的通知中,自2月2日到2月12日的10天期限从常理上符合《民法典》上关于必要准备时间的规定,应认定2月12日就是仓储合同双方当事人确定的最后履行期限。至此,双方的仓储合同不再属于没有确定期限的仓储合同,应视作一般的仓储合同进行处理。

在2月12日之后,原告友谊百货公司只有两种选择,要么提取货物,要么与被告续签仓储合同。但是在本案中原告既没有要提取货物的意思表示,也没有提出续签合同。因此,根据《民法典》第九百一十六条的规定,储存期限届满,存货人或者仓单持有人不提取仓储物的,保管人可以催告其在合理期限内提取;逾期不提取的,保管人可以提取仓储物。因此,保管人天津市大华运输公司货场在多次催告原告履行提取义务未果的情况下,可以将仓储物提存。天津市大华运输公司货场据此将200箱货物变卖,并将所得货款扣除仓储费之后退给了原告天津市友谊百货有限公司,整个操作过程都符合法律的规定。

至于原告在诉讼过程中提出的被告是为了给另外一家公司腾出仓库空间才要求结束仓储合同的抗辩理由,法院认为并不能够影响本案的认定和判决。营利是一个经营性机构的合法目的,《民法典》第九百一十四条并没有限定双方当事人提出提取期限的条件。《民法典》第九百一十四条设置的目的本质上就是为了避免双方陷入无限期合同的桎梏,以维护双方正常的经营行为。

因此,被告天津市大华运输公司货场在本案中依法履行了通知义务,并给予了对方必要的准备时间;在准备期间届满后,又进行多次催告,在原告未作履行答复的情况下才将货物变卖提存，并将货款退回原告的行为合法正当，原告在没有正当抗辩理由的情况下拒绝履行提取义务，给被告的业务开展造成困难，所造成的经济损失理应由其承担。因此，对于原告的诉讼请求法院不予支持。

5. 律师支招

当事人对储存期间没有约定或者约定不明确的，存货人或者仓单持有人可以随时提取仓储物。保管人根据自己的储存能力和业务需要，也可以随时要求存货人或者仓单持有人提取仓储物，但应当给予对方必要的准备时间。所谓"给予必要的准备时间"是一个比较抽象的概念，指保管人预先通知提货，然后根据各方面的实际情况，确定一个合理的期限，以给存货人或者仓单持有人留出必要的准备时间，该期限届满之日即被视为仓储合同期限届满，存货人或者仓单持有人则负有在期限届满之前提货的义务，若拒不提取货物，则所产生的损失由存货人或仓单持有人承担。

由此可见，如果合同双方未就储存期限做出约定，应当及时通过补充协议的方式加以弥补，任何一方拒绝确定储存期限，法律均赋予另一方相应的救济权利，只要正确行使该救济权利，自身合法权益将获得充分保障。

> **思考**
>
> (1) 法院判决的法律依据是什么？
> (2) 在签订仓储合同时应注意哪些问题？

资料来源：仓储合同中对储存期间没有约定或约定不明的法律风险[N].现代物流报.2011-11-25(6).

第一节　仓储管理合同

经济合同是法人之间为实现特定的经济目的，依照国家法律，在国家允许的范围内，明确签约人之间权利和义务关系的契约文件。经济合同一经签订，各方在合同中做出的承诺及享有的权利就要受到法律的约束和保护。一旦一方发生违约行为，必须承担合同规定的经济责任，严重的违约行为将受到法律制裁。各方在经济合同中做出的承诺和享有的权利应该是对等的，即符合有偿和等价原则。

一、仓储合同的概念与种类

1. 仓储合同的概念

仓储合同，又称仓储保管合同，是指保管人储存存货人交付的仓储物，存货人支付仓储费的合同。提供储存保管服务的一方称为保管人，接受储存保管服务并支付报酬的一方称为存货人。仓储合同属于保管合同的一种特殊类型，我国以往的有关合同法规将仓储合同归入保管合同中，统称仓储保管合同，但因其有别于一般保管合同的仓库营业性质，因而合同法将其作为独立的有名合同固定下来。

仓储业务是专为他人储藏保管货物的一种商业活动，它起源于中世纪的海上贸易。随着国际贸易的不断发展，仓储营业的作用越来越重要，已成为现代社会化大生产和国际、国内商品流转中一个不可或缺的环节。在我国,仓储业已成为一种专门提供储存保管服务的行业。

仓库根据其目的不同可分为保管仓库和保税仓库:保管仓库是指仅以物品的堆藏和保管为目的的仓库;保税仓库是指储存进出口手续未完成的货物的场所。根据仓库用途的不同又可将其分为营业仓库和利用仓库:营业仓库是指以营利为目的,为他方提供货物的堆藏及保管并接受他方报酬的仓库;利用仓库是指非营利的以储藏和保管自己的物品为目的的仓库。民法上所涉及的仓库主要是指以营利为经营目的的仓库,因此仓储合同仅指与保管仓库和营业仓库相关的货物储藏及保管关系。

2. 仓储合同的形式

根据《民法典》的规定,合同可以有书面形式、口头形式和其他形式。电报、电传、传真、电子数据、电子邮件等形式归类为书面合同。订立仓储合同的要约、承诺也可以是书面形式、口头形式或其他形式。由于仓储的存货量较大、存期较长,期间可能进行配送、流通加工等作业,有时还涉及仓单持有人,因此,仓储合同使用完整的书面合同较为合适,完整的书面合同有利于合同的保存、履行和发生争议时的处理。

仓储合同的其他形式,包括通过行为订立合同、签发格式合同等。在未订立合同之前,存货人将货物交给仓储保管人,保管人接收货物,则表明事实上合同已成立。在周转极为频繁的公共仓储中,保管人可以采用预先设计好条件的格式合同。在格式合同中,存货人只有签署或者不签署合同的权利,而没有商定格式合同条款的权利。

3. 仓储合同的种类

按照不同仓储经营方式中,仓储标的物是否是特定物或特定化了的种类物,以及仓储是否移转所有权,仓储合同可以分为一般保管仓储合同、混藏式仓储合同、消费式仓储合同与仓库租赁合同。

(1) 一般保管仓储合同。一般保管仓储合同是指以特定物或特定化的种类物为标的物,合同期限届满时,保管人将原物返还于存货人。例如,存货人存入 150 袋东北五常大米,取回时依然是存货时的那 150 袋东北五常大米,并无差别。

(2) 混藏式仓储合同。混藏式仓储合同是指存货人将一定品质数量的种类物交付保管人储藏,而在储存保管期限届满时,保管人只需以相同种类、相同品质、相同数量的替代物返还的仓储合同。如上例,存货人与保管人签订的是混藏合同,存入 150 袋东北五常大米,取回时只要是相同种类和品质的 150 袋大米即可,可以是东北产的,也可以是天津产的。

(3) 消费式仓储合同。消费式仓储合同是指存货人不仅将一定数量、品质的种类物交付仓储保管人储存保管,而且与保管人相互约定,将储存物的所有权也移转于保管人处,在合同期届满时,保管人以相同种类、相同品质、相同数量的替代品返还的仓储合同。消费式仓储合同的不同之处就是涉及仓储物所有权转移到保管人,相应地保管人需要承担所有人的权利和义务。消费式仓储经营人的收益,除约定的仓储费(一般较低)外,更重要的是消费仓储物与到期购回仓储物所带来的差价收益。

(4) 仓库租赁合同。仓库租赁合同是指仓库所有人将所拥有的仓库以出租的方式开展仓储经营,由存货人自行保管商品时签订的合同。仓储人只提供基本的仓储条件并进行一般的仓储管理,如环境管理、安全管理等,并不直接对所存放的商品进行管理。仓库租赁合同严格意义上来说不是仓储合同,只是财产租赁合同。但是由于仓库出租方具有部分仓储保管的责任,所以具有仓储合同的一些特性。

4. 仓储合同的订立原则

签订仓储合同时,合同双方应遵循下述原则。

(1)平等原则。当事人双方法律地位平等是合同制度的基础,是任何合同行为都需要遵循的原则。订立仓储合同的双方应本着平等的心态,通过平等协商,订立公平的合同。任何一方采取恃强凌弱、以大欺小或者行政命令的方式订立的合同都是无效合同。平等原则还包括订立合同机会平等的内容,不能采取歧视的方式选择订立合同的对象。

(2)等价有偿原则。仓储合同是双方合同,合同双方享受相应的权利,承担相应的合同义务。保管人的利益体现在收取仓储费和劳务费上,保管人在仓储过程中劳动和资源投入的多少,决定了所能获得报酬的多少。等价有偿的原则也体现在当事人双方合同权利和义务的对等上。

(3)自愿协商一致原则。当事人双方订立合同时完全根据自身的需要和条件,利用各自的知识和能力,通过广泛的协商,在整体上接受合同的约定,这是合同生效的条件。任何采取胁迫、欺诈的手段订立的合同都是无效合同。如合同未经协商一致,双方会在合同履行过程中产生争议,导致合同无法履行。

(4)合法和不损害社会公共利益原则。当事人在订立合同时要严格遵守法律法规,不得进行任何违反法律法规强制性规定的经济主体、公民不能从事的行为,包括不能发生超越经营权、侵害所有权、侵犯国家主权、危害环境等违法行为。不损害社会公共利益的原则要求,合同主体在合同行为中不得进行有损社会安定、扰乱社会经济秩序、妨碍人民生活等不良行为以及从事不道德的事。要尊重社会公德,维护国家形象,有利于精神文明的建设。不损害社会公共利益从内容上来说属于道德规范,但在合同法的规范中形成了法律规范,损害社会公共利益已成为违法行为。

5. 要约与承诺

仓储合同的订立需经过要约和承诺的过程。仓储双方当事人一方发出要约,另一方做出承诺,仓储合同成立。作为一项有效的要约,必须具有明确的订立合同的愿望和完整的交易条件,这些条件可以是在要约中明示的,也可以是受要约人通过合理判断确定的默示条件。要约人在要约送达受要约人后,承担遵守要约的责任。承诺是对要约无条件地接受,任何对要约实质性的变动都不是承诺,而是要约人的反要约。承诺必须是明确的,有确切的表现,承诺到达要约人即生效,承诺人即受承诺的约束。

当一方向另一方发出不明确的交易愿望的行为为要约引诱,要约引诱不具有约束力,如广告、推销宣传等。但是如果广告等具有明确的交易条件和交易愿望,且明示有约束力的,则成为要约。

当一方(主要是存货人)向另一方发出愿意订立仓储合同的要约,但没有明确合同的主要事项,这种要约构成了双方订立预约合同的要件,保管人的承诺表明双方成立了预约合同。预约合同并不是仓储合同本身,仅是双方达成了预约合同的协议。生效的预约仓储合同也是有效的合同,双方承担将要订立仓储主合同的义务,否则需承担违反预约合同的责任。

二、仓单

1. 仓单的概念

《民法典》第九百零八条规定:"存货人交付仓储物的,保管人应当出具仓单、入库单等凭证。"所谓仓单,是指由保管人在收到仓储物时向存货人签发的表示已经收到一定数量的仓储物的法律文书。因此,仓单实际上是仓储物所有权的一种凭证。同时,仓单在经过存货人的背书和保管人的签署后可以转让,任何持仓单的人都拥有向保管人请求给付仓储物的权利,因此,仓单实际上又是一种以给付一定物品为标的有价证券。

由于仓单上所记载的权利义务与仓单密不可分,因此,仓单有如下效力:①受领仓储物的效力。保管人一经签发仓单,不管仓单是否由存货人持有,持单人均可凭仓单受领仓储物,保管人不得对此提出异议。②转移仓储物所有权的效力。仓单上所记载的仓储物,只要存货人在仓单上背书并经保管人签字或者盖章,提取仓储物的权利即可发生转让。

2. 仓单的性质

(1)有价证券。有价证券是指表明一定财产权的证券,其权利的行使或处分必须借助于证券的占有或转移。仓单往往表明持有人对存储物享有所有权、交付请求权,故仓单为有价证券。

(2)要式证券。仓单须经保管人签名或盖章,并必须具备一定的法定记载事项,故仓单为要式证券。

(3)指示证券。凡是可以通过背书转让的证券都称为指示证券或背书证券。存货人或者仓单持有人在仓单上背书并经保管人签字或者盖章的,可以转让提取仓储物的权利,故仓单为指示证券。

(4)物权证券。存货人获得仓单后,如欲出卖其存入仓库中的物品,不必现实地交付货物,只需转让仓单即可。仓单受让人凭借仓单即可证明其对仓储物的所有权,故仓单为物权证券。

(5)文义证券。所谓文义证券,是指证券上权利义务的范围以证券的文字记载为准。仓储合同的保管人必须依照仓单的记载,负担交付物品的义务,即使仓单上记载的事项有不属实的情况,保管人仍应严格依照所记载的文义履行给付义务。当仓储物与仓单上所记载的物品不同时,仓单持有人有权拒绝受领,并有权请求保管人赔偿损失。因此仓单为文义证券。

(6)换取证券。所谓换取证券,又称缴还证券,是指义务人履行证券上的义务,权利人须向其返还证券。仓单持有人在请求仓库营业者交付仓储物时,必须将仓单交还给仓库营业者,因此仓单为换取证券。

(7)要因证券。所谓要因证券,是指证券的存在必须以相应的事实存在为前提条件。仓单的存在是以仓储合同的存在为前提的,因此仓单为要因证券。

3. 仓单的功能

（1）物权证明。仓储合同是以仓储物的储存为目的的，存货人将仓储物交付给保管人，仓储物的所有权并没有发生转移，仍然归属于存货人。仓单上记载存货人的名称、住所，也就明确了货物所有权的归属。

（2）保管人承担责任的证明。保管人和仓单持有人之间的法律关系，应以仓单为准。也就是说，即使仓单记载的仓储物与实际交付的货物不相符合，仓单持有人也有权依据仓单的记载而要求保管人给付仓单记载的仓储物。如果保管人不能按照仓单的记载给付仓储物，仓单持有人有权要求保管人赔偿损失。当然，保管人和存货人之间的法律关系，应以仓储合同为准。例如，如果仓单持有人根据仓单所提取的仓储物多于存货人所实际交付的货物，则保管人和存货人之间应根据仓储合同，就仓单持有人多提取的货物加以处理。

（3）提取仓储物的凭证。提货人必须向保管人出示仓单。保管人在存货人交付仓储物时，应向存货人交付仓单。仓单持有人有权根据仓单请求保管人交付仓储物。因此，仓单就代表着仓储物，是提取仓储物的凭证。既然如此，对于仓单持有人来说，持有仓单就可以主张权利，提取仓储物；对于保管人来说，认单不认人，只要仓单形式上合法，就应将仓储物交予仓单持有人，同时收回仓单。

（4）转移仓储物所有权。仓单属于流通证券，可以在市场上流通。由于仓单代表仓储物，所以仓单的交付，就意味着仓储物所有权的转移，与物品的交付发生同一效力。因仓储物所有权随仓单的转移而转移，故仓储物的风险负担也会随之转移。由于仓单属于记名证券，所以仓单的转移应当通过法定的方式进行。根据我国《民法典》的规定，仓单持有人应当在仓单上背书并经保管人签字或盖章。如果仓单持有人只在仓单上背书但未经保管人签字或盖章，即使交付了仓单，转让行为也不生效力。法律之所以要求必须有保管人的签字或盖章，其主要原因在于，保管人是仓储物的合法占有人，而仓储物的所有权仍归存货人，为保护存货人的所有权，防止其他人以非法途径获得仓单，从而损害存货人的利益，也使保管人自己免于承担不应有的责任，存货人转让仓单，应当由保管人在仓单上签字或盖章。如果仓单被多次背书转让，则每次背书都必须具有连续性。当然，如果仓单中明确记载了不得背书的，则仓单持有人即使作了背书，也不能发生转让提取仓储物权利的效力。

（5）金融工具。仓单是一种有价证券，可以作为抵押、质押、财产保证等金融工具和其他信用保证。仓单持有人可以给仓单设立质权。以仓单为标的所设定的质押，根据我国《民法典》的规定，仓单质押属于权利质押。根据我国《民法典》的规定，设定仓单质押，出质人应当与质权人以书面形式订立质押合同，并应当在合同约定的期限内交付仓单，仓单质押合同自仓单交付之日起生效。可见，仓单质押与动产质押一样，也以仓单的交付为成立要件，没有仓单的交付，质权就不能成立。总之，仓单的有价证券属性，使仓单流通变得更加便利和快捷。仓单作为一种无因的、设权的、要式的、文义的、原则上为记名的、缴还的、物权化的债权证券，其有价证券属性主要体现在转让、质押等流通上。

4. 仓单的转让

仓单的最重要特征，是作为物权凭证的有价证券，具有流通性。《民法典》第九百一十条规定:"仓单是提取仓储物的凭证。存货人或者仓单持有人在仓单上背书并经保管人签名或者盖章的,可以转让提取仓储物的权利。"这一规定表明了仓单的可转让性及其法律要求。

（1）仓单作为有价证券,可以流通。流通的方式可以是转让仓单或仓储物的所有权,即转让仓单;还可以是按照《民法典》的规定,以仓单出质,即以仓单设定权利质押,使质权人在一定条件下享有提取仓单项下仓储物的权利。

（2）仓单转让或者仓单出质,必须符合法律规定。仓单转让或者仓单出质,均须符合法律规定的形式,才能产生相应的法律效力。存货人转让仓单必须在仓单上背书,经保管人签字或者盖章,若只在仓单上背书但没有保管人签字或者盖章,即使付了仓单,转让行为也不能生效。因而,背书与保管人签章是仓单转让的必要的形式条件,缺一不可。背书是指存货人在仓单的背面或者粘单上记载被背书人(即受让人)的名称或姓名、住所等有关事项的行为。保管人的签字或盖章则是确保仓单及仓单利益,明确转让仓单过程中法律责任的手段。

存货人以仓单出质,应当与质权人签订质押合同,在仓单上背书并经保管人签字或者盖章,将仓单交付质权人,质押合同生效。当债务人不履行被担保债务时,质权人就享有提取仓储物的权利。

第二节　仓储管理法规

一、法律依据

仓储业务牵涉仓库租赁这一环节,在中国,对租赁业务没有专门立法,但在现行的法律法规中对租赁业务作了一些原则性规定。租赁双方一旦签约,要受到《民法典》和《中华人民共和国合同法》的约束和保护。

目前,从我国相关法律、法规的现状来看,还没有一部专门、统一的物流法。现行有关物流服务活动的法律法规,从法律效力角度来看,主要分为三类:一是法律,如《民法典》《中华人民共和国海商法》等,这类规范性文件的法律效力最高,是物流某一领域的基本法。二是行政法规,如《中华人民共和国海港管理暂行条例》《中华人民共和国航道管理条例》等,这类规范性文件的法律效力仅次于法律,数量众多,在我国的物流立法中占有重要地位。三是由中央各部委颁布的规章,如中华人民共和国商业部发布的《关于商品包装工作的暂行规定》(已废止)、《铁路货物运输规程》等,这类规范性文件的法律效力次于法律、行政法规,带有部门色彩。除此之外,还有部分国际条约、国际惯例、地方性法规以及物流技术规范等形式。

从法律的内容上看,调整物流环节中物流经营活动的法律规范也比较复杂。首先,广泛适用于物流活动各环节的法律主要有《民法典》,其中,由于物流合同实质上是民商事合同,所以《民法典》是调整整个物流活动最重要、最基本的法律;其次,适用于物流某个环节的法律规范,包括运输环节的法律规范、搬运配送环节的法律规范、包装环节的法律规范、仓储环节的法律规范、流通加工环节的法律规范等,如《中华人民共和国海商法》《铁路货物运输管理规则》《国内水路货物运输规则》《港口货物作业规则》等;如果是涉外物流活动,还有国际公约和国际惯例来调整,如《国际铁路货物联运协定》《关于统一国际航空运输某些规则的公约》(华沙公约)等;除此之外,还有调整物流作业的技术规范。

二、仓储合同的主要条款及履行

1. 仓储合同主要条款

仓储合同为不要式合同,没有严格的条款规定,当事人根据需要协商合同的主要条款以及合同的形式。仓储合同的条款是检验仓储合同的合法性、有效性,以及当事人民事责任的重要依据,应当写清楚当事人条款、仓储物条款、仓储相关条款、违约责任条款、合同变更解除和争议处理条款、合同签署条款等。

第一条,总则条款

① 适用法律。在我国境内制定的仓储合同,应适用于《中华人民共和国民法典》的有关规定。国际仓储合同,应注明适用的国家、地区的法律。

② 合同制定的背景和意义。仓储保管合同是存货方和保管方为加速货物流通、妥善保管货物、提高经济效益而明确相互权利、义务关系的协议。就目前仓储发展的现状与趋势分析,仓储合同建立,不仅限于仓储保管,还可能包括定期库存管理服务、增值服务、配送服务、金融服务、客户服务等目的和范畴。

合同背景还应介绍签约双方的企业背景,建立合同的意愿,以及法定代表人、企业的联系方式等。

③ 合法性。仓储合同的订立,应由经工商行政管理机关核准、依法从事仓储保管业务的法人同委托储存货物的法人之间签订。

订立合同,必须遵守国家法律、法规,符合国家政策和计划的要求;必须贯彻平等互利、协商一致、等价有偿的原则。

根据存货方的委托储存计划和保管方的仓储能量,双方依法就合同的主要条款协商一致,由双方的法定代表或授权的经办人签字、单位盖公章或合同专用章,合同即成立。如法定代表授权本单位经办人员代理签订合同,应事先出具本单位的委托证明。

法人之间代订合同时,必须事先取得委托单位的委托证明,并根据授权范围以委托单位的名义签订,才对委托单位直接产生权利和义务。

④ 合同形式。合同应当采用书面形式。当事人协商同意的有关修改合同的文书、电报、图表和购销合同副本也是合同的组成部分。当事人一方在接到修改合同的文书、电报(也适用电子邮件)后 15 日内或合同规定期限内未提出异议,即视为同意。

第二条,当事人条款

仓储合同当事人是履行合同的主体,需要承担合同责任,当事人条款中应注明存货人、保管人的名称和地址,并且要采用完整的企业注册名称和登记地址。主体为个人的,需明示个人的姓名和户籍地或常住地。必要时可在合同中增加通知人,但通知人不是合同当事人,仅仅履行通知当事人的义务。

第三条,仓储物条款

仓储物必须是动产,能存放在仓储地进行保管并转交,因而需要明确地将仓储物特定化或者特定物种类化。仓储物条款一般包括仓储物的品种、数量、质量、包装、标记。①仓储物的品种需要采用完整的商品名称或种类名称表示；②数量采用公用的计量方法确定并达到最高的精度，用最小的独立封装单元确定件数，如箱装货物以封口的外包装为单位，或者用最小的组成单位，如成捆的管材，用具体管材根数表达；③商品的质量可以仅用外包装的可见质量或者商品本身的质量表示，标准可以采用国家标准、行业标准或者约定的标准来表达，必要时可以商品的质量检验报告为准；④包装情形应详细注明；⑤标记应采用外包装上的标记，或拴挂的标签标记。

第四条，仓储相关条款

① 仓储物的损耗标准。仓储物在经过长期存放和多次转移后，由于挥发、散发、氧化、计量方法等原因造成的耗损减量，一般采用协议免责的方法处理。也就是在合同中订立合理耗损条款，双方约定不追究对方责任的数量减少的标准，包括重量或者件数的减量。商品损耗标准可以采用国家标准、行业标准，也可以由双方合理约定，有约定标准的则适用约定标准。合同中还需要明确交接、理货方法，以及验收的内容、标准、时间和方式。验收内容与质量标准具有较强的相关性，双方约定了验收标准的，保管人仅对验收事项负责。如约定仅对仓储物的外包装进行验收，则返还仓储物时，对于外包装的损坏，保管人承担责任，而对内容不承担责任，除非是可证明为保管不当造成损害的。

② 交接时间、地点以及验收方法。交接时间是指存货人将仓储物交给保管人的时间。保管人应在约定的交货时间之前做好接货的准备工作。

交接地点是存货人将仓储物移交给保管人的地点，表明了运送货物入库的责任承担人，但还需要明确卸车搬运的承担人。

为了明确区分存货人和保管人的责任，合同中还需要明确交接理货的方法以及验收的内容、标准、时间和方式。验收一般是针对仓储物的质量进行。若约定了验收标准，保管人仅对验收事项负责，除非能证明是因为保管不当造成的损害。

③ 储存场所约定。仓储合同要注明仓储物的交接时间和地点、验收方法。交接时间确定了仓储物的入库时间，保管人须在此前准备好货位并确保能够顺利进行交接。交接地点需要明确运送货物入库的责任承担人，还需要明确卸货搬运的责任人。双方约定仓储物存放的仓库或堆场。根据仓储物的特性，储存场所可以约定得较为笼统或者具体明确，对于特殊商品要明确保管条件和保管方法。储存场所不仅体现了保管人的保管条件和存货人的保管要求，还确定了运输便利程度和出入库的运输成本。

④ 储存时间约定。双方约定的仓储物的储存时间有三种表示方式：一是采用期限的方式表示，如储存 6 个月，自货物入库起算；二是采用日期的方式表示，如 3 月 15 日至 6 月 15 日；三是不约定具体的存放期间，但约定到期方式的确定方法，如提前半个月通知等。储存期间是保管人计收仓储费的基础以及承担责任的区间，也是仓库使用计划安排的依据，对不能遵守储存期间条款的存货人，保管人有权要求其承担违约责任。

⑤ 仓储物的保险约定。仓储物必须进行保险。若存货人已对仓储物进行了保险，必须告知保管人所投保的保险人、保险金额、保险期间。存货人未投保的可以委托保管人进行投保，但保险费由存货人承担。

⑥ 仓储费确定。仓储合同中应有确定仓储费的费率、计算方法、支付方法和支付时

间的条款。支付仓储费有预付、定期支付、结算支付等方式。《合同法》规定，当事人没有约定支付时间的，在交付仓储物时支付。当事人未约定仓储费的，保管人可根据提供的服务向存货人要求支付报酬。

第五条，收货与检验条款

① 货物入库。可以约定双方的责任，例如，保管方不能全部或部分按合同议定的品名（品类）、时间、数量接货，应承担违约责任；存货方不能全部或部分按合同议定的品名（品类）、时间、数量入库（含超议定储存量储存），应承担违约责任。

② 货物入库交接。由存货方或运输部门、供货单位送货到库的，或由保管方负责到供货单位、车站、港口等处提运的货物，必须按照合同要求或国家有关规定当面交接清楚，分清责任，合同另有规定者除外；交接中发现问题，供货方在同一城镇的，保管方可以拒收；外埠或本埠港、站、机场、邮局到货、保管方应予接货，妥善暂存，并在有效验收期内通知存货方和供货方处理；运输等有关方面应提供证明。暂存期间所发生的一切损失和费用由责任方负责。

③ 货物验收。保管方的正常验收项目为货物的品名、规格、数量、外包装状况，以及无须开箱拆捆直观可见可辨的质量情况。

包装内的货物品名、规格、数量，以外包装或货物上的标记为准；外包装或货物上无标记的，以供货方提供的验收资料为准。

散装货物按国家有关规定或合同规定验收。

保管方未按合同或细则规定的项目、方法和期限验收或验收不准确，由此造成的实际经济损失，由保管方负责。合同议定按比例抽验的货物，保管方仅对抽验的那一部分货物的验收准确性以及由此造成所代表的那一批货物的实际经济损失负责，合同另有规定者除外。

存货方未提供验收资料或提供的资料不齐全、不及时，所造成的验收差错及贻误索赔期由存货方负责。

验收期限，国内货物不超过10天，国外货物不超过30天，法律或合同另有规定者除外。超过验收期限所造成的实际损失，由保管方负责。

货物验收期限，是指自货物和验收资料全部送达保管方之日起，至验收报告送出之日止。日期均以运输或邮电部门的戳记或直接送达的签收日期为准。

第六条，货物保管条款

① 保管方的责任。按合同议定的储存条件和保管要求保管货物。

货物在临近失效期（只限外包装或货物上标明了有效期或合同上申明的）60天前应通知存货方，合同另有规定者除外；发现货物有异状，应及时通知存货方。按国家或合同规定的要求操作、储存危险品和易腐货物。

② 存货方的责任。易燃、易爆、易渗漏、有毒等危险货物以及易腐、超限等特殊货物，必须在合同中注明，并向保管方提供必要的保管、运输技术资料。

及时处理临近失效期或有异状的货物。

③ 储存期间的不可抗力和货损货差。货物在储存期间，保管方履行了合同规定的保管要求，由于不可抗力因素、自然因素或货物（含包装）本身的性质所发生的损失，由存货

方负责。

货物在储存保管和运输过程中的损耗、磅差标准,有国家或专业标准的,按国家或专业标准规定执行,无国家或专业标准的,按合同规定执行。

货物发生盘盈盘亏均由保管方负责。

④ 货物包装。货物的包装由存货方负责。有国家或专业标准的,按国家或专业标准规定执行;没有国家或专业标准的,在保证运输和储存安全的前提下,由合同当事人议定。

货物在储存保管过程中,因保管或操作不当而使包装发生毁损,由保管方负责修复或按价赔偿;造成货物损坏,由保管方负责。

包装不符合国家或合同规定,造成货物损坏、变质的,由存货方负责。

第七条,货物出库条款

货物出库须按照先进先出或易坏先出(易坏只限合同中申明或货物外部显露出来的)原则发货,否则由此造成的实际损失由保管方负责。

① 由存货方或用户自提或保管方送货上门的责任划分。

a. 当面办理交接手续。

b. 保管方没有按合同规定的时间、数量交货,应承担违约责任;存货方已通知货物出库或合同期已到,由于存货方(含用户)的原因不能如期出库,应承担违约责任;由于存货方调拨凭证上的差错所造成的实际损失,由存货方负责。

② 由保管方代办运输的责任划分。

a. 由保管方负责向运输部门申报运输计划,办理托运、发运手续。

b. 保管方未按合同规定期限和要求发货或发生错发到货地点、收货人等差错事故,应负责赔偿由此造成的实际损失。

c. 或未按规定期限变更货物的运输方式、到站、收货人,应承担延期的责任和增加的有关费用。

d. 保管方代运的货物,发生数量、质量异议时,除合同另有规定者外,由保管方负责处理,其费用由责任方承担。凡原装、原标记完好无异状,包装或货物上标明的品名、规格、数量、花色与实际不符时,除合同规定应开箱(拆捆)检验而未检验或验而不准者由保管方负责外,发生质量不符合要求或其他问题,按国家有关规定或合同规定处理。

第八条,违约责任条款

合同应约定:存货人未交付货物、未在约定时间交付仓储物的违约责任;保管人不能接受仓储物或者不能在约定的时间接受仓储物的违约责任;存货人未在约定时间提取仓储物的超期费用。违约金是违约责任的主要承担方式,但必须在合同中明确,包括各种违约项目及违约金数额的标准或者计算方法、支付方式等。

第九条,合同变更解除条款

合同的订立和履行是合同双方期望发生的结果,但因为客观原因发生重大变化或者出于双方利益的需要,原合同的继续履行可能对双方都不利,这时可以采用合同变更或解除的方法防止不利局面的发生。当事人在订立合同时就确定发生不利于合同履行,以及处理具体的不利于履行合同的条件或变更或解除合同的方法的条款,就是合同变更和解除条款。

第十条,争议处理条款

争议处理是指有关合同争议的诉讼或者仲裁的约定。双方当事人可以在合同中约定,一旦发生纠纷,提请仲裁机构仲裁,也可以在合同中约定仲裁地点,还可以约定发生纠纷时,不申请仲裁,而直接向法院起诉。但如果双方已在合同中约定或事后达成仲裁协议的,必须先向仲裁机构申请仲裁。

第十一条,合同签署条款

合同签署是合同当事人对合同协商一致的表示,是合同成立的标志。仓储合同由企业法定代表人签名,注明签署时间,当事人为法人或者组织的,还需要盖合同专用章。个人签订合同时只需要签署个人的完整姓名。合同一经签署,便开始生效。

2. 仓储合同的履行

(1) 生效。仓储合同在合同成立时就生效。仓储合同生效的条件为合同成立,具体表现为:双方签署合同书;合同确认书送达对方;受要约方的承诺送达对方;公共保管人签发格式合同或仓单;存货人将仓储物交付保管人,由保管人接收。

无论仓储物是否交付存储,仓储合同自成立时生效。在仓储合同生效后,发生的存货人未交付仓储物、保管人不能接受仓储物都是仓储合同的未履行,由责任人承担违约责任。

(2) 无效。无效合同是指已订立的合同由于违反了法律规定,而被认定为无效。合同无效由人民法院或者仲裁机构、工商行政机关认定,可以认定为合同整体无效或者部分无效,可以采取变更或者撤销的方式处理。合同无效可以在合同订立之后、履行之前,履行之中或者履行之后认定。产生无效合同的形式有:一方以欺诈、胁迫手段订立合同,损害国家利益的仓储合同;恶意串通,损害国家、集体或第三人利益的仓储合同;以合法形式掩盖非法目的的仓储合同;损害社会公共利益的仓储合同;违反法律、行政法规强制性规定的仓储合同;无效代理的合同。对于因重大误解订立的合同,在订立合同中显失公平的合同一方当事人有权请求人民法院或者仲裁机构给予变更或者撤销。

无论无效合同在什么时候被认定,都是自始无效,也就是说因无效合同所产生的民事关系无效,则应该依法采取返还财产、折价赔偿等方式使因无效合同所产生的利益消亡,并通过违法一方退回所得财产,或没收双方违法所得,对造成合同无效方给予处罚。

(3) 变更。仓储合同的变更是指对已生效的仓储合同的内容进行修改或补充,不改变原合同的关系和本质事项。例如,由于仓储费率提高,保管人提出变更请求。若存货人同意仓储费按变更后支付,变更前费率不变。若存货人并未支付,仓储费保管人可请求赔偿。仓储合同当事人一方因为利益需要,向另一方提出将合同进行变更的要求,并要求另一方在限期内答复,另一方在期限内答复同意变更,则合同发生变更,双方按照变更后的合同履行。如果另一方在期限内明确拒绝变更,则合同变更不能成立。合同变更后按变更后的合同履行,对变更前已履行的部分没有追溯力,但因为不完全履行发生的利益损害,可以成为请求赔偿的原因,或者变更合同的条件。

(4) 解除。未履行的合同或合同尚未履行部分不再履行,使希望发生的权利义务关系消亡或使合同履行终止称为仓储合同的解除。仓储合同解除的方式有以下两种。

第一种,存货人与保管人协议解除合同。协议解除合同和协议订立合同一样,是双方意见一致的结果,具有最高效力。解除合同协议可以在合同生效后、履行完毕之前由双方协商达成;也可以在订立合同时订立解除合同的条款,当约定的解除合同的条件发生时,一方通知另一方解除合同。

第二种,出现法律规定的仓储合同解除条件而解除合同。这是当事人一方依照《民法典》规定采取解除合同的行为。《民法典》中规定:因不可抗力致使合同的目的不能实现,任一方可通知对方合同被解除;一方当事人预期违约,另一方可以行使合同解除权;仓储合同的一方当事人迟延对合同义务进行履行,经催告后在合理期限内仍未履行,另一方可以解除合同;仓储合同一方当事人延迟履行义务或者有其他违约行为,致使合同目的不能得到实现,另一方可以解除合同。一方依法选择解除合同的,要书面向对方发出解除合同的通知,通知到达对方,合同解除。有权解除合同一方也可以要求人民法院或仲裁机构确定解除合同。

合同解除后,因为仓储合同所产生的存货人和保管人的权利义务关系消灭,对于未履行的合同自然应该终止履行。合同解除对合同的清算条款的效力没有影响,双方仍需要按照清算条款的约定承担责任并赔偿损失。需承担违约责任的一方仍依据合同规定的条款承担违约责任、采取补救措施和赔偿经济损失。如违约的存货人需要对仓库空置给予补偿,造成合同解除的保管人则需要对运输费、转仓费、仓储费差额等损失赔偿进行承担。

三、仓储合同纠纷的解决

《民法典》规定了仓储合同纠纷的解决方式,其中,第五百六十二条是"合同约定解除"的规定;第五百六十三条是"合同法定解除"的规定;第五百六十四条是"解除权行使期限"的规定;第五百六十五条是"合同解除程序"的规定;第五百六十六条是"合同解除的效力"的规定。

仓储合同的法律纠纷也同样可以通过协商、调解、仲裁或诉讼这四种方法来解决。

1. 协商

协商是指仓储合同发生争议时,由双方当事人本着平等、自愿、互谅互让的原则,按照法律和合同的规定,自行磋商解决纠纷的一种方式。协商是仓储合同双方当事人解决纠纷常用的一种方法。它程序简单,只需双方当事人会面磋商,时间、地点都可随意选择。双方当事人对纠纷的及时协商可以消除对立情绪,使问题得到及时处理,避免损失的进一步扩大,同时可以节省因诉讼而带来的诉讼费用和其他费用的开支。

2. 调解

调解是指在仓储合同双方当事人以外的机关、团体、调解组织或者个人的主持下,对双方当事人的争议,通过说服的办法,从中进行调停以达成一致意见,从而解决争议的一种办法。调解应当遵循自愿、合法的原则。在实践中,仓储合同纠纷的调解有的由有关组织主持,有的由行政机关主持,有的由仲裁机构和人民法院主持。各种调解方式,其达成协议的法律效力不同。前两种方式达成的调解协议书不具有法律效力,依靠当事人自觉履行。任何一方当事人不服调解协议或反悔的,都可以提起诉讼,重新解决纠纷。后两种方式达成的调解书送达当事人之后具有法律效力,双方必须执行,任何一方不执行调解书的,另一方都可以申请法院强制执行。

3. 仲裁

仲裁是指由双方当事人选定的仲裁机构对仓储合同的争议做出有约束力的裁决。以仲裁的方法解决仓储合同纠纷,具有形式灵活、程序简便、解决争议时间短、费用低等优点,被普遍采用。仲裁机构对仓储合同纠纷案件的管辖权以双方当事人的书面仲裁协议或仓储合同中的仲裁条款为依据。仲裁程序的特点是当事人可以就仲裁员、仲裁规则、仲裁机构进行选择,更多地体现了意思自治原则,仲裁裁决也易于被当事人接受。仲裁裁决实行一次仲裁,仲裁裁决书送达当事人之时生效,不可以申请再次仲裁,不服裁决,也不可以再提起诉讼,双方当事人必须执行仲裁裁决,拒不执行的,另一方当事人可以请求法院强制执行。

4. 诉讼

诉讼是指仓储合同双方当事人请求法院对其争议进行判决,以解决纠纷的方法。诉讼虽有程序复杂、费用较高、时间较长等缺点,但作为最具强制性的解决纠纷的方式,仍不失为解决仓储合同纠纷的重要方法。法院受理仓储合同纠纷案件以仓储合同中无仲裁条款、在事后也未达成书面仲裁协议为前提。纠纷的一方当事人在确定管辖权后,向有管辖权的人民法院提起诉讼,人民法院经过简易程序或普通程序审理判决后,判决书送达双方当事人。在法定期间内,当事人不服一审判决,可以向上级法院提起上诉。二审判决书送达当事人后立即生效,双方当事人必须执行,拒不执行的,另一方当事人可以向法院申请强制执行。如果原判决确有错误,原审法院或其上级法院还可依当事人的申请或依职权提起再审。严格、科学的诉讼程序,两审终审制度和再审制度的结合,保证了办案质量,基本上做到了公正、公平地解决纠纷。

思 考 题

一、选择题

1. 仓储合同的种类有(　　)。

 A. 一般保管仓储合同　　　　　　　　B. 混藏式仓储合同

 C. 消费式仓储合同　　　　　　　　　D. 仓储租赁合同

 E. 流通式仓储合同

2. 仓储合同的法律特征是(　　)。

 A. 仓储合同的保管对象是不动产　　　B. 仓储合同为诺成合同

 C. 仓储合同为有偿合同　　　　　　　D. 仓储合同为不要式合同

3. 下列关于仓储合同的说法中,不正确的是(　　)。

 A. 仓储合同的标的物必须是动产,不动产不能成为仓储合同的标的物

 B. 订立仓储合同必须坚持自愿与协商一致的原则

 C. 根据我国合同法,仓储合同的形式只能是书面形式

D. 仓储合同是不要式合同,当事人可以协议采用任何合同格式

　4. 保管人储存存货人交付的仓储物,存货人支付仓储费的合同,称为(　　)。

　　A. 保管合同　　　　B. 买卖合同　　　　C. 转让合同　　　　D. 仓储合同

　5. 仓储合同的生效时间为(　　)。

　　A. 合同履行时　　　B. 支付仓储费时　　C. 合同签订时　　　D. 合同成立时

　6. 关于仓储合同的表述,错误的是(　　)。

　　A. 仓储合同的仓储人享有对标的物留置的权利

　　B. 仓储人给付仓单,则仓储合同成立

　　C. 仓单的转让必须经过背书

　　D. 存货人逾期提货的,仓储人可以加收仓储费而不必要求存货人承担违约责任

　7. 在国际货运代理企业作为仓储保管人从事仓储业务的情况下,国际货运代理企业
与作为存货人的货主之间订立的合同是(　　)。

　　A. 货运代理合同　　B. 仓储合同　　　　C. 运输合同　　　　D. 租船合同

　8. 仓储合同自成立时生效,不以仓储物是否交付为要件,这是区别于(　　)的显著
特征。

　　A. 运输合同　　　　B. 保管合同　　　　C. 租赁合同　　　　D. 买卖合同

二、填空题

　1. 仓储合同,又称仓储保管合同,是指_____储存_____交付的_____,存货
人支付_____的合同。

　2. 仓储合同的形式包括_____、_____、_____。

　3. 仓储合同的其他形式,包括通过_____和_____。

　4. 仓储合同订立的原则包括_____、_____、_____、_____。

　5. 仓储合同订立需要经过包括_____和_____的过程。

　6. 仓储合同的履约包括_____、_____、_____、_____。

三、简答题

　1. 什么是仓储合同？可以分为哪些类型？

　2. 什么是仓单？仓单的性质是什么？

　3. 仓单的功能有哪些？

　4. 仓储合同的法律纠纷可以通过哪些方法解决？

参 考 文 献

[1] 慕庆国,李雪松.现代物流概论[M].2版.北京:清华大学出版社,2015.

[2] 慕庆国,李雪松.现代仓储运营管理[M].北京:中国财富出版社,2017.

[3] 李育蔚.仓储物流精细化管理全案[M].北京:人民邮电出版社,2015.

[4] 申纲领.仓储管理实务[M].北京:北京理工大学出版社,2019.

[5] 郑时勇.仓储管理从入门到精通[M].北京:化学工业出版社,2020.

[6] 马士华,林勇.供应链管理[M].6版.北京:机械工业出版社,2020.

[7] 李傑.供应链管理技术:采购和仓储实践者的创新笔记[M].北京:人民邮电出版社,2020.

[8] 苏曼·沙克.供应链管理:新零售时代采购和物流的优化方案[M].杨建玫,靳琼,赵会婷,译.杭州:浙江大学出版社,2019.

[9] 汪楠.物流管理理论与实务[M].北京:清华大学出版社,2020.

[10] 王洪伟.物流管理信息系统[M].北京:北京大学出版社,2020.